SPECIAL
COUNSELING MANUAL

특수상담 매뉴얼

심윤기 · 김관형 · 김수연 · 나 경 · 박성철
박재숙 · 박희성 · 원진숙 · 최혜빈

박영story

머리말

오늘날 지구촌은 전쟁을 비롯한 크고 작은 인적재난 및 자연재난들이 끊임없이 발생하고 있는 추세다. 세계에서 유래를 찾아보기 힘들 만큼 빠른 성장과 발전을 이룬 우리나라에서도 재해재난에 있어서는 예외가 되지 않았다. 이천화재참사, 경주·포항지진, 세월호 침몰사고, 천안함 폭침사고 등 자연 및 인적재난과 사건사고들이 끊이지 않고 계속 발생하였다.

그 결과 재난 현장에서 구조·구급업무를 담당하는 소방공무원들의 직무 및 외상스트레스는 날이 갈수록 증가하였으며, 군 장병은 다양한 전장 및 외상스트레스에 노출되어 심각한 트라우마의 고통을 경험하고 있다. 경찰도 사정은 마찬가지이다. 하루가 멀다 하고 발생하는 강력사건과 성폭력 사건, 자살사건 등의 현장에서 그들은 지금도 각종 스트레스에 시달리고 있다.

다행인 것은 급격한 사회적 환경의 변화로 직무스트레스를 비롯한 외상스트레스와 트라우마에 대한 국민적 관심이 높아지고 있다는 점이다. 직무 및 외상스트레스와 PTSD에 대한 실제적 대응과 치료적 접근에 있어서는 아직도 국민적 기대수준에 훨씬 못 미치고 있지만 조금씩 발전하고 있는 실정이다. 하지만 경찰과 군인, 소방공무원들처럼 위계적이고 권위적인 조직문화의 특성이 있는 기관에서 일하는 구성원이 겪는 각종 스트레스와 트라우마에 대한 연구는 미흡하여 많은 아쉬움으로 남는다.

본서는 이러한 취지에서 쓰여졌다. 군인·경찰·소방공무원들이 겪는 직무 및 외상스트레스, 트라우마에 관한 분야의 종합적인 개론서를 찾는 교육자와 정신건강관련 상담학 분야에서 공부하고 있는 대학원생을 위해 쓰여졌다. 군사학과·경찰학과·소방학과에 재학 중인 대학생, 소방학교와 경찰학교, 사관학교 그리고 스트레스에 취약한 분야에서 근무하는 일반 공무원과 외상스트레스를 경험한 일반인에게 작은 도움이나마 되고자 하는 마음에서 집필하게 되었다. 여러모로 본서가 독자들에게 많은 도움이 되길 기대한다.

본서는 총 4부로 구성되었다. 제1부는 이론적 배경을 다룬다. CHAPTER 1에서는 소방·경찰·군조직의 특징과 직무특성을 자세히 다룬다. 정신건강관리가 어떻게 이루어지는지도 함께 살핀다. CHAPTER 2에서는 정신분석적 상담이론, 행동주의적 상담이론, 인간중심 상담이론, 인지치료 상담이론 등 직무스트레스를 해소하는 데 관련이 있는 상담이론을 다루고 있다.

제2부는 소방·경찰·軍에서 이루어지는 주요 상담의 유형과 방법, 기술 등을 다룬다. CHAPTER 3에서는 소방·경찰·軍에서 이루어지는 개인상담을 다루고 있는데 개인상담의 방법과 기술, 단기상담과 해결중심상담을 어떻게 실제적으로 적용하는지 방법론을 다룬다. CHAPTER 4에서는 직무 및 외상스트레스 등 각종 스트레스를 해소하기 위한 집단상담 방법과 기술을 다룬다. 집단상담의 과정과 제 기술, 집단지도자와 집단원의 주요 역할 등을 살핀다. CHAPTER 5에서는 외상 후 스트레스 장애 치료를 위한 상담전략을 다루고 있다. PTSD의 주요 개념과 증상, 사례, 발병의 원인, 진단과 치료방법 등을 살핀다.

제3부는 소방관과 경찰, 군인, 일반 공무원들이 겪는 외상 스트레스와 재난 트라우마를 극복하기 위한 개인상담 매뉴얼과 안구운동 둔감화 재처리 등을 위한 특수상담 매뉴얼을 소개한다.

제4부는 소방관과 경찰, 군인의 직무스트레스 해소를 위한 다양한 집단상담 프로그램을 소개한다.

본서 출판을 준비하고자 다소 긴 집필기간과 노력이 필요했다. 그 과정에서 많은 분들의 애정 어린 관심과 도움의 손길이 있었다. 그분들과 함께 본서 발간의 기쁨과 고마운 마음을 나누고 싶다. 본서를 만드는 데 많은 정보와 자료를 제공해 준 경찰과 소방공무원, 군에 몸담고 있는 지인들에게도 진심으로 감사한 마음을 드린다.

집필기간 내내 함께 많은 노력을 아끼지 않은 삼육대학교 일반대학원 박사수료 및 박사과정에 있는 김관형·김수연·나 경·박성철·박재숙·박희성·최혜빈

선생님과 장애인 토요놀이둥지학교 원진숙 대표님에게도 고마운 마음을 전한다. 마지막으로, 본서가 출간될 수 있도록 배려해 주신 박영사 대표님과 관계자 분들께도 깊은 감사를 드린다.

2022년 8월
저자 일동

목 차

PART

01

이론적 배경

— Chapter —

CHAPTER

01

소방·경찰·군(軍)의 직무특성과 정신건강관리

제1절 소방의 직무특성과 상담서비스체계

우리나라의 소방 활동은 아주 먼 고대로부터 이루어져 왔다. 처음에는 주로 촌락단위로 자치 위주의 활동으로 이루어졌으나 삼국시대부터는 행정기구나 군대가 담당했을 것으로 추정하고 있다. 조선시대부터는 소방 활동이 조직적으로 확립되기 시작하였는데 주로 일본의 영향을 받은 것으로 알려지고 있다.

우리나라 소방조직의 특징과 그들의 위험한 직무에 대해 살펴보는 것은 그들의 직무스트레스와 심리적 어려움을 이해하고 조력하는 데 큰 의미가 있다. 소방조직의 구조와 문화적 특징, 직무위험성 등을 제대로 이해하지 못하는 경우에는 그들이 직면한 직무 및 외상스트레스, 트라우마 등을 다루는 데 한계가 있다.

1. 조직의 특징

1) 임무와 기능

소방의 임무는 화재예방과 진압활동, 경계, 구조·구급을 수행하여 국민의 생명과 신체 및 재산을 보호하고, 공공의 안녕질서 유지와 복리증진에 이바지하는 것이다. 이를 좀 더 구체적으로 제시하면 다음과 같다.

첫째, 국민의 생명과 신체 및 재산을 화재로부터 보호한다. 둘째, 재난과 같은 위급한 상황에서 구조·구급활동을 통해 인명을 구조한다. 셋째, 공공의 안녕질서유지와 공공복리증진에 이바지함으로써 헌법 정신을 실현한다. 이렇게 소방조직은 인원 및 장비를 활용하여 화재예방과 진압, 인명구조와 구급활동을 주로 한다. 이러한 임무는 어느 기관보다 주민의 일상생활과 밀접한 관련성을 지니고 있으며, 공공복리는 물론 국가산업발전에도 크게 영향을 주고 있다.

소방공무원은 화재를 진압하고 자연재난 및 인재 등 위험한 상황에서 구조·구급활동을 수행하는 전문직 요원이다. 지난 1980년대 이전까지만 해도 소방업무는 주로 화재를 진압하는 업무와 화재를 예방하는 업무 그리고 소방행정업무가 주로 이루어져 왔다. 1982년부터는 구급업무가 추가로 편입되었으며, 1988년에는 구조·구난업무가 새로 편입되었다.

현재는 구급과 구조업무가 화재진압 및 화재예방업무 만큼 소방분야의 주요 업무로 크게 부상한 상태다. 2000년대 이후로는 주정차단속, 종합방재센터운영, 시민안전교육, 위치추적 등의 업무도 편입되어 수행하고 있다. 소방업무와 기능의 변천과정을 그림으로 제시하면 다음과 같다.

[그림 1-1] 소방기능의 변천과정

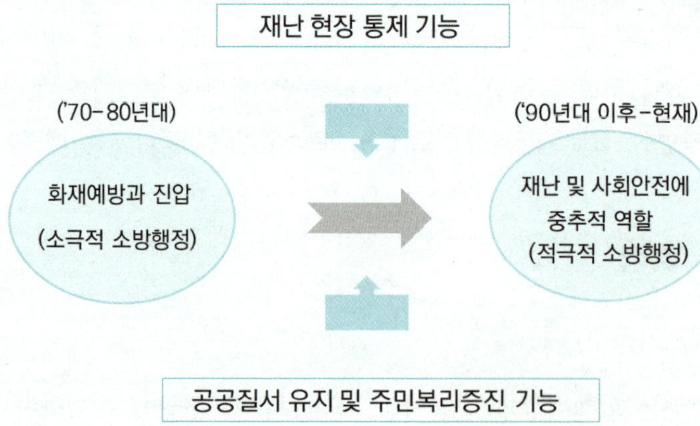

출처: 심윤기, 2018

2) 소방의 직무

(1) 안전업무

지구 온난화와 같은 이상 기후와 예측 불가한 천재지변은 우리 모두를 불안하게 하는 요인이 아닐 수 없다. 지진은 과거보다도 그 위험성과 심각성이 높아지는 추세에 있어 시민들이 느끼는 두려움은 크게 작용한다. 특히, 현대사회의 다양한 에너지사용은 인적재난의 취약요인을 품고 있어 재난이 발생할 경우, 재산과 인명피해가 더욱 커질 수밖에 없는 현실이다. 이러한 급격한 사회변화의 위험 속에서 국민의 안전업무를 수행하는 곳이 바로 소방조직이다.

소방의 직무는 자연재난과 인적재난을 미리 예측하고 국민이 안전하게 생활하도록 방호와 안전기능을 수행한다. 인구도시화를 비롯한 건물의 고층화와 대형화 등 다양한 형태로의 급격한 사회변화는 소방공무원의 직무 위험성이 더욱 커지게 하는 요인이 되고 있다.

(2) 화재예방업무

소방조직은 화재가 발생할 수 있는 대상에 대하여 화재를 미리 예방하고 경계하는 업무를 수행한다. 화재를 예방하기 위한 직무는 건물의 신축과정에서 화재가 발생하지 않도록 지원하는 건축허가업무와 사람이 많이 이용하는 다중이용업소에 대한 소방시설의 설치를 확인하는 소방·방화시설완비 증명발급업무, 휘발유를 포함한 위험물질사용에 대한 인가업무 등을 주로 수행한다.

화재경계업무로는 화재위험지역순찰, 호우·폭설과 같은 이상기후 시 실시하는 경계, 명절과 연말연시 등 화재취약시기에 실시하는 비상근무, 대통령 외국방문 시 실시하는 경계근무 등 다양하다. 소방검사업무는 소방서 단위로 실시하는 화재예방활동의 주요 업무로 소방관이 소방대상물을 방문하여 소방시설을 설치·유지 하도록 조치하거나 감독하는 일을 수행한다.

(3) 구조·구급업무

소방조직은 위급한 상황에서 국민의 생명을 신속하고 안전하게 구조하기 위해 구조대 및 구급대를 편성하여 운영한다. 구조대는 일반구조대와 특수구조대가 있는데, 일반구조대는 소방서마다 1개 대(隊) 이상 설치하여 운영하며, 소방서가 없는 시·군·구의 경우에는 해당 시·군·구 지역의 중앙에 위치한 119안전센터에 설치해서 운영한다.

반면, 특수구조대는 소방대상물과 지역특성, 재난발생 유형 및 빈도 등을 고려하여 설치하는데, 도시철도역사(驛舍) 및 역시설의 지하철구조대를 비롯하여 고속국도구조대, 화학구조대, 내수면지역의 수난구조대, 산악구조대 등을 설치하여 운영한다.

대형 및 특수재난사고의 현장지휘와 구조를 위해 소방본부에 직할구조대를 설치하고, 필요시 테러에 전문적으로 대응하기 위한 테러대응 구조대도 운영한다. 초고층 건축물에서 요구조자의 생명을 안전하게 구조하거나 도서 및 벽지에서 발생한 응급환자를 긴급히 이송하기 위하여 항공구조·구급대도 운영하고 있다.

(4) 119 생활안전대 업무

소방조직은 국민의 생활안전과 위험물제거 등 소방 활동을 수행하기 위하여 119생활안전대를 운영한다. 생활안전대의 조직과 업무범위 등 편성 및 운영에 관한 구체적인 사항은 관할구역의 생활안전 활동의 수요와 자체 소방능력여건을 고려하여 소방본부장이 정한다. 119 생활안전대의 주요 활동은 각종 붕괴와 낙하가 우려되는 고드름, 전도위험성이 있는 큰 나무 등과 같은 위험물을 제거한다. 위해동물과 벌 등의 포획·퇴치, 단전사고발생 시 비상전원 또는 조명을 공급하고 끼임과 고립위험 등을 제거하고 구출한다.

이 외에도 소방조직은 공공의 안녕질서유지와 복리증진을 위하여 필요한 경우 소방 이외의 소방지원활동을 수행하기도 한다. 산불에 대한 예방, 진압지원 활동과 자연재해에 따른 급수·배수 및 제설지원, 집회·공연행사 시 사고에 대비한 근접대기지원, 화재 및 재난피해복구지원 활동을 수행한다.

3) 직무의 특성

(1) 환경적 측면

• 사망과 부상위험

소방공무원은 화재진압 및 구조·구급현장에 출동하는 순간부터 각종 위험에 노출된다. 화재 및 구조현장에서는 추락사고와 붕괴사고의 위험에 직면하여 사망위험성이 다른 조직에 비해 높은 수준이다. 화재현장에서는 1,000℃의 높은 고온을 동반하여 직무수행과정에서 화상을 입고 심각한 부상을 당하기도 한다. 소방공무원 스스로도 자신들의 직무에 대해 매우 위험하다고 인식하는 정도가 93%나 되는 것으로 나타나고 있다(심윤기, 2018).

• PTSD

소방공무원은 화재진압 현장에서 불에 탄 참혹한 시체를 수습하고 얼굴과 신체의 형체를 분간하기조차 힘든 사람을 구조한다. 화재사고로 사망 직전에 있는 피해자의 임종 순간을 맞이하기도 한다. 이렇게 화재진압과 인명구조 활동에서 참혹하고 끔찍한 장면을 자주 접하는 소방공무원은 PTSD에 노출될 위험성이 그 어느 직종보다 매우 높은 실정이다.

처참하고 끔찍한 구조현장에서 받는 정신적 충격은 근무의욕을 저하시키고 심각한 직무스트레스로 심리적 고통을 증가시킨다. 동료 소방관의 죽음과 부상을 목격하는 경우에는 심각한 트라우마 증상으로 현장 활동에 대한 두려움과 공포를 느끼게 할 뿐만 아니라 심지어는 자살시도로 이어지기까지 한다.

• 건강악화

소방공무원의 건강을 위협하는 큰 위협요소는 화재현장에서 폐암 등 각종 암을 일으키는 유독가스를 마시는 일이다. 화재현장이 일산화탄소와 시안화수소, 다이옥신 등 인체에 치명적인 손상을 주는 유독가스가 가득한 상태에서도 불구하고 그들은 공기호흡기와 방수(放水) 장비만을 지닌 채 현장에 투입한다. 공기호흡기를 장착하고 진입한다 하더라도 100% 외기를 차단하는 것은 불가능하다.

화재를 진압한 후 잔화를 정리하는 단계에서는 거의 공기호흡기를 장착하지 않은 상태로 직무를 수행한다. 그렇기 때문에 화재현장의 유독가스는 여과 없이 기도를 통해 폐에 들어가고 결국 신체건강에 취약한 상태에 놓일 수밖에 없다.

소방공무원의 심리평가 전수조사

이화여대 뇌 융합과학연구원이 2014년에 우리나라 소방공무원 3만7,093명을 대상으로 심리평가 전수조사를 실시한 바 있다. 소방공무원은 일반인 대비 심리질환 유병률이 약 4~10배나 높게 나타났다. PTSD는 10.5배, 알콜성 장애는 6.6배, 우울증은 4.5배, 수면장애는 3.7배나 높은 것으로 조사되었다. 소방공무원의 평균수명은 정년 60세보다 낮은 58세로 조사되었다.

소방공무원이 매년 참혹한 현장에 노출되는 건수는 평균 7.8회로 나타났다. 이 중 14.4%는 연평균 15회 이상 끔찍한 장면을 목격하고 있었으며, 매월 1번 이상 경험하는 비율도 17%나 되었다. 임무수행 중 외상사건의 경험은 사망사고가 27.1%로 가장 많았고, 시신수습 24.4%, 신체훼손 17.7% 순으로 조사되었다(심윤기, 2018).

(2) 임무수행 측면

소방공무원의 직무특성은 긴급성을 포함해 위험성, 전문성, 불확실성, 준비성, 결과성 등의 특징을 지니고 있다. 이를 자세히 좀 더 살펴본다.

첫째, 긴급성(emergency)이다. 자연재해나 인재가 발생하였을 때 신속한 출동으로 빠른 시간 안에 현장에 도착해야 하는 것은 당해 사고로부터 피해를 최소화하는 데 결정적인 역할을 한다. 화재진압과 구출 및 구조, 응급환자를 후송하는 직무를 수행함에 있어서도 모두 시간을 다투고 긴급을 요하는 일을 한다.

둘째, 위험성(dangerousness)이다. 화재진압과 구조·구급활동, 재난대응활동에 있어서는 추락과 충격, 유독물질흡입, 압사, 소사(燒死), 부상 등의 위험요인이 혼재한 상태에서 활동한다. 요구조자 뿐만 아니라 소방관 모두에게 생명의 위험성과 신체 부상의 위험성을 동반한다.

셋째, 불확실성(uncertainty)이다. 불확실성은 재난이 발생하기 전까지 비가시적인 요인이 누적적으로 배양되면서 일정시점에 이르러 예측 불가한 재난이 발생하는 성질을 말한다. 소방관이 수십 차례의 크고 작은 재난을 겪으면서도 동일한 재난을 반복해서 겪는 이유는 이러한 재난이 가진 불확실성 때문이다. 소방직무 자체가 재난의 불확실성과 같은 동일한 특성을 지니고 있다.

넷째, 준비성(readiness)이다. 소방관은 예측불가하게 갑자기 돌발적으로 발생하는 재난과 구조·구급 상황에 대응하기 위하여 24시간 출동대기태세를 유지한다. 언제 어떠한 형태의 재난이나 사고가 발생할지 모르는 예측불가한 상황이 많아 최악의 상황을 가정하여 항상 위기대응태세를 유지한다.

다섯째, 전문성(technicality)이다. 소방업무는 화재진압과 구조·구급 등 단순한 지시나 명령만으로 문제를 해결할 수 있는 분야가 아니다. 고도로 전문화된 지식과 기술의 응용이 적시적절하게 필요한 분야다. 이러한 이유로 소방조직은 다양한 상황에서 발생하는 재난에 전문적으로 대응하기 위하여 끊임없이 훈련을 반복적으로 실시한다.

여섯째, 결과성(consequentialness)이다. 일반 행정조직은 대부분 과정을 중요시한다. 그러나 소방조직은 과정과 절차 보다는 결과를 중시하는 직무특성을 지니고 있다. 그 이유는 과정과 절차를 준수하는 과정에서 더 많은 인명과 재산피해가 발생할 가능성을 최소화하고 위급한 상황을 조기에 처치해야 하기 때문이다.

2. 직무 및 외상스트레스

소방공무원의 직무는 그 특성상 위험에 쉽게 노출되어 스트레스에 매우 취약하다. 조직구성원의 부족으로 과도한 업무를 수행하는 것도 스트레스를 받게 한다. 소방관은 자연재해나 인재사고 현장에서 같이 활동하던 동료가 예기치 못한 사고로 사망하거나 크게 부상당하는 모습을 목격하여 자신도 그렇게 될 수 있다는 불안감과 두려움을 항시 느끼며 생활한다. 이러한 불안정한 상태와 반복되는 직무스트레스는 PTSD로 발전하는 경향성이 있는데, 소방공무원이 경험하는 스트레스의 원인과 트라우마가 미치는 영향을 살펴보겠다.

1) 스트레스의 원인

(1) 위험한 직무수행

재난과 관련된 소방 활동은 긴박한 상황에 직면하는 경우가 다반사다. 이상기후로 인한 재해와 지진, 해일 그리고 인재라 할 수 있는 화재, 붕괴사고, 교통사고 등을 처리하고 수습하는 소방공무원의 직무는 힘든 어려움의 연속이다. 화재로 인한 사망자나 건물붕괴에 의한 압사자, 익사자 등 사망한 사람의 처참한 모습과 부상당한 사람의 끔찍한 모습을 자주 목격한다. 불에 탄 시신을 수습하고 가스 폭발로 붕괴된 건물더미에 깔려 형체도 알아볼 수 없이 처참하게 사망한 사람을 현장에서 수습하기도 한다.

지진이나 가스폭발로 붕괴된 건물에 들어가 인명구조를 하는 경우에는 2차 붕괴로 인한 사망과 부상의 위험에 노출되어 있다. 화재건물 내부에서 화재진압 활동을 하는 도중에도 건물의 2차 붕괴나 폭발의 가능성이 상존하여 두려움과 불안 속에서 직무를 수행한다. 특히, 소방 활동을 하는 동안에는 예기치 못한 돌발적인 상황과 직면하는데 이는 소방공무원의 생명과 직결된다.

이와 같이 소방공무원의 현장 활동은 늘 위험성에 노출되어 과도한 스트레스를 받고 트라우마를 경험할 수밖에 없는 실정이다. 그 결과 그들은 일반 공무원에 비해 정신적 스트레스나 트라우마 수준, PTSD 발병률이 높게 나타나고 있다.

(2) 동료의 사망과 부상

트라우마가 있는 사람에게서 나타나는 공통적인 특징은 가까운 가족이나 친구, 이웃이 예기치 못한 사건으로 사망하거나 부상당한 모습을 목격하였다는 점이다. 군·경·소방공무원은 팀 단위로 직무활동을 수행하는 관계로 임무수행과정에서 동료의 사망이나 부상당한 모습을 가까이에서 볼 수밖에 없는 실정이다.

특히, 소방공무원은 자연재해나 인재사고 현장에서 같이 활동하던 동료가 예기치 못한 사고로 부상 또는 사망하는 경우를 더 자주 목격한다. 그 결과 자신도 언젠가는 그렇게 될 수 있다는 공포와 두려움을 느끼며 생활한다. 직장에서 퇴근한 후 가정에서 쉬는 시간에도 당시 경험했던 끔찍한 상황이 언제 자신에게 닥칠지 모른다는 두려움과 불안감 속에서 지내게 된다.

(3) 구조하지 못한 죄책감

소방 활동의 주요 대상자는 재난현장에서 생사의 기로에 있는 사람들이다. 경우에 따라서는 인명을 구조하기에 상황이 너무 좋지 않아 구조 활동을 중단할 수밖에 없는 일도 벌어진다. 예를 들어, 화세가 너무 강하다든지 혹은 가스 폭발의 위험성이 커 구조 활동을 더 이상 진행하지 못하는 상황이 닥칠 수 있다.

이러한 경우에는 자신이 최선을 다했음에도 불구하고 요구조자를 구조하지 못한 것에 대한 죄책감에 사로잡힌다. 자신만 살아남은 것이 부끄럽고 안타까워 스스로를 책망할 뿐만 아니라, 우울과 불안, 악몽, 대인 기피 등의 정신적 고통에 시달리기도 한다.

2) 스트레스가 미치는 영향

전쟁과 재난, 교통사고, 폭력과 같은 끔찍한 외상사건에 노출되면 PTSD로 발전되는 경향성이 많이 나타난다. 충격적이고 끔찍한 외상사건의 경험에서 비롯되는 급성스트레스는 정신건강과 심리적 안녕에 심각한 부정적인 영향을 준다(심윤기, 2018). 소방공무원의 직무와 건강, 가족기능에 직무스트레스가 어떠한 영향을 미치는지 살펴보자.

심각한 직무스트레스와 트라우마를 겪는 소방공무원은 결근이 잦다. 일반 공무원과 비교하여 조기 퇴직이 많으며, 직무만족도도 현저히 낮은 것으로 알려지고 있다. 예측이 불가하고 위험한 외상사건에 반복적으로 노출됨으로써 음주문제를 비롯한 약물남용 등 다양한 심리적·생리적 스트레스 반응을 보이기도 한다. 증상이 심할수록 동료들과도 분리되어 정서적으로 동떨어진 느낌을 갖는 경우도 있다,

소방공무원의 직무특성상 겪는 정서적 충격과 부정적 직무스트레스를 정화시킬 수 있는 원천은 가족이다. 가족의 격려와 지지, 관심은 힘들고 위험한 소방공무원의 임무를 잘 수행하도록 지지하는 정신적 에너지이자 힘이다. 그러나 불행하게도 그렇지 못한 경우에는 소방공무원이 겪는 스트레스가 오히려 가족에게

부정적인 영향을 끼쳐 분노와 냉소적인 태도, 부정적 감정이 가정 내 지배한다. 이는 소방공무원뿐만 아니라 배우자와 그 자녀에게도 트라우마를 일으키는 원인으로 작용한다.

심각한 직무스트레스를 겪는 소방공무원이 자행하는 가장 전형적인 행동은 폭력이다. 가정 내 폭력은 배우자와 자녀에게 언어폭력과 신체적 학대의 형태로 나타난다. 트라우마 증상에 따라서 폭력의 정도는 차이가 있지만 가장 먼저 일어나는 일반적인 특징은 언어폭력이다. 그 다음으로 가족에 대한 신체적 피해를 야기하고 가구와 기물을 부수는 물리적 폭력이 나타난다.

소방공무원은 직무를 수행함에 있어 사람이 죽거나 심각하게 다치는 모습을 자주 목격한다. 그래서 소방관은 가족의 안전에 대한 지나친 걱정과 염려, 불안, 두려움, 공포를 느끼며 살아간다. 그 결과 가족을 과잉 통제하며 경직된 가장의 역할과 부정적인 감정표현, 분노, 짜증, 화 등을 자주 표출하여 가족기능을 역기능적으로 만들기도 한다.

소방공무원은 위험한 직무를 직접 수행하여 트라우마의 1차 희생자가 된다. 하지만 그들의 가족은 2차 희생자가 된다. 911 테러가 발생되었을 시 구조작업에 참여했던 소방관의 아내 21명을 조사한 결과 대략 24% 정도가 PTSD 증상을 보였다고 한다(Mitani et al., 2006). 이러한 조사결과는 가족이 트라우마의 2차 희생자가 되고 있다는 사실을 명확히 보여주는 사례가 아닐 수 없다.

3. 정신건강관리체계

소방공무원의 정신건강은 개인의 문제라기보다 직무특성에서 발생되는 경향이 많아 국가적인 차원에서 관리하는 것이 마땅하다. 그러나 우리나라는 소방공무원의 직무스트레스나 트라우마 예방 및 치료를 위한 전문기관이나 컨트롤타워 기능을 수행하는 중앙정부조직이 부재한 상태다. 정신건강관리 업무를 주도적으로 이끌어갈 중앙부서가 없어 대학병원이나 민간 심리상담센터, 부처별 관련기관 등에서 각각 별도로 운영되고 있는 실정이다.

지난 2010년부터 2014년까지 5년 동안 스스로 목숨을 끊은 소방공무원이 무려 35명이나 되었다. 이 같은 사실이 알려지면서 소방공무원의 직무스트레스와 트라우마에 대한 관심이 높아진 것은 다행한 일이다. 그러나 우리나라는 미국이나 일본과 같이 트라우마와 관련한 국립기관이나 전문기관이 존재하지 않고 있다. 인프라도 구축되어 있지 않은 상태에 있고, 관리매뉴얼도 갖추어져 있지 않아 그때그때 마다 단기적으로 계획을 수립하여 시행하고 있는 실정이다.

정신건강관리규정은 소방관 보건안전관리 및 복지기본법에 제시되어 있으나 일상적인 보건안전 교육훈련과 심신안정 환경을 조성하여 관리하는 내용이 주다. 일상적 보건안전 교육훈련은 정신건강을 위한 마인드 컨트롤 교육과 PTSD 등 정신질환에 대한 이해 및 치료절차 교육을 소방관서의 장이 실시해야 한다고 규정하고 있다.

심신안정 환경조성을 위해 소방관서의 장은 휴게실과 명상장소를 설치·운영하여 소방공무원이 심리적인 안정과 육체적 휴식을 취할 수 있도록 필요한 조치를 해야 한다고 명시하고 있다. 트라우마로 인한 정신질환 예방과 치료를 위한 필요한 대책을 마련하고, 중앙 및 지방의 소방학교장은 관리활동에 필요한 전문인력을 양성하기 위한 교육훈련과정을 운영해야 한다고 규정하고 있다.

현재의 소방공무원 정신건강관리체계는 크게 예방단계와 치료단계로 구분하여 시행하고 있다. 예방단계에서는 1차적으로 자가진단 앱을 통해 외상성 스트레스 증후군이나 우울증, 수면장애 등을 진단한다. 소방서에 설치되어 있는 심신안정실에서 생체징후측정기, 온열치료기, 조명·영상·오디오 장치 등을 통해 정신적·신체적 긴장을 완화하고 힐링을 위한 치유시간을 갖는다. 용역계약을 맺은 민간기관의 정신건강증진 팀은 직접 소방서를 방문하여 정신건강 관련 교육, 진단, 개인상담, 집단상담 프로그램을 제공하는 '찾아가는 심리상담실'을 운영한다.

심신안정실

심신안정실은 각종 외상사건에 노출된 소방공무원에게 자연친화적 힐링 공간을 제공하여 트라우마 증상을 치유하고 PTSD를 예방하기 위해 각 소방서에 설치된 공간이다. 휴게실 공간을 리모델링하여 공기청정기와 안마기, 혈압측정기 등을 설치한 후, 소방공무원 스스로 자가 측정을 통해 힐링 케어를 하도록 하고 있다.

심신안정실은 점차 멘탈케어룸과 바디케어룸, 산소룸, 휴게실(심리상담실) 등 다양한 케어 시설을 확충해 나가고 있다. 멘탈케어룸은 감성치유 시스템을 설치해 영상, 음악, 향기, 컬러 콘텐츠 등을 활용해 심리안정을 취할 수 있는 공간으로 활용한다. 바디케어룸과 산소룸은 항균작용은 물론 인체에 이로운 피톤치드 향을 내뿜는 편백나무로 건축하고 실내에 적외선과 고농도 산소를 공급할 수 있는 구조로 꾸며 놓고 있다(심윤기, 2018).

치료단계에서는 안심프로그램과 정신건강상담 프로그램을 운영하고 있다. 안심프로그램은 전국에 주요 민간병원을 지정해 신변노출을 꺼리는 소방공무원이 보다 자유롭게 정신치료를 받을 수 있도록 마련된 제도다. 국민건강보험공단 전산망에 진료내용이 등록되지 않게 조치함으로써 소방관 신원이 노출되지 않도록 하고 심리적 부담을 느끼지 않은 편안한 상태에서 치료받을 수 있도록 하고 있다.

진료비는 치료받은 소방관 개인이 먼저 선 지불을 한 후 시·도 소방본부로 이를 청구하면 선 지급한 진료비를 되돌려 받을 수 있는 체계로 운영되고 있다. 정신건강상담 프로그램은 찾아가는 심리상담실을 운영한 결과 추가 전문상담이 필요하다고 진단된 사람이거나 보다 심각한 트라우마 사건에 노출된 자 혹은 개인적으로 상담을 희망하는 소방공무원을 대상으로 이루어진다.

정신과 또는 전문상담센터에 소방공무원이 직접 가서 치료를 받거나 혹은 소방서에 설치된 심신안정실에 상담사가 직접 방문하여 상담을 진행하는 등 상황과 여건에 따라 방법을 달리 하고 있다. 이때에도 상담비용은 개인이 선 지불을 한 후 청구하면 다시 되돌려 받는 체계로 운영되고 있다.

소방공무원의 외상스트레스는 일반 공무원에 비해 그 수준이 높게 나타나고 있다는 것이 여러 연구에서 공통적으로 보고하고 있다. 그럼에도 불구하고 외상스트레스에 대한 관리는 좀처럼 나아지지 않고 있어 시급한 개선이 요구되고 있는 실정이다. 소방공무원을 위한 외상스트레스 치료는 국가적인 중앙시스템과 지방시스템이 구축될 필요가 있는데 우리나라의 소방관이 중앙공무원과 지방공무원으로 이원화되는 상황에서는 더욱 그렇다.

소방청의 중앙에서는 중장기적인 계획과 전체 시스템을 관장하는 컨트롤 타워를 구축하고 소방본부 단위에서는 구체적인 계획을 실행에 옮기는 부서가 편성될 필요가 있다. 그 예하 조직인 소방서에서는 즉각적인 심리서비스를 제공할 수 있는 정신건강서비스 담당자를 편성하여 운영되어야 할 것이다.

제2절 경찰의 직무특성과 상담서비스체계

경찰은 군(軍)과 같이 정형화된 조직구조를 갖추고 있다. 사회의 안녕질서를 유지하고 시민의 생명과 재산을 보호하며 수사 및 체포와 같은 특수한 임무를 수행한다. 그래서 경찰조직은 일반 행정조직과 다르게 조직을 편성한다. 위계적인 문화의 특성 속에서 계급체계를 유지하고 전문성과 법규에 따른 치안활동을 수행할 수 있도록 조직을 편성하여 운영하고 있다.

우리나라 경찰조직의 특징과 위험직무에 대해 살펴보는 것은 중요한 의미를 갖는다. 경찰 조직의 구조와 문화적 특징, 직무의 위험성을 이해하지 못하고는 그들이 직면한 심리적 고통과 직무 및 외상스트레스를 해소하고 PTSD를 치료하는데 한계가 있다.

1. 조직의 특징

1) 임무와 기능

경찰은 단순히 법을 집행하는 조직으로만 운영하는 데 그치지 않고 국민의 생명과 재산을 적극적으로 보호하는 임무를 수행한다. 국민에 대한 봉사활동에도 관심과 노력을 집중하고 재난피해자를 위한 응급조치를 취하는 등 국민 삶의 질을 높이는 데 기여한다. 국민건강과 자연보호, 교통안전과 질서유지, 건축물의 안전관리, 무기와 폭발물의 안전, 집회(시위 · 노동쟁의) 관리 등의 직무도 동시에 수행한다.

경찰은 사회공공의 안녕과 질서를 유지하기 위하여 국민에게 명령과 강제할 수 있는 권한을 가진다. 국민의 자유와 권리를 보호하고 사회질서 유지를 위해 직무집행이 필요하다고 인정될 때에는 불심검문과 보호 및 강제조치를 할 수 있다. 무기를 사용하여 체포 또는 구속하거나 신체의 자유를 제한할 수 있는 권한을 가지고 있다(심윤기, 2018).

한편, 경찰은 늘 위험한 업무환경과 열악한 근무여건에서 직무를 수행한다. 잦은 교대근무를 하며 매일 반복되는 사회질서유지 업무로 정신적 스트레스를 받으며 생활한다. 언제 발생할지 모르는 긴급출동과 사건현장에서의 신체적 위험의 노출로 심리적 불안과 두려움, 긴장감을 늘 지니고 살아간다. 심각한 직무 스트레스와 트라우마, PTSD로 심리적 고통을 경험하는 경우가 많아 공무상 재해로 인한 요양과 보상을 받는 상황이 증가하고 있다.

순직경찰 및 공상자 현황

2016년 10월 20일 경찰 뉴스에서는 경찰청의 최근 5년 간 경찰관 순직 및 공상자 현황을 발표하였다. 공무수행 중 범인의 피습을 받거나 교통사고, 질병 등으로 순직한 경찰관 수는 2011년 13명에서 2013년에는 20명으로 증가되었다. 2014년에는 14명으로 다소 줄어들기는 하였으나, 2015년에는 다시 한명 더 늘어 15명의 경찰관이 목숨을 잃었다.

범인을 쫓다 상대가 휘두른 흉기에 부상을 입은 경찰관 역시 연 500명 이상이 되는 것으로 조사되었다. 범인 피습에 의한 공상 경찰관은 2011년 666명, 2015년에는 507명으로 나타났다. 이러한 조사결과는 시민의 생명과 재산을 지키는 경찰관에 대한 보호조치가 미흡하다는 것을 여실히 보여준다(심윤기, 2018).

2) 직무의 특성

경찰은 공공의 안전에 대한 위험을 방지하고 리스크(risk) 예방과 관리를 위해 사건현장에 가장 먼저 출동한다. 이러한 이유로 경찰직업은 긴장감이 매우 높은 위험한 직업군에 속한다. 언제 일어날지 모르는 긴박하고 다양한 위험과 돌발성, 긴급 출동하는 상황에 대비해야 되기 때문에 군인 및 소방관들처럼 주·야간 구분 없이 휴일에도 항상 긴장상태를 유지한다.

특히, 경찰관은 위기상황과 위험이 언제 자신에게 닥칠지 모르는 불안과 두려움을 느끼며 살아간다. 수시로 경험하는 범죄현장의 잔혹함과 재난현장의 충격적인 사건에 노출되어 항상 PTSD의 위험에 놓여 있는데, 이들의 직무특성을 살펴보자.

(1) 과중한 업무

경찰은 범죄를 예방하고 이를 진압하며 교통지도와 단속, 각종 사건사고 처리를 위한 야간 근무 등 과중한 업무로 스트레스를 받는다. 112신고에 의한 긴급출동과 교통사고 처리 등 주간에 비해 야간에 발생하는 사건처리는 심신의 피로를 더욱 증가시킨다. 평일보다 휴일의 사고 발생률이 높아 연말연시나 설날, 추석 등의 연휴기간에는 고향을 찾고 휴식을 즐기는 일반 공무원과 달리 늘 비상근무를 한다.

경찰관의 직무스트레스는 일반 공무원에 비해 훨씬 높게 나타난다. 충격적인 외상사건에 자주 노출되어 발생하는 트라우마 역시도 다른 직종보다 훨씬 높은 수준이다. 하루 24시간 업무가 지속되고, 휴식시간에도 긴장의 끈을 놓을 수 없는 상황이 연속되어 이들이 받는 스트레스는 매우 높은 수준으로 지속되는 특징이 있다.

우리나라의 경찰 한 명당 담당하는 인구수는 직무환경의 열악함과 직무스트레스에도 불구하고 선진국에 비해 훨씬 많은 수준이다. 선진국의 경찰 한 명당 담당하는 인구수는 미국 205명, 프랑스 279명, 독일 313명 수준이다. 우리나라의 경우에는 2011년도 까지 줄곧 500명 선이 유지되다가 2012년도부터는 가까스로 400명 선으로 내려왔으며, 2019년 현재 422명 선이 유지되고 있다(경찰청, 2019).

[표 1-1] 경찰정원과 1인당 담당인구 수(경찰청, 2019)

구 분	2015	2016	2017	2018	2019
경찰 정원(명)	113,077	114,658	116,584	118,651	122,913
1인당 담당인구(명)	456	451	444	437	422

(2) 직무위험성

경찰은 국민의 생명과 재산을 보호하고, 사회질서유지라는 고유 업무를 수행하는 관계로 많은 범죄의 위험에 노출되어 트라우마 수준이 높게 나타나고 있다. 범죄사건을 수사하는 과정에서 목격하는 시체의 모습과 직무수행 과정에서 동료 경찰의 사망과 부상 등 많은 외상사건을 경험하는 관계로 일반 공무원에 비해 PTSD 발생률이 높은 수준이다.

위험한 도로 위에서 교통법규 위반차량 단속활동을 포함하여 강력사건이 일어나는 사건현장에 긴급 출동하여 임무를 수행해야 하는 직무의 위험성을 갖고 있다. 뿐만 아니라, 일상의 삶에서 일어나는 각종 생활사건을 해결하는 과정에서도 늘 직무 및 외상스트레스의 위험성을 안고 살아간다.

- 사망의 위험

경찰의 직무는 상대적으로 많은 근무시간과 과중한 업무량, 높은 업무강도 하에서 이루어져 직무수행 위험성이 높다. 경찰관의 순직 원인 중 과로사가 가장 많이 나타나는 이유는 이와 같은 직무의 위험성과 무관치 않다고 보여 진다. 경찰이 경험하는 사고의 위험성은 대체로 사건사고현장에서 발생한다.

교통사고를 처리하는 과정에서는 현장에서 2차 사고를 당할 위험이 있고, 범죄 용의자를 추적하는 과정에서는 그들이 지닌 칼이나 흉기에 의해 사망하기 까지 한다. 특히, 시위진압 과정에서 발생하는 경찰직무의 위험성은 다른 일반 공무원의 직무에서는 찾아볼 수 없는 특수한 위험요소에 해당한다.

지난 1993년에 서울 은평구 불광동 연신내 사거리에서 한총련의 불법시위를 진압하다 시위학생들의 집단폭력으로 경찰관이 사망하는 사건이 발생한 바 있었다. 2009년 용산 철거민 해산 과정에서도 경찰관이 사망하였다. 2016년에는 전자 팔찌를 끊고 도주하는 성폭력범을 쫓다 오패산 터널에서 범죄자의 사제 총에 맞아 경찰관이 사망하는 사건이 발생하는 등 경찰의 직무는 늘 사망의 위험성을 안고 살아간다.

• 부상의 위험

공무수행 중 많은 부상의 위험에 노출된 직업군 중의 하나가 경찰직이다. 범죄 가담자를 추적하던 차량이 전복되거나 범죄자를 체포하기 위해 쫓던 중 높은 건물에서 떨어지는 낙상사고가 발생하기도 한다. 범죄자 검거 시에는 물리적 충돌 가능성이 늘 상존하고, 교통질서위반과 음주단속 시에는 피단속자가 물리력을 행사하기도 한다. 순찰지구대에 불을 지르는 일이 발생되기도 하고, 차량을 몰고 파출소로 돌진하기도 하며, 건설장비로 파출소 건물을 부수는 사건을 저지르는 일이 발생하기도 한다.

이렇게 경찰은 직무수행 과정에서 다양한 신체적 위험에 노출되어 부상을 당할 위험성이 높다. 미국 경찰도 일반 공무원과 비교할 때 경찰관이 부상하는 비율이 높게 나타난 것으로 조사되었는데, 매년 경찰관의 15% 정도가 직무수행 중 폭행을 당하는 것으로 보고되었다(Clair, 2006).

• 재해의 위험

행정안전부는 지난 2005년에서 2010년 사이에 공무원연금 급여심의회에 청구된 재해급여 청구를 토대로 공무상 재해현황을 분석한 바 있다. 직종별 직무수행 위험성이 가장 높은 직업은 경찰직과 소방직으로 나타났다. 경찰과 소방직이 전체 재해급여 청구의 절반에 이르는 수준으로 가장 높게 나타났으며, 그 다음으로 일반직과 기능직, 교육직 순으로 나타났다.

외국 경찰의 우울 및 자살 연구

2008년 미국 경찰을 대상으로 우울 및 자살연구가 이루어졌다. 105명의 경찰을 대상으로 15가지 요인의 스트레스 회복능력척도를 사용하여 평가하였다. 연구결과 우울증이나 PTSD 증상이 있는 경찰의 경우에는 남성보다 여성 경찰관에게서 스트레스 회복력이 더 높게 나타났다(Andrew et al., 2008).

2012년 호주에서는 600여명의 경찰을 대상으로 우울증이 직무수행에 미치는 영향을 조사하였다. 조사결과 경찰관들은 일반인 집단과 마찬가지로 주관적인 행복감이 낮아질 때 우울 증상이 높아지는 양상을 보인 것으로 조사되었다(Lawson et al., 2012).

2. 직무 및 외상스트레스

일반적으로 경찰은 직무 및 외상스트레스에 자주 노출되기 때문에 외상사건을 경험하면 오히려 빨리 적응하여 스트레스를 덜 받을 것으로 생각하는 경향도 있다. 그러나 연구결과는 이와 반대로 외상사건을 많이 경험하고 트라우마 사건 경험의 충격이 클수록 심각한 PTSD 증상이 나타나는 것으로 보고되고 있다.

경찰이 경험하는 외상사건은 통상 일반 사람이 경험하지 못하는 사건이 대부분이며 심리사회적 피해가 큰 사건들이다. 경찰이 경험하는 사건은 주로 예상하지 못한 상태에서 갑자기 일어나며, 신체나 생명의 위협을 심각하게 받는다. 죽음과 같은 상실의 요소를 포함하며, 삶의 의미와 가치의 갑작스런 변화로 자신과 타인, 세상에 대한 믿음의 변화를 가져온다.

경찰 직무는 앞서 언급한대로 직무 자체의 특수성으로 외상사건에 항시 노출되어 있다. 우리나라 경찰관의 대부분은 직무수행 중 한번 이상은 외상사건을 경험하는 것으로 알려지고 있다. 가장 심각한 트라우마는 직무수행 과정에서 함께 일하는 동료가 사망하는 것을 목격하는 경우이다. 외국 경찰이 경험하는 외상사건은 시신을 목격하는 것과 총기사용, 교통사고에 의한 사망사고 등 생명과 관련된 사건이 대부분을 차지하고 있다.

경찰은 직무특성 상 경고 없이 위기상황과 맞닥뜨리는 경우가 흔하다. 충격적인 범죄사건에 쉽게 노출되는 관계로 심리적 고통을 겪는 것은 놀랄 만한 일이 아니다. 미국 경찰을 대상으로 직무수행 중 가장 큰 스트레스를 받는 경험에 대해 조사한 바 있었는데 동료경찰이 살해된 경우와 직무수행 중 동료 누군가가 사망하였을 때, 학대 받거나 살해당한 어린아이를 발견하였을 때 가장 스트레스를 많이 받는 것으로 조사되었다.

외국의 경찰을 대상으로 이루어진 그동안의 여러 연구에서는 공통적으로 범죄사건을 포함한 외상사건으로 PTSD를 겪는다고 보고하고 있다. 미국 경찰을 대상으로 한 연구에서는 연구대상자 중 34%가 폭력적인 외상사건을 경험할 때 가장 심한 스트레스를 받는 것으로 나타났다. 위기상황에 노출되었던 경찰을 대상으로 한 연구에서는 대략 7% 정도가 PTSD 환자로 진단되었고, 12~35% 정도는 PTSD 증상이 있는 것으로 조사되었다. 총기사고를 경험한 경찰을 대상으로 한 연구에서는 무려 46%가 PTSD 증상이 있는 것으로 밝혀졌다(심윤기, 2018).

외국경찰의 직무스트레스 연구

브라질 경찰청에서는 2009년 은퇴한 경찰관 418명을 대상으로 외상스트레스 요인과 삶의 만족도에 대한 조사를 하였다. 조사결과 상당수가 외상스트레스를 경험하는 것으로 조사되었는데 주된 스트레스 요인은 경찰국 내 타 부서와의 좋지 않은 관계와 개인 전문성에 침해 받는 경우로 나타났다. 삶의 만족도는 높은 스트레스를 받는 경우에 만족도가 낮게 나타나는 것으로 조사되었다. 2011년 핀란드 경찰청 연구에서는 신체적인 폭력을 당했을 때와 폭력에 대한 예기 불안이 스트레스의 주된 형태로 나타났다. 흉기나 무기에 의해 살해의 위협을 받은 경우에는 더 높은 정신적 스트레스를 경험한 것으로 조사되었다(Leino et al., 2011).

우리나라 경찰의 직무스트레스는 여자 경찰관이 남자 경찰관보다 스트레스 수준이 높게 나타나고 있고, 연령과 계급이 낮을수록 스트레스를 더 높게 지각하는 것으로 보고되고 있다. 기능별로는 직접 대민서비스 업무를 담당하는 경우에 스트레스 수준이 높게 나타나며 직무별로는 형사, 수사, 생활 안전 순으로 스트레스 수준이 높게 나타나고 있다(심윤기, 2018).

경찰이 스트레스를 받는 이유는 여러 가지인데 스트레스에 대한 직접적인 노출과 직무에 대한 불만, 낮은 보수가 영향을 미친다. 밤샘 근무와 같은 불규칙적인 근무와 잦은 교대, 직장 내 상사 및 동료와의 대인관계 갈등이 주로 스트레스를 받게 하고 있다. 직무를 수행하는 과정에서는 자신의 생명이 위협받는 상황과 직면하고 폭력적이거나 잔혹한 장면에 노출될 때 스트레스를 높게 경험한다.

우울을 경험한 경찰의 비율도 일반국민과 비교할 때 높은 수준이다. 1년 동안 지속적으로 2주 이상의 우울 증상을 느꼈는지에 대한 조사에서는 대상자 중 대략 35% 정도가 우울을 경험한 것으로 보고되었다. 연령별로는 50대에서 가장 높았고, 계급별로는 경위, 경장, 순경 순으로 나타났다. 근무지별로는 경찰청이나 경찰서에 비해 지구대나 파출소에서 근무하는 경찰이 더 많은 우울을 경험하고 있었다.

수면은 정신건강에 큰 영향을 미치는 것으로 알려져 있다. 경찰의 수면에 대한 조사에서는 대상자 중 수면하기가 어렵다고 말한 사람은 무려 절반 수준이나 되는 것으로 나타났다. 야간근무를 시작한 이후 수면에 문제가 많이 발생하였고, 수면문제가 한 달 이상 지속된 경우도 62% 정도나 되었다. 계급별로는 계급이 낮은 순경이 수면관련 문제를 가장 많이 경험하는 것으로 조사되었다(심윤기, 2018).

3. 정신건강관리체계

경찰공무원 보건안전 및 복지기본법 시행령에는 건강검진 및 정신건강검사 결과에 따라 치료가 필요하다고 인정되는 경우에는 해당 경찰공무원이 즉시 진료를 받을 수 있도록 조치해야 한다고 명시하고 있다. 경찰청장은 경찰공무원의 정신건강을 보호하고 이를 유지하기 위해 필요할 경우 대상자에게 필요한 검사를 받도록 할 수 있고, 민간 심리상담 전문기관에 정신건강상태 진단을 의뢰할 수 있다고 규정하고 있다. 현재 경찰이 운영하고 있는 직무스트레스와 트라우마 관리는 다음과 같은 두 가지 형태로 이루어지고 있다.

[표 1-2] 경찰의 정신건강관리제도(심윤기, 2018)

구분	민간위탁상담 제도	마음행동센터 제도
치료 선택	치료 희망자 자유선택	치료 희망자 자유선택
치료 대상	경찰공무원 전원	과학수사 경찰관 등 일부
치료자	용역상담업체 상담자	센터 전담 임상심리사
치료 장소	경찰관서, 외부상담소(100개소)	마음행동센터 내
치료 회수	1인당 최대 10회	횟수 제한 없음

1) 민간위탁상담제도

경찰은 격무에 의한 스트레스와 직무수행 간 외상사건에 자주 노출되어 정신건강에 심각한 위협을 받고 있다. 직무 및 외상스트레스에 노출될 때는 조직몰입과 직무만족도가 낮게 나타난다. 경찰의 민간위탁상담 제도는 이러한 정신건강관리의 필요성이 제기되어 만들어졌다.

이 제도는 경찰관의 심리적 안정을 통한 직무수행 보장을 위해 매년 공개경쟁입찰로 상담업체를 선정하여 운영하고 있다. 군(軍)과 같이 별도의 전문상담사를 고용해 그들에 의해 상담서비스를 제공하는 것이 아니라 민간전문기관과 상담용역계약을 맺어 상담서비스를 제공받는 방식을 채택하고 있다.

민간위탁상담 제도는 경찰청 복지정책과가 주관부서가 된다. 용역계약을 맺은 민간전문 상담기관은 직장인지원 프로그램(Employee Assistance Program: EAP)을 지원한다. 2010년에 최초로 3개관서 81명의 경찰공무원을 대상으로 이루어졌다. 2011년에는 17개 관서를 대상으로 시범적으로 운영되었으며, 2012년에는 6개지방청으로 확대 시행되었다.

2013년부터는 민간위탁상담제도 시행이 직무스트레스와 트라우마로 인한 질병 가능성을 크게 감소시킨 것으로 분석되어 전국의 경찰관서로 확대되었다. 개인상담은 경찰청 소속 전체 직원 및 직계, 동거가족을 대상으로 자유의사에 따라 자율적으로 이루어지고 있다. 상담신청이 이루어지면 상담위탁계약을 맺은 상담업체의 지사나 신청자가 원하는 장소에서 상담이 이루어진다. 필요시에는 배우자와 자녀도 이용이 가능하며 직원 1인당 최대 10회까지 상담이 가능하다. 2015년부터는 지원범위를 확대하여 연1회 상담을 의무화하고 있는 실정이다.

집단상담은 근무시간이 일정치 않아 정기적인 시간에 개인상담을 받기가 어렵고 상담에 대한 거부감이 큰 경찰관들이 쉽게 접근할 수 있도록 마련되었다. 이러한 집단상담은 조직원간 관계성을 증진하고 심리적 부담을 감소시키는 장점이 있다. 동료 경찰관의 말을 경청하고 관찰할 수 있는 기회가 자연스럽게 제공되어 합리적인 문제해결과정을 학습하는 데 큰 도움을 주고 있다.

개인상담과 집단상담은 평시 스트레스 고위험 부서를 대상으로 연간 관서별·교육과정별 수요조사를 통해 맞춤형으로 실시한다. 그러나 2인 이상 사망사고가 발생하였거나 교통사고, 강력사건으로 심하게 훼손된 시신이 있는 현장에 출동하는 경우, 어린이의 사망이나 동료 경찰의 죽음을 목격하는 경우, 총기피습에 의한 부상, 기타 정신건강에 대한 위험이 우려되는 사건이 발생하였을 경우에는 전문 심리상담사를 트라우마 사건현장 또는 근무지에 파견하여 긴급심리지원을 제공한다.

통합연계치료는 경찰 마음행동센터와 경찰교육기관 및 퇴직경찰지원 교육과정을 통합·연계하여 지원하는 제도이다. 개인 또는 집단상담 중 심층적인 심리검사와 치료가 필요한 경우에는 경찰 마음행동센터와 연계하여 치료를 받도록 지원하며, 경찰교육기관과 퇴직경찰관지원 교육과정 중에도 스트레스검사와 심리상담을 받을 수 있도록 통합치유과정을 구축하여 시행하고 있다.

경찰공무원 심리치료 경험조사

우리나라 경찰공무원이 외상 스트레스와 심리적 고통으로 트라우마 치료를 받은 경험은 13.1%로 저조한 수준이다. 치료를 받은 장소는 사설병원 5.3%, 경찰병원 1.5%, 전문상담소 0.8% 로 나타났다. 이와 관련하여 경찰관이 트라우마 스트레스 증상이 있는데도 불구하고 적절한 치료를 받지 못하여 가족관계에 심각한 갈등과 문제를 일으키고, 조기퇴직으로 이어진다는 연구결과도 함께 보고되었다(심윤기, 2018).

2) 마음행동센터

경찰은 직무특성 상 충격적인 사건현장을 수시로 목격하고 생명의 위협을 느끼는 상황에 반복적으로 노출되어 외상스트레스 수준이 높게 나타난다. 지난 2009년 용산 참사가 발생한 현장에 투입되었던 경찰관 중에서는 PTSD 증상으로 심각한 심리적 고통을 호소한 사람이 많았다. 세월호 사건이 발생한 지역에 지원나간 한 경찰관은 PTSD 증상으로 고통을 겪다 우울증이 심해져 진도대교에서 스스로 목숨을 끊는 사건이 발생되기도 하였다.

경찰은 이러한 외상사건의 잦은 경험과 PTSD 조사결과에 영향을 받아 2014년부터 전국에 있는 4곳(서울 · 부산 · 광주 · 대전)의 병원과 협약을 맺어 '트라우마 센터'를 운영하고 있다. 2017년부터는 '트라우마 센터'라는 이름이 주는 심리적 거부감을 줄이기 위해 경찰조직 자체 내부 공모와 전문가 심의를 거쳐 '마음행동센터'라는 새로운 명칭을 도입하여 사용하고 있다.

마음행동센터가 처음으로 시작된 것은 서울시 보라매 병원과 협약(2013. 6. 12)을 맺은 이후부터다. 같은 해 5개월 동안은 전국 모든 경찰과 서울 보라매병원 인근 5개 경찰서에 근무하는 경찰관 중에서 위험부서에 근무하는 자를 대상으로 의무상담에 대한 시범이 이루어졌다. 마음행동센터 이용자들은 상담 초기에는 다소 거부적인 태도를 보여 찾는 사람이 드물었지만 차츰 경계를 풀고 병원을 찾는 분위기가 정착되었다. 마음행동센터는 전국에 4개소를 권역별로 운영하여 자율상담과 강력사건 발생 건수가 많은 트라우마 위험부서를 대상으로 의무상담을 동시에 추진하고 있다.

일반병원에서는 PTSD 검사만을 위해 병원을 가더라도 정신과진료 접수를 반드시 해야 한다. 그러나 경찰의 마음행동센터는 센터 내에 전문상담사 1명을 전담 배치하여 정신과 진료접수 없이도 초기상담 및 검사를 받을 수 있도록 하여 접근성을 향상시켰다. 아울러 전문치료가 필요한 경우에는 해당 의료기관의 정신과 전문의에게 정밀검사와 약물치료를 연계하고 있다.

마음행동센터에서 치료받는 대상자는 심각한 외상사건을 직접 다루는 경찰관과 그 가족이 부상당했거나 사망한 자, 동료의 사망소식을 알게 되었거나 충격적이고 끔찍한 트라우마 사건에 반복적으로 노출된 경찰관을 대상으로 하고 있다. 트라우마 증상이 완치될 때까지 횟수에 관계없이 검사비와 치료비 전액은 경찰청 예산으로 지원한다. 특히, 개인정보보호법에 따라 비용정산을 위한 총 상담 및 치료 건수를 포함하여 개인정보에 해당하는 건강정보를 본인의 동의 없이 제공하지 못하도록 철저히 보호하고 있다.

[그림 1-2] 마음행동센터 이용 절차

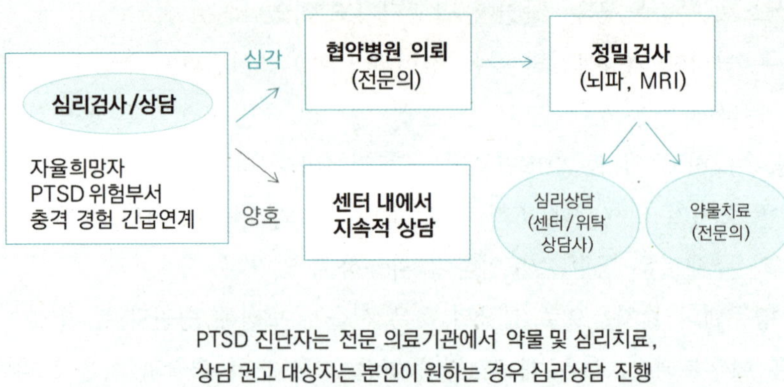

출처: 심윤기, 2018

제3절 군(軍)의 직무특성과 상담서비스체계

군은 계급과 직책을 바탕으로 전쟁과 국지전을 대비하는 조직이다. 유사시 국가와 국민을 위해 생명을 바치며, 어떠한 악조건이라도 스스로 문제를 해결해야 하는 국가방위의 최후보루 조직이다. 국가의 영토와 국민의 안위 그리고 주권을 수호하는데 있어 어떠한 빈틈과 허점도 용납하지 않는 조직이며, 상관의 명령에 절대 복종이 필요한 특수한 조직이다.

1. 조직의 특징

군이 존재하는 목적은 외부의 군사적 위협과 침략으로부터 국가를 방위하는 것이다. 국가로부터 부여받은 임무와 사명을 완수하기 위해 명령과 지시에 절대 복종이 필요한 조직이다. 전쟁의 불확실성과 극한 상황에서 일사불란한 지휘체계를 위해 명령에 대한 복종과 희생정신, 전우애와 단결이 요구되는 집단이다. 군(軍)은 국민의 군대로 국가를 방위하고 자유민주주의를 수호하며, 조국통일에 이바지함을 그 이념으로 하며, 국토방위의 의무수행을 신성한 사명으로 삼는다 (심윤기 등, 2021).

1) 임무와 기능

우리나라는 다른 나라와 다르게 언제 국가비상사태가 발생할지 모르는 준 전시상황에 있어 군은 국가보위의 기능을 최우선으로 한다. 외부의 적으로부터 국토를 방위하고 국민의 생명과 재산을 보호할 뿐만 아니라, 국제평화유지를 위해 일한다. 군은 궁극적으로 전쟁에서 승리하기 위해 존재하는 집단이다. 막강한 전투력을 유지함으로써 어떠한 세력도 우리의 안전을 위태롭게 하지 못하도록 사전에 도발을 억제하고 예방하는 임무를 수행한다.

군조직의 구조적 특징은 다음과 같다. 첫째, 임무완수의 절대성이다. 군의 모든 활동이 국가방위에 집중되어 있음을 의미한다. 국가방위의 임무달성이 실패했을 경우에는 국가의 존립 자체가 사라진다. 군의 임무완수가 절대적일 수밖에 없는 이유다. 군은 임무완수를 위해 강제적 권한을 행사할 수 있으며, 조직구성원은 그것을 당연히 수용해야 한다.

둘째, 군은 강제성과 규범성을 지닌다. 군은 개인의 기분에 따라 계급구조를 조정하거나 그 조직에서 탈퇴 또는 독립할 수 없다. 사회조직은 자유롭게 조직에서 탈퇴가 가능하고 출입의 자유를 갖지만 군은 일반인보다 강력한 규율과 통제 속에서 집단목표를 중시하므로 개인의 사적인 문제는 관심사가 될 수 없다. 그렇기에 통제된 생활 속에서 장병들의 불평불만이 발생할 수 있고, 일부 장병은 복무부적응이 발생되기도 한다.

셋째, 위계적 특성이다. 군은 강력하고도 철저한 상하서열의 명령체계를 가진다. 계급과 직책에 따라 권한과 책임이 부여되고 역할이 명확하게 부여되는 조직이다. 군에서 부여된 계급은 복종의 권력관계를 가늠하는 규범과 질서를 의미한다. 직책은 직무수행의 범위를 확정지어 주는 지위의 단계를 뜻하며, 권위는 이러한 계급과 직책으로 형성되는 개인적 위상 또는 특성을 말한다.

계급은 같으나 맡은 바 임무가 달라서 지위가 다를 수 있으며, 자기가 위치한 곳이나 직책에 따라 권위가 달라질 수 있다. 계급과 관련된 위계적 개념은 절대적 권위 밑에 편성된 관료제적 규율과 조직체계를 말하는 것으로 군이 전투를 위한 집단임을 고려할 때 절대적으로 지켜져야 하는 요소다.

넷째, 군은 집단성과 자족성을 가진다. 군 조직구성원은 일반 사회인과 달리 조직 일체감을 공유하는 집단의식을 지닌다. 이러한 집단의식은 병영생활과 교육훈련, 일상 활동 등을 통한 유대관계에서 형성되도록 구성원을 결속하고 공동체 의식이 발휘되도록 노력한다. 군은 임무수행에 필요한 자족기능도 갖추고 있다. 자체적인 정책결정기관과 사법기관, 환자를 관리하는 의무기관 등을 독립적으로 조직하여 운영하고 있다(심윤기 외, 2020).

2) 환경적 특징

군의 환경적 특징은 다음과 같은 몇 가지 요인으로 설명한다. 첫째, 심리적 환경특성이다. 군대는 유사시 생명의 위협을 무릅쓰고 전투를 수행하는 조직이다. 평시에는 실전과 같이 교육훈련을 하고 전시에는 죽음과 희생, 고통을 감수하며 위기를 극복한다. 이렇게 군 생활은 생명을 위협하는 요소가 가까이에 있다. 미래를 예측하기 어려운 극한 상황에 처할 수 있어 군 장병이 느끼는 불안과 긴장, 스트레스는 일반 사회인이 받는 스트레스 보다 훨씬 높은 수준이다.

입대 전 개인중심적인 가치관과 행동에 익숙한 장병들로서는 군 생활의 엄격한 규율과 복종에 대한 절대성, 집단적 행동요구에 심리적 구속을 느낄 수밖에 없다. 이러한 심리적 구속감은 적절히 해소되지 않을 경우, 군 적응을 어렵게 할 뿐만 아니라 각종 사건사고로 이어져 대군불신을 초래하기도 한다.

군대는 개인의 목표보다 조직의 목표가 우선하여 개인의 행동은 조직목표에 지향되도록 통제한다. 입대 전 개인이 지녔던 가치관과 생활태도는 억제될 수밖에 없으며, 군 복무기간을 인생의 공백이나 퇴보기간으로 생각하는 피해의식이 나타나기도 한다.

둘째, 문화적 환경특성이다. 병영문화는 국가관을 고취하고 계급과 권위를 존중하며, 희생정신과 전우애를 구축하는 긍정적인 측면이 있는 반면, 형식적이고 획일적이며 폐쇄적인 특징도 동시에 지니고 있다. 이 같은 이유로 군은 입대하는 장병의 의식구조와 가치관을 넓게 포용할 수 있는 건전하고 합리적인 워라밸 병영문화육성을 위해 혁신적인 노력을 기울이고 있다.

평일에도 장병들의 외출이 가능한 제도, 병영 내에서 개인휴대폰을 사용하는 제도와 같은 혁신은 장병을 지휘통솔하기 위한 합리성에 바탕을 둔 결과이며, 모든 장병이 사명감과 책임감을 갖고 자율적·창의적으로 복무한다는 가능성에 기반을 둔 조치이다.

셋째, 임무 및 업무환경의 특성이다. 군대는 임무수행을 위해 일정한 지역에 주둔하기 때문에 주거와 업무환경은 일반사회와 비교할 시 많은 차이점이 있다. 사회생활과 차단되고 공동체의 환경 안에서 군이 요구하는 집단행동을 하며, 사생활 보장이 어려워 위축된 생활을 한다.

군에서 수행하는 업무는 계급과 직책에 따라 다양하다. 전투준비와 교육훈련 그리고 일반 업무로 크게 구분한다. 이러한 업무는 어떠한 일이 있어도 반드시 정해진 시간에 끝내야 하는 신속성과 한 치의 오차도 허용하지 않는 정확성을 요구한다.

2. 문화적 특징

군대문화는 일반 사회문화와 다르다. 군대문화는 구성원에게 조직의 일체감을 조성하고 집단행동을 이끌며, 자신보다 더 큰 시스템인 조직에 집단적 몰입을 촉진시킨다. 뿐만 아니라 조직구성원의 안정성을 증진하는 도구로 작용한다 (국방부, 2013).

군에 입대한 장병들은 군대문화를 새롭게 접하면서 군 구성원으로서의 일체감과 집단응집력 등 특정한 요구를 받게 되는데, 이러한 요구가 개인에 따라서는 복무부적응으로 이어지기도 한다. 이런 점을 고려할 때 군 전문상담관은 군대문화에 대한 정확한 이해와 군대문화의 특징에 대한 다양한 식견을 갖고 부적응으로 힘들어 하는 장병에게 효율적인 조력과 도움을 제공할 수 있어야 한다. 군대문화는 다음과 같은 특징을 지니고 있다.

첫째, 권위주의 문화다. 군대는 다른 어떤 조직보다도 강한 관료적 성향의 권위주위 문화가 필요한 조직이다. 권위주의는 다른 사람의 의견에 관용적이고 수용적인 태도보다는 지배적인 태도를 취하며 부하에게는 복종의 태도를 기대하는 특성을 말한다.

군 조직은 임무 특성상 계급의 권위와 엄격한 규율로 유지되어야 하는 조직이다. 그러나 권위주의 하에서는 부하의 의견이나 자율성, 창의성, 책임감과 같은 조직발전을 위한 요소들이 위축되고 제한을 받을 위험성이 있다. 군 전문상담관은 이러한 점을 고려하여 군의 권위주의 문화를 존중하되 개인의 특성을 고려한 상담이 이루어지도록 조력할 수 있어야 한다.

둘째, 군대문화는 명예주의에 가치를 둔다. 군 조직은 규범에 의해 그 형식과 절차가 규정되고 이에 대한 가치평가도 규범적인 문화 척도에 따라 평가한다. 특히, 명예와 용기, 덕성 등의 정신적 가치에 역점을 두는데, 이러한 특징은 군 고유의 임무와 관련하여 죽음을 초월한 정의로운 군인의 삶을 살도록 이끌어준다.

필자가 사관학교 생도생활을 시작할 때 사관생도 명예신조를 학교연병장에서 전 학년이 함께 제창하곤 하였는데, 이 제도 역시 사관생도의 명예가 중요하기 때문에 시행한 제도였다. 이처럼 군인은 국가방위의 최후 보루로써 막중한 임무를 수행하고 있다는 사명감과 명예를 먹고 사는 존재이다.

[그림 1-3] 군대문화의 특징

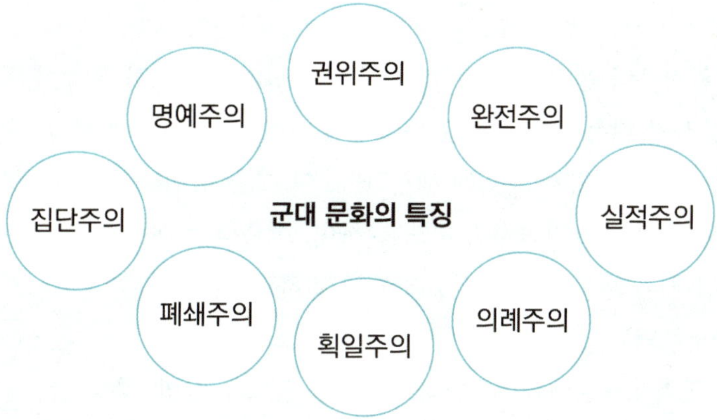

출처: 심윤기, 2016

셋째, 집단주의 특성이다. 군 조직은 근본적으로 개인보다 집단을 중요시하는 집단적 성격을 유지한다. 집단주의는 집단의 목표와 이념을 개인보다 우선하고 개인의 인격이나 인권 또는 권리 등을 집단에 예속시키는 특징이 있다. 국가방위라는 목표의 절대성과 명령에 대한 복종체계, 특수한 임무수행을 위해서는 집단주의 정신이 필수적이다(심윤기 외, 2017). 이러한 집단정신은 집단의 연대의식과 단체행동의 응집력을 강화시키며, 장병으로 하여금 공동체 의식을 공유토록 한다. 개인의 이익에 우선하여 집단의 이익을 중시하며, 때로는 집단을 위해 자기희생을 감수하는데 기여한다.

넷째, 군대문화는 폐쇄성의 특징을 지닌다. 폐쇄주의는 외부에 대하여 자기 내부 조직의 개방을 꺼리고 보안과 비밀을 중시하는 특징이 있다. 전투에서 승리할 수 있는 조건은 아군의 작전계획이 적에게 노출되지 않고 작전을 수행하는 것이다. 만약, 아군의 작전의도를 적들이 알게 된다면 그 작전은 실패했다고 해도 과언이 아니다. 군사정보에 대한 보안을 극도로 중시하는 이유로부터 폐쇄성의 문화가 출발하고 있다.

군 조직은 장병들에게 군사보안의 중요성을 주기적으로 강조하고 교육한다. 장병들 역시 부대훈련을 포함한 여러 가지 부대상황과 군사정보를 외부에 노출시키지 않으려고 노력한다. 군 전문상담관은 이러한 군대문화의 폐쇄적인 특징으로 말미암아 상담 장면에서 자기개방을 꺼리는 장병이 발생되지 않도록 주의해야 한다.

다섯째, 완전주의 문화의 특징이다. 군은 전쟁의 가능성을 염두에 두고 1%의 오차도 허용하지 않는 완전무결한 준비를 강조한다. 직무와 관련한 책임에 대해서도 매우 엄격한 잣대의 기준을 제시한다. 이 같은 완전주의는 군 조직의 목표달성을 위해 구성원을 전력질주 하도록 하며, 예측되는 대규모의 전쟁이나 소규모의 국지전에서 반드시 승리하기 위한 치밀하고 완전한 업무추진을 요구한다.

반면, 완전주의는 장병이 업무를 기피하고 보직변경을 요구하는 사례로 이어지게 하는 동기로 작용되기도 한다. 부적응 정도가 심할 경우에는 군무이탈과 자살시도까지도 영향을 미친다. 군 전문상담관은 이러한 점을 고려하여 완전주의 문화로 부적응을 호소하는 장병이 상담실을 찾아오게 되면 완전주의의 군대문화를 잘 이해시켜야 한다. 뿐만 아니라 적극적인 상담개입을 통해 지휘관에게 장병의 보직변경을 건의할 필요가 있다.

여섯째, 획일주의 문화다. 획일주의는 개인의 사고, 정서, 행동을 일정한 구조적인 틀에 인위적으로 규격화하는 것을 말한다. 군 조직은 획일성과 통일성이 요구되는 조직이다. 군이 추구해야 할 목표와 가치, 싸워야 할 적이 누구인지에 대한 명확한 통일성이 필요하기 때문이다.

지휘관 중심의 한 방향 한 목소리를 내야하는 단일체계와 일사불란한 업무처리를 위한 통제성의 용이 차원에서도 획일주의는 필요하다. 그러나 획일주의는 다양한 의견 수렴을 어렵게 하고, 이해 상충에 영향을 미치며, 가치관의 갈등을 수용하기 어려운 단점도 동시에 지니고 있다.

일곱째, 실적주의 문화다. 실적주의는 업무수행의 과정이나 절차보다는 결과와 형식을 더 중시한다. 최종 기한의 엄수를 명예로 생각하고 단기간 내 임무완수를 자랑스럽게 여긴다. 이러한 실적주의는 가시적인 분명한 목표를 제공하고 강력한 추진력이 발현되도록 하는 원동력으로 작용한다.

반면, 결과를 중시하기 때문에 정상적인 방법으로 일하는 것이 아니라 편법이나 요령이 동원될 위험성을 지니고 있다. 기필코 혹은 반드시 적을 이길 것을 강조하다 보니 내용과 과정, 절차 등을 간과할 우려가 있으며, 절차적 정당성과 공정성을 훼손할 위험성을 갖고 있다.

여덟째, 의례주의 문화다. 의례주의는 인간의 사회적 위치나 권위 혹은 위신을 지키고 체면을 유지하는 수단으로서 전통적 관습이나 선례 또는 의례를 중시하는 성향을 말한다. 군 조직의 전통적 관습이나 선례 또는 특유의 의례 등은 군 조직을 다른 조직과 명확히 구별시켜 주는 요소로서 이를 통해 내부적 단합과 강한 집단적 몰입을 창출한다. 그러나 한편으로는 자기중심적 자아보다는 체면이나 위신 또는 타인의 평가 속에서 외부 지향적 자아를 강조하며 형식이나 외형을 강조하기 때문에 실질적인 자아를 기초로 하는 주체적 성격의 발전이 저해될 우려도 있다.

군대는 아차 하는 순간 생명을 앗아갈 수 있는 급박한 상황이 존재한다. 그래서 상급자의 명령과 지시에 절대적으로 복종하는 것은 조직구성원 전체의 생명과 안전을 위해 지극히 필요하다. 하지만 하급자의 인격과 기본권을 무시하고 계급과 권위의 정당성만을 강조하는 일이 반복되는 것은 오히려 전투력을 약화시킨다.

구태의연하고 과거지향적인 군대문화는 입대하는 젊은 청년들 스스로 결코 가고 싶지 않은 곳으로 인식하고, 국민들에게는 군에 대한 불신을 가져다줘 내 자식만은 결코 보내고 싶지 않은 곳으로 인식할 수 있다는 점을 명심할 필요가 있다.

3. 직무특성과 스트레스

군인은 긴박한 상황에 자주 노출되는 특수한 환경에서 일하는 관계로 직무스트레스와 전장스트레스를 경험한다. 군 장병이 스트레스를 겪을 때 위험한 이유는 그들이 총기탄약과 같은 대량 살상무기를 취급하고 있다는 점 때문이다. 위험한 대량 살상무기를 다루는 장병이 스트레스로 정서조절의 어려움과 대인관계 갈등을 겪게 될 경우에는 개인뿐만 아니라 부대 전체로까지 그 피해가 크게 미친다.

군은 그동안 직무스트레스와 전장스트레스의 실체와 피해의 심각성을 잘 이해하지 못하였다. 정신질환에 대한 편견으로 적절한 진단과 치료가 제대로 이루어지지 않았으며, 스트레스 해소에 대한 경험적 지식도 제대로 갖추고 있지 않았다.

그 결과 군 장병 대부분은 직무스트레스와 전장스트레스에 대한 인식과 치료의 중요성을 공감하지 못하였고 정신력이 약해서 나타나는 문제 정도로만 여겼다.

[표 1-3] 직무스트레스 요인

스트레스 요인	세부 내용
구조적 요인	명령에 의한 통제, 수직적 의사결정, 위계질서요구. 집단적 행동통제
문화적 요인	과도한 권위주의, 폐쇄주의, 획일주의, 완전주의, 실적주의 영향 등
직무적 요인	과중한 업무수행요구, 완벽한 업무수행요구, 과도한 헌신과 희생 요구
관계적 요인	계급과 보직에 의한 수직적 대인관계, 개인의 다양성 및 자율성 존중 부족
상급자 요인	지휘관의 독선과 아집, 상급자의 지시 모순, 비인권적 리더십 등

베트남 전 참전 이래 우리나라는 지금까지 세계 여러 나라에 많은 부대를 파병하고 있다. 소말리아와 앙골라, 동티모르에 파병된 상록수부대를 포함하여 아프가니스탄에는 동의부대와 다산부대, 오쉬노부대를 파병하였다. 그리고 아이티에는 단비부대를 파병하였으며, 이라크에는 서희부대와 제마부대 및 자이툰부대가 그리고 레바논에는 동명부대가 유엔평화유지군 임무를 수행하였다.

전장(Battle field)은 작전이 이루어지는 지역 또는 전투행위가 전개되는 장소를 일컫는데 해상과 공중도 예외가 되지 않는다. 전장은 기상뿐만 아니라 전개되는 작전상황이 시시각각으로 변하기 때문에 항상 생명의 위협을 받다. 전장에서 발생하는 예기치 못한 자살폭탄 테러나 지역주민의 의심스러운 행동은 불안과 공포, 두려움을 느끼게 한다.

전장에서 스트레스를 발생시키는 요인은 다양하다. 어떤 직무이건 간에 스트레스를 일으키는 일차적인 원인은 대부분 직무 그 자체에 존재하는 열악한 조건과 함께 분명하고 명확하지 않은 역할 등 내재적인 요인이 작용한다. 일반 업무수행에서 발생하는 직무스트레스나 전장에서 발생하는 전장스트레스 역시 모두 개인이 소속된 조직과 직무 자체에서 발생한다. 수행하는 직무나 조직 내 상황의 내재적 원인에 의해 비롯된 스트레스가 개인적 특성이나 조직의 외재적 요인에 의해 심화되고 이것이 심리적 증상으로 발현한다.

2002년 발생한 서해교전과 2005년 연천 GP총기난사사건을 통해 본 군의 전장스트레스 관리는 미숙한 한계를 벗어나지 못한 상태였다. 전장스트레스 피해자들은 전역 후에도 여전히 트라우마로 고통 받고 살아가고 있다는 사실이 언론을 통해 알려지면서 전장스트레스에 대한 관심이 높아지기 시작하였다.

그러나 2010년 발생한 천안함 폭침사건에서도 군의 전장스트레스 관리는 개선되지 않은 모습을 보여주었다. 그 결과 폭침사건에서 살아남은 생존 장병 58명은 정신적인 충격과 심리적 고통에서 벗어나지 못하였고 대다수의 생존 장병들이 PTSD 증상을 경험하였다. 그 당시 PTSD 고위험군 판정을 받은 한 전역병사의 말에 따르면 전역 후 PTSD 치료를 어떻게 받아야 하는지 알지 못하였고 설명을 해주는 사람도 없었다고 진술하였다. 그는 하는 수 없이 트라우마 치료를 위해 국군수도통합병원을 방문하였으나 치료가 아닌 조사를 받는 느낌이 들어 하는 수 없이 치료를 포기하고 자비를 들여 민간병원을 다녔다고 한다.

군 복무 중 발생한 사건으로 전장스트레스를 경험하여 트라우마로 정신적 고통을 받고 있는 장병들이 적절한 치료를 받지 못하고 있다는 것은 결코 있어서

PTSD에 시달리는 군견

전쟁터에서 일한 군견(軍犬) 조차도 PTSD를 겪는다는 보고가 나왔다. 미국 텍사스 주 공군기지에 있는 군견병원의 월터 버가트 박사는 이라크와 아프간 전쟁에 참전한 650마리의 군견들 중 약 5% 정도가 전쟁경험에서 오는 신경과민 상태인 'Dog PTSD'를 겪는다고 뉴욕타임스를 통해 밝혔다. 버가트 박사에 따르면 군견들은 전장에서 주로 폭발물을 탐지하거나 적을 찾아내는 데, 일부는 임무수행과정에서 총성이나 폭발, 폭력 상황에 노출된 후 행동 장애를 겪으며, 지나치게 공격적으로 변한다고 한다.

또 어떤 군견은 주인으로부터 떨어지지 않으려고 구석에 숨고, 훈련받은 행동을 하지 않으려고 한다는 것이다. 그래서 버가트 박사는 가끔 정찰활동에서 군견들을 열외 시켜 쉬게 하거나 운동을 시키고, 재미있게 노는 시간을 주는 치료방법을 사용하고 있다고 한다. 일부 군견에게는 PTSD를 겪는 사람에게 사용하는 똑같은 약물을 처방하고 있다고 한다(연합뉴스, 2011.12.3).

는 안 될 일이다. 전역한 장병들이 자비로 민간병원에서 치료를 받고 있다는 사실은 조국을 위해 온몸을 바친 국군장병들에게 보여서는 안 될 국가의 무책임과 무관심이 아닐 수 없다.

4. 정신건강관리체계

세계 역사상 유례를 찾아보기 힘들 정도로 빠른 시간에 산업화와 민주화를 동시에 이룬 우리나라는 군사력 건설 측면에서도 괄목할만한 발전을 이루었다. 그러나 그 과정에서 보여준 군의 정신건강관리는 매우 미흡한 수준이었다. 군 심리상담과 관련된 정책과 제도발전, 연구, 교육·치료·예방, 현장관리에 이르기까지 제반 분야의 정책적 발전이 제대로 이루어지지 않았다. 그러나 다행한 것은 2005년도부터 군 전문상담제도를 도입하여 시행하고 있는 점이다

1) 군 상담의 분야

군상담은 주로 개인상담이 주로 이루어지고 있으니 학문적 연구는 활발하지 않은 실정이다. 군 집단상담은 병영캠프인 힐링캠프와 그린캠프에서 주로 다루어지고 있으며, 일부 야전부대에서 부대 여건에 따라 외부 전문상담관의 주관으로 시행되고 있다(심윤기, 2016). 군상담의 분야는 일반사회에서 이루어지는 상담분야와 별반 다르지 않다. 다만 군은 일반사회와 다른 특수한 환경과 문화가 존

[그림 1-4] 군상담의 분야

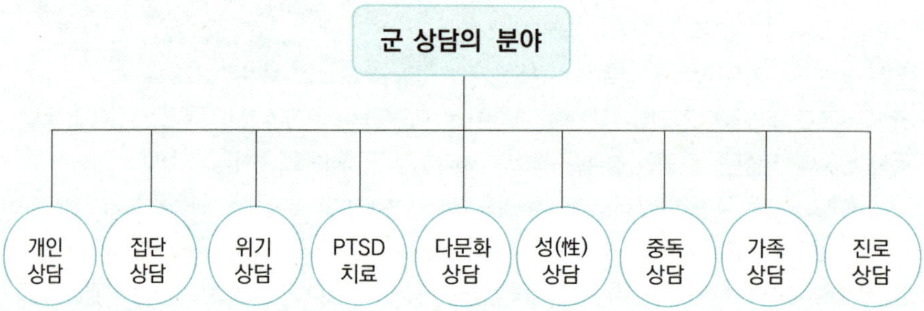

출처: 심윤기, 2016

재하는 관계로 일반사회에서 다루어지는 상담방법론은 군 상황에 그대로 적용하는 것은 한계가 있다.

군상담은 크게 전문가상담과 간부상담(리더)으로 구분한다. 간부상담은 도움이 필요한 부하를 대상으로 면담이나 지휘조치의 한 방법으로 부하의 사회복지적인 측면의 문제해결을 도와주는 과정으로 이루어진다. 지휘관(자)과 부지휘관(자), 행정보급관, 주임원사, 참모 간부 등이 주로 상담을 주관한다.

전문가상담은 여러 상담이론을 잘 이해하고 군 조직의 특수성을 고려한 과학적이고 전문적인 방법으로 상담을 진행하는 과정을 말한다. 이러한 전문가상담은 심리적, 대인관계의 문제로 부적응을 보이는 장병을 주로 조력하며, 전문상담관과 군종장교, 군의관 등이 주관한다. 육군본부에서는 군 상담을 다음과 같이 간부(리더) 영역의 상담과 전문가 영역의 상담으로 구분하고 있다.

[그림 1-5] 군상담의 영역

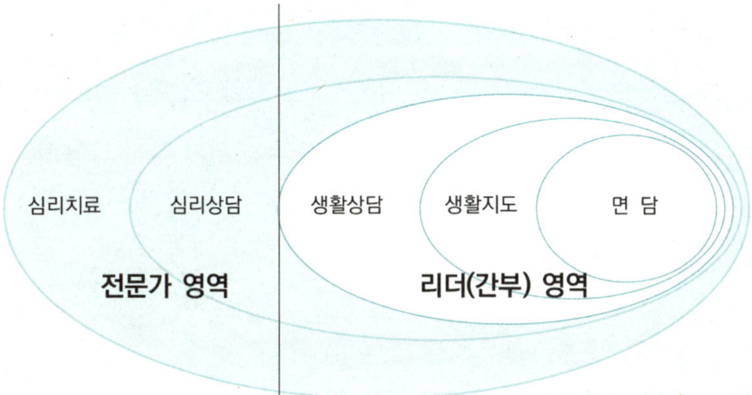

출처: 육군본부, 2009

2) 군 전문상담관제도

군은 장병의 복무부적응과 사고예방, 인권보장과 복지, 병영문화개선을 위해 2005년부터 전문상담제도를 시행하고 있다. 민간부문에서 제기한 병사의 전문적 정신상담청구권을 보장하면서 장병의 심리적 고충처리와 복무부적응 장병에 대한 상담기능을 강화하려는 목적으로 도입하였다. 이 제도가 도입된 결정적인 계기는 2005년 발생한 훈련소 인분가혹행위사건과 같은 해 6월에 발생한 전방 GP총기난사사건이다. 이 두 사건을 통해 군 전문상담제도의 필요성이 크게 대두되었다.

(1) 전문상담관의 유형

군은 전문상담인력 확보 및 운영계획을 수립하고 전문가 토의를 거친 후, 전문상담제도를 운영하였다. 처음에는 기본권 전문상담관이라는 명칭을 사용하였으나 이후, 병영생활 전문상담관으로 명칭을 변경하여 현재에 이르고 있다. 전문상담관의 유형은 병영생활전문 상담관, 생명의전화 상담관, 병역심사관리대 상담관, 성(性)고충 상담관 등 크게 4가지 형태로 운영하고 있다(심윤기 등, 2020).

[표 1-4] 군 전문상담관의 유형

유 형	내 용
병영생활전문 상담관	심리적 고충 해결 현장위주 상담지원
생명의 전화 상담관	장병의 자살 및 위기 위주 전화상담
병역심사관리대 상담관	병역심사대 입소자 관찰 및 임상평가
性고충 전문상담관	性고충 신고접수 및 성 상담

(2) 전문상담관의 운영

전문상담제도가 군에 도입된 2005년에는 9명의 전문상담관(민간출신 3명, 군 출신 6명)이 채용되었다. 그리고 2007년에는 14명, 2008년 24명, 2009년 65명, 2010년과 2011년 각 36명씩을 선발하여 배치하였으며, 2016년 320여 명, 2022년 현재는 660여 명의 전문상담관이 각 부대에 배치되어 운영되고 있다.

[표 1-5] 연도별 군 전문상담관 운용인력(심윤기 등, 2021)

연도	'05~'06	'07	'08	'09~'10	'11	'12	'13	'14	'15	'20
인원	9명	20명	42명	106명	95명	148명	199명	267명	319명	660명

육군에서는 신병교육대, 각 사단 및 연대, 군사령부의 병역심사대, 육군수사단의 생명의 전화 상담관으로 활용되고 있으며, 해군과 해병대에서는 사령부와 함대사급 그리고 사단(여단)급에서 운영하고 있다. 공군에서는 각 사령부급(비행단) 장병들을 대상으로 군 생활적응과 위기상담을 담당하고 있다.

최초 군전문상담제도 운영시험은 2005년 7월에 시작되었다. 군 출신 6명과 민간출신 3명의 상담관을 육군과 해병대에서 각각 시험적으로 운영하였으며, 이때 군 출신은 군 경력 10년 이상자를 그리고 민간출신은 순수 민간상담 전문가를 선발하였다. 그리고 육군의 1 · 3군 예하 전방 사단 1개 부대와 2작전사 예하 1개 부대에 각각 배치하여 운영하였으며, 해병대는 전방사단에 배치하여 운영하였다. 2008년부터는 전 군으로 확대하여 운영인원을 증가시켰다.

3) 병영캠프제도 운영

군 병영캠프제도는 국방부 자체적으로 정책의 필요성을 인식하여 시행된 것이 아니다. 지금은 해체되어 없어진 육군 1군사령부에서 자체적으로 캠프제도를 만들어 시행한 것이 계기가 되었으며, 이후 육군의 전 부대로 확산된 역사적 배경을 갖고 있다. 2007년부터는 기존에 운영되던 캠프와는 별도로 새로운 캠프를 추가로 만들어 2개의 캠프가 사단에서 운영되었다. 군단에서도 별도의 캠프를 만들어 운영하였으며, 연대 및 여단급 부대에서도 자체적으로 캠프를 운영하는 등 많은 캠프들이 중복되어 운영되었다.

그 결과 사단과 군단에서 각각 운영되던 3개의 캠프를 포함하여 각급 제대에서 중복 운영되던 여러 캠프의 문제점을 개선해야 한다는 의견이 모아져 캠프통합이 이루어졌다. 사단은 1개의 캠프만 운영하되 캠프의 이름을 '힐링캠프'로 사용하기로 결정하였으며, 군단에서도 1개의 캠프를 운영하되 '그린캠프'라는 명칭을 사용하는 것으로 결정하였다.

육군의 각 부대에서는 신인성검사 결과와 전문상담관에 의한 상담결과, 간부에 의한 행동관찰 등을 통해 장병의 복무부적응을 지속적으로 관찰하고 분석하였다. 복무부적응 증상을 보이는 장병은 1차적으로 사단의 힐링캠프에 입소토록 조치하였다. 힐링캠프에서는 정해진 2주의 기간 동안 적응교육과 심층상담이 이루어지며, 증세가 완화되고 적응력이 회복되면 자대복귀 시키는 것으로 제도가 운영되었다.

반면, 적응력이 향상되지 않거나 오히려 악화된 장병은 2차적으로 군단 그린캠프에 입소토록 하여 적응력을 회복하도록 조력하였으나 부적응 증상이 호전되거나 완화되지 않을 경우에는 군사령부의 병역심사대에서 전역 여부를 결정하였다.

CHAPTER
02

상담이론의 이해와 적용

제1절 정신분석적 상담이론

정신분석은 지그문트 프로이트(Sigmund Freud)가 창시한 이론이다. 정신(psycho)과 분석(analysis)의 합성어인 정신분석의 용어는 프로이트가 1896년부터 사용하였는데 이때를 정신분석의 출발점으로 본다. 초기에는 프로이트가 히스테리 등 신경증 치료를 위한 최면에 관심을 가졌으나 이후에는 자신의 이야기를 떠오르는 대로 자유롭게 이야기하는 자유연상이 치료에 더 도움이 된다는 사실을 알게 되면서 이를 적극적으로 활용하였다.

정신분석은 문제증상의 원인이 되는 무의식적인 동기를 분석하여 이를 깨닫도록 함으로써 새로운 통합과 치유에 이르게 하는 이론이다. 그는 어린 시절의 경험이 성격 형성에 지대한 영향을 미친다고 주장하였으며 정신적 결정론과 무의식적 동기를 강조하였다(Freud, 1915).

1. 인간에 대한 기본관점

프로이트는 인간을 비관적이고 결정론적이며 환원론적 관점에서 바라보았다. 인간은 근본적으로 비도덕적이고 비합리성을 지니고 태어나기 때문에 긍정적인 존재하고는 거리가 멀다는 입장을 견지하였다. 인간은 생물학적 욕구와 충동의 지배를 받는 부정적인 존재이며, 인간의 행동이 무의식적 동기 및 어릴 적 경험에 의해 결정된다고 주장하였다(Freud, 1915). 이러한 프로이트의 인간관이 성립하는 데에는 정신적 결정론과 무의식적 동기라는 두 가지 기본가정을 전제로 한다.

1) 정신적 결정론(psychic determinism)

프로이트에 따르면 아무런 원인도 없는 현상이 저절로 발생하는 일이란 결코 없다고 단언한다. 자연현상과 마찬가지로 인간의 정신현상도 우연히 일어나는 일은 결코 없으며, 반드시 선행사건이라는 원인이 작용한다고 말한다. 단지 자신이 모르고 있을 뿐이지 그 어떤 힘이 작용하기 때문에 기쁘고, 슬프고, 괴롭고, 힘든 것을 느끼는 것이라고 주장한다. 이러한 정신적 결정론은 특히, 7세 이전의 성(性)과 관련된 심리적 외상으로 개인 성격이 형성되거나 신경증적 증상으로 나타난다고 말한다.

정신적 결정론의 관점에서 보면 사람이 겪는 심리적인 문제는 그 사람 정신의 내부에 존재하는 어떤 원인이 작용한 결과로 여긴다. 어떤 심리내적 원인이 멈추지 않는 한 심리적 증상도 멈추지 않으며, 그 원인이 멈출 때에야 비로소 심리적 건강을 찾을 수 있다고 설명하고 있다.

2) 무의식적 동기(unconscious motivation)

우리는 '빙산(氷山)의 일각(一角)'이라는 말을 사용할 때가 있다. 바나에 떠있는 빙산은 전체의 일부분에 지나지 않는다는 것을 말할 때 사용한다. 겉으로 보기에는 떠 있는 것이 전부인 것처럼 보이지만 실제로 빙산의 대부분은 수면 밑에 가라앉아 있다. 이와 같이 우리의 눈에는 겉으로 드러난 것만 보이고, 속에 숨겨진 것은 보이지 않는 것처럼 인간의 마음도 이와 동일하다고 주장한다. 인간의 마음에 있는 것 중 본인이 스스로 알고 있는 부분을 의식이라 하고, 자신의 내부에 존재하지만 이를 스스로 깨닫지 못하고 있는 부분을 무의식이라고 설명하고 있다.

2. 주요 개념

1) 인간의 의식수준

의식은 어떤 순간에 우리가 알거나 느낄 수 있는 모든 경험과 감각을 말한다. 지각과 활동을 통해 외부세계와 접촉함과 동시에 꿈·심상·사고 등과 같은 개인의 내적 세계와 접촉하는 것을 의미한다. 이러한 의식은 정신분석에서는 수면 위에 떠오른 빙산의 일각에 지나지 않으며 정신의 중심이 결코 아니라고 말한다.

전의식은 어느 순간에 있어서는 의식적이 되지 않으나 조금만 노력하면 알 수 있는 기억을 의미한다. 지난 일을 돌이켜 생각해 보면 알 수 있는 것들이다. 지금의 의식 속에는 없지만 기억과 회상의 노력을 통해 의식으로 상기할 수 있는 정신세계의 일부분을 뜻한다. 이러한 전의식은 알고 있는 의식과 알지 못하는 무의식을 연결해 주는 통로역할을 한다고 정신분석에서는 설명하고 있다.

무의식은 정신세계의 가장 깊은 곳에 감추어져 있는 빙산의 아랫부분이다. 정신세계의 가장 하부에 존재하는 기억하지 못하고 알지 못하는 영역이라고 말한다. 프로이트는 이곳이 본능과 충동, 억압된 관념이 잠재되어 있는 곳으로 규정하며 이러한 무의식이 인간의 모든 정신활동을 주관하고 있다고 주장한다.

2) 성격의 구조

원초아(id)는 세상에 태어날 때부터 가지고 태어나는 생득적인 정신에너지의 근원이며, 전 생애동안 성격의 기초가 되는 요인이다. 이러한 원초아는 성욕, 공격성과 같은 충동을 일으키는 정신에너지로 억압을 무시하고 인내하지 못하며 즉각적으로 방출하는 등 본능과 쾌락의 원칙에 따라 움직인다.

자아(ego)는 원초아와 다르게 현실원칙에 따라 작동한다. 외부 현실과 초자아의 통제를 고려하여 원초아의 욕구를 충족시키는 정신기제다. 원초아가 가진 본능적인 욕구와 충동을 사회적으로 용인할 수 있는 조건으로 성숙될 때까지 지연시켜 만족을 얻으려는 성격의 집행자다.

초자아(super-ego)는 현실보다는 이상을, 쾌락보다는 완벽을 추구하며 양심과 자아 이상을 지닌다. 초자아의 기능은 사회가 용납하지 않는 원초아의 성적·공격적 충동을 억제한다. 현실적인 목표를 도덕적인 목표로 전환하도록 자아를 설득하고 이상과 완벽을 추구한다.

3) 본능과 불안

프로이트는 인간의 본능을 삶의 본능과 죽음의 본능으로 규정하고 있다. 삶의 본능은 생물학적인 삶을 살아가는 힘으로 배고픔과 성적 충동 등을 말한다. 죽음의 본능은 인간의 부정적·파괴적인 힘으로 살인과 전쟁, 자살 등을 일으키는 데 영향을 준다.

불안은 현실적 불안과 신경증적 불안 그리고 도덕적 불안으로 구분한다. 이 중 현실적 불안은 위협에 대한 정서적 반응 또는 외적 환경에서 오는 위협을 지각할 때 나타나는 불안을 의미한다. 신경증적 불안은 원초아의 충동이 의식화될 것이라는 위협에 따라 생기는 반응이다. 도덕적 불안은 자아가 초자아로부터 위협을 받을 때 일어나는 정서반응으로 자아가 죄책감과 수치감을 경험하고 양심으로부터 위험을 인식할 때 발생하는 불안을 말한다.

4) 자아의 방어기제

자아가 불안을 합리적인 방법으로 해결하지 못할 때 현실을 부정하거나 왜곡하며 무의식적으로 불안을 제거하려고 노력하는데 이를 방어기제라고 한다. 방어기제는 다음과 같은 요인이 있다.

- 억압: 불안을 야기하는 충동 및 기억을 의식으로 떠오르지 못하도록 누르는 것
- 투사: 개인이 받아들일 수 없을 때 무의식적으로 타인과 환경의 탓으로 돌리는 것
- 고착: 발달단계의 어느 한 시기에 고정되어 그 이후의 발달이 멈추는 것
- 격리: 고통스러운 생각이나 기억을 그와 수반된 감정과 분리시키는 것
- 동일시: 다른 사람의 것을 받아들여 자신의 한 부분으로 합치는 것
- 승화: 정서적 긴장, 충동을 사회적으로 인정될 수 있는 행동방식으로 바꾸는 것
- 반동형성: 불안을 일으키는 성적·공격적 충동, 생각, 감정을 억제하지 않고

의식의 수준에서 그 반대의 태도를 취하는 것

- 내면화: 개인이 어떤 사람이나 대상에 대한 감정을 버리고 상상된 형태의 신념과 가치관을 내면적으로 자기 것으로 받아들이는 것
- 퇴행: 생의 초기에 사용했던 생각, 감정, 행동에 의지하여 자기 자신의 불안이나 위협을 해소하려는 것

5) 심리성적 발달단계

심리성적 발달단계는 구순기, 항문기, 남근기, 잠복기, 생식기 등으로 구분하는데, 이를 제시하면 다음과 같다.

[표 2-1] 심리성적 발달단계

구 분	내 용
구순기	출생부터 생후 18개월 사이에 해당되며, 구순이 쾌락의 주요 원천이다. 입으로 빨고, 삼키고, 깨무는 자극을 통하여 쾌감을 얻으려고 한다.
항문기	생후 18개월에서 3세에 해당하는 시기로 항문이 성적으로 가장 흥분되는 신체 부위가 된다. 배설물을 보유하거나 방출함으로써 쾌감을 얻으려고 한다.
남근기	4~5세 사이에 아동의 리비도적 관심이 새로운 성감대인 생식기로 옮겨가는 시기다. 남아는 오이디푸스 콤플렉스를, 여아는 엘렉트라 콤플렉스를 경험한다.
잠복기	6세부터 사춘기까지의 기간으로 성적인 수면상태에 해당하는 시기다. 이때는 리비도가 무의식 속에 억압되어 잠복상태에 놓여 있어 안정상태를 유지한다.
생식기	사춘기가 되면 생식기관이 발달하고 성(性)호르몬의 분비가 많아지면서 성적 충동을 현실적으로 수행할 신체적·생리적 능력을 갖추는 시기다.

3. 심리적 문제의 원인

정신분석에서는 심리적 갈등과 문제의 원인을 다음과 같이 몇 가지로 설명한다. 첫째, 무의식에 억압된 감정과 욕구에서 기인한다고 여긴다. 의식 중에 있는

위험한 기억과 감정, 생각 등이 억지로 무의식으로 들어가고, 이것이 다시 의식 밖으로 나오지 못하도록 억압하는 데서 문제가 발생한다고 본다. 억압은 고통스러운 생각을 누르기 위한 방어기제로 불안을 회피하는 하나의 방식이며, 위협적이거나 고통스러운 감정을 의식하지 못하게 하는 수단이다. 이렇게 무의식적 충동이 표출되지 않도록 차단하여 의식할 수 없도록 만드는 것이 심리적인 문제를 발생시킨다고 여긴다.

둘째, 정신분석에서는 인간의 마음을 원초아·자아·초자아로 구분하는데, 이들 간의 균형이 깨어질 때 심리적 문제가 발생한다고 말한다. 원초아(id)는 본능적인 욕구를 추구하고 이를 즉각적으로 충족하고자 하며 쾌락의 원리에 따라 움직인다. 초자아는 이와 반대로 바람직하고 이상적인 것을 추구한다. 원초아와 초자아는 이렇게 추구하는 것이 상대적이라서 충돌하게 된다. 이때 자아는 원초아와 초자아의 충돌을 피하고 균형을 유지하기 위해 원초아의 욕구를 고려하면서도 초자아의 압력을 수용하는 방법을 찾아내어, 이 둘 간의 갈등을 적절한 수준에서 해결하도록 노력한다. 그러나 이러한 갈등을 중재하는 자아가 힘이 부족하면 원초아 또는 초자아로 에너지가 쏠려 심리적 갈등이 일어난다고 본다.

셋째, 정신분석은 유아기의 성(性)과 관련된 충격적인 외상이 존재할 경우에 심리적 문제가 발생한다고 여긴다. 본래 어린 아이들은 약한 존재라서 따뜻한 돌봄과 관심과 애정과 보호가 필요하다. 그러나 방임되거나 버림받거나 또는 성적인 외상을 경험하면 이후의 삶 속에서 심리적 문제증상이 나타난다고 설명한다.

4. 이론의 적용

1) 상담의 목표

정신분석상담의 일반적인 목표는 내담자의 증상과 관련된 무의식을 의식화하고 성격 구조 중 자아의 기능을 강화하여 현실에서 보다 잘 적응할 수 있도록 조력하는 것이다. 이를 위해 내담자의 억압된 감정이나 충동을 자유롭게 표현하도록 돕는 것이 중요하다. 이드의 충동과 초자아의 압력을 적절히 조절하고 통제하는 자아기능을 강화하여 자아가 자신을 주도하고 조직생활에 잘 적응하도록 조력하는 데 목표를 둔다.

2) 상담의 과정

정신분석의 상담과정은 일반 상담과정과 크게 다르지 않다. 내담자의 무의식 속에 억압되어 있는 생각과 감정, 경험을 무의식 밖으로 꺼내 내담자가 그것을 인식하고, 이해하고, 수용하도록 조력한다. 내담자가 꿈 분석이나 자유연상을 통해 언급한 무의식의 단서를 종합적으로 탐색한 다음, 내담자 스스로 자신의 문제를 이해하는 시점에서 그 의미를 해석한다.

내담자가 어린 시절 부모와의 관계에서 경험한 감정이 상담자와의 관계에서 전이가 나타나도록 조력하며, 전이 분석을 통해 내담자가 부모와의 관계에서 경험했던 정서적인 갈등이 무엇인지 그리고 그것이 현재 생활에 어떤 영향을 주고 있는지를 깨닫도록 한다. 주의해야 할 사항은 내담자가 자신의 문제에 대한 통찰을 얻었다 해도 일순간에 많은 변화가 이루어지는 것은 아니기 때문에 지속적인 통찰이 반복해서 일어나도록 훈련과정을 반복하는 것이 중요하다.

3) 상담 기법

(1) 자유연상(free association)

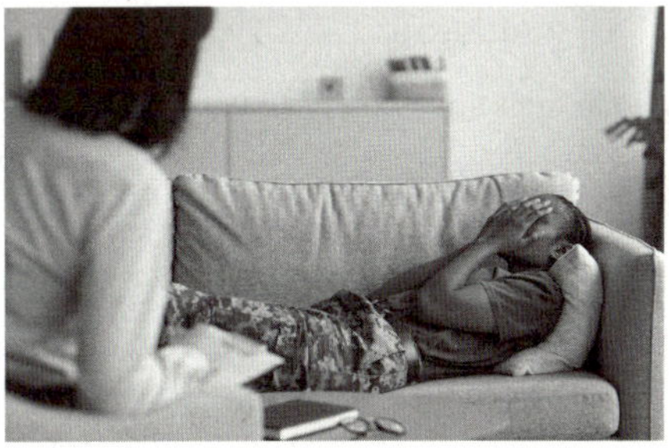

자유연상이란 내담자로 하여금 아무리 부끄러운 것이라 할지라도 마음속에 떠오르는 것이면 무엇이든 이야기하도록 함으로써 혼자서는 의식화할 수 없는 개인의 무의식을 의식화하는 방법을 말한다(천성문 등, 2010).

상담자는 먼저 내담자를 조용한 상담실의 의자에 편하게 누워 이야기하도록 한다. 이때 상담자는 의자 옆이나 뒤편에 앉아 내담자와 눈을 마주치지 않은 상태에서 온화하고 따뜻한 태도로 내담자의 이야기를 경청한다. 만약 상담자와 내담자의 눈이 마주치거나 또는 내담자의 말을 판단하거나 평가하는 반응을 보이게 되면 내담자는 상담자를 의식해 자유연상이 이루어지지 않을 수 있다. 상담자는 내담자가 말하는 내용을 해석할 필요가 있을 때나 내담자의 말이 끊어질 때는 연상의 흐름에 개입하여 질문이나 말한 내용의 의미에 대해 해석할 수 있다. 이러한 과정을 통해 내담자는 혼자서 떠올리기 힘든 자신의 무의식적 동기의 이해와 통찰이 가능하다.

(2) 전이(transference)의 해석

정신분석에서는 전이가 나타나지 않으면 정신분석상담이 아니라고 할 정도로 전이를 매우 중요하게 여긴다. 전이는 내담자가 어릴 때 자신에게 결정적인 영향을 미친 중요한 타인에 대해 가졌던 긍정적 혹은 부정적 감정을 상담자에게로 옮기는 것을 말하는데, 이러한 과정은 무의식적으로 이루어지기 때문에 내담자는 이를 전혀 의식하지 못한다(이형득, 1984). 이러한 과정을 통해 내담자는 전이관계의 참된 의미를 각성함과 동시에 억압된 감정과 갈등을 알고, 자신의 과거 경험이 현재 어떻게 작용하는지도 알게 된다.

(3) 꿈 분석

프로이트는 인간의 꿈을 무의식에 이르는 왕도라고 언급하였다. 꿈 해석의 중요성은 현재 몽의 내용을 자유연상법으로 분석하여 꿈이 나타내는 참된 의미를 알아내는 것이다. 꿈은 잠재적 내용과 현시적 내용의 두 가지 의미가 있다. 잠재적 내용은 스스로 알 수 없는 무의식적인 동기로 구성된 것으로 실제 내용이 가장되고 숨겨져 있다. 현시적 내용은 잠재적 내용이 너무 고통스럽고 위협적이라서 무의식적 충동이 용납될 수 있도록 변형되어 나타난다.

(4) 저항(resistance)의 해석

저항은 상담을 거부하고 상담자에게 협조하지 않으려는 내담자의 무의식적인 거부 행동을 말한다. 내담자가 상담과정에서 침묵을 유지한다거나 혹은 의미 없는 말을 계속한다거나, 문제가 없다고 회피하거나, 극단적으로 상담 중단을 요구하는 것 등이 이에 해당한다. 이러한 저항이 나타나는 이유는 불안으로부터 자아를 방어하기 위해서다. 저항은 무의식에 숨겨진 원초적 충동과 욕구가 의식의 표면으로 올라오려고 할 때, 그 고통을 직면하지 않으려는 태도가 반영된 것이다. 따라서 상담자는 무의식적 내용의 각성을 방해하는 것이 저항이기 때문에 그것을 지적해주는 것이 바람직하다. 내담자가 보이는 가장 뚜렷한 저항에 대하여 관심을 갖게 한 다음, 내담자가 이를 수용하도록 따뜻이 공감하고 배려하며 저항을 해석한다.

제2절 행동주의적 상담이론

행동주의 이론은 그 역사가 길다. 하지만 행동주의 이론이 상담에 적용된 것은 그다지 오랜 시간이 경과되지 않았다. 20세기 초 러시아 생리학자인 파블로프(Ivan Pavlov)가 개의 소화과정에 대한 실험으로 '고전적 조건형성' 원리를 설명하면서 행동주의가 탄생하는 근거가 되었다. 파블로프의 연구는 왓슨(John B. Watson)에게 큰 영향을 주었고 이로 인해 행동주의가 탄생하여 세상에 빛을 발하였다.

이후 손다이크(Edward Thorndike)는 어떤 목표에 도달하기 위한 확실한 방안이 없는 경우, 목표에 도달하기까지 여러 번 실수를 되풀이하다 우연히 그 방법이 학습된다는 '시행착오학습'을 제안하였다. 스키너(Skinner)는 실험연구를 통해 행동에 대한 보상이 학습을 가능케 한다는 '조작적 조건형성' 원리를 제안하였고 이를 적용한 학습이 가능하다는 것을 보여주었다. 이러한 배경 하에 1950년대부터 행동주의가 상담 장면에 활발하게 적용되기 시작하였다.

1960년대에는 반두라(Albert Bandura)가 관찰학습의 개념을 근거로 사회학습이론을 만들면서 이 흐름에 합류하였다. 이후에도 행동주의를 기반으로 한 상담은 급속한 발전이 이루어졌고 이를 상담에 적용시키는 방법 또한 다양하게 전개되었다. 대표적인 이론가로는 앞서 언급한 학자 외에 Lazarus, Wolpe, Thoresen, Krumboltz 등이 있으며, 이들은 모두 자기 나름의 이론과 기법을 개발하였다.

1. 인간에 대한 기본관점

행동주의 학자들은 이론이 형성되는 초기부터 객관적인 관찰과 측정가능한 과학적인 연구에 의해 인간의 행동을 설명할 수 있다고 강조하였다. 인간의 행동이 복잡하기는 하나 예측가능하다고 여긴 것이다(김헌수, 2006). 행동주의자의 초기 인간관은 기계론적이고 결정론적인 주장이 주된 내용이었다. 이후 인간은 흰 백지 상태와 같이 태어나 어떠한 환경에 처하느냐에 따라 선하게도 혹은 악하게도 된다는 견해를 취하였다.

환경에 대한 중요성을 강조하면서 인간을 환경적이고 유전적인 영향에 의해 전적으로 결정되는 운명론적인 존재로 바라보았다. 인간의 행동은 유전과 환경의 상호작용으로 나타나는 결과물로 보았다. 이 후 인간의 자유와 의지적인 선택을 중심으로 한 인간의 능동적인 측면을 강조하였으며, 인간 스스로 자신의 행동을 바꿀 수 있고 수정할 수 있는 인지적인 측면을 받아들였다.

2. 주요 개념

행동주의적 상담은 당시 지배적이던 정신분석적 관점에서 분리하여 1950년대부터 활동을 시작하였다. 1960년대 초기에는 사회의 각 분야에 널리 활용되기 시작하였으며 그로부터 대략 50여 년 동안 그 영향력이 크게 확장되었다. 행동주의의 대표적인 이론은 고전적 조건형성이론과 조작적 조건형성이론, 사회학습이론 등이 있다.

1) 고전적 조건형성이론(Classical conditioning theory)

러시아의 유명한 생리학자인 파블로프는 1900년대 초 개의 침샘 일부를 외과적으로 적출하여 개가 먹이를 먹을 때마다 분비되는 침의 양을 측정하는 연구를 시도하였다. 연구가 진행되는 중에 문득 개가 먹이를 주는 사람의 발소리를 듣거나 빈 밥그릇만 보아도 침을 흘린다는 사실을 발견하게 되었는데 여기에서 고전적 조건형성이론의 개념이 출발한다.

개는 사람의 발소리와 그릇이 먹이와 함께 나타난다는 일종의 '연합'을 학습한다는 것을 알았다. 침 분비와 아무 상관이 없는 소리와 그릇이 먹이와 같은 효과를 나타내게 한다는 원리를 발견한 것이다. 이후 파블로프는 먹이를 주기 전 불빛을 비추어 불빛도 먹이와 같은 효과를 나타내는가를 알아보았고 그 결과는 예상대로 적중하였다. 최초에는 먹이라는 무조건 자극에 의해 침의 분비라는 무조건 반응이 존재하였다. 그러나 무조건 자극과 조건 자극(불빛)이 계속해서 제시되면 조건자극만으로도 무조건 반응과 동일한 조건반응을 이끌어내는 것이 가능하였다. 이러한 고전적 조건형성이 일어나는 이유는 환경에 대한 적응 때문이라는 것을 알게 되었다.

한편, 조건 형성된 반응도 무조건 자극이 없이 조건자극만 계속 제공하면 없어지게 된다는 사실을 알게 되었다. 먹이 없이 계속 불빛만 제시하면 결국 그 개는 불빛(CS)에 침을 흘리는 반응을 하지 않고 없어지는데 이를 소거(extinction)라고 한다. 하지만 일정한 기간 후에 불빛을 다시 제시하면 소거된 침 분비가 다시 나타나는데 이를 자발적 회복(spontaneous recovery)이라고 한다. 이는 소거된 반응이 완전히 사라지는 것이 아니라 잠시 보류되고 있다는 사실을 알게 되었다. 원래의 조건자극이 아니고 그와 유사한 자극을 주더라도 조건반응이 일어나는데 이를 자극 일반화라고 말한다. 실험 개로 하여금 침을 분비하게 만드는 과정을 설명하면 다음과 같다.

[표 2-2] 고전적 조건형성 과정

구 분	내 용
1. 무조건 자극 (US: unconditional stimulus)	자동적, 생득적 반응을 유발하는 자극(예: 먹이)
2. 무조건 반응 (UR: unconditional response)	학습되지 않은 자동적, 생득적 반응(예: 먹이에 대한 침 분비)
3. 조건 자극 (CS: conditional stimulus)	무조건 자극과 짝지어진 새로운 반응, 무조건 반응을 유발하는 자극 (예: 발소리, 빈 밥그릇, 또는 불빛)
4. 조건 반응 (CR: conditional response)	조건 자극으로 새로 형성된 반응(예: 발소리, 빈 밥그릇, 또는 불빛에 대한 침 분비)

2) 자극-반응결합이론(S-R Association theory)

손다이크는 어떤 자극(S)에 대해 생명체가 보이는 특정 반응(R)의 결합으로 학습이 이루어진다고 주장하였다. 그에 의하면 학습은 많은 시행착오를 거쳐 자극과 반응(S-R)의 결합이 강화되면서 진행된다고 설명하였다. 그는 고양이를 활용한 실험을 통하여 동물들의 학습이 시행착오적으로 일어난다는 사실을 발견하였으며 이것을 시행착오학습이라고 제안하였다.

손다이크는 어떤 만족스러운 결과는 자극과 반응의 유대를 강화하지만 불만족한 결과는 자극과 반응의 결합을 약화시킨다고 주장하였다. 어떤 반응에 보상이 주어지면 그에 상응하는 자극-반응의 연합이 강화되지만 반응에 보상이 없거나 처벌이 주어지면 그 연합은 약화된다는 원리를 설명하였다. 그는 시행착오 학습에 관한 연구를 통하여 준비성의 법칙과 연습의 법칙, 효과의 법칙 등 실제 학습에 적용될 수 있는 이론을 개발하였다. 이러한 손다이크의 S-R결합이론은 이후 Hall에 의하여 S-R 강화이론으로 발전하는데 기여하였다(심윤기, 2016).

3) 조작적 조건형성이론(Operant conditioning theory)

스키너는 조건반사의 원리에 입각한 학습을 연구하여 발전시킨 행동주의 학자다. 우리에게 널리 알려진 스키너 상자(Skinner Box)가 그가 만든 작품이다. 스키너는 몇 가지 장치를 해둔 상자 속에 쥐를 넣고 관찰하였다. 그리고 지렛대·전등·먹이 접시를 그 안에 설치했는데 쥐가 지렛대를 누를 때에만 먹이가 나오도록 장치하였다.

상자 안에 있는 쥐가 갖가지 행동을 하다 우연히 지렛대를 누른 결과 먹이가 나오자 그 다음에도 같은 행동을 계속 되풀이 한다는 사실을 발견하였다. 지렛대를 누르는 횟수는 먹이가 나오지 않는 경우보다 먹이가 나오는 경우가 더 급격하게 증가하였으며, 이러한 현상은 먹이라는 강화물(reinforcement)을 제공했기 때문이란 사실을 알게 되었다. 그는 이렇게 강화물에 의해 어떤 행동을 반복하게 할 수 있는데 그것은 사람도 마찬가지라고 주장하였다.

스키너는 유기체의 특정한 반응에 대하며 보상이나 벌 등의 강화를 제공함으로써 행동을 변화시킬 수 있다고 주장하였다(Skinner, 1977). 파블로프의 고전적 조건형성이론에서는 행동이 일어나기 전 자극을 줌으로서 행동변화가 일어난 반면, 스키너의 조작적 조건형성이론에서는 행동이 일어난 후 강화에 의해 행동변화가 일어난다. 고전적 조건형성이론에서는 무조건적 자극(예, 파블로프의 개 실험에서 먹이)이 보상이 되지만 조작적 조건형성이론에서는 자극에 대한 반응(예, 스키너의 쥐 실험에서 지렛대 누르기)이 이루어질 때 보상이 주어진다는 차이점이 있다.

4) 관찰학습이론(Observational learning)

반두라의 관찰학습은 타인의 모습을 관찰하는 것만으로도 학습이 이루어진다고 주장하는 이론이다. 반두라는 자신의 직접 경험에서 강화를 받은 것도 학습되지만 타인의 행동을 의식적으로 관찰하고 모방하는 대리적 경험을 통해서도 학습된다고 주장하고 있다. 관찰학습은 모방학습, 대리학습, 모델링이라는 이름으로 불리기도 한다. 관찰학습은 관찰자가 모델의 사고, 태도, 외현적인 행동을 모방하거나 순응하여 행동으로 나타나는 것으로서 모델은 실제 인물이나 상징이 될 수 있다. 상징모델로는 언어 혹은 그림, 정신적 심상, 책이나 TV의 중요 등장인물, 만화나 영화의 등장인물, 종교적 인물 등 상징성을 지닌 인물들이다.

이러한 모델은 실제 생활 속에서의 모델보다 훨씬 많이 존재한다. 경우에 따라서는 의도적으로 관찰자가 자기 자신을 모델로 사용하기도 하는데 이를 자기 모델링(self-modeling)이라고 한다. 반두라 이론은 사회학습이론으로 행동주의적 접근을 취하면서도 학습자의 인지적 기능을 반영하고 있다. 행동주의와 인지주의 모두를 반영한 절충적인 입장을 취하고 있다. 이러한 관찰학습은 관찰에서 행동에 이르기까지 4단계의 과정으로 이루어진다.

첫 번째는 집중단계로 관찰을 통한 학습이 이루어지기 위해서는 행동이 관찰자의 주의를 끌어야 한다. 두 번째는 관찰을 통해 학습된 정보를 기억하는 단계다. 이것은 인지과정으로 학습한 정보가 내적으로 기억되고 강화되는 단계다. 세 번째는 저장된 기억을 재생하는 작업이다. 학습한 내용과 관찰자의 행동이 일치하도록 자기 수정이 이루어지는 단계다. 네 번째는 학습한 내용을 행동으로 옮기기 전에 기대감을 갖게 하는 동기화 단계인데, 동기화가 이루어지면 관찰학습한 행동이 일어난다.

3. 심리적 문제의 원인

행동주의에서는 직무스트레스를 포함한 심리적 갈등과 문제의 원인을 다음과 같이 설명하고 있다. 첫째, 고전적 조건형성이론에서는 부적응 행동이 조건형성에 의해 학습된다고 설명한다. 중성자극이 무조건 자극과 결합하여 조건자극이 되는 조건형성의 원리가 심리적 문제를 발생하게 하는 원인이라고 여긴다. 예를 들어, 소방관으로 근무 중인 한 공무원이 직장 상사로부터 늘 지적과 꾸중을 받아 조직에 대한 불평불만이 생겼다면 직장 상사의 지적과 꾸중이 조직에 대한 불만을 가져오게 한 원인이라고 말한다.

둘째, 조작적 조건형성이론에서는 부적응 행동이 강화에 의해 습득된다고 여긴다. 특정한 잘못된 행동을 한 후에 그 행동에 대한 강화를 경험하면 그 행동은 더욱 증가하여 심리적 문제의 원인으로 된다고 여긴다. 예를 들어, 휴가 중인 한 병사가 걸어가는 옆으로 소속 부대가 다른 간부 한 명이 지나가고 있었는데 그 병사는 이를 보고도 경례를 하지 않았다고 하자. 그런데 옆에서 함께 걷던 병사 여자 친구가 남자 친구의 그런 모습을 보고 '간부한테 경례도 안 하고 쎈데!'라고 잘못된 행동을 오히려 지지하고 강화를 했다면 그 병사는 앞으로도 지나가는 간부에게 예의를 갖추지 않을 수 있다(심윤기, 2016).

셋째, 사회학습이론에서는 다른 사람의 행동을 보고 그 대상이 어떤 보상을 받는가에 따라 학습이 이루어진다고 강조한다. 이를 모델링의 과정이라고 부르는데 모델링은 긍정적인 모습뿐만 아니라 부정적인 모습도 모델링이 이루어진다. 부적응적인 행동이 모델링되면 결과적으로 문제행동이 나타난다.

4. 이론의 적용

1) 상담목표

상담의 목표는 내담자의 부적응 행동을 제거하고 바람직한 행동을 강화하는 것에 두는 것이 일반적이다. 잘못 학습되었다고 생각하는 행동의 소거와 바람직하고 긍정적으로 생각하는 행동을 학습하는데 도움이 되는 조건을 찾아내거나 이러한 조건을 조성한다. 행동주의 상담목표는 일반상담에서와 마찬가지로 분명하고 명확해야 한다. 구체적이면서도 확실해야 하며, 측정할 수 있는 행동용어로 진술되어야 한다. 이를테면, 화를 잘 내는 사람일 경우에는 하루에 화를 참는 것을 몇 회의 목표로 할 것인가를 서술한다.

여러 개의 상담목표를 설정했을 경우에는 한 번에 한 가지 목표에 집중하여 이를 달성 한 후, 다음 목표를 위한 행동으로 이어지도록 한다. 그래야만 상담자와 내담자가 자신들이 어떠한 방향으로 나아가고 있고, 또 목표에 얼마나 진전되어 가고 있는가를 명확히 알 수 있다. 상담자와 내담자 두 사람이 합의하여 목표달성을 위한 구체적인 방법과 절차를 적용하고 달성 여부도 평가한다. 내담자가 진정으로 원하는 목표인지 여부를 평가하고 상담자가 효과적으로 도울 수 있는지도 평가한다. 뿐만 아니라 내담자가 상담과 학습의 결과로 얼마만큼 목표에 도달할 수 있는지도 동시에 평가되어야 한다.

2) 상담과정

상담과정은 이론에 따라 차이가 있다. 다양한 여러 이론을 상담에 적용하는 행동주의적 접근에서는 통일된 하나의 상담과정을 제시하기가 매우 어렵다. 일반상담에서 이루어지는 상담과정을 모델로 하여 개념적으로 제시하고자 한다.

(1) 상담관계 형성

상담의 첫 단계는 일반상담에서와 같이 초기에 친밀한 관계를 형성하는 것이 중요하다. 내담자와 친밀감과 신뢰감을 조성하고 심적 부담감을 없애는 데 역점을 둔다. 내담자의 현재 상태나 심리적 문제를 포함하여 신상에 대한 가벼운 질문을 하면서 시작한다(김태현 등, 2013). 상담자는 초기 상담과정에서 자신이 건네는 첫 한마디가 상담에 지대한 영향을 미친다는 점을 명심하여 절제된 언어를 사용할 필요가 있다.

흔히 상담에서 범하는 잘못은 내담자와의 신뢰관계가 충분히 형성되기도 전에 행동을 바꾸기 위한 상담기술을 적용하려 든다는 점이다. 내담자와의 신뢰관계가 형성되었다면 문제해결을 위한 과정과 기술이 필요하겠지만 상담시간을 단축하기 위한 상담기술을 적용하는 것은 바람직하지 않다. 상담자는 가치판단이 없이 내담자의 모든 것을 수용하고 이해하려는 노력을 통해 내담자가 자신을 신뢰하도록 만들어야 한다. 온정적이고 공감적이며 진실한 모습으로 천천히 내담자에게 다가갈 때 신뢰관계는 점진적으로 형성된다.

(2) 문제행동 탐색단계

상담자와 내담자의 신뢰관계가 형성되면 더욱 깊고 진솔한 대화를 통해 내담자의 문제행동을 탐색한다. 이 단계에서는 무엇이 문제인지를 확실히 규명하는 데 역점을 둔다. 문제행동의 탐색은 호소하는 문제유형과 상담접근방법에 따라 달라질 수 있다. 때에 따라서는 무엇이 문제인지 파악하기 힘든 경우가 발생되기도 한다. 이러한 경우에는 상담자는 내담자 스스로 자신의 문제를 확실히 알 수 있도록 여러 상담기술을 활용해야 한다.

조직생활에 대한 내담자의 신념을 구체적인 행동으로 보일 수 있도록 조력하고, 상세한 질문을 통해 핵심문제 중심으로 상담을 진행한다. 특히, 현재 상태를 파악하는 것이 중요한데, 현재 내담자의 반응 수준이나 문제행동과 관련된 현재 장면의 특징에서 문제증상을 파악한다.

(3) 목표설정단계

상담자는 내담자 스스로 자신의 강점과 약섬, 현재 상태를 파악하도록 도움을 줄 수 있어야 하며, 내담자가 스스로 상담목표를 설정하도록 조력한다. 그러기 위해서는 경청과 공감 그리고 적절한 반응하기를 통해 자신의 문제를 보다 더 잘 이해하고, 억눌린 감정이 남아 있다면 이를 해소하도록 조력한다. 대부분의 내담자는 스스로 자신의 문제를 해결하기 위해 필요한 상담목표를 설정하는 데 어려움이 없다. 만약, 그렇지 않은 경우에는 내담자와 논의하여 상담목표수립이 가능하도록 관련 정보를 제공하고 목표수립방법을 조력한다.

(4) 행동실천단계

행동실천단계는 상담자와 내담자가 함께 협의하고 논의하면서 세운 상담목표를 달성하기 위해 내담자의 구체적인 행동실천을 어떻게 할 것인가에 대한 행동계획을 수립하는 과정이다. 이 단계에서 중요한 점은 내담자가 행동을 고치고 싶어 하는 구체적인 환경을 고려하여 내담자를 도울 수 있는 방법을 적용하는 것이다. 이를 위한 조력방법으로는 첫 번째로 바람직하지 않은 행동을 무슨 일이 있어도 절대 하지 않도록 돕는 것이다. 두 번째는 바람직한 행동을 더 확장해서 시도하도록 내담자를 조력한다. 세 번째는 자신의 행동을 스스로 통제하고 지도할 수 있도록 돕는 방법이다. 이러한 조력 방법은 각각 구분하여 적용하는 것이 바람직하며 WDEP기법을 활용하는 것이 효과적이다.

(5) 상담결과 평가 및 종결단계

상담결과평가는 상담을 얼마나 잘 진행했는지 또 상담기술을 얼마나 효과적으로 적용하였는지, 상담목표는 어느 수준으로 달성되었는지를 알아보고 평가하는 과정이다. 상담의 종결은 목표행동에 대한 최종평가를 한 후에 이루어진다. 추가적인 상담이 필요한지에 대한 탐색과 그동안 이루어진 상담내용을 정리하고 요약하는 과정도 이루어진다. 내담자가 도출한 문제해결방안을 격려하고 지지하며, 내담자에게 믿음과 희망을 주는 과업이 이루어진다.

3) 상담 기법

행동주의 상담기법은 다양하다. 주로 사용되는 기법은 학습의 기본원리를 적용하여 인간의 행동을 바람직한 방향으로 수정하는 방법과 이들을 응용한 방법 등이 있다. 기본원리를 그대로 적용한 기술은 바람직한 행동의 강화, 부적절한 행동의 소거, 학습된 행동의 일반화, 자극에 따라 반응을 달리하는 변별학습, 행동의 조형 등이 있다. 이러한 원리를 좀 더 확장한 응용기법으로는 체계적 둔감법, 심상법, 행동계약법 등이 주로 적용된다.

먼저, 정서심상법은 상호제지의 한 변형으로 내담자의 불안과 두려움을 제거하는 데 도움이 되는 기법이다. 주어진 장면에서의 공포와 두려움을 차단하기 위해 사랑, 긍지, 애정 그리고 환희와 같은 긍정적인 느낌이 일어나도록 상상하게 하는 기술이다.

체계적 둔감법은 가장 널리 활용되는 기법으로 불안이나 공포로 인해 야기되는 부적응 행동이나 회피행동을 수정하는 데 매우 효과적이다. 이 기법은 불안을 일으키는 자극을 행동적으로 분석하고 불안을 유발하는 상황에 대한 위계목록을 작성한 다음, 이완훈련을 하고 불안을 유발하는 상황을 상상을 통해 치료한다.

내파방법은 불안을 일으키는 자연과 관련된 무시무시한 결과를 아주 생생하게 상상하게 함으로써 불안을 극복하는 방법이다. 이 기술은 어떤 장면과 관련된 결과에 대한 불안을 최대로 경험하도록 함으로써 오히려 역설적으로 불안을 낮추는 기술이다. 그러나 두려움을 감소시키는 것이 아니라 오히려 두려움을 증가시킬 수도 있다는 점에서 내담자의 개인차에 유의한다.

심적포화는 정적강화를 주는 자극이다. 이 기술은 자극을 끊임없이 계속적으로 주면 포화상태에 이르게 되어 효과가 감소하는 원리를 기반으로 하고 있다. 정적강화 자극으로서의 기능을 상실하면 오히려 그 반대의 효과가 나타나는 것을 이용하는 기술이다.

행동계약은 두 사람 혹은 그 이상의 사람이 정해진 기간 내에 각사의 행동을 분명하게 정해 놓은 후, 그 내용을 서로가 지키기로 계약을 하는 것이다. 주로 상담자와 내담자 간 또는 상담자와 내담자의 부모 간 계약이 이루어진다.

자기지시는 불안이나 기타 부적응 행동에 대해 불안을 줄이거나 적응적 행동을 할 수 있도록 자기 자신에게 명령하거나 스스로에게 지시하는 기술이다. 자기지시는 정서적 안정을 위한 근육이완을 하도록 하는 지시, 비합리적 생각을 합리적 생각으로 바꾸는 지시, 구체적이고 명확한 행동을 하도록 하는 지시 등 다양한 내용을 적용할 수 있다는 장점이 있다.

제3절 인간중심 상담이론

인간중심상담은 1940년대 로저스(Rogers, C. R)에 의해 창시된 이론이다. 이 이론은 처음에 비지시적 상담으로 명명했으나 이론의 발전과정에서 내담자중심 상담으로 변경되었고 최종적으로는 인간중심상담으로 결정되었다. 인간중심상담은 구체적인 문제해결보다는 내담자에 대한 상담자의 태도를 중요시한다. 그 이유는 독특한 인간관에 기초하기 때문이다. 인간중심상담에서 말하는 인간은 정신분석에서 주장하는 것처럼 자신도 모르는 무의식에 의해 지배되는 그런 비관적인 인간이 아님을 강조한다.

인간은 자기를 성장시킬 수 있는 기본적 동기와 능력을 가지고 태어난다고 가정한다. 다만 삶을 살아가는 과정에서 그러한 능력이 가려졌을 뿐이라는 점을 강조한다. 인간은 과거에 얽매인 부정적인 존재가 아니라 밝은 미래를 향해 노력하는 긍정적인 존재로 설명한다. 자신의 가능성과 잠재력을 지속적으로 발견하고 실현하는 존재라서 그 무엇이든지 될 가능성이 있는 존재로 규정한다. 이 같은 인간의 잠재력과 실현가능성에 대한 믿음이 이 이론의 핵심적인 바탕이다.

1. 인간에 대한 기본관점

인간중심상담은 실존주의 철학으로부터 기인한다. 인간중심상담의 근간이 되는 인본주의 심리학은 실존주의로부터 '성장'이라는 개념을 바탕으로 하고 있다. 인간은 항상 무엇인가 더 나은 존재가 되려고 노력한다는 철학적 전제를 바탕으로 인간을 이해하는 이론이다. 로저스는 인간을 자기 스스로 자신을 발전시키는 존재이자 성장하는 방향으로 모든 능력을 발휘하는 존재로 규정한다.

구체적으로, 인간은 계속적으로 성장하려고 노력하는 성장지향적인 존재며, 인간은 누구나 건강하고 창조적인 성장을 위한 잠재력을 가진다고 주장한다. 창가에 놓아둔 감자가 적절한 빛과 수분 등 최소한의 성장 조건만 갖추어지면 아무도 돌보지 않아도 스스로 싹을 내고 자라듯 인간도 적절한 환경만 제공하면 자신의 잠재력을 충분히 발휘할 수 있고, 창조적인 성장을 이룰 수 있다고 여긴다. 인간의 본성 안에는 스스로 자기이해 및 자기지향적인 성향이 내재되어 있어 자신의 삶과 미래를 창조할 수 있다고 설명한다.

인간은 자신의 인생목표와 행동방향을 스스로 결정하고 결정에 따르는 책임을 수용할 수 있는 능동적이고 자유로운 존재다. 인간은 현실적이고 합리적인 존재라서 보다 자유로워질 때 더욱 선천적인 자아실현의 경향이 강해진다고 로저스는 주장한다. 자기실현을 적극 실천하는 사람을 건강한 사람으로 간주하며, 자신의 잠재력을 인식하고 자신에 대한 충분한 이해와 경험을 풍부하게 하는 방향으로 나아가는 사람을 충분히 기능하는 사람(Fully Functioning Person)으로 여긴다(Rogers, 1951).

2. 주요 개념

1) 현상학적 장(phenomenal field)

현상학적 장이란 개인의 주관적인 경험의 세계를 의미한다. 특정한 순간에 개인이 지각하고 경험하는 모든 것을 말한다. 로저스는 이를 가리켜 동일한 현상이라도 개인에 따라 지각하는 것과 느끼고 경험하는 것이 다르므로 계속적으로 변화하는 경험 세계의 중심은 개인이며, 이 세상은 오직 현상학적 장만이 존재한다고 주장하였다(Rogers, 1951).

현상학적 장은 개인적 현실(individual reality)이다. 개인이 의식적으로 지각하는 것과 지각하지 못하는 것 모두 현상학적 장에 포함된다. 개인은 객관적 현실보다는 자신의 현상학적 장에 입각해서 살아간다. 인간은 환경 자극에만 반응하는 그런 단순한 존재가 아니며 전체적으로 조직화된 체계에 따라 행동하는 존재다. 이처럼 로저스는 인간행동에 대한 현상학적 관점과 전체론적인 입장에서 인간을 규정하고 있다.

2) 유기체(organism)

유기체의 사전적 의미는 물질이 유기적으로 구성되어 생활 기능을 수행하는 조직체라고 설명한다. 유기체는 많은 하위 부분이 한 가지의 목적 아래 통합되어 전체가 서로 유기적인 관계를 유지하며, 스스로 호흡하고 배설하는 생물을 뜻한다. 로저스는 인간을 이러한 유기체로 보았다. 인간이라는 유기체는 한 개인의 생각, 행동 및 신체적 존재 모두를 포함하는 전체로서의 개인을 의미한다. 유기체는 그 자체 내의 어떤 한 부분의 변화라도 다른 부분의 변화를 유발하는 특성이 있어 심리학적인 의미에서 모든 경험의 소재지로 간주한다.

유기체는 현재 순간에 느끼는 경험의 세계에 살면서 그 경험의 세계를 바탕으로 행동하며 언제나 전체적인 구조로 된 시스템으로 움직인다. 유기체의 경험은 각 개인에게 주어진 순간순간을 의식적이든 무의식적이든 그것을 알아채고 느끼는 총체적인 경험을 의미한다(Rogers, 1951).

3) 자기개념(self concept)

자기(self)는 로저스 이론의 핵심 개념이다. 자기 또는 자기개념은 개인의 현상학적인 장이 분화된 부분이며 개인 자신의 존재를 인식하고 있다는 것을 의미한다. 자기개념은 현재 자신이 어떤 존재인가에 대해서 개인이 갖는 관념으로 자기 자신에 대한 자기 상(self image)을 말한다. 인간은 처음에는 나와 내가 아닌 것을 구분하지 못하다가 이 두 가지의 차이를 구별하면서 자기를 형성한다. 현상학적 장을 구분하는 과정, 즉 어떤 것이 나의 것이고 어떤 것이 나의 것이 아닌지를 구분하는 과정에서 자기가 형성되며, 이러한 자기는 스스로에 대한 일련의 가치와 인식으로서 성격 구조의 중심이 된다.

로저스는 자기개념을 크게 현실적 자기(real self)와 이상적 자기(ideal self)로 구분하여 설명한다. 현실적 자기는 현재 자신의 모습에 대한 인식이며, 이상적 자기는 한 개인이 가장 높은 가치를 부여하는 특성에 대한 자기개념 즉, 자신이 스스로에게 바라는 이상적인 모습을 말한다. 인간은 현실적 자기와 이상적 자기 개념이 서로 불일치할 때 불안을 경험하며, 불일치가 심한 경우에는 병리적인 성격으로 이어진다고 주장한다. 그러나 이 두 가지의 개념이 일치할 때 개인은 적응적이고 건강한 성격을 갖게 된다고 말하고 있다.

4) 자기실현 경향성(self actualization)

자기실현 경향성은 모든 유기체가 태어날 때 가지고 태어난다. 인간은 다양한 욕구를 가진 존재지만 그 욕구들은 모두 자신을 유지하고 자기를 향상시키며 자기를 실현시키려는 경향성을 지닌다. 인간이 살아가면서 고통을 겪는다 할지라도, 그것을 극복하는 것은 성장지향성이 있기 때문이다. 그러나 현실 지각이 왜곡되어 있거나 자아분화 수준이 낮은 경우에는 성장지향적인 성향보다 퇴행적인 성향이 더 높게 나타난다. 로저스는 모든 인간이 퇴행적인 성향을 가지고 있으나 그 보다는 성장지향적인 성향이 더 강해 모든 인간은 결국 성장을 향해 나아간다고 주장한다.

예를 들어, 어떤 한 병사가 군 입대 후 부적응을 겪고 있다면 그것은 장병의 적응능력이 부족해서가 아니라 자신의 가능성을 발견하지 못하고 잠재력을 실현하지 못해서 나타나는 현상이라고 보는 것이다. 이러한 이유로 인간중심상담에서는 전문적인 기법을 동원해 내담자의 문제를 해결하기 보다는 내담자 스스로 자신의 문제를 해결해 나가도록 촉진적인 역할을 더 중시한다.

5) 지금-여기

로저스에 따르면 지금 그리고 여기에서 사람이 어떻게 생각하고 느끼고 있느냐가 행동을 결정하는 유일한 요소라고 강조한다. 인간 존재의 의미는 '거기와 그때'에 있는 것이 아니라 '지금 여기'에 있다고 주장한다. 현재의 자기 속에서 참된 가치와 의미를 발견하는 것이 중요하지 과거는 별로 중요하지 않다고 여긴다. 어제와 그제 실수를 많이 했다고 하더라도 오늘 이 자리에 앉아 있는 나 자신이 바로 현재의 나를 결정짓는 기준인 것이며, 현재의 자기 속에서 발견하는 가치가 실현경향성과 일치할 때 인간의 발전과 성장이 가능하다고 설명한다.

3. 심리적 문제의 원인

인간중심상담에서는 직무스트레스를 포함한 심리적 갈등과 문제의 원인을 다음과 같이 제안하고 있다. 첫째, 인간이 유기체의 경험을 정확하게 지각하지 못하기 때문에 심리적 문제가 발생한다고 본다. 인간은 이 세상에 태어나 성장하면서 사회화되기 때문에 자신의 욕구와 감정이 기대하는 유기체의 경험을 무시하며 살아간다. 자신의 생각과 감정을 신뢰하지 않고 자신 내부의 목소리에 귀를 기울이지 않을 뿐만 아니라 내적 감각의 민감성마저 잃는 등 유기체의 경험을 지각하지 못하여 심리적 문제가 발생한다고 여긴다.

둘째, 로저스는 자기구조(self-structure)에 있어 한 개인이 지각하는 자신의 능력을 이상적 자기라고 부르고, 사회적인 현실에 의해 지각된 자기를 현실적 자기라고 말한다. 심리적 문제는 이상적 자기와 현실적 자기의 부조화 때문에 발생하며, 심리적 불안 역시 이러한 자기의 부조화 때문이라고 여긴다.

[그림 2-1] 현실적자기와 이상적자기의 관계

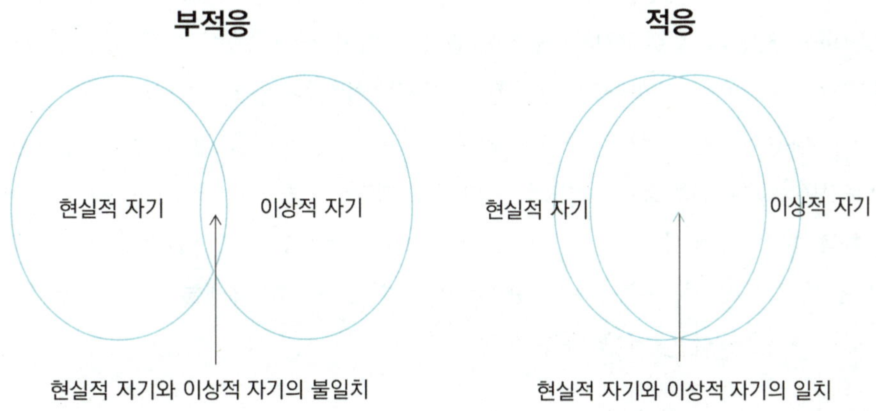

출처: 심윤기, 2016

셋째, 로저스는 유기체가 한 가지의 뚜렷한 경향성 즉, 자아를 실현하고 유지하며 증진하는 경향성을 갖고 태어난다고 주장한다(Rogers, 1951). 그래서 힘들고 어렵더라도 누구나 성장을 위해 노력하는 과정에서 자신을 성장시키는 경험이 가치 있는 것이라는 것을 본능적으로 알게 된다고 설명한다. 이러한 인간의 본능적인 실현경향성은 성장과정에서 환경과의 상호작용 과정에서 '자기'라는 구조를 형성한다. 일단 '자기'라는 구조가 형성되면 그에 일치하는 행동 방식을 선택하고 그에 일치하는 경험을 자신의 것으로 받아들인다. 그러나 '자기개념'과 일치되지 않은 경험은 부정하게 되는데 그것이 누적되면 심리적 문제를 일으킨다고 설명한다(김동일 등, 2014).

4. 이론의 적용

1) 상담목표

인간은 모두 자기 본연의 모습으로 살아가기를 꿈꾼다. 하지만 살아가는 과정에서 진정한 자신의 모습을 숨기고 가장무도회와 같이 거짓과 꾸밈으로 살아가는 경우도 있다. 이러한 사람에게 가면이 아닌 거울을 비추어 참된 자아를 찾도록 도와주는 것이 인간중심상담의 목표다(Rogers, 1951).

로저스가 말한 이론을 조직생활 측면에 적용해 보면 무엇보다 먼저 내담자는 내면화된 자신의 부정적인 모습과 가면을 벗어야 한다. 조직과 관련한 부정적인 생각과 그에 따른 왜곡되고 변형된 자기개념의 변화가 필요하다.

조직생활이라는 현실의 장에서 이루어지는 모든 경험을 불안 없이 자신의 것으로 받아들여 변화를 가져와야 한다. 그 결과 지금-여기에서 진행되는 모든 경험을 왜곡 없이 수용할 수 있다. 그동안 보지 못했던 조직원으로서의 늠름하고 멋진 자신의 참 모습도 발견할 수 있으며 조직생활 자체를 자신이 성장하는 기회의 장으로 삼는 것이 가능하다.

2) 상담과정

인간중심상담은 어떠한 틀 안에서 개인을 평가하고 방향을 제시하는 상담이 아니다. 상담이 이루어지는 과정은 개인마다 독특하고 역동적이지만 절차와 순서는 일반 상담과 다르지 않고 보편적이다. 식물이 자라나는 과정을 공식화하여 일정한 상태를 가정하듯, 상담에서 변화를 촉진하기 위한 조건으로 무조건적 긍정적 존중과 공감적 이해, 진실성 등을 가정한다.

(1) 초기단계

상담은 보통 내담자 스스로 자청해서 상담실을 찾아온다. 하지만 군(軍)과 같은 위계조직에서 이루어지는 상담은 의뢰되어 상담실을 찾아오는 경우가 대부분이다. 상담자는 내담자가 자의든 타의든 상담을 받으러 온 행동에 대한 책임감을 느끼도록 조력하는 것으로부터 상담을 시작한다. 내담자가 상담실에 온 행위 그 자체에 대해 내담자 스스로 책임감을 갖도록 하는 것이다.

상담자는 상담이 이루어지는 과정을 내담자에게 잘 설명할 수 있어야 한다. 문제해결 대안을 스스로 찾을 수 있는 능력을 지니고 있다는 것을 내담자에게 설명한다. 문제해결에 대한 전적인 책임은 오롯이 내담자에게 있다는 점을 이해하도록 조력한다. 그런 다음에는 현재 직무와 관련된 문제의 감정과 느낌을 자유롭게 표출하도록 내담자를 적극적으로 격려하고 지지한다.

(2) 수용 및 촉진단계

수용 및 촉진단계에서는 상담자가 내담자의 부정적인 감정을 수용하는 과정이다. 상담자는 내담자의 부정적 감정의 원인에 대해 해석하거나 논의하지 않는다. 단지 그러한 감정을 공감하고 수용하며 말로써 명확히 전달한다. 내담자의 감정을 하나의 사실로서 수용하고 그 표현을 더욱 분명히 하도록 조력하는 것이 중요하다. 내담자로부터 직무와 관련한 심한 부정적 감정을 표출할 수 있도록 촉진적 조력이 이루어져야 한다.

내담자의 부정적인 표현을 비난하지 않고 적극 수용하면 역설적이게도 직무에 대한 기대와 희망의 긍정적인 표현이 뒤따라온다. 부정적인 표현과 긍정적인 표현, 공격적인 태도와 수용적인 태도, 소극적인 자세와 자신감 있는 자세 등 상대적으로 다른 양쪽 모두를 수용할 때 내담자는 비로소 진정한 자신의 참 모습을 알 수 있다. 상담자는 내담자가 지닌 자신의 부정적인 감정을 회피하지 않고, 긍정적인 감정을 과대평가하지도 않으며, 자기 자신의 깊은 이해와 통찰로 성격의 통합을 이루도록 조력한다.

(3) 통찰 및 성장단계

통찰 및 성장단계는 내담자가 경험하는 두려운 감정을 받아들이고 앞으로 나아갈 수 있는 용기를 촉진하는 과정이다. 이 과정에서 유의할 사항은 강요하거나 비난 또는 조언하는 것은 피한다. 그렇게 될 때 처음에는 비록 강도는 약하지만 차츰 내담자의 행동이 긍정적이고 적극적으로 나타나며, 불안하고 위축되어 있던 모습에서 벗어나고자 하는 능동적인 모습을 보이게 된다. 이러한 상담과정이 지속되면 자신의 참 모습을 더욱 깊게 이해하고, 폭넓게 수용하며, 보다 긍정적이고 바람직한 행동을 취한다.

내담자의 통찰은 새로운 각도에서 자신을 이해하고 수용하는 기반으로 작동하여 적응적인 변화된 모습으로 나타나도록 하는 데 기여한다. 지금까지 자기개념에 맞추기 위해 직무와 관련된 여러 가지 현실을 왜곡하거나 부정해 왔던 자신의 감정, 사고, 욕구 등을 이해하고 받아들이며, 비로소 그것들의 참된 의미를 깨닫게 된다.

내담자 자신의 성격적인 특성과 관련된 현상을 부정하고 왜곡해 왔던 여러 가지 사고와 감정, 충동까지도 부정하고 비난하는 것이 아니라 긍정적이고 가치가 있다는 것을 깨닫는다(천성문 등, 2010). 이러한 통찰이 이루어지면 그 통찰에 의해 또다시 새로운 통찰이 반복적으로 나타난다.

(4) 종결단계

종결단계에서는 내담자의 통찰을 통해 완전한 자기이해와 충분히 기능하는 사람으로 이어지도록 조력한다. 부적응의 모습에서 적응 및 성장의 모습으로 진전되도록 조력하여 자기 자신과 타인에 대한 이해를 촉진하고 확장할 수 있어야 한다. 동시에 지금-여기에서의 두려움이 사라지게 하고, 자신에 대해서도 존중하는 마음을 갖도록 한다. 조직생활에서 나타날 수 있는 심리적 문제와 갈등, 혼란 등을 스스로 자신감을 갖고 이겨낼 수 있다는 확신을 가질 때 상담을 종결한다.

3) 상담기법

로저스는 내담자의 긍정적인 변화를 이루는 필요충분조건으로 다음과 같은 세 가지의 상담자 태도를 강조한다(Rogers, 1951). 내담자의 심리적 문제해결과 인간적 성장을 위해서는 상담자의 진실성, 무조건적 긍정적 존중, 공감적 이해가 중요하다고 강조하고 있다. 상담자가 내담자와의 관계에서 갖는 이러한 세 가지의 태도를 일관성 있게 유지해나갈 때 내담자에게 긍정적인 변화가 일어난다고 보았다.

진실성(genuineness)은 상담자가 내담자를 대함에 있어서 가식이나 왜곡 그리고 신분 구분 없이 인간 대 인간으로 솔직하게 대함을 의미한다. 내담자의 심리적 문제를 해결하고 성장을 조력하기 위해서 상담자는 반드시 진실성을 갖춘 사람이어야 한다. 진실성은 내담자의 감정과 반응을 정확하게 지각하도록 도움을 준다. 상담자가 진실한 모습을 보일 때 내담자는 그 모습을 통해 자신이 누구인지 자신을 이해한다.

상담자는 긍정적이든 부정적이든 자신의 행동이나 감정에 솔직해야 하며, 부정적 감정을 숨기지 않고 표현함으로써 내담자와 정직한 대화가 이루어지도록 힘써야 한다. 모르면 모른다 하고, 이해되지 않으면 이해되지 않는다고 솔직하게 말할 수 있어야 한다.

무조건적 긍정적 존중(unconditional positive regard)은 내담자의 변화를 가져오기 위한 중요한 요인이다. 무조건적 긍정적 존중은 상담자가 내담자를 평가하거나 비난 또는 판단하지 않고 내담자의 감정이나 행동 특성을 그대로 수용하며 그를 소중히 여기는 태도를 말한다. 이러한 무조건적 긍정적 존중에는 세 가지의 의미를 내포하고 있다.

첫째는 무조건적인 의미다. 지시적이고 위계적인 문화를 가진 조직은 완전무결주의에 입각해 운영되는 관계로 무조건적 존중을 이행하는 것이 쉽지 않다. 그러나 상담자는 내담자의 부정 왜곡까지 받아들이고 내담자의 행동을 조건 없이 바라보는 태도를 보일 수 있어야 한다. 내담자를 존중하고 배려하는 것은 참으로 어렵고 힘든 일이지만 상담자의 무조건적인 태도는 내담자로 하여금 자기를 탐색하고 자신의 감정이나 경험 등을 자유롭게 표현하도록 촉진하는 데 기여한다.

둘째는 따뜻함의 의미다. 따뜻함의 모습은 내담자로 하여금 편안함을 갖게 하고 마음의 안식처를 찾은 것 같은 분위기를 느끼도록 하는 것이다. 이러한 분위기는 상담자와의 친밀한 관계형성을 돕고 내담자의 자기탐색을 촉진한다.

셋째는 비소유의 의미다. 소유적인 관계는 상대방을 하나의 살아 있는 인격체로 대하지 않는다는 것을 의미한다고 볼 수 있다. 그러나 비소유적이라는 말은 자신이 소중한 것처럼 다른 사람도 동일한 가치와 대우를 받을 만한 하나의 독립된 인격체로 인정한다는 의미를 내포한다. 상담자는 내담자가 긍정적인 존중을 받지 못하고 비인격적인 대우를 받는다고 느끼면 그 순간부터 마음의 문을 닫아 버린다는 사실에 주의를 기울여야 한다.

공감적 이해(empathic understanding)는 상담자가 내담자의 감정에 빠져들지 않으면서 내담자의 감정을 자신의 것처럼 느끼는 것을 말한다. 내담자의 눈으로 보는 것처럼 보고, 내담자의 귀로 듣는 것처럼 듣고, 내담자의 코로 냄새를 맡는 것처럼 하는 것이다. 상담자가 내담자의 내면세계를 정확히 감정이입적인 태도로 경험하는 것으로 내담자가 느끼는 아픔과 슬픔, 두려움, 우울, 공포, 분노 등의 감정을 정확히 파악하고 이해하여 다시 내담자에게 되돌려 주는 것을 말한다.

이때 주의해야 할 점은 상담자의 주관적인 생각이나 판단이 개입되지 말아야 한다는 점이다. 내담자의 내면에 자리하고 있는 생각이나 감정을 있는 그대로 받아들이고 이해할 때 내담자는 진정으로 자신이 이해받고 수용 받는다는 사실을 알게 되어 보다 편안하게 자신을 탐색한다(김헌수, 2006). 상담자는 상급자 또는 권위자로서 내담자 앞에 서는 것이 아니다. 자신을 낮추어 내담자와 같은 동등한 수평적 위치에서 상담을 진행해야 한다.

제4절 인지치료 상담이론

인지이론은 1950년대 미국에서 태동하였다. 이후 개념적인 기초가 더욱 튼튼해지고 치료적 절차도 정교화 되어 여러 방면에서 활용되기 시작하였다(박경애, 2008). 인지행동상담은 개인이 현재 보이는 문제증상의 원인이 어떤 특정한 사건 때문이 아니라, 그 사건을 바라보는 개인의 사고와 신념체계에 있다고 여긴다. 상담과정은 내담자의 역기능적이고 비합리적인 신념에 대한 논박을 통해 합리적 신념으로 바꾸는데 역점을 둔다. 내담자의 인지적 사고의 틀이나 내용을 재구성함으로써 우울이나 불안과 같은 정서적 문제를 해결하는데 초점을 둔 이론이다. 인지행동을 대표하는 엘리스(Ellis)의 인지 · 정서 · 행동치료와 벡(Beck)의 인지치료를 중점적으로 다루어 보겠다.

1. 인지 · 정서 · 행동치료

인지행동이론 중 가장 많이 알려지고 널리 사용되는 것 중 하나는 1950년대 엘리스에 의해 창안된 인지 · 정서 · 행동치료다. 이 이론은 개인의 신념체계를 바꿈으로써 행동의 변화를 가져오게 하는 것으로 심리적 문제를 야기하는 비합리적인 신념을 합리적 신념으로 변화시키는 과정을 핵심으로 여기고 있다. 원래 이 이론은 인지적 치료(Rational Therapy: RT)라는 이름으로 출발하였다. 이후 인지정서치료(Rational Emotive Therapy: RET)라는 이름으로 사용되다가 1993년에 행동주의 원리를 이론에 포함시키면서 인지 · 정서 · 행동치료(Rational Emotive Behavioral Therapy: REBT)라는 명칭으로 부르고 있다.

1) 인간에 대한 기본관점

엘리스가 바라본 인간은 합리적 · 논리적인 가능성과 비합리적 · 비논리적인 가능성을 동시에 갖고 태어나는 존재라고 가정한다. 인간은 가치를 보존하고 행복을 누리고, 사고하고, 사랑하며, 다른 사람과 친밀감을 맺고, 스스로 성장하고 자아를 실현하는 경향성을 가진 존재로 규정한다. 동시에 스스로를 파괴하고 실수를 반복하고, 일을 미루고, 미신 세계에 빠져들고, 참을성이 없고, 완벽을 추구하고, 자기 자신을 비난하는 등 인간을 선과 악의 중립적인 존재로 여긴다(Ellis, 1987).

인간은 외부의 어떤 조건에 의해서라기보다 자신 스스로 정서적 혼란을 일으키는 존재라고 주장한다. 정서적 혼란을 가져오는 신념을 스스로 만들고 그 신념에 따라 스스로가 정서적 혼란을 경험한다고 말한다. 뿐만 아니라 인간은 사실을 왜곡하고, 정서적 혼란을 일으키는 선천적인 경향성을 가진 존재로 설명한다. 인간은 생각하고, 느끼고, 행동하며 이 세 가지가 서로 영향을 주고받는 존재라고도 말한다. 인간을 총체적으로 기능하는 존재로 인식하며 사고와 정서 및 행동의 과정을 바꿀 수 있는 능력도 동시에 지닌 존재로 여기고 있다.

2) 주요 개념

엘리스는 인간을 이루는 세 가지 핵심 영역인 인지·정서·행동이 서로 상호작용하는 과정에서 인지가 주축이 되어 정서와 행동에 영향을 준다고 가정한다. 인지는 정신건강과 부적응에 대한 중요한 역할을 담당하고 있다고 강조한다. 부적응 행동은 사람들이 비합리적 신념을 갖고 상황에 접근하기 때문에 발생하는 것이므로 치료 방향 역시 왜곡된 인지를 변화시키는 것으로부터 출발해야 한다는 입장이다. 인지·정서·행동치료에서 주장하는 원리는 대체로 6가지가 있는데 이를 살펴보면 다음과 같다(박경애, 2004).

첫째, 인지는 인간 정서의 가장 중요한 핵심적 요소다. 이는 '우리는 생각한 대로 느낀다.'라는 말로 함축할 수 있는데, 어떤 외부적 사건이나 타인이 우리의 기분을 좋게 하거나 나쁘게 만드는 것이 아니라 우리 스스로가 그렇게 만든다는 주장이다.

둘째, 역기능적 사고는 정서 장애의 중요한 결정요인이다. 역기능적 정서 상태나 정신 병리의 많은 부분은 역기능적 사고과정에서 나타난 결과로 규정한다. 이러한 역기능적 사고는 과장, 과잉 일반화, 잘못된 추론 그리고 절대적인 관념 등에서 나타난다.

셋째, 인지·정서·행동치료는 우리가 생각하는 인간이기 때문에 사고의 분석부터 시작되어야 한다. 만약 우리가 지닌 고통이 불합리한 신념의 산물이라면 그 고통을 가장 잘 해결하는 길은 신념을 변화시키는 것이다.

넷째, 비합리적 사고와 정신 병리를 유도하는 원인은 유전적이고 환경적인 영향을 포함하는 다중요소로 구성된다. 우리 인간은 선천적으로 불합리하게 생각하는 경향성을 지니고 있다.

다섯째, 인지·정서·행동치료는 과거의 영향보다 현재에 초점을 둔다.

여섯째, 신념은 변화한다. 불합리한 신념은 쉽게 변화되지 않지만 적극적이고 지속적인 노력으로 바꿀 수 있다.

3) 이론의 적용

(1) 상담목표

상담목표는 내담자가 지닌 비합리적 신념을 합리적 신념으로 바꾸는 것에 둔다. 상담자는 내담자가 합리적 사고를 통해 긍정적인 정서를 느끼고 자신이 세운 여러 가지 목표를 달성하도록 도움을 주어야 한다. 내담자의 부적응 증상을 없애는 노력을 집중해야 할 뿐만 아니라, 문제의 주된 원인이 되는 내담자의 신념이나 가치관을 새롭게 정립하여 증상의 근원을 없애는데 초점을 두어야 한다. 이처럼 인지·정서·행동치료의 궁극적인 상담목표는 내담자의 비합리적인 신념을 변화시키는 것에 있다.

(2) 상담과정

인지·정서·행동치료의 진행과정은 ABCDE 모형으로 설명한다. ABCDE 모형에서 A(activating event)는 개인의 정서를 유발시킨 어떤 사건이나 현상을 말한다. B(belief system)는 어떤 사건이나 현상 등과 같은 환경적 자극에 대해서 각 개인이 갖는 신념체계를 말한다. C(consequence)는 A에 따른 정서적·행동적 결과를 말하며, 이 결과는 긍정적일 수도 있고 부정적일 수도 있다.

이 모형은 부적응과 같은 정서적 반응(C)은 어떤 사건의 발생(A) 그 자체에 의해 일어나는 것이 아니라, 그 사건에 대해 개인이 갖는 신념체계(B)에 의해 나타난다고 여긴다. 군대의 예를 들어보자. 김 일병과 박 일병은 2016년도에 군에 입대한 사건(A)은 같았으나 이 사건에 대한 결과(C)는 달랐다. 김 일병은 군대가 '괜찮다', '할만하다'와 같이 앞으로 군복무를 하는데 도움이 되는 긍정적인 정서적 결과를 경험한 반면, 박 일병은 '힘들다', '두렵다'와 같이 앞으로 군 생활을 하는데 도움이 되지 않는 부정적인 정서적 결과를 경험하고 있다. 김 일병과 박 일병이 이렇게 서로 다른 정서적 결과를 경험하는 것은 '군복무' 라는 사건(A)에 대해 서로 다르게 생각(B)하고 있기 때문이다(심윤기, 2016).

인간의 정서적 반응이나 부적응을 일으키는 비합리적 신념을 어떻게 바꾸어야 하는지 그 방법을 내담자에게 제시하는 것이 바로 인지·정서·행동치료의 ABCDE 모형이다. 그 핵심은 D(dispute)라는 논박인데, D는 비현실적이고 자기파괴적인 가설을 논리적으로 논박해서 포기하도록 한다. 이러한 논박이 성공하면 내담자의 적응적 행동이 E(effect)의 효과로 나타난다. ABCDE 모형은 [그림 2-2]와 같다.

[그림 2-2] ABCDE 모형

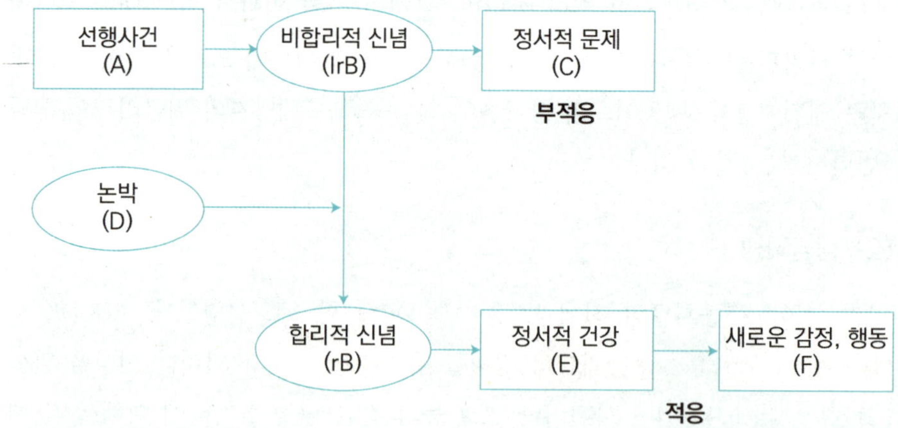

(3) 상담기법

인지·정서·행동 치료기법은 인지적 기법과 정서적 기법, 행동적 기법 등이 있으나 통합적 입장을 취하는 것이 바람직하다. 상담 장면에서 인지적 기법과 정서적 기법, 행동적 기법을 적용하는 방법론을 제시하면 다음과 같다.

- 인지적 기법

인지적 기법은 내담자가 생각하는 방식에 심리적 변화가 일어날 때 정서와 행동 모두에 긍정적인 효과가 나타나도록 하는 방법이다. 이러한 인지적 기법은 비합리적인 생각을 새로운 생각으로 바꾸는 데 목적을 두기 때문에 논박은 인지·정서·행동치료의 중요한 부분을 차지한다. 논박과정은 교육적인 방식과 소크라테스 방식으로 진행한다. 소크라테스 방식은 계속되는 질문에 답하면서 내담자 자신의 생각과 감정, 행동이 어디서 어떻게 왔는지를 깨닫도록 하는 방법이다. 소크라테스 방식의 논박은 네 가지 유형이 있다(박경애, 2004).

첫째, 기능적 논박이다. 이는 내담자가 지닌 신념, 행동, 정서가 내담자가 추구하는 목표를 성취하는 데 얼마나 도움이 되는가를 평가하는 논박이다. 기능적 논박의 최종상태는 자신의 신념이 원하는 목표달성에 방해되고 있다는 점을 깨닫도록 하는 것이다.

둘째, 경험적 논박이다. 이 방법은 신념의 사실적인 근거를 평가한다. 경험적 논박을 통해 내담자는 근거 없는 믿음, 다시 말해 전혀 말도 되지 않는 신념을 자신이 그동안 고집하여 왔다는 점을 깨닫도록 하는데 있다.

셋째, 논리적 논박이다. 이는 내담자의 비합리적인 신념이 자리하고 있는 비논리적인 추론에 의문을 제기하는 논박이다. 예를 들어, 군대는 일반적인 사회적 상식으로는 비논리적이고 비합리적인 조직으로 생각할 수 있다. 그러나 국가의 안위를 위해서는 일반 사회조직과 다른 특수성을 가질 수밖에 없다. 이런 양면적인 개념을 내담자가 충분히 이해할 수 있도록 논리적으로 논박하는 방식이다.

넷째, 철학적 논박이다. 눈앞의 당면 문제에만 너무 몰두하고 있어 다른 부분을 보지 못하는 경우와 자신의 실존이 위협받을 것이라 생각하는 내담자를 대상으로 이루어지는 논박의 방식이다.

• 정서적 기법

정서적 기법은 인지·정서·행동치료의 인지적 개입을 보완하기 위해 사용하는 기법으로 새로운 정서 패턴을 만드는 데 도움이 되도록 설계되었다. 인지적 기법을 통해서 얻은 사고의 긍정적인 변화를 좀 더 활성화시키고 강화시키는 데 초점을 두며, 정서적 모험을 경험하게 하여 자신을 개방하는 데 기여한다(한재희, 2006). 정서적 기법은 조직생활에서 문제가 될 수 있는 대인관계상황에 유용하게 적용할 수 있는 이점이 있다. 자신들이 잘못 지각하여 만들어낸 자기비하가 얼마나 파괴적인 결과를 가져올 수 있는가를 배우는 데 기여하는 기법이다.

정서적 기법 중 유머는 인지·정서·행동치료에서 가장 재미있게 활용할 수 있는 기법이다. 엘리스는 많은 사람들이 너무 진지하게 생활하여 유머 감각을 잃어버리게 되어 정서적 혼란이 생긴다고 여겼다.

합리적 정서 상상은 특정 상황에서 부적절한 정서를 느끼는 자기 자신을 상상하도록 한 다음, 적절하고 바람직한 정서로 대체시키는 자신을 생생하게 떠올리는 방법이다. 이는 명상과 같은 원리를 활용한다고 할 수 있는데, 에릭 에릭슨의 자율체면 기법과도 맥을 같이 한다.

부끄러움 공략 방법은 정서적·행동적인 요소를 모두 포함하는 것으로 내담자로 하여금 창피하거나 부끄러움을 느끼는 방식으로 행동하도록 과제를 주는 것이다. 이를 통해 내담자는 다른 사람들이 자신이 생각했던 것만큼 민감하지 않다는 사실과 다른 사람의 비난에 대해 과도하게 영향을 받을 필요가 없다는 사실을 깨닫는다.

• 행동적 기법

행동적 기법은 내담자에게 어떤 행동을 하도록 조력하여 행동을 통해 그의 신념체계를 변화시키는 기법이다. 이는 변화된 신념체계를 통해 얻어진 인지적 결과물을 더욱 강화시켜 역기능적인 증상에서 보다 생산적인 행동을 하도록 도움을 줄 뿐만 아니라 내담자의 사고나 신념을 포함한 인지체계를 바꾸는 데에도 기여한다. 내담자에게 어떤 행동을 하게 하여 이를 통해 그의 신념체계를 변화시키고, 이 변화된 신념체계를 통해 부적절한 정서에서 벗어나도록 한다.

행동적 기법에는 역할연습과 합리적 역할 바꾸기가 있다. 역할연습은 상담자가 보는 가운데 자신이 새롭게 깨달은 합리적 신념과 일치되는 새로운 행동을 연습하도록 조력하는 방법이다. 합리적 역할 바꾸기는 상담자가 내담자의 비합리적 신념을 모델로 해서 고집스럽게 우기고 주장한다. 이때 내담자는 상담자가 고집스럽게 우기는 주장을 다시 상담자의 입장에서 합리적으로 이야기를 해보도록 하는 역설적 기법이다.

2. 인지치료

벡(Beck)의 인지치료는 인간이 의미를 추구하고 구성하는 존재라는 철학적인 관점에 기초한다. 인간은 주변 환경에 의미를 부여함으로써 세상을 구성하는 능동적인 존재라는 점을 강조하며 인간의 감정과 행동은 환경이라는 자극보다는 자극 그 자체에 부여한 의미에 의해서 결정된다고 설명한다. 이런 점에서 인지치료이론은 인간의 삶에 대해 구성주의적이고 현상학적인 측면을 중요시 한다.

벡의 인지치료는 우울뿐만 아니라 자살행동, 일반화된 불안장애, 사회공포증, 외상 후 스트레스장애 등의 임상적 치료에 많이 활용되고 있다. 뿐만 아니라 다양한 성격장애치료에 이르기까지 광범위하게 적용되고 있으며 가족, 기관, 조직 등에서 폭넓게 활용되고 있다.

1) 주요 개념

인지치료는 개인의 자기 파괴적인 사고를 버리게 한다는 점에서 엘리스의 인지·정서·행동치료와 유사하다. 우울이나 정서장애의 원인은 내담자가 현실을 해석할 때 자신을 부정적으로 바라보는 비합리적인 신념의 결과인 인지적 왜곡에 있으므로 자신의 부정적 사고를 현실적인 사고로 대치하도록 학습하는 것을 치료의 기본으로 삼는다.

(1) 역기능적 인지 도식(dysfunctional cognitive schema)

사람들은 살아가면서 자기 나름대로 자신과 세상을 이해하는 틀을 발달시켜 나가는데 자기가 어떤 사람인지, 인생은 무엇인지, 어떻게 살아가야 하는지 등에 관한 지식을 계속해서 쌓아간다. 이러한 지식은 아주 어린 시절부터 시작해서 삶을 살아가는 과정에 체계화되어 하나의 덩어리를 형성하는데 이것을 인지도식이라고 한다. 그래서 인지도식은 세상을 살아가는 과정에서 형성된 삶에 관한 이해의 틀이라고 정의할 수 있다.

인지도식은 한 개인 내에 여러 가지 형태로 존재하며 위계적인 구조를 이루고 조직화되어 있다. 어떤 도식은 높은 핵심적인 위치를 차지하는 반면, 어떤 도식은 하위의 위치에 존재한다. 어떤 도식이 활성화되느냐에 따라 경험을 구조화하고 조직화하는 방식이 달라지며, 어떤 도식은 오랜 기간 활성화되지 않다가 특정한 스트레스 상황에 의해 나타나기도 한다.

역기능적인 인지도식은 개인이 현실에 적응하는 데 도움이 되지 않는 부정적인 내용으로 이루어진 생각의 덩어리에 해당한다. 스트레스 상황에서 활성화되어 인지적 오류를 유발하는 틀로 작용한다. 역기능적 인지도식을 지닌 사람은 일상생활에서 스트레스 사건을 경험할 때 부정적인 내용의 자동적 사고가 떠오르며, 인지적 오류로 문제증상을 경험한다(Beck, 1997). 역기능적 인지도식이 활성화되면 인지적 오류방식의 정보처리가 유발되며, 도식이 좀 더 강력해져서 사고의 체계적인 오류와 현실에 대한 왜곡이 심해지면 문제 증상이 나타나는데 정작 본인은 이를 잘 모르고 있다.

(2) 자동적 사고(automatic thoughts)

인지치료이론에서는 사람의 감정이나 행동에 대해 개인이 어떻게 해석하느냐에 따라 영향을 받는다고 가정한다. 사람의 감정과 행동을 결정하는 것은 상황 그 자체가 아니라 개인이 상황을 어떻게 해석하느냐는 방식에 달려 있다고 본다. 사람들은 한 사건을 접하면 자동적으로 어떤 생각을 떠올리며, 그 생각은 때때로 사람들이 인식하지 못할 정도로 빠르게 단어나 이미지로 형성화한다. 벡은 이렇게 미리 계획하거나 논리적으로 숙고하는 것 없이 자동적으로 빠르게 머릿속을 스쳐가는 평가적 사고를 자동적 사고(Beck, 1997)라고 말하고 있다. 이를 도식화하면 [그림 2-3]과 같다.

[그림 2-3] 인지도식의 4가지 수준

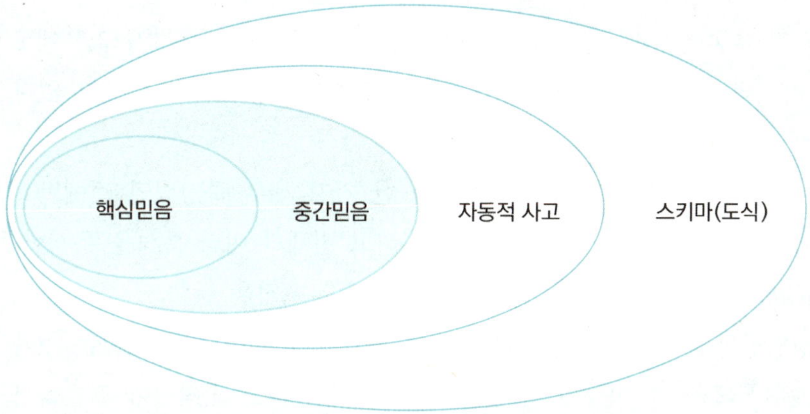

출처: 심윤기, 2018

자동적 사고는 핵심믿음(core belief)에서 발생한다. 핵심믿음은 유아기에 부모와의 관계에서 시작되어 살아가는 동안 자신과 타인, 세상에 대해 가지는 신념을 말한다. 이런 신념이 내면 깊숙이 자리 잡으면 개인에게 절대적 진리로 받아들여지게 된다. 핵심믿음과 자동적 사고 사이에는 중간믿음(intermediate beliefs)이 존재하는데, 중간믿음은 핵심믿음과 연결되어 개인의 규칙과 태도 등을 결정지으며, 이것이 특정상황에서 자동적 사고를 유발한다.

(3) 인지적 오류(cognitive error)

정보처리과정의 체계적인 잘못을 인지적 오류 또는 인지적 왜곡이라고 한다. 다른 사람들이 생각하는 것보다 자기 자신과 주변의 현실을 부정적인 방향으로 왜곡하여 해석하는 것이다. 자신과 미래 그리고 주변 환경에 대한 부정적이고 비관적인 생각과 현저하게 왜곡되고 과장되게 해석하는 것인데, 이는 자동적 사고가 많은 경우에 나타난다. 벡이 제시한 인지적 오류에는 여러 가지가 있으나 몇 가지 특징적인 것만 제시하고자 한다.

개인화는 죄의식과 죄책감의 어머니라고 칭한다. 외부사건을 자신과 관련지을 근거가 없는데도 불구하고 이를 자신과 연결 짓는다. 어떤 발생한 사건에 대한 책임이 자신에게 없는데도 자신의 잘못이나 무능함 때문이라고 결론내리기도 한다.

자의적 추론은 어떤 결론을 지지하는 증거나 근거하는 증거가 없음에도 불구하고 자의적으로 결론을 이끌어내는 것을 말한다. 혼자서 소설 쓰고 있다고 빈정대는 말로 표현되기도 한다.

선택적 추상은 전체 맥락에서 벗어나 한 가지 세부 특징적인 것에만 초점을 기울이는 특징을 보인다. 전체를 보지 못하고 전체의 여러 특성을 무시한 채 어느 특정한 부분과 단편적이고 세부적인 것에만 초점을 둔다.

과잉일반화는 한 가지 이유를 들어 전체가 그런 것인 양 확대하는 것을 의미한다. 하나 혹은 그 이상의 사건에 기초하여 일반적인 법칙이나 결론을 도출하여 그 개념을 관련되지 않는 상황에까지 광범위하게 적용하는 패턴을 보인다.

이분법적 사고는 모든 경험을 이것 아니면 저것이라는 양극단의 하나로 평가한다. 이를테면 진급하지 못하면 실패자가 되는 것이고, 순결하지 않으면 불결하다고 하는 것이 이에 해당한다. 이러한 이분법적 사고는 인간의 내면 깊이 자리하여 합리적인 사고를 왜곡시키는 작용을 한다.

2) 이론의 적용

인지치료는 군·경찰·소방과 같은 위계문화를 가진 조직에서 활용하는 것이 매우 유용한 이점이 있는데, 그 이유는 조직에 대한 여러 가지 비합리적인 생각을 변화시키는데 기여하기 때문이다. 위계조직에서 생활하는 구성원 중에는 조직에 대한 부정적인 생각으로 스스로 힘들게 생활하는 경우가 있다. 이들은 적극적으로 도움의 손길을 요청할 줄 몰라 스스로 위축된 생활을 하기도 한다.

일상의 생활에서 겪는 크고 작은 생활사건의 의미를 해석할 때에도 인지적 오류와 왜곡을 자주 범하여 심리적 고통이 가중되는 경우도 있다. 따라서 인지적 오류를 깨닫고 부정적 인지도식을 긍정적 인지도식으로 바꾸어 조직생활을 보다 즐겁고 보람되게 할 수 있도록 조력하는 방법은 인지치료가 매우 효율적이다.

(1) 상담목표

인지치료의 상담목표는 자동적 사고를 변화시키고 인지도식을 재구성하여 새로운 사고를 갖도록 하며 인지적 오류가 발생되지 않도록 하는 데 있다. 이를 위해서는 내담자의 잘못된 정보처리를 탐색하고 부적응 행동과 부정 정서를 유지하는 모든 가정을 찾아야 하며, 내담자의 자동적 사고를 탐색하는 과정이 필요하다.

(2) 상담과정

상담자는 내담자의 자동적 사고에 주의를 기울여 내담자 스스로 자신의 생각을 들여다보도록 하고, 그 생각이 자신의 정서와 행동에 어떠한 영향을 미치는지를 인식하도록 조력한다. 그런 다음에는 내담자가 주로 보이는 자동적 사고와 인지적 오류를 찾으며 내담자가 지닌 역기능적인 가정이 어떤 것들인지 탐색한다(천성문 등, 2014). 이후 내담자가 자신이 지닌 자동적 사고를 구체적으로 인식하면 그것을 보다 긍정적이고 합리적인 사고로 바꿀 수 있도록 논박한다.

그 다음은 내담자의 내면 깊이 자리 잡고 있으면서 절대적 진리로 작용하는 핵심신념을 찾는다. 핵심신념에 대한 논박과정을 통해 이를 재구성함으로써 역기능적인 인지도식이 변화되도록 조력한다. 상담과정에서 내담자의 자동적 사고가 변화되고 인지도식이 재구성되는 등 새로운 모습을 보이면 행동으로 실천할 수 있는 과제를 부여하여 변화의 연속성이 유지되도록 한다.

인지치료는 다음과 같이 6단계의 과정으로 이루어진다.

- 1단계: 문제가 되는 사고와 감정이해하기
- 2단계: 자동적 사고 찾기
- 3단계: 자동적 사고 논박하기
- 4단계: 핵심신념 찾기
- 5단계: 핵심신념 논박하기
- 6단계: 변화 유지하기

(3) 상담기법

인지치료 상담기법은 자동적 사고를 다루어 증상을 낮추고 역기능적인 인지 도식을 발견해 이를 변화시킴으로 정서적 고통에 대한 취약성을 낮추는 데 역점을 둔다. 이를 위해서는 몇 가지의 기술이 필요하다.

첫째, 절대성에 도전하기다. 이는 언제나, 기필코, 반드시, 항상, 절대 등과 같은 내담자가 하는 말을 내담자 스스로 그 의미를 깨닫도록 하는 기술이다. 절대성에 대한 내담자의 생각과 말이 잘못되었음을 깨닫도록 하는 교정과정이 필요하다. 여기서 주의할 점은 1%의 오차도 허용하지 않는 위계문화를 가진 군·경찰·소방과 같은 조직은 대부분 완전무결주의를 추구하는 관계로 이러한 절대성의 언어를 자주 사용하고 있다는 점을 고려할 수 있어야 한다.

둘째, 재귀인 하기다. 귀인은 상황이나 사건에 대해 책임이 거의 없음에도 그 책임을 자기 자신에게 돌리는 것을 말한다. 재귀인은 부적절한 귀인으로 인한 고통에서 벗어나도록 자신이 어느 정도의 책임이 있는지를 분명히 알도록 하는 방법이다. 예를 들어, 진급에서 떨어진 사람이 자기 자신을 비난하며 자책한다면 진급 공석의 제한으로 진급에서 떨어진 것이지 내담자가 무능해서 떨어진 것이 아니라는 점을 깨닫도록 하는 것이 재귀인하기다.

셋째, 인지왜곡 명명하기다. 이 기술은 상담자가 내담자에게 인지왜곡의 전체 목록을 보여주고 내담자의 생각에서 흔히 일어나는 인지왜곡이 무엇인지 명명하도록 하는 방법이다. 내담자는 이러한 인지왜곡 명명하기를 통해 자신이 사용하는 인지왜곡을 탐색하여 자신의 생각을 방해하는 자동적 사고를 범주화할 수 있다.

넷째, 흑백논리 도전하기다. 우리가 사는 이 우주는 낮과 밤이 공존하고 남자와 여자가 함께 산다. 우리의 생활 속에서도 양쪽 측면이 있고 경험하는 상황들도 긍정적인 면과 부정적인 면이 동시에 존재한다. 내담자가 만약 어느 한쪽 측면에만 치우쳐 생각하는 경우에는 다양한 측면이 존재한다는 점을 예를 제시하며 일깨워 주는 방법이다.

다섯째, 파국에서 벗어나기다. 이 기법은 내담자가 어떤 결과가 일어나지 않을 것 같은 상황임에도 불구하고 이를 두려워하는 경우 내담자로 하여금 이 상황에 대한 예측 근거 등을 다시 찾도록 함으로써 두려움을 줄이는 방법이다.

PART

02

상담방법론

— Chapter —

CHAPTER

03

개인상담의 방법과 기술

제1절 개인상담의 과정

상담은 예측되는 국면과 단계를 거쳐 움직이는 하나의 연속적인 과정으로 통상 초기단계와 중간단계, 종결의 과정으로 이루어진다. 상담자는 상담을 시작하고 종결하기까지의 과정과 방법에 관해서 잘 이해하고 익숙해져 있어야 상담을 성공적으로 조력하고 촉진할 수 있다. 본 장에서는 소방·경찰·군 조직에서 생활하는 구성원들을 대상으로 한 개인상담이 어떻게 준비되고 이루어지는지 알아보도록 하겠다.

1. 상담의 준비사항

1) 상담 전 준비

소방·경찰·군 조직에서 이루어지는 상담은 방법론에서 있어서는 다른 점이 많지만 준비과정은 일반상담과 별반 다르지 않다. 우선 상담자는 내담자를 이해하고 그의 문제를 함께 해결하기 위하여 상담이 시작되기 전 자료를 수집해야 한다. 스트레스의 원인이 될 수 있는 각종 자료와 문제해결에 직·간접적으로 도움이 될 수 있는 자료를 다각도로 준비할 필요가 있다.

문제에 따라서는 내담자의 인적사항 외에도 과거의 생활배경, 성장과정, 생활

습관까지도 살펴야 한다. 상담경험이 풍부한 상담자라 할지라도 상담 전 아무런 정보나 준비 없이 내담자와 상담을 시작하면 상황에 따라 객관적 입장을 잃거나 정신적으로 위축되어 원만한 상담진행이 어려워질 수 있다.

군·경·소방조직에서 일하는 구성원들은 한 사람 한 사람 모두가 일하는 직무환경이 다르고 성격특성도 각각 다를 뿐만 아니라, 심리적 문제와 갈등도 다를 수밖에 없다. 그러므로 내담자에 관한 정보를 사전에 수집하고 정리하는 것은 직무 및 외상스트레스 상담을 성공적으로 이루어지도록 촉진하는데 중요한 요소가 된다. 상담 전 준비는 대체로 다음과 같은 사항을 염두에 둔다.

첫째, 어떤 자료가 해당 내담자의 상담에 필요한 자료인지 선별해 수집한다. 효과적인 상담을 진행하는데 필요하고 기여가 되는 자료를 선택하여 모을 필요가 있다.

둘째, 기계적이고 획일적으로 자료를 모으는 것은 적절치 않다. 단편적이고 일상의 수준에 있는 자료를 누적하는 것은 결코 바람직하지 않다. 상담 전 내담자와 관련한 자료를 충분히 획득했다면 이제는 그 자료를 효과적으로 활용하기 쉽도록 정리하는 것이 필요하다. 내담자의 직무환경과 심리적 특성을 정확하고 포괄적으로 파악할 수 있도록 자료를 상호 관련시켜 정리해 놓는 것이 중요하다.

셋째, 사전에 수집된 각종 내담자 자료를 상담과정에 어떻게 활용할 것인지도 미리 계획해야 한다. 내담자 정보를 수집하고 활용하는 데 있어서 꼭 유의해야 할 사항은 내담자에 대한 사전 정보나 지식이 내담자에 대한 선입견이나 고정관념으로 기정사실화 되어서는 안 된다는 점이다. 어디까지나 참고자료로만 활용할 수 있도록 준비해야지 내담자의 심리적 문제를 관련된 자료만 가지고 평가하거나 판단하는 실수를 한다면 성공적인 상담결과를 기대할 수 없다.

2) 첫 접수면접의 진행

군·경·소방조직에서 일하는 내담자를 대상으로 한 첫 면접은 매우 중요하다. 통상 첫 면접은 내담자가 경험하고 있을지도 모르는 긴장과 불안을 제거하기 위해 몇 분 동안 일상적인 대화를 나누며 시작한다. 하지만 오랜 시간동안 일상적인 대화만을 나누며 지속하지는 않는다.

내담자가 자진해서 상담을 받으러 왔느냐 아니면 가족이나 직장 상사 등 다른 사람의 요청이나 의뢰로 상담을 받으러 왔느냐에 따라 상담방법은 달라진다. 통상 상담자는 내담자에게 상담을 받으러 온 분명한 이유와 상담에서 기대하는 것이 무엇인지 질문하는 것을 시작으로 첫 면접을 진행한다. 상담자는 자신이 질문한 내용에 내담자가 어떤 모습으로 어떻게 말하는지 주의 깊게 경청한 다음, 내담자가 바라고 기대하는 것에 대한 답을 친절하고 성실하게 제공한다.

자진해서 상담실을 찾아온 내담자에게는 다음과 같이 이야기를 나누면서 면접을 시작한다. "우리가 이야기할 수 있는 시간이 약 50분 정도가 있는데요, 어떤 일로 상담을 받으러 오셨는지 궁금하군요." "오늘 약 한 시간 정도의 시간이 있습니다. 어떤 어려움이 있어서 찾아 오셨는지 이야기를 나누도록 했으면 합니다. 어떠한 이야기를 해도 괜찮습니다. 오늘 상담소를 오실 때 무엇을 기대하고 오셨는지 그 이야기를 먼저 나누는 걸로 대화를 시작했으면 하는데 어떠신지요."

어떤 내담자는 제3자의 요청에 의해 상담을 받으러 온 경우가 있다. 법원에서 상담을 요청해서 온 경우가 대표적인 사례이다. 이러한 상황에서는 내담자에 대한 존중과 배려와 함께 구체적인 상담계획수립이 필요하다. 의뢰된 원인과 상관없이 내담자를 따뜻이 대하고 수용적인 태도를 보이는 것이 무엇보다 중요하다. 내담자가 의뢰되어 온 이유에 대해서는 이야기를 나눌 수도 있지만 내담자가 평가받고 있다는 인상을 주는 것은 결코 바람직하지 않다.

위계조직 내 직장 동료나 상사와의 대인관계문제로 의뢰된 상담을 하는 경우라도 내담자는 가족 간의 갈등이나 이혼, 직무 및 외상스트레스로 인한 심리적 고통과 같은 다른 개인적인 문제를 의논하고 싶을 수가 있다. 따라서 상담자는 문제의 선입견이 내담자의 즉각적인 요구에 반응하는데 저해요인으로 작용되지 않도록 부단히 힘써야 한다.

첫 면접이 중요한 또 하나의 이유는 상담자와 내담자 사이에 촉진적인 상담관계, 즉 라포(rapport) 형성이 시작되는 첫 만남이 되기 때문이다. 내담자는 첫 면접에서 상담자의 행동을 세심하게 관찰하고 분석하며 이를 바탕으로 상담자와의 신뢰감을 조금씩 점진적으로 형성한다. 이런 점을 고려하여 상담자는 첫 면접이 진행되는 동안 상담자에 대한 내담자의 신뢰감이 잘 형성되도록 내담자에 대한 진정한 관심과 존중, 배려, 적극적인 경청 등에 주안을 두고 진솔하게 대화를 나눈다.

상담자는 내담자의 심리적 문제와 증상, 갈등, 스트레스 등과 관련된 요인과 배경에 대해 촉진적인 대화가 이루어지도록 조력해야 한다. 상담을 구조화하여 상담과정에서 상담자와 내담자가 해야 할 구체적인 역할도 알려준다. 상담의 비밀보장 등에 관해서도 대화를 나누며, 상담시간이 어떻게 진행되는지 그 범위도 내담자와 함께 결정한다.

특수한 위계조직에 몸담고 있는 군·경·소방공무원과 같은 경우에는 대략 1시간 정도의 상담시간이 적절할 수 있다. 근무시간이 통상 1시간 단위로 이루어지고 이후에 휴식시간이 제공되기 때문에 1시간 동안의 상담시간은 이들이 지루하거나 불편을 느끼지 않을 수 있기 때문이다.

상담자는 회기마다 이루어지는 상담시간이 얼마나 걸리는지에 대해서도 미리 내담자에게 알려주는 것이 좋다. 그래야 내담자가 상담시간을 알고 그 시간 내에서 의논할 적절한 문제와 그에 따른 정보를 제공할 수 있기 때문이다. 상담자가 상담에 걸리는 시간을 밝히지 않는다면 내담자는 종종 고통스러운 문제는 상담종료시간 직전까지 말하지 않을 수 있다. 이런 상황을 미연에 방지하기 위해서 상담자는 상담의 종료시간이 다가오면 남은 시간을 내담자에게 알려줌으로써 내담자가 시간이 다 지나가기 전에 미결된 문제를 제의할 기회를 주는 것이 바람직하다.

"철수씨, 아직 10분 정도 남았는데 상의하고 싶은 다른 문제가 있으면 말해 볼래요?"라고 말한다. 내담자는 자기 문제에 너무 심취되어 시간가는 것을 종종 잊을 때가 있으므로 상담자가 일깨워 주는 것이 좋다. 상담기간은 1회기 상담이나 2회기 상담을 가진 후에 정하는 경우가 있지만 첫 면접에서 논의하는 것이 적절하다. 상담기간은 내담자가 지닌 심리적 증상과 문제의 심각성, 상담의 효율성에 따라 달리 정하되 반드시 내담자와 협의 후 결정한다.

2. 상담자의 태도

1) 책임과 의무

상담자의 주요 책무는 내담자로 하여금 그의 위치에서 최선의 방법이 될 수 있는 대안을 찾고 심리적 갈등과 문제해결 조력을 통해 정상기능을 회복하도록 돕는 것이다. 간혹 내담자 중에는 자신의 심리적 문제에 마주하기가 두려워 상담과정에서 저항하는 경우가 있다. 심리적인 문제를 해결하는 과정이 고통스럽고 머리가 아프고 혼란스러워 차라리 그 문제를 덮고 지나가는 것이 나을 것이라고 생각하기 때문이다. 따라서 상담자는 상담의 시작단계에서 이러한 내담자의 저항과 회피가 상담에 전혀 도움이 되지 않는다는 사실을 분명하게 인식시키는 것이 중요하다.

상담을 받으러 온 내담자는 자신의 인격손상에 관한 이야기나 상관 및 부하직원 혹은 가족에 관한 이야기, 자신이 저지른 잘못에 관한 이야기 등은 비밀보장에 대한 약속이나 확신이 없으면 이야기 하는 것을 꺼리고 망설인다. 따라서 상담자는 상담비밀보장에 대한 약속과 함께 이에 대한 확실한 책임감을 보여주어야 한다. 상담자가 소속된 조직이나 기관에 상담결과를 보고해야 하는 의무가 있는 경우에도 차선책을 강구하여 내담자를 보호할 수 있어야 한다.

상담자는 상담과정에서 바람직한 인간적 태도와 자세를 견지해야 한다. 이를 위해 상담자는 늘 상담과 관련한 새로운 지식과 기술을 배우고 노력하며 실천할 책임이 있다. 상담자의 옷은 단정한 정장 차림의 복장을 갖춰 정중한 모습으로 상담에 임해야 한다. 상담자가 복장을 아무렇게나 착용하면 내담자의 입장에서는 자기를 무시하거나 깔본다고 생각하기 쉽다. 아울러 상담자 자신의 소개를 할 때에는 진솔하고 겸손한 모습을 보여야 한다.

마지막으로, 상담자가 지녀야 할 책무는 면접과정이나 상담 회기를 통해 알게 된 내담자에 대한 정보를 지속적으로 살피거나 검토하고 사례개념화를 계속 발전시켜 나가야 한다. 왜냐하면 상담을 시작한 후에 예기치 않은 정보나 과다한 현실적인 문제로 상담과정이 혼란하게 되거나 압도되어서는 안 되기 때문이다.

2) 내담자를 대하는 자세

상담자가 내담자를 맞이할 때는 다음과 같은 자세를 지녀야 한다. 첫째, 온정과 진실성으로 내담자를 대하는 모습이다. 대부분의 내담자는 불안과 긴장, 스트레스 등 심리적 어려움을 지닌 채 상담실을 찾아온다. 따라서 온정과 진실어린 밝은 표정으로 내담자를 맞이하여 내담자로 하여금 긴장을 풀고 평온을 찾도록 하는데 도움이 되어야 한다.

내담자에게 자리를 권해 앉게 한 다음 차를 대접하는 것은 처음 만남의 다소 어색한 분위기를 바꾸고, 대화의 문을 여는데 기여한다. 차를 권하고 마시는 과정에서 인간적인 정이 오가며 상담자에 대한 친밀감이 형성될 뿐만 아니라, 마음의 긴장이 풀리고 상담에 대한 두려움도 사라지게 된다.

둘째, 상담자는 상담과정 내내 내담자에게 관심을 기울여야 한다. 때로 내담자가 침묵을 유지하며 저항의 모습을 보인다 하더라도 이를 재촉하지 말고 기다려 주는 것이 바람직하다. 상담자는 내담자의 옷차림이나 표정, 말 한마디와 행동 하나하나에 세심한 관심을 기울이고, 적절한 시기에 자연스럽게 관심을 표하면 상담효과는 크게 증진된다.

예를 들어, '말하는 음성이 또렷또렷하고 분명해서 듣는데 매우 편안하고 좋습니다. 내담자님은 매 번 옷차림을 단정하게 하고 와서 제 기분이 무척 좋습니다.'라고 내담자의 긍정적인 부분을 표현하면 라포 형성에도 큰 도움이 된다.

상담을 진행할 때에는 내담자에게 전적인 관심을 표현하면서 그가 전하고자 하는 말의 의미에 대해 적극적으로 듣는 자세가 중요하다. 내담자가 말을 할 때는 상대 시선을 부드럽고 자연스럽게 마주하며 몸의 상체를 약간 앞으로 기울여 적극적으로 듣는 자세를 취한다.

내담자의 이야기 내용에 따라서 얼굴 표정을 밝게 혹은 진지하게도 하는 등 다르게 하여 '나는 당신의 말을 주의 깊게 듣고 있습니다.'라는 의미를 전달한다. 뿐만 아니라, 내담자가 말을 할 때마다 수용과 긍정, 또는 공감하고 있음을 나타내는 태도로 고개를 끄덕이거나, "음~ 그랬군요." 등의 즉각적인 반응을 보이는 것이 좋다.

셋째, 기다리며 함께 하는 자세를 견지할 수 있어야 한다. 대부분의 내담자는 상담실에 오자마자 자신이 상담하고자 하는 핵심 내용으로 들어가지 않는다. 왜냐하면 상담자와의 라포 형성이 아직 덜 되었기 때문이다. 내담자가 얼마의 시간 동안 상담자를 탐색하고 나서 믿어도 되겠다는 확신이 생겼을 때 내담자는 비로소 대화의 문을 열며 상담자에게 다가온다.

상담자는 내담자가 간간이 던지는 말과 내용을 정확히 파악함은 물론 상대방의 몸짓과 표정, 그리고 음성에서 섬세한 변화를 느낄 수 있어야 한다. 진술하는 말의 저변에 깔려 있는 속마음까지 감지하고, 나아가서 그 사람이 말하지 못한 내용까지도 알아차릴 수 있도록 힘써야 한다.

넷째, 모호한 내용과 오해가 생긴 것은 확실하게 하는 태도를 보인다. 상담이 어느 정도 진행되어 상담분위기나 상담에 임하는 자세를 보다 명료하게 해야 될 경우에는 그간의 상담내용을 내담자가 간단히 요약·정리해 보도록 조력한다. 내담자 스스로 상담내용을 요약 정리해 봄으로써 상담의 흐름에 대한 분석과 통합하는 능력이 생기고, 현재 자신이 느끼고 있는 스트레스와 갈등, 심리적 혼란 등에 대해서도 바르게 인식할 수 있다.

다섯째, 내담자의 저항과 문제해결의 적극적인 자세를 갖는다. 내담자가 처음 상담에 임하는 경우에는 불안과 긴장, 그리고 신뢰 등의 문제로 저항의 자세를 취하기도 하는데 이는 자기를 보호하려는 의도에서 나타나는 행동이다. 내담자가 말하는 내용은 대부분 과거의 이야기나 제3자의 이야기를 주로 하는 경향이 있다. 이때에는 적당한 기회에 지금 여기에서, 너와 나의 이야기를 진솔하게 대화하는 것이 중요함을 일깨워 준다.

특히, 상담자가 예기치 않은 개인적인 일로 힘든 문제적 상황에 놓일 경우에는 내담자 역시도 상담자와 같이 동시에 심리적 혼란을 경험할 가능성이 있다. 이럴 때에는 상담을 잠시 중단하고 내면의 혼란한 내용과 문제를 정리한 다음 상담을 재개하는 것이 바람직하다.

3) 내담자의 재의뢰

상담자는 자신만이 도움을 필요로 하는 모든 내담자를 조력할 수 있다고 생각하는 것은 교만이자 과도한 자신감의 발로일 뿐이다. 종종 상담자는 내담자가 필요로 하는 상담을 더 이상 진행할 수 없어서 다른 상담자에게 재의뢰해야 하는 경우가 발생되기도 한다. 어떤 사람은 내담자를 다른 상담자에게 재의뢰하는 것은 바람직하지도 적절하지도 않은 것으로 여기지만, 과도한 스트레스와 심리적 갈등, 혼란 등을 해결하는 문제는 상담자의 능력과 지혜, 지식 등 전문적인 기술을 전적으로 필요로 한다.

상담과정과 마찬가지로 내담자를 의뢰하는 절차는 도움을 필요로 하는 사람에 대한 신뢰와 존경하는 마음에 기초해야 한다. 뿐만 아니라 의뢰 절차와 방법 및 관련된 법적인 문제를 잘 알고 있어야 예기치 않은 또 다른 문제가 발생하지 않는다. 다음과 같은 경우에는 상담을 재의뢰를 하는 것이 타당하다.

첫째, 내담자가 제시하는 문제가 상담자의 능력 범위를 넘어설 때. 둘째, 상담자와 내담자 사이의 성격차이 해소가 어려워 상담과정을 저해할 때. 셋째, 어떤 이유로든 현재의 상담자와 내담자 상호간 문제 논의를 계속하기가 어려울 때. 넷째, 내담자가 잘 아는 동료관계나 인간관계에 있고, 문제가 장기간의 상담시간을 필요로 할 때 등이다.

네 번째와 같은 경우에는 내담자가 먼저 아는 상담자를 찾아오게 되고, 상담자는 이에 응하지 않을 수 없는 상황에 처하게 된다. 그러나 서로 잘 아는 관계는 상담효과를 기대할 수 없어 다른 상담자에게 재의뢰하는 것이 바람직하다.

3. 상담의 기록과 녹음

1) 기록의 필요성

상담내용을 기록한 자료를 상담이 끝난 다음에 다시 읽어보면 상담 중에는 미처 깨닫지 못했던 상담과정상의 문제나 내용을 새롭게 알 수 있다. 상담 중에는 미처 인식하지 못해 발견되지 않았던 문제의 요인들을 새롭게 찾을 수 있다. 그러므로 상담기록은 지난 회기의 상담과정에 대한 반성과 다음 회기의 상담방법과 기술의 보완을 계획하는 데 매우 훌륭한 자료가 된다.

일정한 기간 동안 상담을 받은 내담자가 여러 명이 될 수도 있다. 그래서 상담내용을 일일이 다 기억한다는 것은 매우 어려운 문제다. 그러므로 지난 회기 기록된 상담내용을 상담 전에 읽어봄으로써 지난 회기에 미진했던 점과 내담자 문제의 핵심요점 등을 확인할 수 있다. 상담기록은 상담내용의 요약과 내담자의 감정흐름, 태도의 변화, 주목되었던 행동의 단서 등을 주로 기록한다.

구체적인 상담내용이 기록된 자료는 동료 또는 전문가와 협의하는 기초 자료가 되며, 상담자의 태도와 기술연마 자료로 활용하는 데에도 큰 도움이 된다. 상담자가 현재 소속되어 있는 기관에서 다른 기관으로 자리를 옮기거나, 몸이 아파서 상담을 못하는 경우에 다른 상담자가 이미 진행한 상담내용을 정확하게 파악할 수 있다.

지난 회기에 실시한 상담의 상세한 기록이 없으면 지난 회기에서 실시한 상담과정을 반복해서 되풀이 할 수도 있다. 또한 내담자에 대한 깊은 이해심이 없이 상담을 진행할 가능성이 있어 자칫 잘못하면 상담과정이 헛돌 수도 있다.

상담기록은 상담을 받고 있는 내담자의 가족이 직접 또는 간접적으로 상담내용을 요청해 올 때 가족을 전문가 입장에서 자문하고 구체적인 대안을 제안하는 데에도 큰 도움이 된다. 다른 기관으로부터 상담내용의 참고를 요청할 때, 기관의 이해를 돕기 위하여 자료제공의 역할도 할 수 있다.

자주 있는 일은 아니지만 내담자의 문제가 법적인 문제로 비화될 때 이미 지난번 실시한 상담내용이 상세하고 정확하게 기록되어 있으면 매우 중요한 참고가 되기도 한다. 이러한 경우를 대비하여 상담내용의 기록은 보다 체계적으로 내담자의 행동특징과 정서, 상담자의 조치사항, 상담의 진행방법과 결과 등에 관하여 명확하게 기록하는 것이 효과적이다.

상담내용을 기록하는 데 유의할 점이 몇 가지 있는데 그것은 다음과 같다. 첫째, 정확하고 간결하게 기록해야 한다는 점이다. 상담자는 지금－여기에 필요한 정보에 초점을 맞추어 간결하고 정확하게 기록하는 것을 일반 원칙으로 한다.

둘째, 가치판단적이고 평가적인 기록은 피해야 한다. 왜냐하면 가치와 판단기준은 사람마다 다르기 때문에 상담자는 철저히 가치중립적일 필요가 있다. 상담자는 전문가이므로 자기 기준에 의하여 내담자를 판단하고 기록해 놓으면 다음 상담자는 그것에 영향을 받아 잘못을 저지르는 실수를 할 수 있다.

상담이란 인간관계 중에서 인격 대 인격이 만나는 수평적인 관계임을 늘 명심하고 있어야 한다. 무조건적인 수용과 공감의 자세에서 그럴 수도 있다는 생각을 갖고 깊게 느끼면서 그 느낌을 기록하는 것이 바람직하다. 성급한 판단이나 지레짐작에서 기록하는 내용은 철저히 배제되어야 한다.

셋째, 지시나 해석의 내용보다는 내담자의 구체적인 행동이나 사실적인 사건 위주로 기록될 필요가 있다. 지시나 해석은 자칫 잘못하면 상담자의 주관적 가치관이 깊게 개입될 위험성이 있다. 그런 것보다는 내담자의 구체적인 행동을 기록하는 것이 객관적 사실에 가까워 오해가 발생할 소지가 적다. 또한 내담자와 상담자의 상담내용은 가급적이면 대화체로 기록하는 것이 바람직하다.

상담내용의 기록은 상담이 끝난 직후 녹음한 내용을 듣거나 중요한 대목을 회상하면서 기록하는 것이 좋다. 그러므로 상담을 매 회기 계획할 때는 상담내용을 기록할 수 있는 시간을 반영하여 계획적으로 종결한다. 또한, 상담내용을 기록한 자료는 철을 하여 잠글 수 있는 서류함 속에 잘 보관할 수 있도록 준비한다.

2) 상담기록의 내용

군·경·소방조직에서 일하는 내담자의 상담을 접수한 경우에는 상담신청의 경위와 내담자의 심리적 증상, 갈등의 문제, 행동발달 수준, 생활배경 등을 모두 기록한다. 내담자가 왜 지금 그것이 문제가 되었으며, 그것이 생활 배경과는 어떠한 관계에 있고, 발달수준과는 어떤 연관이 있는지 살펴야 한다. 상담이 진행되는 과정에서 때때로 접수 때 기록한 내용과 현재 상담내용을 비교검토하며 상담이 어떻게 발전되어 가고 있는가를 진단하면서 진행할 수 있기 때문이다.

상담내용의 기록에는 내담자의 표현에 상담자의 반응이 내담자에게 어떻게 영향을 미치고 있는지의 여부도 기록할 수 있어야 한다. 내담자가 상담자에게 의존적인지, 거부적인지 아니면 대등한 수평적 관계로 상담이 진행되고 있는지를 감지하면서 그때의 느낌 등을 기록한다. 상담자의 어떠한 반응과 어떠한 태도에 내담자가 공감하고 표정이 밝아졌는지 내담자의 표정을 읽은 내용도 상세히 기록한다.

상담자의 어떤 말과 태도, 반응에 내담자가 거부적이고 회피하는지를 감지한

점도 기록으로 남긴다. 상담자의 제안이나 조치를 내담자는 어떻게 실행하고 있으며 상담자와의 시간약속, 태도변화의 노력 등 보이는 부분과 보이지 않는 부분까지도 확인하여 그 결과를 기록으로 남기는 것이 상담에 많은 도움이 된다.

상담종결 과정과 전체 상담에 대한 평가 내용도 기록한다. 상담은 반드시 성공적으로만 끝나지 않고 실패로 종결되는 경우도 있다. 상담은 실패와 성공 그 자체로만 끝나지 않는 특성을 지니고 있다. 성공한 사례에서 교훈을 얻을 수 있고, 실패한 사례에서도 중요한 깨달음을 배울 수 있다. 실패로 종결된 상담기록의 내용을 철저하게 분석하고 종합하는 과정에서 보다 더 많은 것을 배울 수 있다.

3) 상담과정 촬영과 녹음

군·경·소방조직에서 일하는 내담자를 상대로 한 상담과정의 촬영이나 녹음을 할 때에는 반드시 내담자의 양해를 구해야 한다. 그리고 촬영된 영상을 내담자가 제공받기를 원하면 제공해 주는 것이 바람직하다. 요즘은 개인휴대폰 카메라를 다양하게 활용할 수 있어 상담 장면의 영상을 촬영하기가 수월하고 활용성 측면에서도 매우 효과적이다. 처음에는 촬영이나 녹음된다는 것을 의식하여 긴장하고 어색해 하기도 하지만 시간이 지나면 둔감화 되어 자연스럽게 상담이 이루어진다.

녹화된 상담 장면의 영상을 보고 들으면 여러 가지 배울 점이 많다. 상담자는 자기반성과 자신의 부족한 역량을 발견할 수 있고, 내담자 또한 자신의 문제와 모순을 발견하는데 큰 도움이 된다. 또한 자신이 변화되어 가고 있다는 것을 느낄 수 있어 보다 신중하고 진지하게 상담에 임하는 데에도 기여한다.

촬영된 영상과 녹음된 내용을 들으면서 내담자가 발견할 수 있는 자기모습은 통찰력과 정서적 흐름의 변화, 새로운 자아이다. 내담자는 이를 통해 자기의 실상과 허상을 볼 수 있는 기회를 가지게 된다. 또한 상담 초기단계와 이후의 단계에서 이루어진 대화를 비교해 보면서 스스로의 변화를 확인할 수 있고, 자신이 긍정적으로 변화하면서 성장하고 있음을 발견할 수 있다.

녹화된 영상을 보거나 녹음을 들을 때 상담자는 주로 다음과 같은 것에서 통찰이 이루어진다. 내담자 중심이 아니고 상담자 중심으로 상담이 이루어지지는 않았는가? 내담자의 문제를 제대로 수용하려고 노력 하였는가? 내담자의 독립성을 허용하였는가? 상담분위기는 자유롭고 편안하게 조성되었는가? 열과 정성을 다해 내담자의 말을 듣고 긍정적으로 받아들였는가? 내 욕구대로 내담자를 이끌려는 언행은 없었는가? 등과 같이 자신을 뒤돌아보며 반성하는 기회를 가질 수 있다.

이러한 과정을 몇 번 거듭하고 나면 상담에 크게 도움이 되고 나아가 자기발전과 성장에도 크게 기여됨을 깨달을 수 있다. 이론적인 상담서적을 읽고 전적으로 그 이론에만 의지하기보다는 상담기록과 영상을 보고 녹음된 내용을 들으면서 상담자의 지금-여기의 자기모습에 직면함은 물론 부족한 자질과 태도를 개선하여 보다 성숙한 상담자가 되도록 부단히 노력하는 모습을 잃지 말아야 한다.

4. 상담절차와 과정

일반적인 상담의 과정은 초기단계의 상담관계형성으로부터 상담목표설정, 자기탐색과 통찰, 현실에의 적용, 종결 및 추수지도 과정으로 이루어진다. 위계적 조직문화 속에서 생활하는 소방관과 경찰, 군인의 상담과정도 일반 상담과정과 별반 다르지 않다. 상담과정은 다음과 같은 과정과 절차로 진행된다.

1) 초기단계

소방관·경찰·군인을 대상으로 한 개인상담의 초기단계는 상담의 기초를 세우는 작업이 이루어지는 과정이기에 매우 중요하다. 상담의 초기단계에서는 내담자가 경험하고 있는 심리적 문제나 갈등, 혼란, 심각한 직무 및 외상스트레스 등을 이해하고 객관적으로 평가한 후, 구체적인 상담목표를 세우는 절차로 상담이 진행된다.

내담자와의 상담관계를 긍정적이고 촉진적으로 형성하고 상담을 구조화 하며 상담목표를 설정한다. 그러나 이러한 과정은 반드시 순서대로 진행되어야 한다는 의미를 갖는 것은 아니다.

(1) 상담관계 형성

상담의 초기단계에서 이루어지는 상담관계는 상담자와 내담자가 맺는 신뢰관계를 의미한다. 위계조직문화에 익숙한 소방관·경찰·군인을 대상으로 한 상담에서는 적극적인 경청과 내담자에 대한 진솔한 관심을 통해 신뢰관계가 형성된다. 내담자는 상담자가 자신의 말을 단순히 경청하는 것이 아니라 한 인간으로서 자신에게 관심을 가지고 자신의 심정을 이해하고 존중하고 있다고 느낄 때 신뢰감을 가진다.

그러므로 상담자는 내담자에게 일관되고 진지한 관심을 보이고 공감하며 민감하게 반응할 수 있어야 한다. 상담자에 대한 내담자의 신뢰는 단 한 번의 만남으로 형성되기보다는 여러 번의 만남을 통해 이루어진다.

(2) 내담자의 이해와 평가

내담자의 특성과 강·약점을 충분히 이해하고 내담자의 문제를 평가하는 요소는 몇 가지 사항이 존재한다. 이는 첫째, 내담자의 현재문제를 명확히 파악하는 것이다. 내담자의 문제를 정확하게 이해하고 평가하기 위해 자료를 수집하며, 내담자의 현실 지각력과 지각한 현실에 대한 반응, 고통, 갈등, 직무 및 외상스트레스로 기인한 심리적 문제 등이 형성된 과정을 탐색하고 이를 평가한다.

둘째, 지금 현재 도움이 필요한 이유를 파악한다. 상담자는 내담자가 도움을 받으러 오게 된 상황을 분명히 알고 있어야 한다. 내담자가 외부의 압력으로 상담실을 찾아 왔는지 혹은 자발적으로 상담실을 찾아왔는지에 따라 상담에 임하는 자세가 다르기 때문이다. 또한 이러한 기준을 통해 상담자는 내담자가 어느 정도 상담에 참여할 수 있는지를 평가하고 조력할 수 있다.

셋째, 내담자 스스로 자신의 문제를 바라보고 진단하도록 조력한다. 내담자 스스로 무엇이 해결되기를 바라는지, 어떤 변화를 바라는지를 명확히 한다. 만약 내담자의 호소가 애매하고 불분명하다면 상담자는 내담자가 상담에서 얻고자 하는 것이 무엇인지를 개방적인 질문을 통해 명료하게 밝혀야 한다.

넷째, 행동을 관찰한다. 상담 장면에서 보이는 내담자의 의사소통 방식은 다른 대인관계의 재현이라고 할 수 있다. 상담자는 초기단계에서 내담자의 행동을 이론적으로 해석한다거나 행동의 의미를 직면시키기보다는 행동의 숨은 의미를 파악하는 데 초점을 두어야 한다. 내담자가 호소하는 행동을 관찰함으로써 개인이 가진 심리적 어려움과 심리적 문제의 근원을 더 잘 이해할 수 있기 때문이다.

내담자의 반응양상과 행동패턴을 정확히 파악하면 할수록 상담자의 행동이 내담자에게 어떤 영향을 미치는지 예측이 가능하다. 상담자의 다양한 형태의 언어적 개입에 따라 내담자가 어떻게 반응할 것인지도 예측하기가 쉽다. 내담자는 반복적으로 학습된 전형적인 행동패턴을 상담 장면에서 드러내는 경향이 있기 때문에 상담자는 이 패턴을 발견할 수 있도록 관심을 가져야 한다.

(3) 상담의 구조화

상담의 구조화는 상담을 전체적으로 안내하는 오리엔테이션과 같은 과정을 말한다. 내담자와 상담자 간 상담에 대한 기대를 맞추어 나가는 과정이 되기도 한다. 이 과정을 통해 상담에 대한 내담자의 불안감이나 긴장, 두려움 등을 경감시킬 수 있고, 상담 과정에 어떻게 참여해야 하는지도 알 수 있게 된다.

상담여건의 구조화는 상담시간, 상담 횟수, 상담 장소, 상담 시간에 늦거나 약속을 지키지 못할 일이 발생하였을 경우 연락하는 방법 등에 대한 구조화를 의미한다. 상담관계의 구조화는 상담과정이 어떻게 진행되며, 상담자와 내담자가 어떤 역할을 하는지를 알려주는 구조화다. 상담비밀보장의 구조화는 내담자에 대한 비밀보장을 유지하고 지켜 주어야 할 의무가 있는데, 특수한 경우에는 비밀보장의 한계가 있음을 알려 주는 구조화를 말한다.

(4) 목표 설정

상담이 일반적인 대화와 다른 점은 상담목표가 설정된다는 점이다. 상담목표 설정은 상담을 성공적으로 이끄는 매우 중요한 요소이다. 상담이 잘 진행되고 있는지, 언제 종결해야 하는지를 알 수 있게 하는 지침이다. 이러한 상담목표는 내담자로 하여금 심리적 문제와 관련된 상황이나 행동과정을 탐색하고 조정하며 상담과정에 적극적으로 참여하도록 하는 데 기여한다.

이때 상담자가 주의해야 할 점은 내담자의 문제와 그 문제해결을 어떻게 다룰지에 대해서 고정된 선입견을 가지지 말아야 한다는 것이다. 상담목표는 변화가 요구되는 새로운 정보를 획득하거나 내담자의 통찰이 생기면 변경할 수 있어야 한다. 상담목표는 상담자와 내담자가 나아가야 할 상담과정의 방향을 제시해주는 기능을 제공한다.

(5) 초기단계에서 나타날 수 있는 문제

상담의 초기단계에서 나타날 수 있는 문제는 대체로 다음과 같은 사항들이 있다.

첫째, 비자발적인 내담자를 어떻게 동기화할 것인가의 문제이다. 이때에는 자신의 문제를 지각하는 기회를 늘리면서 자발적으로 상담에 참여하도록 조력한다. 그리고 지금 왜 도움을 받으러 왔는지, 상담자에게 무엇을 기대하는지를 확인한다. 아울러 내담자의 비자발적인 태도가 보이면 이를 무시하기보다 그의 망설임을 이해하고 수용한다.

둘째, 상담과정에서 내담자 역할에 대한 인식의 문제이다. 초기단계가 끝날 때, 위계조직에 익숙해진 내담자가 갑자기 자신의 할말을 다했다고 말하며 상담자의 조언과 지시만을 바라는 상황이 발생할 수 있다. 이때에는 상담 구조화를 통해 궁극적인 결정은 내담자가 해야 한다는 점을 충분히 알려주는 것이 중요하다.

셋째, 내담자가 문제를 진단하고 해결해주기를 바랄 때 어떻게 할 것인가의 문제이다. 이러한 경우에 상담자는 내담자의 문제를 진단하고 해결해 주기보다는 내담자가 어떤 의미로 그런 말을 하였는지를 먼저 파악해야 한다. 내담자가 지닌 심리적 문제를 오로지 상담자가 진단하고 그 결과를 알려주는 것이 내담자의 문제해결에 좋지 않은 영향을 미친다는 사실도 알려준다.

넷째, 자기 개방 후에 나타나는 감정에 대한 문제인데, 이 때에는 내담자의 수치심이나 죄책감 등을 상담자가 전적으로 수용하고 이해하며 공감할 수 있어야 한다.

2) 중간 단계

소방관·경찰·군인을 대상으로 한 개인상담의 중간단계에서는 내담자 자신의 문제에 대한 심층적인 탐색과 통찰이 이루어지며 심리적인 문제가 해결되는 과정이 이루어진다. 상담목표에 도달하기 위해서 전적으로 노력하는 상담의 핵심적인 단계라고 할 수 있다. 이 단계서는 주로 심층적인 공감과 감정의 반영, 재진술, 직면, 즉시성의 활용, 해석 등의 상담기법을 사용한다.

상담자는 내담자의 행동 변화를 위해 부적응적인 행동패턴에 대한 자각이 일상생활과 조직생활의 다양한 측면에서 반복적으로 일어나도록 조력한다. 또한 새로운 자각을 기초로 일상 및 조직생활에서 실천할 수 있는 행동계획을 수립하고 실행하며 그에 대한 평가를 한다.

(1) 내담자의 자기 탐색과 통찰

중간단계에서는 내담자가 지닌 현재의 심리적 문제와 관련된 부적응적인 사고, 감정, 생활 패턴 등에 대해 자각하도록 촉진하는 과업이 이루어진다. 이 과정에서는 내담자 스스로 자신의 문제와 심리적 고통의 의미를 발견하도록 촉진하며, 자신이 해결할 수 있는 부분과 해결하지 못하는 부분에 대한 현실적인 판단을 내릴 수 있도록 조력한다. 내담자 스스로 자기 탐색과 통찰을 통해 자각해야 하는 사항들은 대체로 다음과 같은 사항들이 있다.

첫째, 부적응적인 사고와 감정, 조직생활의 패턴, 대인관계 유형에 대한 자각이다.

- 내담자 자신이나 타인에 대해 자주 느끼는 감정과 자신이 억압하고 있는 감정자각

- 실패에 대한 공포나 두려움과 같이 어떤 행동을 방해하는 감정자각
- 수동 공격적인 표현과 그 때의 감정자각 등

둘째, 내담자 스스로 자신의 행동에 대한 자각이다.

- 자신의 행동이 어떤 것에 의해 강화되는지에 대한 통찰
- 자신의 행동에 영향을 미치는 무의식적인 힘의 발견
- 자신의 방어기제와 지금까지 문제를 해결하려고 사용해 왔던 방식에 대한 자각 등

셋째, 내담자의 대인관계에 대한 자각이다.

- 내담자가 중요하다고 생각하는 사람과의 관계에서 해결되지 않은 일에 대한 자각
- 반복되는 대인관계의 패턴에 대한 자각과 가족 내에서의 역할 등에 대한 통찰

넷째, 내담자 자신의 특성에 대한 자각이다.

- 내담자가 가지고 있는 장점과 단점, 앞으로 문제해결을 위해 활용할 수 있는 개인적 강점 자원에 대한 자각
- 자신의 흥미나 능력에 대한 통찰 등

(2) 중간단계에서의 상담자 역할

중간단계에서 상담자는 상담이 어떻게 진행되고 있고, 내담자에게는 어떤 진전이 있는지를 평가한다. 내담자 스스로 자신이 어떤 부분을 변화시키고자 하는지, 그 변화를 어떻게 가져올 수 있는지 예측할 수 있어야 한다. 아울러 내담자가 자신감을 갖고 자신이 원하는 바람직한 행동을 할 수 있는 새로운 방식을 찾도록 내담자를 지지하고 그 가능성을 탐색한다.

내담자와 협의하여 행동계획을 세우고 그것을 조직생활에서 어떻게 실천할지 전략을 세우고 평가도 한다. 부적응적인 행동과 왜곡된 지각이 눈에 보일 때 변화를 시도하는 것이 좋지만, 그런 언급이 내담자에게 미칠 영향을 충분히 고려하면서 조력한다.

(3) 중간단계에 나타날 수 있는 문제

중간단계에 나타날 수 있는 문제는 첫째, 자기이해가 높아지는 과정에서 생기는 불안감이 문제가 될 수 있다. 이 같은 문제를 해결하기 위해서는 현재의 불안에 대해 충분한 이해를 할 수 있도록 촉진할 필요가 있다. 현재의 불안을 심각한 문제라고 과도하게 판단하여 접근하는 것은 결코 바람직하지 않다.

둘째, 다양한 방식으로 저항이 발생한다. 회기를 거듭하면서 내담자와 라포 형성은 되었지만 문제해결 시 저항이 나타날 수 있다. 이러한 경우에는 다양한 기법을 이용하여 내담자의 자기이해를 돕거나 잘못된 인지를 수정한다.

셋째, 변화에 진전이 없을 수 있다. 이러한 문제는 상담 과정을 재검토할 필요가 있다. 상담 초기에 이루어진 상담 구조화를 다시 살펴보고, 사례개념화를 수정하고 보완한다.

3) 종결 단계

종결단계에서는 통찰을 바탕으로 일상생활과 조직생활에 적용할 수 있는 새로운 행동을 시험하고 평가하는 과업이 이루어진다. 앞으로 실천해야 할 행동을 결정하고 그것을 어떻게 실천할 것인지에 대한 구체적인 행동계획을 세운다. 아울러 상담관계를 끝낼 때 내담자가 느낄 수 있는 여러 가지 감정을 충분히 다룬다.

(1) 종결의 시기 결정

내담자가 호소하는 심리적 고통이나 두려움 등이 사라지면 상담을 종결한다. 상담자에 대한 애착이 강한 내담자일수록 상담종결에 대한 분리불안과 거절당하는 기분을 느낀다. 그러므로 상담종결 시 이별 감정을 다루는 시간을 갖는 것이 필요하다.

(2) 종결 단계에서 하는 일

첫째, 상담종결 시에는 이별의 감정과 내담자의 분리불안을 다루면서 스스로 당당히 일어설 수 있도록 지지하고 격려하는 데 주안을 둔다.

둘째, 상담 성과에 대한 평가와 문제 해결력을 다진다. 일상생활이나 조직생활에서 상담성과가 유지되도록 하기 위한 노력을 구체화한다. 내담자가 상담을 통해 얻은 것을 극대화하고, 상담을 통해 얻은 효과를 지속해서 유지해 나가도록 촉진한다.

셋째, 추수상담에 대해 논의를 한다. 내담자의 행동 변화를 지속적으로 점검하기 위해 추수상담을 계획한다. 아울러 내담자가 잘하는 점을 강화하고 부족한 점은 보완하는 일이 이루어진다.

(3) 종결 단계에서 발생할 수 있는 문제

첫째, 상담을 조기 종결하는 문제다. 내담자가 조기 종결을 원할 때에는 그 이유에 대한 탐색이 있어야 한다. 자신의 문제가 완전하게 해결되어 종결을 원하면 인과관계 및 진실성을 확인할 필요가 있다. 상담자 유능성의 부족에 의한 이유에서 상담 종결을 원한다면 상담자는 솔직하게 자신의 실패를 인정할 수 있어야 한다. 내담자가 제안한 조기 종결의 이유가 부정적일지라도 내담자와 논쟁하거나 설득하는 행동은 지양되어야 한다.

둘째, 종결을 거부하는 문제가 발생 할 수 있다. 상담자에 대한 의존 때문이거나 심리적 갈등과 혼란의 문제가 다시 발생하지 않을까 하는 두려움 때문에 상담종결을 거부하는 경우에는 이별 감정과 두려움에 대한 깊은 대화로 이를 해소할 수 있어야 한다.

제2절 상담의 기법

1. 초기단계

개인상담은 주로 두 가지 경로로 이루어진다. 내담자가 스스로 상담의 필요성을 느껴 상담실을 찾아오는 경우가 있고, 제3자가 상담의 필요성을 느껴 내담자를 의뢰하는 경우가 있다. 내담자가 먼저 스스로 상담을 요청하는 경우에는 그만큼 내담자가 상담의 필요성을 느끼고 문제해결의 의지를 갖고 있을 가능성이 크다. 이 경우에는 상담자를 믿고 찾아 온 상황이기 때문에 상담을 진행하기가 비교적 수월하다.

타인으로부터 의뢰된 경우에는 상담의 필요성을 느끼지 못하는 경우가 많아 상담을 진행하는 과정이 좀 더 어렵게 이루어지기도 한다(심윤기, 2016). 상담의 초기과정에서는 내담자의 심리적 문제를 탐색하고 상담구조화가 이루어지며, 적극적인 경청과 공감을 통해 내담자와 신뢰관계를 형성하는 기법이 주로 다루어진다.

1) 신뢰관계 형성하기

상담과정은 상담자가 불러서 왔건 아니면 내담자가 스스로 원해서 상담실을 찾아왔건 간에 둘이 만나서 처음으로 해야 할 일은 신뢰감을 형성하는 일이다. 이때는 어떤 기법을 적용한다기보다 우선 수용적이며 온화한 태도로 내담자에게 깊은 관심을 보이는 것이 중요하다. 그 이유는 내담자가 상담자를 믿고 편안한 상태에서 자신의 하고 싶은 이야기를 마음껏 할 수 있기 때문이다(이장호, 1982).

내담자 스스로 상담을 원해서 찾아 온 경우에는 어떤 이야기를 하겠다는 것을 준비해 두었을 가능성이 크다. 이러한 경우 상담자는 내담자에게 무슨 문제로 왔는지 단도직입적으로 질문하는 것은 가급적 피한다. 내담자 스스로 편안해지면 이야기할 수 있도록 차분히 기다려 주는 것이 좋다.

의뢰된 상담의 경우에는 내담자 스스로 자기가 왜 불려 왔는지 궁금히 여길 수 있다. 뭔가 잘못한 일이 있어서 호출된 것인지 혹은 뭔가 잘 모르지만 앞으로 더 잘못되는 것은 아닌지 불안해 할 수 있다. 이럴 때 상담자는 온화한 태도로 상담을 하게 된 이유를 자상하게 설명할 수 있어야 한다. 상담자와 내담자와의 신뢰관계는 이러한 과정의 반복을 통해 형성된다.

2) 문제 탐색하기

상담을 시작하면 다양한 방법과 노력을 기울여 내담자의 심리적 고통과 갈등, 혼란, 부적응의 문제, 직무 및 외상스트레스 등을 탐색해 나간다. 이때에는 다음과 같은 사항에 유의할 필요가 있다.

- 상담자와 내담자 간 친밀감이 형성되었을 때 탐색을 시작한다.
- 따뜻하고 부드러운 모습과 태도를 내담자에게 지속적으로 보여준다.
- 내담자의 심중에 숨겨진 감정과 동기를 찾으려고 노력한다.
- 내담자가 이해할 수 있는 쉬운 말을 사용하되 충고의 말은 하지 않는다.
- 상담의 목적에서 벗어난 과거의 일은 탐색하지 않는다.
- 상담의 탐색과정은 서둘거나 지연되지 않도록 한다.
- 자의적 추론이나 판단 및 유도하는 질문은 피한다.
- 탐색이 진행되는 동안 불필요한 논쟁과 토론은 하지 않는다.
- 사회복지적인 측면의 애로사항 탐색은 즉각적인 조치를 검토한다.

3) 경청하기

경청이란 내담자의 말과 행동에 상담자가 적극적으로 듣고 있다는 것을 전달하여 내담자가 마음속에 있는 것을 표현하도록 조력하는 기술이다. 상담자는 내담자의 말과 행동을 그냥 흘려보내지 않도록 한다. 그렇다고 내담자의 말과 행동에 일일이 반응하는 것도 적절하지 않다. 상담자가 경청할 때의 관건은 상대적으로 더 비중을 두어야 할 말과 행동을 선택하여 그것에 주목하는 것이다(이장호, 2000).

선택적으로 주목한 것이 내담자가 하는 말의 흐름에 적합한 것이라면 유익하다. 경험이 많은 상담자는 '잘 들어주기만 해도 내담자의 문제가 해결된다.'고 말하는데, 이는 상담자가 적극적으로 경청을 해야 한다는 의미다. 적극적 경청을 위해 Brems(2001)가 언급한 내용을 보면 다음과 같다.

- 내담자 말의 음조를 경청한다.
- 내담자의 감정에 대한 단서를 경청한다.

- 내담자가 표현하는 방식과 내용을 경청한다.
- 내담자의 비언어적 의사소통에 주의를 기울인다.
- 내담자의 공통적인 감정과 내용의 주제를 경청한다.
- 내담자의 말을 끊거나 이야기 하는 중에 끼어들지 않는다.

상담과정에서 이루어지는 경청은 내담자로 하여금 생각이나 감정을 자유롭게 표현하도록 상담자가 적극 들어주는 것을 의미한다. 내담자의 말과 행동에 대한 적극적인 경청은 상담을 성공적으로 이끄는 데 크게 기여한다. 상담자가 말을 많이 하며 상담을 주도하기보다는 내담자에게 말할 기회를 많이 주고 말의 흐름을 방해하지 않는 것이 더 중요하다. 얼굴표정이나 몸짓, 어조와 억양 등이 모두 합쳐져 전달될 때 전체적인 메시지를 읽을 수 있다(김태현 등, 2013).

상담자는 자신이 내담자의 말에 집중하여 듣고 있다는 사실을 내담자가 인식하도록 할 필요가 있다. 예를 들어, 내담자가 말을 할 때 진지한 관심이 있음을 나타내는 시선과 몸짓을 보여줌으로써 내담자의 말을 적극적으로 경청하고 있다는 것을 알게 하는 것이다. 친밀감 있고 온화하며 자연스러운 자세를 취하며, 내담자의 말을 가로막지 않는다. 내담자가 이야기 하는 도중에 상담자가 끼어들지 않고 진지한 모습으로 들을 때 내담자는 자신이 존중받고 있다고 느낀다.

4) 공감하기

공감은 상담자가 마치 내담자인 것처럼 내담자의 내적준거의 틀로 지각하는 것을 말한다. 다시 말해, 공감은 내담자의 지각 세계에 들어가는 것이다. 매 순간 내담자의 의식 속에 흐르고 있는 불안, 두려움, 분노, 갈등 등에 대한 민감성을 지각하고 반응하는 것을 뜻한다. 상담자가 마치 내담자의 눈으로 보는 것처럼 보고, 귀로 듣는 것처럼 듣고, 코로 냄새를 맡는 것처럼 냄새 맡고, 혀로 맛을 보는 것처럼 맛보고, 피부로 감각하는 것처럼 감각하는 것이다(박성희, 1994).

내담자는 상담자가 공감해줄 때 자신의 말을 매우 관심있게 들으며 자신을 이해해하려고 노력한다는 사실을 깨닫는다. 이러한 공감은 기본수준과 심화수준으로 구분하는데, 기본수준의 공감은 상대방에게 자신이 이해한 바를 말로 전달하는 것으로 상담자가 내담자의 진술에 해석하지 않고 얕은 수준에서 그가 경험하는 바를 말해주는 것이다. 반면, 심화수준의 공감은 내담자가 진술하고 표현한 것뿐만 아니라, 그의 말 속에 암시된 것이나 말하지 않은 것까지도 반영하는 것을 말한다.

이 외에도 상담 초기단계에서 상담자가 해야 할 또 다른 중요한 일은 상담을 구조화 하는 것이다. 상담자가 내담자를 도와 줄 수 있는 영역과 한계를 설명하고 내담자가 해야 할 역할을 알려주며, 상담이 이루어지는 시간과 비밀보장 등에 대한 내용을 자세히 알려준다.

2. 중간단계

상담의 중간단계는 내담자가 호소하는 문제의 유형별로 개입하여 현재의 고통스러운 어려움이 해결되도록 실질적으로 조력하는 상담기술이 적용되는 과정이다. 바람직한 대안행동을 학습하고 비효과적인 행동패턴을 다룬다. 이 단계에서 상담자가 관심을 기울여야 할 사항은 내담자에게 모든 초점을 맞추어야 한다는 점이다. 상담자가 자신을 노출하고 내담자의 감정을 반영하며, 때로는 직면과 해석의 기법을 사용한다.

1) 자기노출하기

자기노출이란 상담자가 언어적으로 자신의 생각과 감정, 신념, 태도를 드러내는 것이다(Vogel & Wester, 2003). 상담자가 자신을 노출하면 내담자에게 친근감이 전달되고, 보다 깊은 이해를 촉진하며, 내담자에게 자기탐색의 모범을 보여주는 효과를 가져 온다.

자기노출은 일반적으로 자기관련 진술과 자기노출 진술로 구분한다. 자기관련 진술은 내담자와의 관계에 대한 자신의 감정이나 느낌을 내담자에게 이야기하는 것인 반면 자기노출 진술은 내담자와 직접적으로 관련되지 않은 상담자 자신에 대한 것을 내담자에게 노출하는 것을 의미한다(노안영, 2010).

자기노출은 내담자의 관심에 대해 상담자의 생각과 느낌을 솔직하게 말함으로써 내담자 스스로 남들과 다른 특성과 개성을 가진 한 인간의 모습으로 이해할 수 있도록 하는 것이 무엇보다 중요하다. 내담자의 느낌이나 생각과 유사하게 노출하며, 가급적 구체적으로 노출할 때 내담자는 부정정서를 정화하고 자기 개념을 명료화하며 자신감을 갖는다. 상담자의 자기노출을 들음으로써 내담자도 비슷한 수준의 자기노출을 촉진하며 그 과정에서 상호 신뢰와 친밀감이 돈독해진다.

2) 반영하기

반영은 경청을 통해 파악한 내담자 진술의 핵심과 본질을 상담자가 적절한 말과 행동으로 되돌려 줌으로써 상담을 촉진하는 기술이다. 내담자의 말과 행동에서 표현된 기본적인 감정과 생각, 태도를 상담자가 다른 참신한 말로 되돌려 주는 것이다. 이것은 내담자로 하여금 자기 이해를 도울 뿐만 아니라, 자기가 이해받고 있다는 인식을 갖도록 도와준다. 그러나 내담자가 한말을 그대로 반복하는 식으로 반영을 하게 되면 내담자는 상담자의 반복적인 말에 가식을 느끼기 쉽다.

반영의 핵심은 경청을 통해 알아차린 내담자 말의 본질과 핵심을 살려 진술하거나 내담자가 바라는 것이 무엇인지 말해주는 것이다. 이때 상담자는 자신이 받은 느낌을 참신한 말로 표현할 수 있어야 한다. 흔히 내담자의 감정은 깊은 저류가 있는 바다에 비유되기도 한다. 수면 위의 잔잔한 물결처럼 겉으로 보이는 표면적인 감정이 있고, 바다 속처럼 보이지는 않으나 깊은 내면적인 감정이 존재한다.

상담자는 수면 위의 있는 잔물결의 감정만 볼 것이 아니라, 바다 속 깊은 저류의 감정을 파악하여 참신한 말이나 메타포(metaphor)로 내담자에게 전달하는 것이 중요하다. 이렇게 할 때 내담자는 상담자가 자신에게 관심을 가지고 있다는 사실을 인식할 뿐만 아니라, 상담자가 자신을 이해하고자 많이 노력하고 있다는 점을 알고 상담에 적극적으로 참여하게 된다.

상담자가 반영할 내담자 내면에 있는 감정은 크게 세 가지다. 긍정적인 감정과 부정적인 감정 그리고 이 두 가지 감정이 동시에 존재하는 양가적인 감정이 그것이다. 긍정적인 감정은 잠재력을 발휘하는 데 기여하고, 부정적인 감정은 자기 파괴적이며, 양가감정은 같은 시간과 대상에 상반되는 감정이 공존하는 것을 의미한다.

상담자는 이렇게 서로 일치하지 않는 감정 혹은 불분명하고 모호한 감정을 발견하여 내담자에게 반영하는 것이 중요하다. 내담자가 동일한 대상에 양가감정을 느끼고 있음을 깨닫게 함으로써 심리적인 불안과 걱정을 해소할 수 있어야 한다. 내담자가 말로써 표현하는 것뿐만 아니라, 몸짓과 말투, 억양, 눈빛으로 표현되는 모든 것을 반영하면 상담은 더욱 촉진된다. 특히, 내담자의 언어와 행동이 서로 차이가 나고 모순이 발견되는 경우에는 반드시 반영할 수 있어야 한다.

상담자가 반영할 때 주의해야 할 점은 내담자의 말과 행동 중 어떤 것을 선택하여 어느 정도의 깊이로 반영할 것이냐 하는 점이다. 이러한 선택의 기준은 내담자의 말과 행동에 담긴 감정 중 가장 의미 있는 것이 어떤 것이냐에 따라 다를 수 있다. 또 하나는 내담자가 말한 수준 이상으로 반영하지 말아야 한다는 점이다. 그 이유는 내담자가 표현하지 않은 것을 되돌려 주는 것은 반영이 아니라 해석이 되기 때문이다(이장호, 1982).

일반적으로 초심상담자는 내담자의 말이 다 끝나기를 기다렸다가 반영하는 경우가 있다. 경험이 많은 상담자는 의미 있는 감정을 반영하기 위해 가끔 내담자의 말을 중단시키기도 하는데 그것이 꼭 잘못된 것만은 아니다. 하지만 말을 가로막거나 말하는 도중에 끼어드는 것은 내담자 감정의 흐름을 중단시킬 위험성이 있어 주의해야 한다.

3) 명료화하기

명료화는 내담자의 말에 내포되어 있는 뜻을 명확하고 정확하게 전달하는 것이다. 내담자가 말하고자 하는 의미에 대해 상담자가 생각한 바를 다시 내담자에게 전해한다는 의미에서 단순히 재진술의 개념은 아니다. 내담자의 반응에서 나타난 감정 또는 생각 속에 암시되었거나 내포된 의미를 보다 분명하게 말해주는 것을 의미한다.

명료화의 내용은 어디까지나 내담자가 진술한 말 속에 포함된 것이어야 하며, 내담자 자신은 잘 알지 못하는 의미나 관계와 같은 것이다. 내담자가 애매하게 느끼던 내용이나 불분명하게 이해하고 있는 것을 상담자가 정리해 준다는 점에서 상담자로부터 이해받고 있다는 느낌을 받도록 한다. 아울러 내담자로 하여금 상담과정에도 적극적으로 참여하게 하며, 미처 생각하지 못했던 측면을 다시 생각해 보게 하는 자극제의 역할을 제공한다.

4) 직면하기

직면은 적극적인 개입방법의 하나이다. 내담자가 모르고 있거나 인정하기를 거부하는 생각과 느낌에 대해서 주목하도록 하는 상담자의 언급으로 내담자가 자기 자신의 문제점과 생각, 감정, 행동에 대해 더 자각할 수 있도록 안내 역할을 한다(김환 외, 2006). 이러한 직면은 내담자의 변화와 성장을 증진시키지만 동시에 심리적인 위협과 상처를 안겨줄 수도 있다. 따라서 상담자는 직면을 사용할 때 내담자가 그것을 받아들일 수 있는 준비가 되어 있는지를 검토해보고 하는 것이 바람직하다.

직면은 몇 가지의 유형이 있다. 언어의 불일치가 있을 때, 말과 행동의 불일치가 있을 때, 두 감정사이의 불일치가 있을 때, 가치관과 행동사이의 불일치가 있을 때, 내담자의 견해에 상담자가 동의하지 않을 때 주로 직면을 한다.

내담자의 말이나 행동에서 불일치가 발견되어 이를 깨닫도록 할 필요가 있을 때나 내담자가 다른 사람의 의견이나 생각, 느낌을 받아들이지 않거나 수용하지 않을 때, 내담자가 자기중심적으로만 세계를 바라보고 전체의 관점에서 객관적으로 바라보지 않을 때 직면을 한다.

직면할 때 주의해야 할 사항은 단순히 내담자의 부정적인 측면에 초점을 맞추거나 여러 불일치를 깨닫도록 하는 것이 전부가 아니라는 점이다. 직면은 내담자를 배려하는 상호신뢰의 맥락에서 행해져야지, 상담자의 좌절과 분노를 표현하는 수단으로 사용되어져서는 결코 바람직하지 않다.

직면은 내담자의 잠재능력과 심리적 자원을 사용하지 않을 때에도 한다. 이러한 직면은 내담자의 성장과 변화를 진솔하게 배려하는 분위기에서 하는 것이 바람직하다. 그렇지 않고 상담동기가 부족한 내담자에게 직면하는 경우에는 상담자의 직면에 저항하고 방어하며 상담을 회피하기도 한다.

5) 해석하기

해석은 내담자에게 어떤 의미를 전달하고자 하는 상담자의 개입이다. 내담자로 하여금 과거의 생각과 다른 각도에서 자기의 행동과 내면세계를 파악하도록 촉진하고, 내담자가 자신의 문제를 새로운 각도에서 이해하도록 그의 생활경험과 행동의 의미를 설명하는 것을 말한다. 해석의 의미나 범위는 상담전문가에 따라 다르게 설명하는 경향이 있다.

정신분석가는 주로 저항의 본질에 직면시키려 하는 언급을 해석으로 간주한다. 인간중심 상담자는 일반적인 해석은 피하고 감정의 명료화나 반영을 주로 사용한다. 이들은 해석이 저항을 조장하며 상담자에게 너무 많은 치료적 책임을 갖게 한다고 주장하지만 실제로는 감정의 반영도 대부분 온화한 해석의 하나로 간주한다(김헌수, 2001).

상담의 초기단계에는 내담자가 미처 자각하지 못하는 것을 자세하게 해석하고, 중간단계에서는 내담자의 부적응적인 태도를 주로 해석한다. 내담자 자신을 좀 더 이해하고 앞으로 어떤 노력이 필요한지에 대한 영역을 제시하는 데 역점을 둔다. 상담이 계속 진행됨에 따라 방어기제나 부적응 문제에 대한 생각, 대인관계에서의 행동양식 등 해석의 범위를 차츰 넓혀가지만, 상담의 후반부에는 내담자 스스로 해석할 수 있도록 상담자의 해석 횟수를 줄이는 것이 바람직하다.

해석을 하는 데 중요한 것은 적절한 타이밍이다. 해석은 직면과 같이 내담자가 받아들일 준비가 되어 있다고 판단될 때 시도한다. 내담자가 깨닫고는 있으나 확실하게 개념화하지 못하고 있을 때 해석해야 효과가 있다. 내담자가 받아들일 준비가 되어있지 않을 때 해석하면 내담자다 몹시 당황하거나 불안해 할 수 있다.

내담자의 현재 인식 수준과 동떨어진 해석도 조심해야 한다. 해석을 왕창 던지지 말고 적당한 기회를 살피면서 조금씩 풀어서 해석한다. 내담자의 성격을 정확히 파악하지 못했거나 해석의 확실한 근거를 찾지 못하였을 경우에는 해석하지 않는 것이 좋다.

3. 종결단계

상담의 종결은 내담자의 심리적 문제가 해결되었을 때 이루어진다. 심리적 갈등과 혼란을 비롯하여 심각한 직무 및 외상 스트레스 등이 해결되고 앞으로의 삶에서 그와 비슷한 문제가 발생한다 하더라도 문제해결에 자신이 있다는 확신을 가질 때 상담을 종결한다. 상담의 계속 실시여부에 관해서는 상담자와 내담자 간 충분한 논의와 협의를 거친 후 결정한다. 내담자와 상담자가 다 같이 상담시간이 더 필요하다고 동의하면 다음 상담을 추가로 계획한다.

상담자는 내담자가 스스로 기분이 좋아졌다고 말하든지 아니면 자신의 심리적 문제가 해결되었다고 진술한다 해도 바로 상담을 종결하는 것은 적절치 않다. 상담자는 상담초기에 설정한 상담목표를 검토하고 그것이 도달하였다고 판단이 서면 내담자와 충분한 논의를 거쳐 상담종결의 시기와 방법을 결정해야 한다. 상담이 일단 끝나고 나면 상담과정의 전반적인 내용을 객관적으로 평가하고 정리하여 추수 상담계획을 세운다. 상담 전에 설정되었던 상담목표가 달성되었는지 확인하는 과정은 절대적으로 필요하다. 문제해결이 제대로 되지 못하였을 경우에는 처음부터 다시 새롭게 접근해 나갈 것인지 결정한다.

상담종결과정에서는 몇 가지의 과업이 이루어진다. 그것은 첫째, 지금까지 이루어진 상담의 내용을 정리하고 종합하며 평가하는 일이다. 둘째, 상담을 종결한 후에도 심리적 어려움을 내담자가 경험할 수 있음을 인식시키는 일이다. 이 같은 상황은 지극히 자연스러운 것이라는 점을 이해시키고, 스스로 문제를 극복하기 위해 노력하는 것이 중요하다는 점을 주지시킨다. 셋째, 자기분석을 격려한다. 그동안 상담 과정에서 이루어졌던 자기 분석을 그만두지 말고 자신에 대한 탐색과 통찰을 계속하도록 조력한다. 넷째, 의존성을 다룬다. 불안하고 위축된 내담자는 상담과정에서 느낀 심리적 안정과 편안함, 보호받는 느낌이 사라지는 것을 두려워한다. 이런 경우에는 내담자의 두려움을 수용하면서도 공감적 직면이 필요하다(김환 외, 2006).

상담종결과정은 내담자가 더 이상 세상을 회피하며 살지 않고 스스로 적응해야 한다는 것을 알려 주는 시간이기 때문에 그 자체로 치료적이다. 내담자의 부적응 문제가 해결되었지만 상담종결 이후에 비슷한 심리적 문제가 발생한다 하더라도 대처능력이 학습되었다고 판단되면 상담을 종결한다. 앞으로 예상되는 어려움과 문제를 전망하고 그에 대해서 어떻게 대처할 것인가도 검토한다. 문제해결이 만족할만하여 상담을 종결하게 된 경우에도 그 내담자가 과연 제대로 적응하고 있는지 추수지도(follow up service)가 있어야 한다.

군·경·소방조직과 같이 위계문화 특성이 있는 조직이나 기관에서는 주로 단기상담과 해결위주상담이 이루어져 내담자가 먼저 상담종결을 제안하는 경우는 극히 드물다. 그러나 내담자가 먼저 상담종결을 제안해 오는 경우도 있는데, 상담자를 신뢰하지 못하고 불신한다거나 상담으로 인해 오히려 생활이 어려운 상황으로 전개되지는 않을까 하는 불안과 염려를 가질 때 나타난다.

상담을 종결하기 어려운 경우는 내담자가 계속해서 상담 받기를 원할 때이다. 이러한 경우에는 상담종결을 반대하는 내담자의 심리적 어려움을 공감하고 충분한 대화를 통해 이별 감정을 해소할 수 있도록 조력한다.

제3절 단기상담의 적용

단기상담과 관련한 연구의 대부분은 단기에 대한 합의된 견해 없이 짧은 상담기간의 단회적인 특성을 제시하는 경우가 있다. 그러나 단기상담은 단순히 장기상담과 비교하여 상담기간이 짧은 것을 포함하는 것뿐만 아니라, 즉각적인 개입과 빠른 시간 안에 상담을 종결하는 특성까지도 포함하는 개념이다. 이런 점을 고려하면 군·경·소방조직과 같은 위계문화를 가진 조직이나 기관에서서 이루어지는 상담은 단회적인 특성과 빠른 해결의 성격을 띤 단기상담으로 이루어진다고 보아도 무방하다.

1. 단기상담의 개념

단기상담에 대한 국내·외의 연구는 다양하다. 단기상담은 내담자의 심리적 문제와 갈등, 상담자의 전략에 따라 교육적인 단기상담, 단기정신역동치료, 지지적인 단기상담, 문제해결중심의 단기상담 등으로 구분한다. 교육적 단기상담은 내담자가 호소하는 문제의 성격이 단순하고 문제발생 기간이 비교적 짧은 경우로 1~15회 정도의 기간에 주 1회 또는 격주 상담을 진행하는 유형이다. 문제해결중심의 단기상담은 의사결정, 진로선택, 일시적 고충 등 명확한 문제에 대하여 1~7회 정도의 기간에 매일 혹은 주 1~4회 정도의 상담을 진행하는 유형이다.

이형득(2001)은 내담자의 비효과적 행동패턴에 대한 탐색과 대안행동을 학습하는 것을 목표로 10~12회 정도의 한정된 기간에 상담 단계별로 구조화된 단기상담모형을 제안하였다. 여러 단기상담 연구와 단기적 성격의 위기상담에서는 내담자의 문제증상 발현으로부터 초기 72시간을 매우 중요한 결정적인 시간으로 본다.

이러한 단기상담을 군·경·소방과 같은 위계문화의 특성을 지닌 조직이나 기관에 적용하는 것을 고려하면 단기상담은 조직구성원의 부적응 문제에 대략 1~6회기 정도의 기간에 주 1~3회 정도로 상담하는 교육적 단기상담과 해결중심적인 단기상담이 적합하다고 보여 진다.

단기상담은 단기간으로 구조화된 상담기간의 제시와 구체적인 상담목표의 합의, 상담의 구조화, 내담자의 현재증상과 대인관계에 역점을 둔 접근, 즉각적이고 적극적인 개입, 문제해결중심의 대화, 긍정적인 상담자와 내담자의 관계 등을 주요 과업으로 선정하여 이루어진다(심윤기, 2016).

단기상담에 적합한 내담자는 몇 가지의 기준이 있다. 평균 이상의 지적 능력을 지녀야 하고, 과거 타인과 의미 있는 관계를 맺은 경험이 있는 자여야 한다. 정서적 위기에 직면한 경험이 있고 감정을 적절히 표현할 줄 알며, 자신의 심리적 증상을 구체적으로 말할 수 있는 자, 심리적 고통과 갈등이 해결되기를 원하고 자신의 긍정적 변화에 대한 상담동기를 가진 자 등이 해당한다.

문제해결의 동기와 자아존중감이 높으며 변화 가능성을 갖춘 자, 자신의 과거와 현재의 문제증상을 설명할 수 있을 정도의 기능이 있는 자가 단기상담을 하기에 적합한 대상이다. 비교적 발달과정상의 문제를 구체적으로 호소할 수 있고, 문제발생 이전에 비교적 정상적인 생활을 해 왔으며, 주위에 의미 있는 타인이 존재하고 있고, 과거나 현재에 상보적인 좋은 인간관계를 경험하고 있으며, 성격장애로 진단되지 않은 사람이면 단기상담에 적합한 대상자라고 할 수 있다.

반면, 만성적인 정신병이 있는 환자나 성격장애가 있는 자, 강박증 환자는 단기상담의 대상으로 적절하지 않다. 군·경찰·소방조직과 같은 공공조직에서 일하는 구성원은 임용이나 채용 과정에서부터 심리·신체적 조건이 철저하게 검증된 사람인 관계로 모두 단기상담에 적합한 대상자에 해당한다.

2. 단기상담의 유형과 방법

단기상담은 시간을 매우 중요하게 여긴다. 내담자의 위기문제에 신속히 개입함과 동시에 단기간에 위기문제를 해결해야 하는 속성을 가지고 있기 때문이다. 군·경찰·소방조직과 같은 국가조직에서 이루어지는 상담은 조직의 특성과 문화, 상황을 고려하여 상담과정이 일반상담과 다르게 적용되어 이루어진다.

1) 상담의 유형

(1) 개인특성중심 상담

개인특성중심의 상담은 개인의 심리내적 문제를 중점적으로 다루는 모형이다. 심리적 문제는 개인이 평소 사용하던 대처기제로는 해결하기 어려워 발생한다는 입장을 취하고 있다. 따라서 심리적 문제와 갈등, 혼란, 심각한 스트레스를 경험하는 내담자가 즉각적인 도움을 받지 못하면 오히려 부적절한 대처양식을 습득할 가능성이 크다고 여긴다. 그러므로 내담자의 심리내적인 원인을 탐색하고 개입하는 과정에서 적절한 대처양식을 습득하도록 하는 것을 중요하게 여긴다.

왜 특정 사건이 그 내담자에게만 문제로 작용하였는지, 과거에 경험한 심리적 문제가 있었다면 그 상황을 어떻게 극복하였는지, 이전의 문제해결능력은 어느 정도의 수준이었는지 등 개인특성의 강·약점을 심층적으로 진단하고 평가한다. 진단 후 이루어지는 상담은 문제적 상황에 처한 원인을 자신의 내부에서 찾는 탐색과정이 집중적으로 이루어지고, 그에 대처하는 방법이 중점적으로 다뤄지는 데 주로 비지시적인 방법으로 이루어진다.

(2) 과제해결중심 상담

과제해결중심의 상담은 일정한 기한 내 이루어야 할 과업을 미리 설정해 놓고 이를 이행함으로써 심리적인 문제나 갈등, 직무 및 외상스트레스 등을 해결하는 단기적이며 조직적인 상담이다. 이 유형은 1주 내지 2주 동안의 일정한 상담기간을 미리 정해 놓고 개입하는 것을 전제로 한다. 통상 군과 같은 경우에는 병영캠프에 입소한 장병이나 전역부적합 심의를 앞두고 있는 장병을 대상으로 이루어지는 상담이 이 유형에 해당한다.

이러한 과제해결중심의 단기상담은 내담자의 심리적 문제해결을 위해 수행해야 할 과업과 설정된 목표를 달성하기 위해 세부적이고 구체적인 과제해결활동에 중점을 둔다. 이를 위해 지지와 격려, 허용적인 분위기에서 상담자와 내담자 간 심층적인 대화와 의사소통이 활발히 이루어지도록 조력하고 촉진하는 데 관심을 가진다.

(3) 위기예방중심 상담

위기예방중심 상담의 특징은 내담자의 심리적 문제와 갈등, 혼란 등을 다루지 않는다는 점이다. 내담자의 부적응 문제로 조직이 약화되는 것을 예방하고, 자살과 같은 일이 일어나지 않도록 사전에 이를 차단하는데 역점을 두는 유형이다.

지금 해결하지 않으면 장차 더 심각한 위기상황으로 이어질 수 있어 현재의 심리적 문제나 갈등, 직무 및 외상스트레스 등을 모두 꺼내 놓고 교육과 정보제공, 심층적인 대화 등이 주로 이루어진다. 위기예방중심의 상담은 위기문제를 해결하려는 동기와 의지가 강한 내담자를 대상으로 주로 이루어지며 교육적이고 지시적인 방법으로 상담이 이루어진다.

2) 상담의 방법

단기상담은 내담자가 심리적 갈등과 문제에 봉착되어 비록 적응에 어려움을 겪고 있지만 자신이 처한 문제를 스스로 해결할 수 있는 능력을 가진 건강한 사람임을 전제로 한다. 그렇기 때문에 내담자로 하여금 현재의 문제를 해결할 수 있다는 희망과 용기를 북돋아 주고 상담에 적극적으로 참여하도록 조력하는 것을 중요하게 여긴다. 군·경찰·소방과 같은 위계조직에서 일하는 구성원을 대상으로 상담할 때는 주로 지시적 방법과 비지시적 방법, 협력적 방법 등을 절충하거나 통합하여 이루어진다.

(1) 지시적 방법

지시적 상담은 내담자가 스스로 아무 것도 할 수 없는 무기력한 상태에 놓여 있을 때, 심리적 문제나 갈등, 심각한 직무 및 외상스트레스 등이 발생하기 이전의 기능상태를 빨리 회복하는데 중점을 두고 이루어지는 상담이다. 충격적인 외상스트레스를 경험하여 PTSD증상이 있거나 과중한 업무로 인한 직무스트레스가 겹쳐 무기력하고 혼란한 상황에 처한 내담자를 대상으로 EMDR 요법이나 지속노출치료를 주로 하는 상담이다.

상담자는 아무것도 할 수 없는 다소 무기력한 내담자를 대신하여 심리적 문제를 규명하고 적절한 대처방안을 찾으며, 구체적인 실행계획과 자세한 행동지침을 알려주는 친절한 안내자 역할을 주로 수행한다.

(2) 비지시적 방법

비지시적 상담은 내담자가 경험한 문제의 강도가 비교적 약할 때 적용하는 상담방법이다. 내담자 스스로 심리적 문제해결에 합리적인 의사결정을 할 수 있는 상태라면 비지시적 방법을 적용한다. 그러나 비지시적 상담을 한다고 해서 상담자가 수동적이어도 괜찮다는 말은 아니다. 개방적인 형태의 질문을 자주 한 후, 내담자의 말을 적극적으로 경청하는 데 많은 시간을 할애하는 것이 바람직하다.

이러한 비지시적 상담은 내담자 스스로 자신의 내적 감정과 욕구를 알 수 있도록 공감과 경청, 존중 등 다양한 상담기법을 활용한다. 내담자의 행동, 자율성, 회복력, 대처능력, 에너지 등의 다양한 요인을 고려하여 적절한 대처방안을 잘 선택하도록 조력하는 데 주안을 둔다. 상담자는 내담자가 스스로 자신의 내·외적 자원과 강점을 적극적으로 탐색하고 활용하도록 안내하되 선택을 강요하는 지시적 대화는 하지 않는다.

(3) 협력적 방법

협력적 상담은 내담자와 상담자가 서로 협력하는 동업자가 되어 두 사람이 함께 가능한 대안을 찾고 심리적 문제나 갈등 등을 해결하는 과정으로 상담이 이루어진다. 따라서 협력적 상담에 적합한 내담자는 심리적 불균형이 안정된 사람들이 이에 해당한다. 협력적 상담과정에서 상담자는 내담자가 어려움을 극복하기 위해 첫 걸음을 시작하도록 부드럽고 유연하며 온정있게 도움을 준다. 상담이 진행되는 전 과정 동안에는 따뜻한 촉진자의 역할을 충실히 수행하는 데 역점을 두는 일반적인 상담방법에 해당한다.

3. 단기상담의 절차

단기상담과정은 상담에서 취급되어야 할 주요 내용을 단계에 따라 체계적으로 구조화하여 이루어진다. 단기상담은 일련의 연속선상에 있는 상담과정을 독립적인 단계로 구분하기는 어려우나 몇몇 단계를 중심으로 절차와 특징을 제시하고자 한다. 군·경찰·소방조직과 같은 위계문화적인 특성을 가진 국가조직은 짧은 시간 내에 내담자로 하여금 상담목표를 성취하도록 조력할 필요가 있는데 그 절차는 다루고자 한다.

1) 초기 단계

단기상담의 초기 단계는 상담의 목적과 성격에 대한 설명으로부터 시작한다. 상담을 통해 심리적 문제와 부적응, 외상 및 직무스트레스를 해소하고 건강한 조직생활을 통해 자신의 발전과 성장이 이루도록 상담동기를 부여한다. 내담자가 지닌 두려움과 불안을 취급하고, 상담의 구조화와 상담목표 설정을 주요 내용으로 다룬다. 내담자로 하여금 적극적으로 상담에 임하도록 촉진하고, 상담자와 내담자 간 신뢰관계를 형성하는 데 역점을 둔다.

(1) 예기불안의 해소

내담자는 심리적 문제와 갈등, 외상스트레스 해결 등의 가능성에 대한 불안감을 갖고 상담에 임한다. 뿐만 아니라 휴가나 휴식과 같은 사회복지적인 측면의 애로사항에 대한 원만한 해결, 상담의 비밀보장 등이 제대로 지켜질 것인지에 대한 불안도 가지고 있을 수 있다. 상담자는 이러한 내담자의 심리적 혼란과 부적응, 외상 및 직무스트레스 등이 자살과 같은 불미스러운 사고로 이어지지 않도록 조력한다.

단기상담의 시작은 내담자가 지닌 예기불안을 우선하여 다룬다. 이는 내담자로 하여금 상담과정에 대한 좋은 인상을 갖도록 촉진하고, 상담자와 상담과정에 대한 신뢰감을 형성한다는 점에서 중요하다. 상담자는 편안하고 안정된 상담분위기를 조성하고 적극적인 경청과 따뜻한 공감 및 관심을 통해 내담자의 예기불안을 감소시킨다.

(2) 상담의 구조화

일반적으로 내담자는 심리적 문제와 갈등, 혼란, 심각한 스트레스 등으로 무기력하고 위축된 상태로 상담실을 찾아온다. 자신이 무엇을 하고 어떻게 해야 하는지 아무것도 모르는 상태에서 불안과 두려움, 긴장감 속에 있다. 따라서 상담자는 상담의 성격과 목적, 이루어지는 과정 등을 자세하게 설명할 수 있어야 한다.

상담자와 내담자가 하는 역할을 자상하게 알려주고, 상담과정 중 지켜야할 기본적인 규칙과 비밀보장 등에 관해서도 자세하게 설명한다. 상담목표를 설정하는 방법에 대해서도 알려주며 사회복지적인 측면의 애로사항에 대한 해결방법도 설명하는 등 상담을 구조화한다.

(3) 목표 설정

상담목표를 설정하는 것은 무척 중요하다. 분명한 상담목표를 가질 때 내담자는 비로소 상담의 목적과 방향을 알 수 있고, 행동의 변화를 가져올 수 있기 때문이다. 상담목표가 구체적으로 설정될 경우 그 목표는 내담자의 적응 동기를 유발하며 행동변화를 가져오지만, 그렇지 않은 경우에는 내담자의 불안을 더 크게 확장시킬 위험성이 있다.

대부분의 내담자는 현재 겪고 있는 심리적 증상과 심각한 스트레스에 고착되어 상담자가 자신의 문제를 대신 해결해 주기를 바라거나 행동방향을 제시해 주기를 바라기도 한다. 내담자 스스로 자신의 심리적 혼란과 갈등, 부적응 등의 문제를 탐색하고 상담목표도 스스로 설정하는 등 상담과정에 주도적으로 참여하는 내담자도 존재하지만 이는 극소수에 불과하다.

상담자는 내담자가 상담목표를 설정할 수 있는 능력을 충분히 갖추고 있는지 아니면 스스로 하기에는 능력이 부족해 상담자와 협력해야만 목표설정이 가능한지 혹은 소극적이고 피동적이며 무기력하고 의존성이 높아 혼자의 능력으로는 도저히 상담목표 설정이 불가능한 내담자인지를 살펴서 상담목표설정 방법을 달리해야 한다.

상담자의 주도적인 개입 여부가 어느 정도의 수준으로 필요한 내담자인지를 구분하는 것이 선행되어야 한다. 상담목표에는 변화되어야 할 구체적인 행동과 변화에 필요한 기간이 포함되어야 하며, 내담자 스스로 그 목표의 성취 여부를 확인할 수 있는 기준을 마련하는 것이 중요하다.

2) 신뢰 및 탐색단계

신뢰 및 탐색단계에서 상담자가 주로 해야 할 역할은 내담자의 저항을 처리하고 자기노출을 촉진하며, 내담자의 의존성을 해결하는 것이다. 안정감 있고 편안하며 따뜻한 상담분위기를 지속적으로 조성하여 내담자가 경험하고 있는 여러 심리적 문제해결에 도움을 줄 수 있어야 한다.

단기상담을 포함한 대부분의 상담은 안정감과 신뢰감이 결여될 때 상담과정이 피상적으로 진행되기 쉽고, 깊이 있는 자기개방과 진솔한 피드백이 어려워 성공적인 상담을 기대하기 어렵다. 상담자는 상담분위기 조성과 내담자의 문제 증상 해소에 지장을 주는 것이 아니면, 내담자가 하는 말과 행동을 모두 수용하고 격려하는 태도를 보이는 것이 바람직하다.

(1) 저항의 처리

저항은 자의에 의한 상담이 아니라 제3자에 의해 의뢰되어 이루어지는 상담의 경우에 주로 나타난다. 상담자가 심리적 문제와 부적응 해결의 책임을 내담자에게 있음을 주지시킬 때, 이에 대한 불편한 심정과 불안을 느껴 저항의 모습이 나타날 수 있다. 내담자의 저항은 침묵과 무성의한 답변, 피상적인 자기노출, 상담시간 어기기, 시선 회피 등 다양한 모습으로 나타난다.

상담자는 이러한 내담자의 저항을 직면으로 다루어서는 결코 바람직하지 않다. 상담과정에서 피할 수 없는 하나의 자연스러운 현상으로 받아들일 수 있어야 한다. 내담자에게 저항의 이유와 의미를 솔직하고 따뜻하게 설명하여 스스로 자신을 돌아보고 통찰할 수 있도록 조력하는 것이 중요하다.

(2) 자기노출 촉진

저항을 잘 처리하면 상담자와 내담자 사이는 한층 신뢰관계가 돈독해진다. 상담자에게 친밀감을 더 느끼며 자기노출도 더 많이 한다. 상담자의 자기노출은 내담자의 생각, 감정과 유사한 내용으로 구체적으로 하는 것이 효과가 있다. 내담자로 하여금 비슷한 수준의 자기노출을 촉진하고, 상담자에 대한 신뢰감을 높이는 데 기여한다. 또한 내담자의 감정을 정화하고 자기개념을 명료화하며 조직생활 적응에 자신감을 높여준다.

(3) 의존성 해결

의존성은 내담자가 상담자에게 기대고 의지하는 성향을 의미한다. 군·경찰·소방과 같은 위계문화 조직에서 일하는 내담자 중에는 상담자가 상담의 모든 과정을 이끌어 가고, 지시하고, 해결해 주기를 기대하며 상담자로부터 인정과 수용받기를 간절히 바라는 자가 존재한다. 이러한 의존성을 가진 내담자에게는 직설적이고 직면적인 반응이 효과를 발휘하지 못한다. 만약, 내담자가 자신의 심리적 증상과 부적응의 문제를 스스로 해결할 의지가 엿보이지 않을 경우에는 잠시 기다려주어야 한다.

3) 해결 단계

해결단계는 내담자의 행동변화가 상담과정이나 조직생활에서 가시적으로 나타나도록 체계적인 학습을 시행하는 과정이다. 상담자는 내담자가 역기능적인 행동패턴을 버리고 대안적인 행동을 학습하도록 조력하여 문제를 해결한다.

(1) 감정의 정화

상담자는 공감과 자기노출을 통하여 내담자의 마음속에 있는 감정의 응어리를 쏟아내도록 돕는 동시에 그로 하여금 충분히 이해와 수용 받는 느낌을 경험하도록 조력한다. 부정적인 감정을 정화하는 것은 그 자체로 치료적이다. 시원함과 자유로운 느낌을 만끽하게 하는 장점이 있다.

부정적 감정을 지속적으로 지니면 자신이나 타인 또는 환경에 대하여 객관적인 지각이나 통찰을 어렵게 한다. 그러므로 상담자는 내담자의 감정을 공감하고 경청, 반영, 명료화 하는 등의 여러 가지 기술을 활용하여 마음속에 있는 응어리를 노출시키고 정화하는 데 힘써야 한다.

(2) 행동패턴의 수정

내담자의 심리적 갈등과 혼란, 심각한 스트레스 등과 관련된 감정이 충분히 정화되면 심적으로 편안하고 안정감 있는 모습을 보인다. 이 때는 피드백과 직면의 기법 등으로 문제 상황에서 벗어나지 못하게 만드는 부적응적인 행동패턴을 변화하도록 집중적으로 조력한다. 대인관계 측면에서의 역기능적인 패턴도 피드백과 직면을 통해 행동변화로 이어지도록 한다.

(3) 대안학습

대안학습은 내담자의 생활에서 나타나는 부적응 패턴을 직면한 후, 문제해결에 도움이 되는 바람직한 적응의 대안적인 행동을 학습하는 것을 의미한다. 이를 위해서는 먼저, 내담자가 자유롭게 대안을 제시한 다음, 다양한 측면의 가능성을 논의한 후 바람직한 생활패턴의 모습을 설정한다. 내담자에게 이행과제를 부여하고 과제수행에 필요한 행동을 역할놀이 등을 통해 연습한 후, 그 실행결과에 대한 대화도 함께 나눈다.

4) 종결단계

단기상담의 마지막 단계는 전체 상담을 요약정리하고 마무리하는 과정이다. 군·경찰·소방조직과 같은 위계문화적인 특성을 가진 국가조직에서 이루어지는 단기상담의 마무리는 무척 중요하다. 이 때 상담자의 역할은 상담결과의 정리와 요약, 내담자의 변화에 대한 평가, 미진한 사항 등을 주로 다룬다. 만약 내담자가 상담자에 대한 부정적인 감정을 조금이라도 가지고 있는 경우에는 종결과정에서 이를 완전히 해소할 수 있어야 한다.

제4절 해결중심상담의 적용

해결중심상담은 1978년 단기가족치료센터(Brief Family Therapy Center)를 중심으로 드세이저와 버그 그리고 그의 동료들에 의해 개발되었다. 처음에는 가족치료로 소개되었으나 이후 개인과 집단상담에서 다양한 문제를 해결하는 데 유용하게 활용되면서 널리 알려지게 되었다.

군·경찰·소방조직과 같은 위계의 문화적 특성을 지닌 국가조직에서는 해결중심상담 전략을 활용하는 추세가 증가하고 있다. 해결중심상담은 문제의 원인을 찾거나 과거의 경험적 사실을 심층적으로 탐색하기보다는 내담자의 자원을 최대한 활용하여 부적응의 문제를 해결하는데 중점을 두고 있다.

1. 개요

해결중심상담은 몇 가지의 기본 가정(Walter & Peller, 1996)을 전제하고 있다. 먼저, 문제해결에 집중할 때 변화가 일어난다고 여긴다. 문제지향적인 대화보다 해결지향적인 대화를 나눌 때 변화가 촉진된다는 점을 신뢰한다. 뿐만 아니라 인간의 심리적 갈등이나 문제에는 예외적인 상황이 존재한다고 강조한다.

상담실을 찾은 내담자는 자신의 심리적 문제를 해결하는 데 많은 어려움이 있을 거라고 생각하지만 실제로는 예외적인 상황이 전개된다고 말한다. 이 외에도 해결중심상담에서는 인간의 변화는 작은 것으로부터 시작되고, 작은 변화는 더 큰 변화를 불러온다고 설명한다. 인간은 자신의 어려움을 해결하는 데 필요한 자원을 충분히 갖고 있어 내담자의 강점에 초점을 맞출 때 심리적 변화가 일어난다고도 주장한다.

해결중심상담은 이러한 기본 가정을 바탕으로 몇 가지의 상담지침을 마련하고 있다(정문자 등, 2008). 첫째, 병리적인 측면보다 건강한 측면에 초점을 둔다. 둘째, 내담자가 지닌 장점과 자원을 최대한 활용한다. 셋째, 내담자의 예외 상황을 발견하고 이를 확대한다. 넷째, 작은 행동의 변화부터 시작하여 큰 변화로 이끈다. 다섯째, 상담자와 내담자 간 협력관계를 중시한다. 여섯째, 현재와 미래를 모두 지향하는 관점을 가진다. 일곱째, 탈 이론적이고 비규범적인 입장을 취하며 내담자의 견해를 존중한다.

이와 같은 해결중심상담의 기본 가정과 상담 지침을 종합하면 해결중심상담은 내담자의 내적준거 틀을 존중하고 내담자가 지닌 장점과 자원, 성공 경험 등에 초점을 맞추어 조력하는 상담이라고 정의할 수 있다.

2. 상담의 중점

해결중심상담은 기존의 전통적인 상담이론과 비교할 때 시간적인 의미와 상담의 효과성, 효율성 측면에서 차별성을 갖는다. 심리적 문제의 원인보다는 해결에 초점을 두고 내담자의 강점자원을 발견하여 문제해결에 활용하는 상담방법을 적용한다. 심리적 문제를 다루는 데 있어서도 성공했던 경험과 강점, 내담자의 능력 등에 관심을 둔다. 해결중심상담을 진행함에 있어 중요한 몇 가지의 상담 중점을 설명하고자 한다.

1) 상담목표

해결중심 상담과정에서는 내담자가 지속적으로 존중받고 있다는 느낌을 갖도록 하는 데 관심을 둔다. 자신의 심리적 문제와 부적응의 해결도 전적으로 본인에게 책임이 있고 또한 이를 해결할 능력도 동시에 갖고 있음을 이해하도록 하는 것이 중요하다. 내담자가 하는 말을 적극적으로 경청하고 수용하며, 내담자의 내적준거의 틀 안에서 대화가 이루어지도록 촉진하고 조력한다.

상담자에 대한 내담자와의 신뢰가 형성된 후에는 상담목표를 설정하는데, 상담목표는 내담자가 바라고 기대하는 것이어야 한다. 내담자가 중요하게 여기는 것을 목표로 하되 작은 목표부터 설정한다. 그리고 구체적이고 명확해야 하며 행동적으로 설정하는 것이 바람직하다. 내담자의 기존의 부적응적인 행동을 없애거나 중단시키기보다는 어떤 변화된 행동을 새롭게 하는 것을 목표로 삼는다. 이때 상담자는 내담자가 목표를 수립하는 데 촉진적인 역할은 하되 최종적으로는 내담자 스스로 설정하도록 격려하고 지지한다.

2) 해결중심의 대화

대화가 곧 치료라고 강조하는 해결중심상담은 많은 질문으로 이루어진다. 내담자의 심리적 문제와 부적응은 효과적인 대화를 통해 단기간에 해결된다고 주장한다. 그래서 상담과정은 줄곧 해결로 이끄는 의도적이고 조직화된 질문을 한다. 질문을 잘 한다는 의미는 내담자가 자신의 능력과 자원을 인식하고 이를 활용하도록 이끄는 최선의 해결책이라고 규정하고 있다.

대부분의 내담자는 상담자가 질문하는 대로 반응하기 때문에 상담자가 어떻게 질문하느냐에 따라 상담 성패에 영향을 준다. 내담자의 심리적 갈등, 혼란, 부적응 등의 문제 해결을 모색하기 위해 사용하는 질문은 다음과 같은 몇 가지 유형이 있다.

(1) 변화질문

내담자가 상담을 받기 전 스스로 심리적 문제를 해결하기 위해 나름 대안을 마련하고 최선을 다했던 경험이 있을 것이다. 상담자는 내담자에게 일어났던 과거의 긍정적인 변화에 대한 질문을 통해 내담자의 강점 자원을 찾는 데 주력한다. 심리적 증상과 부적응으로 힘들어 하기 전 삶에 긍정적인 큰 변화를 가져왔던 경험을 찾아 이를 격려하고 지지한다. 변화질문을 통해 내담자 스스로 변화하고 성장할 수 있는 능력을 지니고 있다는 점을 이해하고 이를 적극 수용하여 자긍심과 자신감을 갖도록 한다.

(2) 척도질문

척도질문은 내담자에게 자신의 성공, 문제, 능력, 대인관계 등의 수준을 수치적으로 표현하도록 하는 질문유형이다. 일반적으로 0부터 10까지의 숫자 중에 자신의 현재 위치나 수준을 척도화한 후, 어느 수준까지 향상시킬 수 있는지 질문을 통해 문제해결에 대한 의지를 알아본다. 이러한 척도질문은 내담자의 변화과정을 격려하고 지지하여 변화에 대한 동기를 강화시키며, 한 단계 격상된 성장과 발전을 위한 의지와 용기를 고양하는 데 기여한다.

(3) 예외질문

내담자에게 심리적 문제나 부적응의 행동이 일어나지 않은 예외적 상황이나 과거의 성공경험, 잘 대처했던 경험 등을 찾도록 하는 질문이다. 한 두 번의 예외일지라도 내담자가 성공한 경험을 찾아 이를 확대하고 강화하는 데 유용하게 쓰이는 질문이다. 이러한 예외질문은 부적응의 예외적인 상황이 구체적으로 드러날 경우 내담자의 적응에 대한 성공 가능성을 확연히 예견해 준다. 뿐만 아니라 내담자 스스로 자신이 처한 상황을 바라보는 관점을 재구조화하여 자신에게 해결 능력이 있다는 인식을 촉진한다.

(4) 대처질문

내담자에게 변화질문이나 기적질문, 예외질문을 통해서도 심리적 변화가 없이 계속해서 불안해하고 부적응적인 태도를 보이는 경우가 있을 수 있다. 이런 경우에는 심각한 부적응을 경험하고 있음에도 불구하고 내담자가 지금까지 어떻게 버텨왔는지를 질문한다. 내담자가 심한 어려움에도 불구하고 지금까지 대처해온 방법을 내담자 스스로 자신의 입으로 직접 설명하게 한 후 이 점을 격려하고 지지한다. 또한 이를 강화하고 확대하여 또 다른 성공적인 방법을 찾을 수 있도록 조력하는 질문유형이다.

(5) 기적질문

기적질문은 해결중심상담 과정에서 중요한 부분을 차지한다. 심리적 고통과 부적응 문제가 해결된 상태를 상상하도록 함으로써 문제해결을 위한 것을 구체화하고 명료화하는 질문이다. 자신을 고통스럽게 하는 조직생활이 의미 있고 가치 있는 생활로 바뀌는 상상을 하는 것은 내담자에게 희망과 기대, 가능성이라는 새로운 힘을 부여한다. 내담자는 기적을 만드는 사람이 자신임을 깨닫고 그 기적을 현실화하기 위해 새로운 행동을 시도해야 한다는 것을 알도록 하는 질문이다.

이러한 질문 과정을 거쳐 상담의 후반부에서는 처음의 부적응 상황과 지금 긍정적으로 변화된 상황과 어떤 차이가 있는지, 또 어떻게 예외적인 상황이 일어나게 되었는지, 내담자가 어떠한 역할을 하였는지 등의 질문을 통해 이를 확대한다. 아울러 변화를 가져오게 한 내담자의 강점을 지지와 격려, 칭찬, 비언어적 행동 등으로 강화한다.

3. 상담자의 자격

상담자는 상담에 관한 다양한 이론적 지식과 전문적 기술을 포함하여 인간적 자질과 윤리적 자질을 두루 갖추어야 한다. 대부분의 학자는 효과적이고 생산적인 상담을 위해 상담자가 지녀야 할 자질에 대하여 다양한 관점에서 언급한다. 여기에 제시하는 상담자의 자질에 관한 내용은 비단 해결중심상담에만 적용되는 것이 아니다. 개인상담이든 집단상담이든 관계없이 모든 상담과정에 공통적으로 적용되는 사항이다.

1) 인간적 자질

(1) 긍정적 인간관

인간에 대한 긍정적인 관심과 내담자의 안녕과 행복에 대한 관심을 갖는 것은 성공적인 상담을 위한 필수 요건이다. 어려움에 처한 내담자를 진심으로 존중하고 이해하며, 그의 가치를 높이 인정할 때 상담은 성공할 수 있다. 심리적 어려움에 처한 내담자 중에는 부정적이고 왜곡된 신념을 가진 사람이 적지 않다. 그럼에도 불구하고 이들에게 변함없는 인간적인 존중과 따뜻한 마음을 갖는 것은 상담자의 진정한 아름다운 모습이다. 갑자기 닥친 어려운 상황으로 힘들어하고 절망할 때 상담자의 따뜻한 온정과 인간적인 관심은 그 자체로서 심리적 회복에 크게 기여한다.

(2) 정서적 성숙

상담자는 상담과정에서 나타나는 부정적인 심리적 증상과 예민한 정서적 변화에 직면할 수 있어야 한다. 그러나 어떠한 경우에라도 상담자 자신의 정서는 철저히 통제되어야 한다. 정서적으로 미성숙한 상담자는 침묵하는 내담자를 만나면 자신도 모르게 좋지 않은 표정을 지을 수 있다. 자신의 감정을 숨기고 마치 좋은 감정이 있는 것처럼 위장된 모습을 보이기도 하지만 내담자는 이를 쉽게 알아차린다.

정서적으로 성숙한 상담자가 되기 위해서는 자신의 미성숙한 정서로 인해 나타나는 행동을 잘 알고 이를 수정하려는 노력이 있어야 한다. 자신의 모순되고 미성숙한 감정을 지속적으로 탐색하고 이를 수정하여 침착성과 포용성을 지니도록 끊임없이 노력해야 한다. 정서적으로 성숙한 상담자의 모습을 볼 때 내담자는 안심하고 자신의 심리적 어려움과 관련된 이야기를 허심탄회하게 꺼낼 수 있기 때문이다.

(3) 진실한 태도

상담자의 진실성은 상담의 전 과정에 중요한 영향을 미친다. 모르면 모른다하고, 아니면 아니다 하고, 싫으면 싫다고 하는 것이 진실한 태도다. 만약 상담자의 불일치한 언행과 진실하지 못한 모습을 내담자가 볼 때는 그 상담은 실패할 가능성이 높다. 반면, 상담자가 변함없이 진실한 모습을 보이면 내담자는 상담자를 믿고 적극적으로 상담에 참여한다. 진실성을 지닌 참된 한 인간의 모습을 지니기 위해서는 늘 자신에게 다음과 같은 질문을 해야 한다.

- 나는 진실한 인간인가?
- 나는 겉과 속이 같은 인간인가?
- 나의 생각과 감정, 행동은 일치하는가?
- 나는 가식이 없는 태도로 내담자와 마주하는가?
- 나는 내 자신의 감정을 정확하게 지각하고 진실하게 표현하는가?

(4) 자기 성찰

상담자는 언제나 자신의 한계와 내면을 잘 알고 있어야 한다. 자기 자신을 돌아보는 것은 상담을 순조롭게 이끌어 가는 내적 역량이 되므로 이를 게을리 해서는 안 된다. 만일, 자신의 내면을 잘 알지 못하거나 성찰이 되지 않은 상태에서 상담에 임하면 상담이 제대로 이루어지지 않아 오히려 내담자를 더 혼란하게 할 위험성이 있다. 소경이 소경을 이끌고 가는 우를 범하지 않기 위해서는 상담자의 지속적인 자기성찰이 이루어져야 한다.

2) 전문적 자질

전문적 자질을 갖춘 상담자는 상담이론을 깊이 이해하고 상담을 효율적으로 진행하는 방법과 절차를 잘 알고 있는 자다. 다양한 상담이론과 지식을 바탕으로 충분한 상담실습 경험을 쌓고, 수련전문가로부터 훈련 지도를 받아 상담역량이 숙련되어 있는 자다.

(1) 상담이론의 이해

상담이론은 내담자가 호소하는 심리적 증상과 부적응의 원인을 이해하고, 문제해결을 조력하는 틀과 가설을 제공한다. 상담방향을 제시하고 이를 토대로 심리적 어려움을 극복하는 여러 대처방안을 모색하도록 도움을 준다. 내담자의 어려움을 객관적으로 진단하고 평가하며, 행동 중심의 구체적인 실천방안을 포함하여 다양한 해결방법을 모색하는 데에도 기여한다. 따라서 상담자는 상담이론에서 제시하는 개념과 배경, 과정, 기술 등을 정확히 이해하고 적용하는 능력을 구비하고 있어야 한다.

(2) 상담 역량

상담자가 갖추어야 할 전문성 중의 하나는 상담역량이다. 상담역량은 첫째, 내담자를 공감하는 능력과 통찰, 자각능력이다. 내담자의 입장에서 무엇을 경험하고 있는지 느낄 수 있는 능력이다. 둘째, 관찰능력이다. 내담자의 말을 잘 경청할 뿐만 아니라, 비언어적인 표현과 반응이 무엇을 의미하는지 관찰할 수 있어야 한다. 셋째, 내담자의 긴장과 불안, 두려움, 죄책감 등을 야기하는 고통스러운 기억이나 경험을 잘 드러내게 하는 능력이 갖추어져 있어야 한다.

(3) 상담 기술

상담자는 상담이론에 대한 지식을 갖춘 것만으로는 부족하다. 구체적인 상담방법과 기술에 대해서도 잘 알고 있어야 한다. 상담기술이란 다양한 심리적 증상이나 부정적 반응을 완화하고 제거하는 데 필요한 방법론과 심리적 어려움을 극복하기 위한 여러 가지 대처기제를 말한다. 상담관계를 맺는 방법, 상담전략, 단계별 상담진행요령, 상담의 제한사항 등을 극복하는 방법에 대해서도 잘 알고 있어야 할 뿐만 아니라, 상담의 원리와 과정, 기술 등 상담 실제에 대한 능력이 구비되어 있어야 한다.

(4) 경험적 지식

상담자는 상담프로그램을 계획하고 운영하는 능력이 있어야 한다. 위기상황과 상담여건을 충분히 고려하여 전체 상담의 회기와 프로그램에 대한 계획을 수립하고 이를 운영할 수 있는 능력을 갖추어야 한다. 상담목표를 달성할 수 있는 다양한 기법과 전략을 짜는 능력을 갖추어야 내담자의 적응력 회복에 기여할 수 있기 때문이다. 상담자는 내담자의 심리적 어려움을 해결하는 데 필요한 직·간접적인 폭넓은 경험적 지식을 유용하게 활용할 수 있도록 끊임없이 노력해야 한다.

3) 윤리적 자질

전문적인 상담지식과 상담기술을 지니고 상담경험과 자격 등을 충분히 갖추었다 하더라도 윤리적 자질을 갖추고 있지 못하면 그는 진정한 상담자라고 할 수 없다. 상담자가 지녀야 할 윤리적 자질을 살펴보겠다.

(1) 윤리의식

상담의 윤리규준은 상담과정에서 이루어지는 모든 행위와 결정에 대한 답을 제시하지 않는다. 그렇기 때문에 상담자는 윤리적 가치와 정신을 근거로 삼아 자신만의 윤리적 행동기준을 만들고 이를 지켜야 한다. 윤리의식이 높은 상담자가 된다는 것은 단순히 윤리강령이나 제도적 규범, 법을 준수한다는 의미만을 포함하는 것이 아니다. 개인 삶의 영역과 상담의 영역에서 인간존중의 마음이 바탕이 되어야 하며, 한 인간으로서의 행동 또한 모범적이어야 비로소 윤리의식이 높다고 말할 수 있다.

(2) 상담비밀보장

상담과정에서 오간 말은 어떠한 일이 있어도 비밀을 지켜야 한다. 자살의 위험성이 있거나 전염성이 강한 질병을 갖고 있어 자기 자신과 주변인에게 위험을 초래할 가능성이 있는 경우, 법원의 명령이 있는 경우에는 비밀보장 원칙은 예외가 된다. 이러한 경우에는 비공개를 원칙으로 하되 정보공개를 해야 할 경우에는 그 사실을 내담자에게 알리고 협조를 구해야 한다.

(3) 금전적 · 성(性)적 관계

상담자는 상담료 외에 어떠한 금전적인 관계나 채무관계를 내담자와 맺어서는 안 된다. 어떠한 작은 물질적인 거래라도 관계를 맺는 것은 윤리규정에 위반된다. 성(性)의 문제는 매우 민감한 영역이라서 윤리규정에서 깊게 다룬다. 상담자는 어떤 이유와 형태로든 상담을 받고 있는 내담자와 성(性)적인 관계를 맺어서는 결코 안 된다. 성(性)적인 관계를 맺었던 사람과 상담을 실시하는 것도 비윤리적인 행위에 해당한다. 상담이 종결된 이후라도 성(性)적으로 친밀한 관계를 맺는 것은 윤리규정에 어긋난다.

CHAPTER

04

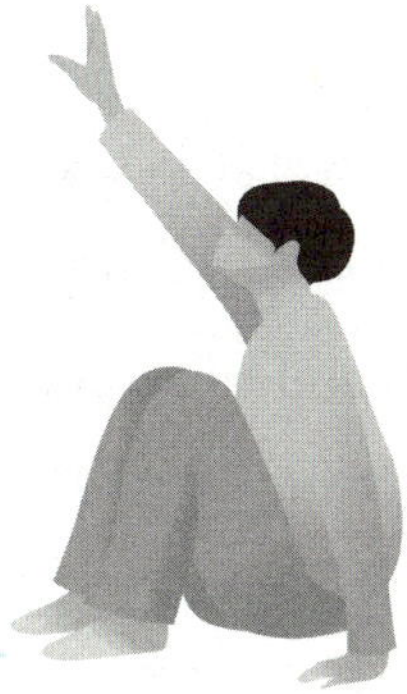

집단상담의 방법과 기술

제1절 집단상담의 개념

집단상담에 대한 정의는 학자마다 조금씩 다르게 설명한다. 일반적으로 집단상담은 정상인을 대상으로 상담의 기법과 전략을 적용하고, 역동적인 상호교류 과정을 통해 문제해결이나 의사결정 혹은 인간적 성장을 추구하는 과정으로 정의한다. 강진령(2006)은 의식적인 사고와 행동 그리고 허용적인 현실에 초점을 둔 정화와 상호신뢰, 돌봄, 이해, 수용 및 지지 등의 치료적 기능을 포함하는 하나의 역동적인 대인관계과정을 집단상담으로 정의하고 있다.

자기이해와 개인의 행동변화를 조력하기 위해 집단원의 상호작용을 이용하고, 자기수용을 보다 효과적으로 촉진하기 위해 집단원의 상호작용을 적극 활용하는 과정으로 설명하기도 한다. 이러한 여러 정의를 종합하면 집단상담은 전문가의 지도 아래 정상적인 참여자를 대상으로 허용적인 분위기에서 집단원의 역동적인 상호작용을 도모하는 과정임을 알 수 있다. 집단에 참여한 개인의 태도와 행동의 변화 혹은 한층 더 높은 성장과 인간관계 능력을 촉진하는 것을 목적으로 이루어지는 역동적인 대인관계 과정이라는 것을 이해할 수 있다.

집단상담이 필요한 이유는 다음과 같이 설명한다. 첫째, 집단상담은 개인상담의 1: 1 관계보다 여러 사람이 함께 참여함으로서 심리적 편안함을 느껴 자신의 생각과 의견을 좀 더 개방적으로 제시할 수 있다. 군·경·소방조직과 같은 위계적인 조직에서 일하는 사람은 마음을 터놓고 자신의 고민과 심리적 갈등을 주위 동료에게 드러내기가 더욱 쉽지 않다. 그러나 집단상담은 자신이 겪는 대인관계 갈등과 심리적 문제, 성장과 발전에 관한 과업 등을 허심탄회하게 드러내 놓고 검증해 볼 수 있는 기회를 제공받는다.

둘째, 집단상담은 다양한 성격의 사람과 함께 같은 공간에서 대면하는 기회가 제공되어 대인관계에 도움을 받는다. 대부분의 사람은 나름의 소소한 심리적 어려움을 갖고 세상을 살아간다. 자신만이 가장 힘들게 살고 있다고 생각하기도 한다. 이러한 생각을 가진 사람이 집단상담에 참여하면 자신과 유사한 심리적 어려움을 경험하는 사람이 많다는 사실을 새롭게 깨닫는다. 집단과정에서 이루어지는 다양한 프로그램의 새로운 경험을 통해 자신과 주위 사람을 보다 잘 이해하도록 도와준다.

셋째, 집단상담은 서로 다른 배경과 다양한 성격, 특징을 가진 사람이 함께 참여함으로써 풍부한 학습경험을 한다. 집단에 참여한 사람들은 자신의 진로를 포함하여 서로의 관심사를 터놓고 이야기함으로서 의사결정능력과 대인관계능력을 학습한다. 위계적인 조직의 경직되고 폐쇄적인 상황 속에서도 진실한 대화와 역동적인 상호작용을 통해 개인자존감과 집단자존감을 증진시킨다(심윤기, 2014).

집단상담은 집단토의와 개념이 다르다. 집단토의는 개관적 사실에 초점을 두고 특정 주제를 대상으로 이루어지며 내용과 결과를 중시한다. 특정한 목표에 도달하도록 집단을 설득하고 이끌어가는 과정으로 이루어진다. 그렇기 때문에 집단과정을 중요하게 여기지 않는다. 의견의 옳고 그름을 중심으로 집중적인 토의가 이루어지고 집단규칙과 질서를 강조하는 특징이 있다.

반면, 집단상담은 어떤 과제해결을 위한 수단으로 보지 않는다. 집단에 참여한 사람들의 친밀감과 신뢰감을 발달시키는 것을 중시한다. 집단원의 어떠한 반응이라도 이를 수용하고 허용하기 때문에 상반된 의견이 장려된다. 집단토의는 객관적인 사실만을 취급하여 상호작용과 집단역동을 찾아보기 어렵지만, 집단상담은 집단역동이 활발히 일어난다. 집단지도는 집단상담과 밀접한 관련성이 있다. 집단지도는 삶에 필요한 다양한 정보를 제공하고 취급하는 교육과정에 해당하기 때문이다.

1. 집단상담의 목적

집단상담은 자기에 대한 이해 증대와 개인성장에 대한 자신감을 갖도록 하는 데 목적을 둔다. 사회적 기술과 대인관계능력을 증진하고 자기통제와 문제해결 및 의사결정능력을 학습함은 물론 자기가 생각하고 믿는 바를 정확하게 표현하는 의사소통능력을 향상시키는 데 기여하는 과정이다. 가정과 사회의 여러 곳에서 자신의 잠재능력을 발휘하고 타인과의 대화에서 공감적으로 경청하는 사람이 되도록 하는 데에도 기여한다.

이렇게 집단상담은 자기의 문제와 자신의 감정 및 태도에 대한 통찰력을 터득하고 보다 바람직한 자기관리와 합리적인 대인관계 태도를 배우는 효과적인 학습과정이다. 집단구성원으로 하여금 지금 자신이 느끼는 감정을 이해하고, 지금의 문제를 해결하기 위하여 어떤 것이 필요하며, 현재 어떻게 행동해야 하는가를 깨닫도록 도와준다. 집단원의 역동적인 상호교류를 통해 자신의 감정, 태도 생각, 행동양식을 탐색하고 수용하여 보다 성숙한 인간으로 발달하도록 촉진한다.

위계적인 문화적 특성을 지닌 군·경찰·소방과 같은 조직에서 이루어지는 집단상담은 그 목적이 좀 더 포괄적이다. 자기성장과 발전을 넘어 조직의 목표를 달성하고 조직성과를 향상시키기 위한 목적을 추가한다. 1차적인 목적은 개인의 심리적인 문제를 해결하고 개인의 자아실현과 성장을 도모하지만, 2차적인 목적은 조직목표를 달성하는데 필요한 집단역량을 증진하는 것이다.

1) 집단응집력 향상

군·경찰·소방과 같은 조직에서 일컫는 화합과 단결이라는 용어는 집단응집력을 의미한다. 집단응집력은 구성원이 소속되고자 하는 욕망의 정도를 말하는 것인데, 응집력이 높은 집단은 낮은 집단의 비해 집단에 대한 관심이 높다. 뿐만 아니라 구성원의 협력과 팀워크, 과제수행에 대한 구성원 전체의 참여와 결속을 향상시키는데 기여한다. 집단상담은 이러한 집단응집력을 강화하는 데 긍정적인 영향을 미친다. 집단에 참여한 구성원 상호 간 이해심을 높이고 소속감을 증진하며, 집단에서 함께 보내는 시간을 통해 친밀감과 집단응집력을 강화한다(심윤기, 2016).

2) 집단신뢰감 증진

집단에 대한 신뢰는 조직의 안정과 집단구성원의 안녕(well-being)에 긍정적인 영향을 미친다. 집단 내 의사소통을 촉진하여 갈등을 최소화하고 집단효과성을 향상시킬 뿐만 아니라, 인간중심의 따뜻한 집단분위기를 형성하는 데 기여한다. 특히, 군·경·소방조직에서 발현되는 집단신뢰감은 집단에 부여된 임무를 수행함에 있어서 필수적이라고 할 만큼 매우 중요한 요소다.

집단상담은 집단신뢰감을 향상하는데 기여한다. 신뢰 대상에 따라 상급자 신뢰, 하급자 신뢰, 동료 신뢰 등으로 구분하기도 하는데, 대상자의 지위에 따라서는 상사 및 하급자에 대한 수직적인 신뢰와 동료에 대한 수평적 신뢰로 구분한다. 군·경찰·소방조직에서 다루는 집단상담은 이러한 다양한 집단신뢰감을 증진하여 긍정기관 혹은 긍정문화조직으로 변화시키는 데 기여한다.

3) 집단효능감 배양

집단효능감은 자신이 속한 집단이 능력이 있다고 믿는 정도를 말한다. 자신이 속한 집단에 대해 능력이 있는 집단으로 지각하는 것은 현재의 집단생활과 관련하여 전반적으로 만족하는 것을 의미한다. 이는 조직화된 의지력으로 굳게 뭉쳐 부여된 임무를 능동적으로 완수하게 하며, 자진하여 어려움에 임하고 즐거이 그 직책을 수행하도록 할 뿐만 아니라, 사기를 왕성하게 유지하는 데 기여한다.

군·경찰·소방조직에서 이루어지는 집단상담은 이러한 집단효능감 배양을 촉진하여 집단목표를 달성하는데 긍정적인 영향을 미친다. 직무만족과 집단몰입에도 영향을 줄 뿐만 아니라, 전원이 한 마음 한 뜻으로 뭉쳐 봉사정신과 상호이해를 바탕으로 공동목표 달성에 크게 기여한다.

4) 집단자존감 증진

개인자존감은 개인으로서 자신의 가치에 대해 어떻게 평가하는가를 의미한다. 반면, 집단자존감은 자신이 속한 집단의 가치에 대해 개인이 어떻게 지각하는지를 의미한다. 집단적 수준에서 바라보는 조직의 집단자존감은 특정한 기관에 소속된 개인 자신에 대한 인식으로 사회적 관계에서 발생하는 맥락을 통해 이루어진다. 이는 독립된 개인 자신에 대한 가치평가를 하는 개인자존감보다 자신이 속한 조직에 대해 갖는 집단자존감이 조직구성원의 심리적 적응과 건강한 조직생활에 더 긍정적인 요인으로 작용한다(심윤기 등, 2017).

2. 집단상담의 원리

1) 자기개방

자기개방은 자기 마음의 문을 활짝 여는 것을 의미한다. 군·경찰·소방조직에서 이루어지는 집단상담은 조직의 경직성과 폐쇄성을 고려할 때 자기개방의 원리가 절대적으로 필요하다. 자기개방은 자기 노출이라고도 말할 수 있는데 개인적인 문제와 관심, 욕구, 목표, 기대와 두려움, 희망과 좌절, 즐거움과 고통, 강함과 약함, 개인적 경험 등에 대해 허심탄회하게 집단원 앞에 털어놓는 것이다. 개인적인 문제나 관심을 털어놓는 것에 한정하지 않고 집단지도자와 다른 집단원이 보이는 반응까지도 포함한다.

군·경찰·소방조직에서 일하는 조직구성원은 흔히 개방적이지 못한 경직된 조직문화와 상명하복의 위계적인 체계 그리고 거부에 대한 부정적 낙인의 두려움 등으로 자신을 잘 드러내지 않으려는 특성이 있다. 이러한 영향으로 집단상담 초기에는 대체로 자기개방이 좀처럼 나타나지 않는 경향이 있다.

집단지도자는 이러한 점을 고려하여 집단상담을 시작하기 전 집단에 참여할 사람을 대상으로 자기개방을 토대로 한 상호작용의 중요성을 주시시킬 필요가 있다. 조직에서 함께 일하는 동료 구성원을 깊이 이해하고 수용하기 위해서는 먼저 자신을 개방하는 일이 전제되어야 한다는 사실을 알려주고, 개인의 심리적 문제나 관심사에 대한 통찰을 얻는 것은 자기개방으로부터 출발한다는 점을 이해시킨다.

2) 피드백

피드백이란 상대방의 행동이 나에게 어떤 반응을 일으키고 있는가에 대하여 상대방에게 솔직하게 이야기하는 것을 말한다. 피드백은 집단상담이 성공적으로 이루어지는 데 큰 역할을 준다. 피드백은 타인이라는 거울을 통해 자기 자신을 탐색하고 자기 자신을 명확하게 이해하는 데 기여하고 성장과 발달을 위한 학습이 작동되도록 하는 기술이다. 솔직하고 생산적인 피드백은 피드백을 받는 대상에게 어떤 변화가 필요한지를 알게 하고, 대인관계에서 어떠한 태도가 필요한지를 깨닫도록 영향을 준다.

피드백은 어떤 행동이 일어난 직후에 하는 것이 효과적이다. 구체적인 행동에 대하여 정서적 비판이 아닌 인지적인 태도로 하는 것이 바람직하다. 한 사람으로부터 받는 피드백보다는 여러 사람으로부터 받는 피드백이 더 강렬한 힘을 발휘하는데, 그 이유는 여러 사람의 공통된 견해를 무시하기가 어렵기 때문이다.

집단상담의 초기에는 집단지도자가 직접 피드백을 주어 집단에 참여한 구성원들이 학습이 가능하도록 모범을 보인다. 이후부터는 집단구성원들 상호간 자발적으로 피드백이 이루어지도록 하여 다른 관점과 다른 각도에서 자신을 탐색하고 자기를 조망하도록 조력한다.

3) 감정정화

집단상담은 카타르시스라고 하는 감정정화의 원리가 작동하는 과정이다. 감정정화는 내면에 누적되어 있는 감정을 언어나 행동으로 표출함으로서 억눌려 있던 내면의 찌꺼기를 제거하여 심리적 안정을 찾는 것을 말한다. 이러한 감정정화는 집단에 참여한 집단구성원 상호간 신뢰감과 응집력을 높이고, 집단의 변화를 촉진하는데 기여한다.

그러나 단순히 내면의 감정을 표출했다고 모든 감정이 정화되는 것이 아니다. 지금-여기에서 일어나는 자신의 감정수위를 알아차리고 원인이 무엇으로부터 기인되었는지 통찰하는 것이 중요하다. 감정정화는 치료적 요인이 분명하다. 그럼에도 불구하고 위계적 특성을 지닌 조직에서 이루어지는 집단상담 과정에서는 좀처럼 집단구성원들의 감정을 드러내기가 쉽지 않다.

조직문화 자체가 개방적이기 보다는 폐쇄성을 지니고 있고, 상명하복의 위계적 서열체계로 조직구조가 편성되어 있기 때문이다. 감정정화가 잘 이루어지지 않고 계속 쌓이면 개인뿐만 아니라 조직에 미치는 부정적인 영향은 상당히 크다. 집단지도자는 이러한 점을 고려하여 감정정화가 집단과정에서 지속적으로 발현되도록 조력하여 집단에 참여한 구성원들의 부정적인 감정을 해소할 수 있어야 한다.

4) 집단역동

어느 집단이든 집단 내의 힘은 단일한 힘이 아닌 복합적인 힘이 작용한다. 두 사람 이상이 함께 모여 활동할 때는 필연적으로 집단역동이 생기기 마련이다. 집단역동은 하나의 공통장면 또는 환경 안에서 일어나는 상호작용의 힘이자 상호관계를 의미한다. 집단지도자와 집단원간 또는 집단원 상호 간 일어나는 상호작용의 에너지이자 상호관계의 힘이다. 집단상담은 이러한 힘에 의하여 변화되어 특정한 방향으로 발달한다. 집단지도자는 이러한 집단의 역동적인 힘을 잘 감지하여 바람직한 방향으로 이끌 수 있어야 한다.

5) 수용의 원리

군·경찰·소방조직에서 이루어지는 집단상담은 수용의 원리가 절대적으로 필요하다. 수용은 집단원 개개인을 있는 그대로 받아들이고 존중하는 것이다. 이러한 수용은 타인에 대한 깊은 수준의 공감적 이해를 가능하게 하고, 과거의 부정적인 경험을 통해 형성된 저항과 방어를 약화시키는 기능을 한다.

뿐만 아니라 자기를 개방하기 어려웠던 자신의 약점과 관련된 사실과 감정을 노출시킴으로써 변화의 계기를 마련해 준다. 이러한 과정을 통해 집단원은 자기탐색에 더욱 노력하고 심리적 문제의 원인을 발견함과 동시에 변화와 성장을 이룬다(김헌수 외, 2006). 예를 들어, 군에서 이루어지는 집단상담은 대부분 비자발적으로 참여한 장병을 대상으로 한다. 그래서 초기의 집단참여의식 수준은 매우 낮게 나타난다.

집단과정을 통해 혹시나 자신에게 돌아올 불이익이 생각되어 집단참여가 피동적이고 소극적으로 이루어져 수용적인 태도를 찾아보기 어렵다. 오히려 집단지도자의 조건 없는 수용에 대해서까지 불편해 하거나 부담스러워 하기도 한다.

이와 같은 조직의 특징을 고려할 때 집단지도자는 집단에 참여한 집단구성원을 진정으로 존중하고 배려하는 모습을 솔선하여 모범을 보여야 한다.

6) 모방학습

집단의 유형과 형태에 관계없이 집단에 참여한 구성원은 모방학습을 통해 적극적으로 집단 활동에 참여한다. 집단상담 과정을 통해 자신이 소중하고 의미 있는 사람이라는 사실을 새롭게 깨닫는다. 이러한 결과를 얻기 위해서는 집단지도자로부터 이해와 존중을 받는 것만으로 충분하지 않다. 그렇다고 집단에 참여한 집단구성원으로 부터 긍정적인 지지와 피드백을 받아서 얻어지는 것도 결코 아니다.

비록 조용하고 말이 없는 집단구성원이라 하더라도 혹은 조직에서 낮은 위치에 있는 사람이라 할지라도 집단에 참여한 다른 동료나 집단지도자의 모습을 관찰하고 대리학습을 통해 나타난다. 다시 말해, 집단지도자의 모범적인 자세나 집단에 참여한 구성원들의 바람직한 태도는 집단과정에 참여한 모든 이에게 모방학습의 긍정적인 학습효과를 제공한다.

3. 집단상담의 성공요인

1) 집단상담의 계획성

집단상담에 영향을 미치는 계획과 관련한 요인은 다음과 같이 몇 가지로 설명이 가능하다. 첫째, 집단목적이다. 집단지도자와 집단원이 집단의 목적을 명확히 이해하고 있느냐의 여부가 집단상담에 영향을 미친다. 집단의 목적을 상실하여 목적과 상관없는 주제를 선정한다던지 아니면 집단의 방향과 무관한 활동이 이루어지면 그것은 시간과 노력의 낭비만 가져온다. 집단지도자는 집단목적을 분명히 수립하고 자신과 집단원이 집단목적에 부합되게 행동하고 있는지 지속적인 평가가 이루어지도록 해야 한다.

군·경찰·소방조직에서 이루어지는 집단상담은 사전에 리허설과 같은 예행연습을 실시하는 것이 상담효과를 증진하는 데 보탬이 된다. 집단상담 참여를 위해 사전 선정된 조직구성원들을 대상으로 집단의 목적과 절차, 역할을 설명하는 시간을 갖는다. 이는 집단에 참여하는 대상에게 사전 집단의식을 고취시키는 효과와 집단역동을 높이는 데 기여한다.

둘째, 집단의 크기이다. 집단상담은 집단원의 성별, 연령, 학력, 결혼 유무, 직업, 종교 등이 집단상담에 영향을 준다. 군·경찰·소방과 같은 위계조직에서 이루어지는 집단상담의 경우에는 소속, 상·하급 관계, 서열, 직책 등이 집단과정에 영향을 미친다. 집단의 크기를 너무 크게 구성하면 개인에게 주어지는 시간이 적어 집단의 상호작용이 원활하게 나타나지 않을 수 있으며, 집단분위기가 산만해져 집단응집력이 약화되는 결과가 초래되기도 한다.

반면, 집단 크기가 너무 작은 경우에는 집단상담에 참여하는 것이 부담되어 능동적이지 못한 행동을 보이는 등 집단에 좋지 않은 영향을 미친다. 집단지도자는 집단상담을 시작하기 전 집단의 크기를 판단할 때 집단역동을 고려하여 적절한 크기로 선정해야 하는 이유가 이러한 점 때문이다.

셋째, 집단의 회기와 빈도수다. 집단상담의 회기도 상담효과에 영향을 미친다. 회기의 길이가 짧으면 개인이 참여할 수 있는 시간이 부족해 집단원의 불만이 생길 수 있는 반면, 회기가 너무 길면 참여의식이 약화되어 집단에 부정적인 영향을 미친다. 집단회기를 얼마나 자주 갖는가 하는 것도 영향을 준다. 대체로 집단상담의 회기 길이는 2~3시간이 일반적이며, 회기의 주기는 주로 일주일에 1~2회기에서 최대 5회기까지 갖기도 한다.

넷째, 집단상담이 이루어지는 시간대와 장소다. 하루 중 어느 시간대에 집단모임을 하느냐에 따라서도 집단역동은 달라진다. 일반 성인을 대상으로 구성하는 집단상담의 경우에는 통상 토요일이나 일요일 낮 시간에 하는 경우가 많다. 평일에는 일과가 끝난 저녁시간에 하기도 하지만 회사 일의 마무리와 퇴근시간과 겹쳐 일반적이지는 않다.

집단상담이 이루어지는 장소는 방음시설이 잘 갖추어져 있고, 집단구성원이 안전감을 느낄 수 있는 공간이면 적절하다. 실내조명과 채광, 실내 구조물의 배열과 정돈상태, 의자 등에 따라서도 집단 활동에 영향을 주므로 잘 정돈하여 배치한다.

2) 집단원의 의식적 요인

집단상담의 목적을 달성하기 위해서는 집단원의 자격이 최소한 집단 활동을 할 수 있는 정도의 수준을 갖춘 사람이어야 한다. 자율적이고 독립적인 생활을 할 수 있을 정도의 지적 수준과 정신상태 그리고 기본적인 자기관리능력을 갖추고 있어야 가능하다. 군·경찰·소방과 같은 위계조직에서 일하는 구성원은 집단상담에 참여할 수 있는 자격과 능력을 이미 갖춘 자들이다. 군 입대 전이나 조직에 입사하기 전 정신적인 요인이나 성격결함 여부 등을 다양한 식별도구로 이미 선별하였기 때문이다.

집단상담이 성공하는 데 영향을 주는 의식적인 요인은 주로 다음과 같다.

첫째, 집단원의 참여의식이다. 집단에 참여하게 된 동기가 자발적인지 아니면 비자발적인지에 따라 집단역동에 큰 차이가 난다. 일반 집단상담의 경우에는 집단원 스스로 자발적인 참여가 대부분인데 이런 경우에는 집단역동의 수준도 높게 나타난다. 그러나 군·경찰·소방과 같은 위계조직에서 이루어지는 집단상담의 경우에는 비자발적으로 집단에 참여하는 경우가 많아 집단참여 의식이 낮게 나타나기도 한다.

둘째, 책임의식이다. 책임감은 참여의식과 함께 집단에 높은 영향을 미친다. 책임의식이 있는 사람은 정신적으로 건강한 사람으로 이들은 집단상담 과정에서 적극적이고 능동적으로 참여한다. 외적 환경이나 상황이 변하기를 기다리지 않고 자신이 먼저 스스로 선택하고 행동하는 모습을 보인다.

이 외에도 집단상담 과정에 영향을 미치는 요소는 집단의 배경, 집단참여와 의사소통의 형태, 집단분위기, 집단행동규준, 지도자의 지도성, 신뢰수준 등이다. 어떤 집단상담에서는 집단원을 한번 만났는데도 수년간 함께 지내온 관계처럼 행동하는 반면, 어떤 집단상담에서는 같은 조직에서 오랜 기간 동안 함께 생활한 구성원이면서도 관계유지에 어려움을 겪기도 한다.

3) 지도자의 기술적 요인

군·경찰·소방과 같은 국가조직은 임무특성상 위계적인 체계로 운영되기 때문에 조직 내 분위기가 자유롭지 못하고 다소 경직되어 있다. 집단지도자는 이러한 조직문화와 상황, 조직 여건 등을 고려하여 다음과 같은 기술적 요인에 힘써야 한다.

첫째, 안정되고 따뜻한 집단분위기를 만드는 기술이다. 집단원이 집단 내에서 자기를 탐색하고 개방하기 위해서는 우선 집단분위기가 안정감이 있어야 한다. 집단원 상호간 솔직한 대화를 주고받으며 개인의 다양성 이해와 수용을 위해서는 안정된 집단분위기가 절대적으로 필요하다. 어느 것에도 억압받지 않고 어떠한 비난도 없이 자유롭게 행동하려면 우선적으로 집단분위기가 따뜻하고 수용적이어야 한다.

둘째, 집단에 참여한 구성원간의 신뢰다. 집단상담 과정에서는 합리적이지 못한 언행과 인간존중의 기본적인 태도가 결여된 어떠한 모습도 배제한다. 집단원간 신뢰감을 형성하고 집단과정이 촉진적으로 이루어져야 집단상담의 성공을 기대할 수 있다. 이런 점을 고려하여 집단지도자는 집단의 신뢰수준을 주의 깊게 살펴보고 이를 높게 끌어올려 집단의 변화를 가져오는 데 온 역량을 집중해야 한다.

셋째, 변화에 대한 기대다. 변화에 대한 기대는 곧 희망을 의미한다. 인간은 과거에 만들어진 희생물이 아니다. 스스로 변화하고 발전할 수 있는 가능성과 잠재력을 가진 존재이다. 인간은 변화에 대한 믿음과 의지가 있을 때 스스로 선택하고 결정을 내릴 수 있을 뿐만 아니라 성장과 발전을 가져온다. 지금까지 불가능하게 여겨졌던 일이 집단에 참여한 집단원간 긴밀한 교류를 통해 새로운 변화를 가져올 수 있다.

변화에 대한 기대는 적응에 어려움을 겪는 구성원에게 치료 요인으로 작용한다. 변화에 대한 믿음을 가진 자는 부적응의 어려움을 자신이 통제할 수 없는 조직 환경의 탓으로 돌리지 않고 내가 변화하여 극복할 수 있다는 굳은 의지와 용기를 갖는다.

넷째, 집단응집력의 발현이다. 집단응집력은 집단원이 우리라는 의식을 바탕으로 집단 내에서 적극적이고 능동적으로 일심동체가 되려는 정도를 말한다. 나는 혼자가 아니고 집단의 소중한 일원이라고 지각함으로써 생성되는 이러한 집단응집력은 스스로에게 희망을 갖게 할 뿐만 아니라, 집단분위기를 안정시키고 집단원의 피드백이 잘 이루어지도록 촉진한다. 집단상담 과정에서 높은 수준의 집단응집력이 발현되면 다음과 같은 긍정적인 반응이 나타난다.

- 집단상담에 적극적으로 참여한다.
- 자신의 느낌을 적극적으로 개방하고 표현한다.
- 진솔하게 피드백을 교환하고 유연하게 직면한다.
- 다른 관점과 각도에서 타인을 이해하려고 노력한다.
- 집단구성원 상호간 깊은 신뢰관계를 맺으려고 노력한다.
- 적극적이고 능동적으로 집단문제를 해결하려고 노력한다.

다섯째, 지금-여기에 초점을 맞출 때 집단상담은 성공할 수 있다. 집단지도자가 지금-여기가 아닌 과거의 거기-그때에 초점을 맞춘다면 집단변화는 기대하기 어렵다. 집단상담에서 말하는 지금-여기는 현재 생활하는 장면이다. 실제 조직생활을 해오는 동안 자신에게 발생한 현실적인 일과 개인적인 일이 모두 포함된다.

집단상담은 지금-여기에서 현존하는 모든 것을 그대로 이해하는 학습과정이다. 이미 지나간 것을 이해하려는 노력이나 지금이 아닌 미래의 대상은 집단상담의 조건에 적합하지 않다. 따라서 집단에 참여한 집단구성원은 각자의 생활문제를 효율적으로 해결할 수 있다는 전제 아래, 현재 자신이 어떻게 느끼고 경험하는가를 심층적으로 탐색한다. 그리고 너와 나의 생각, 너와 나의 느낌, 너와 나의 행동을 상호 비교 관찰하고 분석하며, 허심탄회한 피드백을 통해 자신을 깊이 이해하고 발전시켜 나간다.

4) 집단의 활동성 요인

집단상담이 성공하기 위해서는 집단의 활동도 중요한 역할을 한다. 집단의 활동적 요인은 다음과 같은 몇 가지 사항이 있다. 첫째, 집단역동성이다. 역동성이란 활발하게 움직이는 성질이나 특성을 말하는데 이것은 아무 때나 나타나지 않는다. 집단에 참여한 집단원의 명확한 역할이 바탕이 될 때 형성이 되며, 집단원의 행동을 조정하고 촉진할 때 형성된다.

자발적인 집단원의 참여와 집단의 안정적인 분위기도 영향을 미친다. 집단지도자는 집단에 참여한 구성원들이 허심탄회하게 이야기를 나누도록 안정된 집단분위기 조성에 힘써야 한다. 집단구성원들의 느낌이나 생각을 따뜻한 태도로 공감하고, 상호간 평가나 비난의 말을 하지 않도록 조력하여 집단역동이 촉진되도록 한다.

둘째, 상호작용이다. 상호작용은 둘 이상의 사람이 서로 영향을 주고받는 방식으로 교류하는 것을 의미한다. 집단상담이 생산적으로 이루어지기 위해서는 상호작용이 활발히 일어나야 한다. 심리적인 상호작용은 집단구성원 사이에 공유된 정체감과 우리라는 집단의식, 소속감이 영향을 미친다. 따라서 집단지도자는 활발한 상호작용의 걸림돌이 무엇인지 지속적으로 탐색하고 그에 대한 대안을 마련해야 한다.

셋째, 의사소통이다. 집단상담 과정에서 이루어지는 의사소통은 언어적인 방식과 비언어적인 방식으로 나타난다. 입을 통해 표현되는 언어적 방식은 7% 정도의 영향력을 가지는 반면, 얼굴표정이나 말의 크기, 몸짓, 자세와 같은 비언어적인 방식은 93% 정도의 영향력을 가진 것으로 알려져 있다(Mehrabian, 1972). 집단상담의 성공은 개방적이고 허심탄회한 피드백과 수평적인 의사소통이 지속적으로 이루어질 때 가능하다.

제2절 집단상담의 과정

집단상담은 여러 과정이 복합적으로 이루어진다. 집단상담 과정에 대한 의견은 다양하다. 상담의 시작단계로부터 시작하여 갈등을 다루는 단계, 응집성의 발달단계, 생산적 단계, 종결단계로 설명한다. 또 다른 학자는 집단참여의 단계,

과도기적 단계, 작업의 단계, 상담종결단계로 구분한다. Corey(2012)는 집단상담을 시작하기 전 단계, 상담초기단계, 과도기적 단계, 작업단계, 종결단계 등으로 구분하여 설명하였다. 필자는 이를 준비단계, 작업단계, 종결단계로 구분하여 설명하고자 한다.

1. 준비단계

군·경찰·소방조직에서 이루어지는 집단상담은 집단역동과 집단의 변화요인을 중요하게 여긴다. 집단지도자는 이를 위해 집단상담을 시작하기 전 집단구성에 관한 몇 가지 사항을 기본적으로 준비한다. 집단의 목표를 구체적으로 수립하고 집단목표 달성에 적합한 집단의 크기와 상담회기 등을 미리 정한다. 집단상담을 실시하기 전 사전교육을 통해 상담에 대한 잘못된 기대를 바르게 인식하도록 설명하고 상담동기를 높이는 작업을 한다. 집단상담의 준비단계에서 이루어지는 활동은 대체로 다음과 같다.

1) 집단의 구성

집단상담이 이루어지기 전 준비할 사항은 집단을 미리 구성하는 일이다. 집단의 형태는 구조화 집단과 비구조화 집단, 반구조화 집단으로 구성하는데 상황과 여건에 따라 동질집단과 이질집단으로 구성하기도 한다. 집단구성을 어떻게 하느냐의 문제는 각 형태마다 장단점이 있으므로 상황에 맞게 선택한다.

(1) 동질집단과 이질집단

동질집단은 비슷한 특성을 가진 사람으로 구성한 집단을 말한다. 이 집단은 집단에 참여한 집단구성원 간 갈등이 적게 나타나고, 서로에게 지지적인 위치에 있어 집단응집력이 빨리 형성되는 특징이 있다. 자기와 비슷한 집단원이 있음을 알고 안심하여 긴장감을 덜 느끼는 반면, 주고받는 피드백과 상호작용은 피상적으로 이루어져 행동변화와 성장에 방해되기도 한다.

반면, 이질집단은 다양한 특성을 가진 사람으로 구성한 집단을 말한다. 이질

집단의 장점은 서로 다른 이질적인 특성으로 그 차이점을 이해하려고 노력하는 과정에서 다양한 상호작용을 경험할 수 있는 반면, 자신을 솔직히 개방하는 것이 제한되어 집단역동이 제대로 발현되지 않는 경우도 있다.

(2) 개방집단과 폐쇄집단

개방집단은 집단상담이 진행되는 과정에서 집단에 참여하기를 희망하는 자가 추가로 나타나면 이를 받아들이는 집단이다. 이 집단은 처음부터 집단의 크기를 작게 구성한 후 출발하여 중간에 이탈한 집단원의 자리를 메우는 집단형태를 취한다. 집단원이 집단상담 도중에 이탈할 경우에는 집단의 크기가 작아 집단의 상호작용이 위축될 가능성이 있다. 또 결원된 집단원이 충원되었다고 해서 긍정적인 측면만 나타나는 것은 아니다. 새롭게 집단에 들어온 경우에 기존 집단에 참여한 집단구성원과의 상호작용이나 의사소통이 부족해 집단역동의 흐름이 방해받기도 한다.

폐쇄집단은 상담을 시작할 때 참여한 사람들만을 대상으로 끝까지 상담과정을 진행하는 집단형태를 말한다. 상담이 진행되는 과정에서 이탈자가 생겨도 새로운 사람을 채워 넣지 않는다. 폐쇄집단은 집단안정성 수준이 개방집단에 비해 높아 집단에 참여한 집단구성원들 간 상호작용이 활발히 나타나는 장점이 있다.

(3) 구조화집단과 비(반)구조화집단

구조화 집단은 집단지도자가 집단의 목표와 과정을 미리 정해놓은 후, 사전 계획된 프로그램으로 집단을 이끌어 가는 집단형태다. 반면, 비구조화 집단은 집단의 목표, 과제, 활동방법을 미리 정해놓지 않고 집단 스스로 정해나가는 형태로 집단에 참여한 집단구성원들의 자발성을 중요하게 취급한다. 집단의 심리적 관계를 중요한 작업 대상으로 삼으며, 집단에 참여한 개개인의 갈등을 해결하는 것을 주요 목표로 삼는다. 반구조화집단은 구조화집단과 비구조화집단을 혼용한 집단형태 말하는데 일반적으로 잘 활용되지 않고 있다.

2) 집단크기와 시간, 장소

집단의 규모를 얼마의 크기로 해서 집단상담을 진행할 것이냐 하는 것은 무척 중요한 요소다. 집단의 규모가 너무 작으면 집단원의 상호작용이 잘 나타나지 않을 수 있다. 침묵을 한다든지 혹은 집단과정에서 뒤로 물러나 있든지 하여 집단역동이 제대로 일어나지 않을 수 있다. 그렇다고 해서 집단참여에 대한 압력을 가하면 집단분위기가 경직되어 오히려 역효과를 가져올 수 있다.

집단규모가 너무 커도 집단 활동에 바람직하지 않다. 집단이 크면 집단에 참여한 집단구성원 중 일부는 상담활동에 참여할 기회를 얻지 못할 뿐만 아니라, 집단지도자가 적절한 주의와 관심을 기울이지 못한다. 따라서 집단의 규모를 결정하기 위해서는 집단이 추구하자 하는 가치와 목표를 충분히 고려해서 판단해야 한다.

집단상담의 시간은 집단에 참여한 집단원의 수와 집단상담의 참여 횟수, 성숙도 등을 고려하여 정하는데, 실시하는 프로그램에 따라서도 다를 수 있다. 집단상담의 시간을 적절하게 편성하는 것 못지않게 집단상담의 시작과 종결시간을 지키는 것도 중요하다. 집단상담을 연속적으로 실시하는 경우에는 회기마다 소요되는 시간을 집단에 참여한 집단구성원에게 공지하고 종결 예정시간을 미리 알려주는 것이 바람직하다.

집단상담이 이루어지는 장소도 미리 선정한다. 외부로부터 집단상담이 방해받지 않는 곳으로 정하는 것이 중요한데, 집단에 참여한 구성원이 편안하게 느낄 수 있고, 시끄럽지 않은 곳으로 선정하면 무방하다.

2. 작업단계

집단상담의 작업단계는 집단원의 변화와 발달을 집중적으로 다룬다. 작업단계에서는 탐색과정, 참여과정, 해결과정 등이 주로 이루어진다.

1) 탐색과정

집단상담이 출발하면 집단에 참여한 구성원 간 탐색이 이루어진다. 집단원은 집단에서 자신이 어떻게 행동해야 하는지 잘 몰라 자신의 역할과 위치를 파악하려고 노력한다. 생소한 집단구성원원과 마주하여 불안한 심리상태에서 벗어나려고 침묵을 유지하기도 하고, 뒤로 물러나 관망하는 자세를 취하여 집단분위기가 가라앉기도 한다. 이러한 점을 고려하여 집단지도자는 집단분위기를 안정되게 조성하고, 예기 불안을 제거하며, 집단에 참여한 집단구성원 간 신뢰감이 형성될 수 있도록 힘쓴다.

집단상담에 적극 동참하는 참여의식을 고취하고 집단에 참여한 각 개인의 정서적인 문제해결을 위한 활발한 피드백이 일어나도록 안내자 역할을 충실히 수행한다. 집단구성원 간 친밀하고 지지적인 관계가 유지되도록 조력함은 물론, 존중과 배려를 경험하는 집단이 되도록 노력한다. 집단상담을 시작하는 과정에서 집단지도자의 역할은 다음과 같다.

① 집단에 참여한 구성원의 소개
② 예기불안에 대한 집단지도자의 자기노출 시연
③ 집단상담의 구조화
- 집단의 성격과 목적, 상담 절차, 각자의 역할, 지켜야 할 규칙 등 설명

④ 행동목표설정
- 집단 발달에 도움이 되는 목표(예: 경청하기, 공감하기 등)
- 개인이 도움을 받고자 하는 목표(예: 대인관계/의사소통 기술 등)

2) 참여과정

참여과정은 문제해결로 넘어가는 중간과정이다. 시작과정에서 비교적 편안하게 구성원의 소개와 집단의 구조화가 이루어졌다면 다음으로는 문제를 해결하기 위한 활동이 본격적으로 이루어진다. 이제는 집단의 관심과 상호작용의 초점

이 개인에게 옮겨진다. 이 과정에서는 구성원들 간 평가하거나 비난, 충고, 저항, 방어, 침묵하는 등의 모습이 나타날 수 있다. 그러므로 집단지도자는 집단분위기를 안정되게 유지하고, 상호작용이 활발히 나타나도록 촉진하는 노력을 기울여야 한다.

집단구성원들의 느낌과 생각을 서로 부담 없이 공유하고, 어떤 말을 해도 이해와 수용이 가능한 집단이라는 믿음을 주어야 한다. 서로 온정적이고 긍정적이며 수용적인 태도로 대하며, 적극적인 격려와 지지하는 모습이 나타나도록 한다. 집단에 참여한 집단구성원 상호간 신뢰감이 결여되면 집단의 상호작용은 피상적으로 나타난다. 깊이 있는 자기개방의 모습도 나타나지 않는다. 그러므로 집단지도자는 서로 깊이 있는 상호작용을 통해 집단역동이 일어나도록 촉진하는 역할에 집중해야 한다. 참여과정에서 집단지도자의 역할은 다음과 같다.

① 집단에 대한 피동적 행동 처리: 집단 활동의 책임과 역할을 부여
② 개인문제 해결에 대한 서항 처리: 침묵, 충고, 독점, 피상적 행동 제거
③ 반항적인 행동, 힘겨루기, 경쟁 처리: 부정적 감정 표출 억제와 따뜻한 직면
④ 행동변화 촉진: 깊은 상호작용, 우리의식, 집단역동 촉진

3) 해결과정

해결과정은 집단 활동의 중요한 부분을 차지한다. 집단상담의 궁극적인 목적인 행동변화를 촉진하는 단계가 되기 때문이다. 탐색과정과 참여과정에서 상호신뢰감을 형성하고 침묵과 갈등이 해결되었다면 이제는 개인 각자의 문제를 드러내 놓고 피드백을 주고받는다. 각자의 바람직하지 않은 생활패턴을 버리고 보다 생산적인 생활패턴을 학습한다. 이 과정에서는 주로 자기노출과 감정정화, 비효과적인 행동패턴을 취급하고 바람직한 대안행동을 다룬다.

자기노출과 감정정화는 집단에 참여한 어느 한 사람이 자신의 문제를 노출하는 것으로 부터 시작한다. 이때 다른 사람들은 공감과 피드백으로 그 문제와 관련된 여러 감정적인 어려움을 토로한다. 비효율적인 행동패턴의 취급은 적극적

인 조직생활을 회피하는 부적응적인 행동을 탐색하고 이를 다루는 것을 의미한다. 바람직한 대안행동의 취급은 자기의 비효율적인 생활패턴을 인식한 후, 생산적이고 바람직한 대안행동을 선택하는 학습이 이루어진다. 해결과정에서 집단지도자가 해야 할 역할은 다음과 같다.

① 자기노출과 감정의 정화
- 부정감정을 표출할 수 있도록 지도자의 유사경험 노출
- 공감과 지지로 집단에서 이해와 수용 경험을 하도록 촉진

② 역기능적 행동패턴을 탐색하고 이해, 수용하는 작업
- 효과적인 피드백과 맞닥뜨림으로 자신의 비합리적 행동패턴 지각
- 조직생활 행동패턴과 집단 내에서 나타난 행동패턴 연결

③ 바람직한 대안행동 탐색과 선택 및 학습
- 브레인스토밍을 활용한 자유로운 대안 제시
- 학습과제선정 및 학습, 역할놀이, 반복연습으로 대안행동 실천

3. 종결단계

집단상담 목표를 달성하면 상담은 종결한다. 집단상담 종결과정이 제대로 다루어지지 않으면 집단상담에 대한 부정감정을 지닌 채 집단을 떠날 가능성이 커진다. 집단상담 과정에서 학습한 것을 실제 생활에 적용하는 데에도 지장을 초래한다. 따라서 집단상담 종결이 가까워지면 종결에 대한 느낌과 소감을 서로 나누도록 하는 것이 필요하다.

종결단계에서 집단원 각자가 해야 할 역할은 학습한 것을 실제 삶에 어떻게 적용할 것인가 하는 과제를 준비하는 일이다. 조직생활에서 일어난 대인관계의 문제이건 아니면 개인의 정서적 문제이건 아직 해결하지 못한 것이 있다면 이를 해결하고 마무리한다. 집단이 자신에게 미친 영향을 평가하고 자기가 원하는 행동변화를 위해 어떻게 할 것인지에 대한 구체적인 계획을 세운다. 이러한 시간

을 통해 보다 현실적으로 자기 자신을 더 이해하고, 자신의 감정을 더 지각하는 능력도 커지게 된다.

스스로 학습한 결과를 정리하고 이를 실천하겠다는 의지와 희망을 담은 이야기를 허심탄회하게 나누는 시간을 갖는다. 자신을 깊이 이해할 수 있었던 것처럼 집단구성원 각자를 보다 깊이 이해하고 수용할 수 있었던 경험과 변화에 대한 다짐도 서로 나눈다. 집단상담을 통해 배우고 경험한 것을 삶에 적용하겠다는 굳은 의지와 결의를 다진 후 작별인사를 나누고 헤어진다.

제3절 집단참여자의 역할

집단지도자는 집단상담이 생산적이고 성공적으로 이루어지도록 핵심적인 역할을 하는 자다. 집단지도자는 집단에 참여한 자와 위계의 상하관계에 있는 것이 아니라 동등한 인간의 수평적 관계에 있다. 집단구성원을 이해하고 공감하며, 적극적인 경청과 피드백을 통해 정서적 체험을 조력하는 진실한 한 인간이다.

집단에 참여한 구성원의 심리적 고통과 부적응의 문제를 해결하기 위해 온 역량을 집중하며, 집단상담과정을 생산성 있게 중재하여 상담목표 달성에 심혈을 기울이는 사람이다. 집단의 목적과 집단의 형태, 적용하는 이론에 따라 지도자의 역할이 일부 달라질 수는 있으나 기본적인 역할은 동일하다. 지도자에게서 나타나는 문제행동은 대체로 다음과 같은 것들이 존재한다.

1. 지도자의 문제행동

1) 지나친 개입

집단지도자가 흔히 범하기 쉬운 문제행동은 집단과정에 너무 과도하게 개입한다는 점이다. 집단에 참여한 사람들의 대화에 일일이 반응해야 집단역동이 일어날 것이라고 착각해서 나타나는 행동이다. 집단역동은 집단구성원 간 상호작용에서 발현되는 것이지 집단지도자가 일일이 반응한다고 해서 나타나는 것이 아니다. 오히려 집단지도자의 지나친 개입은 집단역동의 흐름을 막고 저해한다.

어느 특정한 한 집단원이 말을 할 때 계속해서 그에게 반응을 보이는 행동은 지양하고, 어느 한 사람과 계속적으로 대화를 주고받거나 지속적인 반응을 보이는 것도 피해야 한다. 집단지도자는 한 개인의 행동에 일일이 반응하기보다는 집단에 참여한 다른 구성원의 반응이 나타날 때까지 기다린 후, 적절한 시기에 반응하는 것이 바람직하다.

2) 방어적 태도

집단지도자가 범하기 쉬운 또 다른 문제행동은 방어적 태도다. 집단과정에서 집단원의 비판적인 태도와 평가, 부정반응이 나타나면 집단지도자는 방어적 태도를 취하기 쉽다. 예를 들어, 구조화된 집단상담을 할 경우에는 자율성을 구속한다고 불평하며 지도자의 지시에 저항하며, 비구조화의 방식을 운영하는 경우에는 집단의 방향을 제시해 주지 않아 복잡하고 혼란하다며 불평하고 상담활동에 소극적일 수 있다.

이러한 경우에 집단지도자는 방어적 태도를 취해서는 바람직하지 않다. 비판적인 태도나 부정적인 반응을 보이는 사람을 오히려 따뜻하게 대할 수 있어야 한다. 집단구성원이 부정적인 저항의 태도를 보인다 하더라도 집단지도자는 이를 수용할 수 있어야 한다. 만약 집단지도자가 한 구성원의 반응을 과민하게 받아들여 방어적 태도를 취한다면 집단에 참여한 구성원 역시 방어적인 태도를 취하여 상담역동을 방해할 수 있다.

3) 폐쇄적 태도

폐쇄적 태도란 집단상담과정에서 개인의 사적 내용의 노출을 최소화하는 것을 말한다. 집단지도자의 폐쇄적인 태도와 낮은 자기개방의 수준은 집단의 상호작용에 부정적인 영향을 준다. 의사소통을 방해하고 집단역동의 흐름을 막아 집단목표 달성을 어렵게 한다. 폐쇄적인 태도를 집단지도자가 갖는 이유는 자신의 이미지가 손상되지 않고 불편한 상황에 놓이는 것을 원치 않기 때문이다. 집단지도자는 이러한 폐쇄적인 태도를 집단구성원에게 보일 것이 아니라 적절한 자기개방의 모습을 통해 집단역동을 촉진할 수 있어야 한다.

4) 과도한 자기개방

집단지도자가 범하기 쉬운 또 다른 문제행동은 과도한 자기개방을 하는 모습이다. 자기개방을 지나치게 많이 하는 집단지도자는 자기개방을 많이 할수록 상담과정에 긍정적인 영향을 준다는 왜곡된 신념을 갖고 있는 경향이 있다. 이러한 지도자는 자신의 세세한 일상을 털어놓는 데 많은 시간을 할애하며, 심지어 자기노출이 불필요한 내용까지도 개방함으로서 집단이 나아가야 할 방향을 혼란스럽게 만드는 데 일조한다.

과도한 자기개방은 집단지도자가 지도자로서의 역할과 태도를 보여주는 것이 아니라, 집단원의 한 일원으로 착각해서 나타나는 현상이다. 집단지도자와 집단원의 역할을 제대로 인식하지 못하기 때문이다. 따라서 집단지도자는 자신의 역할과 태도를 집단구성원과 엄격히 구분하여 상담과정을 잘 안내하고, 집단이 나아가야 할 방향을 잘 유지할 수 있어야 한다.

2. 지도자의 바람직한 역할

집단상담 과정에서 집단지도자가 해야 할 역할은 다양하다. 집단에 참여한 사람들이 편안하고 자유롭게 자기개방을 하도록 조력할 뿐만 아니라, 집단구성원의 긍정적인 측면에 관심을 지향하고 이들의 심리적 특성을 잘 이해하며, 이를 바탕으로 자발성이 발현되도록 노력하는 사람이다. 집단지도자가 지녀야 할 바람직한 태도는 다음과 같다.

1) 집단분위기 조성자

집단지도자는 집단분위기를 조성하는 전문가다. 집단분위기를 조성한다는 것은 집단원의 불안과 갈등을 허심탄회하게 털어놓을 수 있는 허용되고 안정된 환경을 만들어 심리적 안정감과 따뜻함을 느끼도록 한다는 의미다. 집단상담이 성공적으로 이루어지기 위해서는 우선 집단분위기가 따뜻하고 안정감 있게 조성되어야 한다. 집단에 참여한 구성원 상호간 인간적인 모습으로 대하고, 타인의 생각과 의견을 존중하는 자세는 따뜻한 상담분위기로부터 출발한다.

특히, 군·경찰·소방조직에 일하는 구성원은 위계문화의 특성으로 마음속에 있는 이야기를 꺼내기가 결코 쉽지 않다. 따라서 집단지도자는 따뜻하고 허용적인 집단분위기를 조성하여 집단구성원의 폐쇄적인 모습이 나타나지 않도록 힘써야 한다.

2) 집단원 보호자

어느 집단상담과정은 평소 경직된 조직 환경의 영향으로 다소 공격적인 태도와 침묵이 유지되는 경우도 있다. 잡단 활동에는 참여하지만 집단의 압력이 느껴지면 자신을 개방하는 것이 부담되어 침묵을 유지한다. 이러한 영향으로 집단분위기는 일순간 무겁게 내려앉고 형식적인 상호작용이 나타난다.

따라서 집단지도자는 집단에 참여한 사람들을 심신의 위협으로부터 보호할 수 있어야 한다. 집단상담과정에서 인간적이지 못한 언행과 인간존중의 태도가 결여된 어떠한 형태도 나타나지 않도록 하며, 다른 집단구성원으로부터 부당한 압력이나 위협을 받지 않도록 보호자 역할에 충실해야 한다.

3) 집단방향 안내자

집단상담의 준비단계에서 오리엔테이션을 통해 상담목적과 집단상담절차, 내용과 방법 등을 설명할 기회를 갖는 것은 매우 중요하다. 집단상담의 초기에는 상담목표 달성을 위해 집단이 나아가야 할 방향을 안내한다. 집단의 방향이 잘 유지되도록 적절한 시범을 보여 그것이 집단규준으로 활용되도록 한다.

만약, 집단규준을 벗어나는 행동을 보이는 구성원에게는 그릇된 행동을 분명히 개선하여 집단이 나아가고자 하는 방향이 견고하게 유지되도록 한다. 집단방향을 잘못 설정하거나 바람직하지 않은 방향으로 집단 활동이 이루어지면 원활한 의사소통이나 상호작용이 형식적으로 흘러 목표달성이 어려워진다.

4) 집단활동 촉진자

집단상담에서 중요한 조건은 바람직한 의사소통체제를 확립하는 것이다. 집단지도자는 의사소통에 걸림돌이 되는 요인을 사전에 제거하여 원활한 상호작용이 이루어지도록 조력할 수 있어야 한다. 집단에 참여한 구성원 상호간 지지와 격려, 따뜻한 피드백을 통해 신뢰감을 형성하고, 비언어적 메시지를 표면화시켜 자기각성과 이해를 도모하는 등 상호작용을 촉진한다. 뿐만 아니라 집단에서 일어나는 역동을 빨리 감지하여 이를 생산적인 방향으로 나아가도록 다음과 같은 역할에 충실해야 한다.

- 집단구성원을 있는 그대로 인정하고 수용한다.
- 집단구성원의 생각을 그릇된 것으로 보는 확증편향의 시각을 갖지 않는다.
- 집단구성원의 실수, 과오를 꾸짖거나 추궁하지 않고 반응 자체를 존중한다.
- 집단구성원을 이끈다는 생각을 하지 않으며 자기방식만을 고집하지 않는다.
- 집단구성원 간 서로 격의 없이 대화할 수 있도록 신뢰감을 조성한다.
- 집단구성원을 부드럽게 대하며 안정된 상담분위기 조성에 힘쓴다.
- 개인의 종교적 성향과 가치관을 표출하지 않는다.

5) 문제해결 조력자

집단상담은 지금-여기에 현존하는 모든 것을 그대로 이해하는 학습과정이다. 과거의 문제를 다룬다거나 지금의 상황이 아닌 문제를 다루는 것은 적절치 않다. 각자의 삶에서 겪는 정서적인 문제나 쟁점을 집단상담의 장소로 가져와 해결해야 한다. 너와 나의 느낌, 너와 나의 생각, 너와 나의 행동을 집단구성원 상호간 관찰하고 진솔한 피드백을 통해 개인의 문제를 해결할 수 있어야 한다.

상담수련이 부족한 집단지도자가 집단과정을 진행하면 틀에 박힌 프로그램을 적용하여 집단원의 참여의식이 낮게 나타나는 경우가 있다. 이러한 모습은 집단에 참여한 구성원의 상호작용을 저해하고 집단역동을 가로막아 문제해결을 어렵게 만든다. 따라서 집단지도자는 집단 활동이 수동적이고 타의적이며 획일적으로 이루어지지 않게 하고 자발적이고 능동적인 과정이 되도록 조력할 수 있어야 한다.

이 외에도 집단지도자는 집단원의 저항을 최소화 할 수 있어야 한다. 저항에 대하여 불필요하게 언급하거나 추궁하지 말고 저항 자체를 존중하여 집단역동에 지장을 주지 않도록 한다. 집단에 참여한 사람을 평가하는 태도를 취하지 않을 뿐만 아니라 정의적인 영역의 문제는 정답과 오답이 없다는 사실을 인식하고 훈계하거나 지시하는 태도를 보이지 않도록 주의한다. 대인관계의 문제나 정서적인 문제로 집단과정에 적극적으로 동참하지 않고 자기 차례를 통과시키거나 침묵하는 집단원이 보이더라도 끈기와 기다림으로 수용할 수 있어야 한다.

3. 집단원의 문제행동

집단상담 과정에서는 상호작용을 방해하고 집단 활동을 회피하며, 개인의 욕구충족을 위한 바람직하지 않은 모습이 나타나기도 한다. 집단 활동에 적극 참여하지 않는다거나 집단원 공격하기, 충고하기, 자기 방어하기 등의 모습이 나타나기도 한다. 집단지도자는 상담에 방해되는 이러한 행동을 적절히 지도하고 조력해야 상담목표를 달성할 수 있다. 집단에 참여한 집단구성원에게서 나타나는 문제행동을 살펴보자.

1) 역동성 저해행동

(1) 독점

독점은 주위로부터 자신이 초점이 되고 싶은 욕구를 가진 사람에게서 주로 나타나는 행동이다. 집단지도자나 집단구성원들의 관심을 자신에게 돌리려고 지나치게 말을 많이 하는 특징이 있다. 자신의 불안을 은폐하고 자신이 가진 문제에 집단원이나 집단지도자의 접근을 멀리하기 위한 수단으로 이용되기도 하며, 자신의 목적을 이루기 위해 집단을 지배하고 조정하려는 의도에서 하는 행동이다.

이를 해결하기 위해서는 집단에 참여한 사람들로 하여금 자신이 독점자로부터 피해를 받고 있다는 사실을 깨닫도록 하는 것이다. 독점자가 집단상담 과정에서 지나치게 말을 많이 하여 상담시간을 독점하면 상대적으로 개인의 집단참여시간이 부족하고 의견을 개진할 기회가 줄어들어 손해라는 점을 일깨워준다.

(2) 충고

충고는 충고하는 사람의 주관적인 느낌이나 가치관이 개입되는 행동이라서 충고 받는 사람에게 그다지 도움이 되지 않는 단점이 있다. 문제는 자신의 의견을 집단원과 함께 나누는 것이 아니라 지적하고 지시하는 것처럼 들리도록 말해 불편한 감정을 느끼게 한다는 점이다. 충고를 싫어하는 사람의 경우에는 '내가 이런 대우를 받으려고 집단상담에 참여했나!'라는 생각이 들며 자괴감을 가질 수 있다.

그러므로 집단지도자는 집단원의 이러한 충고가 자기 자신의 충족되지 못한 욕구를 무의식중에 충족시키려는 행동임을 인식하도록 할 필요가 있다. 자신의 우월성을 나타내려고 할 때나 특정 집단원에 대한 적개심을 은폐하기 위해 나타나는 행동임을 스스로 알도록 직면할 수 있어야 한다.

(3) 상처봉합

상처봉합은 진정한 의미의 돌봄과 관심, 공감과 상반되는 말이다. 다른 집단원의 상처를 어루만지고 고통을 덜어주는 의도에서 나타나는 행동으로 타인을 기분 좋게 하고 성급하게 도움을 주려는 데서 발생한다. 충분한 여유를 가지고 아픔과 상처를 체험하고 느낌을 표출하는 것은 개인의 성장과 발달에 큰 도움이 된다. 하지만 성급하게 상처를 봉합하면 집단원의 성장 기회가 상실되는 역효과가 발생할 수 있다. 그렇기 때문에 집단지도자는 의사소통과 상호작용의 과정을 잘 감지하여 섣불리 상처를 봉합하는 행위가 나타나지 않도록 힘써야 한다.

2) 집단과정 회피행동

(1) 소극적 참여

어떤 집단원은 시종일관 집단 활동에 참여하지 않고 침묵을 유지하거나 움츠린 상태로 있기도 한다. 이러한 집단원은 스스로 보고 듣는 것만으로도 많은 것을 배우고 있다고 주장하기도 하지만 집단구성원의 침묵이 지속되고 습관화되면 전체 집단의 문제로 이어진다(Corey & Corey, 1992). 집단상담에 적극적으로 참여하지 않는 주된 이유는 다음과 같다.

- 집단을 신뢰하지 못할 때
- 여러 무의식적인 자기방어가 있을 때
- 위계적이고 경직된 상담분위기를 느낄 때
- 잘못 개입하였다가 헛된 트집이나 잡히지 않을까 염려할 때
- 집단상담과정에서 자신의 부끄러움이 탄로 날까봐 두려울 때
- 과거 집단과정에서 거부당하였거나 공격당한 경험이 있을 때

(2) 자기 방어

집단 내 긴장감이 유지되고 폐쇄적인 분위기가 지배하면 자기방어가 나타난다. 집단상담과정에서 나타나는 자기방어는 자기 자신에 대한 신뢰감이 낮고 집단에 대한 신뢰감도 낮은 사람에게서 주로 나타난다. 이러한 집단원은 자신의 의견 피력을 매우 조심스러워하고 다른 사람의 견해를 간접적으로 전달하는 입장을 취한다. 이러한 점을 고려할 때 집단지도자는 집단분위기가 긴장되지 않고 집단 활동이 개방적으로 이루어지도록 조력하여 자기방어 하는 집단원이 나타나지 않도록 주의해야 한다.

(3) 침묵

인간은 일반적으로 현재의 상황을 잘 파악하지 못할 때 침묵을 하는 경향이 있다. 집단상담과정에서는 위계적인 상황이나 저항 등의 이유로 침묵을 한다. 침묵은 결코 부정적이고 나쁜 뜻을 가진 것만은 아니다. 침묵하는 집단원이 보인다고 해서 조급하게 개입하기 보다는 스스로 침묵을 종료할 때까지 조용히 기다려 주는 것이 좋다. 집단에 참여한 개개인이 자신의 의견을 자유롭게 개진할

수 있도록 집단분위기를 좀 더 수용적이고 따뜻하게 조성할 필요가 있다.

(4) 습관적 불평

불평은 집단과 집단에 참여한 사람들에 대해 불만을 늘어놓는 것을 말한다. 이러한 불평은 주로 집단상담 초기에 나타나는 경향이 있는데, 주로 비자발적으로 참여한 사람들이 보이는 행동이다. 불평은 집단분위기를 저해하고 집단 활동의 흐름을 방해하고 집단응집력에까지 부정적인 영향을 끼친다. 따라서 습관적으로 불평하는 사람원이 나타나면 집단지도자는 그 원인을 파악한 후 불평하는 사람과 별도의 만남시간을 통해 집단과정에 도움이 되어 줄 것을 강력히 요구해야 한다.

3) 상호작용 저해행동

(1) 공격

공격행동은 집단상담에 참여한 사람들로부터 관심과 인정을 받고 싶은데 오히려 실망하거나 상처받을 때 주로 나타난다. 공격은 집단원의 의견을 신랄하게 비판 한다던가 혹은 말을 비꼬는 등 여러 모습으로 다양하게 나타난다. 지나친 농담을 하는가 하면 질문한 것을 무시하고 뭉개기도 하는 등 집단원의 상호작용을 의도적으로 저해하는데 영향을 준다. 공격하기가 적대적 감정의 간접적인 형태로 나타날 때는 다루기가 무척 곤란한데 이러한 경우에는 매우 강한 직면과 따뜻한 관심기울이기의 두 가지 방법을 동시에 활용할 수 있어야 효과가 있다.

(2) 우월

집단과정에서 어떤 사람은 자신을 다른 집단원보다 우월하게 생각하거나 혹은 많은 것을 아는 사람으로 자처하는 교만한 행동을 한다. 자신은 아무 문제가 없고 무엇이든지 잘 한다는 태도로 다른 집단원들에게 우쭐대는 행동을 하는데 이러한 행동은 집단역동을 저해한다.

집단지도자는 우월행동이 나타나면 그에 맞는 적절한 시연을 보이는 것이 바람직하다. 교만한 언어와 좋지 못한 몸짓을 보이는 행동보다는 겸손하고 예의바른 언어 사용과 바른 행동을 하도록 그와 관련된 태도를 직접 집단지도자가 시연을 보인다. 그 다음엔 시연을 본 집단원이 집단지도자가 보인 시범을 따라하도록 한다.

(3) 적대

적대행동은 내면에 누적된 부정적인 감정을 여러 방식으로 표출하는 것을 말한다. 이러한 적대하기는 집단에 참여한 집단원에게 동일한 적대적 태도와 감정을 불러일으키고, 자기개방을 어렵게 한다는 특징을 지니고 있다. 대처 방법으로는 우선 적대적 태도를 보이는 집단원이 원하는 바를 직접 표현하도록 한 다음, 적대적 행동을 한 집단원을 대상으로 여러 사람이 동시에 피드백을 제공하도록 하는 것이다. 이러한 과정이 반복해서 이루어지면 적대행동은 우호적인 행동으로 변하게 된다.

3. 집단원의 바람직한 태도

집단상담이 성공하려면 집단에 참여한 사람들 상호간 좋은 인간관계를 유지하는 것이 중요하다. 집단상담에 참여한 사람이 갖추어야 할 바람직한 태도는 집단 활동에 충실히 참여하고, 집단에 참여한 동료 집단원의 얘기를 집중해서 듣는 것이다. 집단에 참여한 동료 집단원이 하는 말을 트집 잡거나 공격하지 않으며, 평가하거나 지시, 충고하지도 않는다.

집단상담과정에서 집단원이 해야 할 역할은 학자마다 주장하는 바가 조금씩 다르다. 일반적으로 집단의 과업성취를 위한 역할과 집단의 유지 및 발전을 위한 역할로 구분하여 설명한다. 집단에 참여한 사람들에게서 부적절한 행동이 나타나지 않도록 차단하기 위해서는 집단지도자가 직접 시연을 보이는 것이 무엇보다 중요하다. 집단상담에 참여한 집단구성원의 주요 역할은 다음과 같다.

- 제안하기: 자신의 의견에 대한 실증적인 사례나 근거를 설명함
- 도와주기: 자리를 정돈하고 음료를 제공하는 등의 일을 함
- 존중하기: 집단원간 서로 따뜻하고 온화한 태도로 예의바르게 대함
- 화해하기: 의견 차이가 있을 때 이를 역지사지하여 이해하고 수용함
- 격려하기: 다른 사람의 의견에 동의하거나 공감적인 태도로 대함
- 들어주기: 다른 집단원이 의견을 개진할 때 경청하는 자세를 보임
- 약속지키기: 집단 활동을 위해 만든 서약과 규칙, 질서 등을 지킴

제4절 집단상담의 기술

1. 기본기술

집단상담은 상담이 이루어지는 과정 내내 지속적으로 집단지도자와 집단원간 신뢰감 형성이 필요하다. 집단에 참여한 사람들이 안정감을 갖고 따뜻함과 편안함을 느낄 수 있도록 집단분위기를 조성하는 것도 중요하다. 특히, 집단원의 상호작용과 집단역동이 왕성하게 발현될 수 있도록 지도자의 온 역량과 기술이 활용되어야 한다.

이를 위해서는 먼저, 감정을 다루는 능력이 필요하다. 이는 집단원의 자기감정을 이해하고 수용할 뿐만 아니라, 집단원의 내적 감정을 표현하고 반응하도록 조력하는 기술이기 때문이다. 현실을 적용하는 능력도 필요하다. 인간은 스스로 자신의 문제를 해결할 수 있다는 가능성을 전제로 한다. 정서적인 어려움과 부적응 행동을 현실의 관점에서 이해함은 물론, 이에 대한 책임을 본인 스스로 깨달아야 되기 때문이다.

집단을 지도하는 능력도 필요하다. 이는 집단원이 겪는 현재의 심리적인 어려움이나 대인관계의 갈등을 새로운 관점에서 이해하고, 현재의 경험이 미래의 능

력으로 축적되게 하는 기술이 되기 때문이다. 이 외에도 집단상담은 다음과 같은 기술이 필요하다.

1) 관심기울이기

관심기울이기는 집단에 참여한 자에게 관심을 갖고 그가 말하는 메시지를 집중하는 자세를 의미한다. 사람은 누구나 자신에게 관심과 주의를 기울일 때 이야기할 마음이 생긴다. 그렇지 못한 경우에는 거부당하고 무시 받는 느낌이 들어 하고 싶은 말도 하지 않고 입을 꾹 다물어 버리게 된다.

집단상담과정에서 필요한 집단원에 대한 관심은 이들이 서로 활발한 상호작용을 하도록 촉진한다. 그 방법은 집단원이 말할 때 부드러운 시선으로 바라보고 간단한 말이나 동작으로 반응을 보이는 것까지 다양하다. "고개 끄덕이기, 으음, 그래요" 등으로 반응을 보이거나 몸짓과 표정을 통해 관심을 기울이는 모습을 보여준다. "나는 당신의 이야기에 집중하고 있어요. 나는 당신이 하는 말의 의미를 이해하려고 노력하고 있습니다."라는 메시지를 전달하는 것이 곧 관심기울이기다.

2) 지지하기

인간은 인정과 지지를 받고자 하는 욕구가 있다. 지지는 집단분위기를 따뜻하고 안전하게 느끼도록 영향을 미치며, 상호작용이 활발하게 이루어지도록 기여한다. 집단지도자는 이러한 인정욕구를 잘 인식하여 집단에 참여한 사람들에게 적극적인 지지와 격려를 아끼지 말아야 한다.

인정과 지지는 적절한 시기에 이루어져야 효과를 발휘할 수 있다. 때와 장소를 가리지 않고 무분별하게 아무 때나 지지하면 효과가 감소한다. 집단에 참여한 대상이 불안감을 느껴 말하기를 주저한다거나 자신의 행동에 자신감이 없을 때, 저항이나 방어적인 태도가 나타날 때 지지하는 것이 바람직하다. 집단구성원 상호간 의견의 불일치나 갈등이 잠재되어 서로 머뭇거리거나 말하지 못할 때에도 격려와 지지가 필요하다.

3) 경청하기

경청은 집단에 참여한 사람의 언어적·비언어적 메시지에 깊은 관심을 기울이는 것을 말하는데, 이는 집단상담과정에서 자기개방이 잘 이루어지도록 촉진한다. 만일 자신의 말이 경청되지 않는다고 느끼면 집단원은 마음의 문을 닫고 자신의 깊은 문제를 꺼내지 않는다(Corey, 2012).

경청하지 않는다는 것은 말하는 사람에게 주의를 기울이지 않고 자신의 말만을 생각한다거나 혹은 갑자기 엉뚱하고 애매모호한 질문을 하는 모습에서 알 수 있다. 경청은 자신이 듣고 싶은 사람의 말만 선택적으로 듣는 것이 아니라 모든 구성원의 말과 행동에 관심과 주의를 기울이는 것이다.

집단구성원 중에는 안타깝게도 경청하는 방법을 잘 몰라 집단원이 하는 말을 잘 듣지 못하는 경우가 있다. 이러한 상황이 지속되면 복잡하고 혼란한 형태의 의사소통이 이루어져 오해와 갈등이 발생되기도 한다. 이 같은 문제를 해결하기 위해서는 집단상담을 시작하기 전 별도의 시간을 마련하여 집단구성원의 역할과 경청하는 방법 등을 학습하는 것이 필요하다.

4) 공감하기

공감은 상대가 느끼고 지각하는 주관적인 경험을 있는 그대로 이해하고 체험하는 능력을 말한다. 공감은 주입식으로 이루어지면 하나의 수단으로 전락하여 참신성을 잃을 수가 있으며 자기방어를 위한 목적으로 악용될 수도 있다. 바람직한 공감반응을 하기 위해서는 먼저 집단지도자가 시연을 보인 후, 이를 본 사람들이 몸으로 느껴 자연스럽게 공감하도록 하는 것이 중요하다.

교육하고 가르쳐서 이루어지는 공감보다 스스로 깨우쳐서 제공하는 공감이 진정성을 느낄 수 있기 때문이다. 집단에 참여한 사람들이 이러한 공감을 받으면 자신을 이해하고 존중받고 있다고 믿게 된다. 자신의 문제와 정서적 어려움도 잘 드러내게 되며 집단구성원 상호 간 신뢰관계 형성에도 긍정적인 영향을 미친다.

5) 존중하기

군·경찰·소방조직과 같이 국민의 안위를 위해 존재하는 집단은 대부분 명령과 복종의 체계로 운영된다. 이러한 위계적인 조직문화와 경직된 조직분위기에서는 각 개인이 존중받고 있다는 느낌을 받으며 생활하기가 매우 어렵다. 존중은 한 인간 개체가 개성이 있는 특별한 존재로서 인정과 수용이 되는 것을 의미한다. 상대방이 나와 다를 수 있다는 권리를 인정받는 것이며, 솔직하고 정직하게 상대의 모습을 바라보는 것이다.

집단상담과정에서 구성원들이 존중받는 느낌을 받으면 집단활동이 보다 개방적으로 이루어지고 활발한 상호작용이 나타난다. 자신의 고통스러운 부정정서로부터 해방되도록 노력하며, 더 나아가 자기 자신을 이해하고 수용할 뿐만 아니라 타인을 존중하는 마음으로까지 확장한다.

6) 반영하기

반영은 경청을 통해 파악한 말의 핵심과 본질을 적절한 말과 행동으로 다시 되돌려 줌으로써 상호작용을 촉진하는 기술이다. 이것은 집단에 참여한 사람들로 하여금 자기가 이해 받고 있다는 것을 인식하는 효과를 가져 온다. 그러나 집단원이 한말을 그대로 다시 반복하는 식으로 반영을 하면 가식을 느끼기 쉬우며, 자신이 한 말이 잘못되지는 않았나 하고 생각할 수도 있다. 따라서 반영은 말의 본질을 살려 진술해 주거나 바라는 기대가 무엇인지를 말해주는 것이 더 큰 의미를 갖는다.

사람의 감정은 흔히 깊은 바다에 비유하기도 한다. 바다는 겉으로 보이는 수면이 있고 눈으로 볼 수 없는 깊은 심해도 있다. 반영은 수면 위의 잔물결과 같은 감정만 보는 것이 아니라, 바다 속 깊은 심해에 있는 감정을 보고 이를 참신한 말이나 메타포(metaphor)로 되돌려 주는 능력이다.

2. 촉진기술

1) 노출하기

집단지도자는 적절한 때에 자기 자신에 대한 정보를 개방할 줄 알아야 한다. 집단지도자의 자기노출은 집단에 참여한 자들이 보다 철저하고 깊이 있게 자기를 탐색하도록 영향을 준다. 집단지도자가 자신의 생각과 경험, 느낌을 솔직하게 노출하면 집단원은 지도자를 따뜻하고 진실한 한 인간으로 보고 친밀감을 느낀다. 그리고 이를 본 받아 자신도 깊이 있는 탐색을 시도하게 된다. 이러한 자기노출은 집단원의 경험과 느낌이 주요 주제가 되도록 하는 것이 보다 효과적이다.

2) 피드백주기

집단상담은 집단에 참여한 동료들이 자신을 어떻게 보고 또 어떻게 느끼고 있는지에 대한 학습기회를 제공한다. 이러한 학습은 피드백을 통해서 얻을 수가 있는데 피드백은 타인의 행동에 대해 자신의 반응을 솔직히 이야기하는 것을 의미한다. 집단지도자가 피드백을 잘 하면 집단에 참여한 사람의 특정 행동변화에 큰 도움을 준다.

피드백은 관찰한 행동에 대해 구체적으로 하는 것이 효과적이다. 되도록 특정 행동이 일어난 직후에 하고 피드백을 받아들일 마음의 준비가 되어 있을 때 한다. 피드백이 이루어질 때 주의할 사항은 충고와 조언의 형태로 하는 것은 바람직하지 않다. 내 생각과 느낌을 말하는 것에 그쳐서도 적절하지 않으며, 실제 삶과 관련한 변화 가능한 행동에 대해서 구체적으로 하는 것이 바람직하다.

3) 명료화하기

명료화는 개인이 한 말의 범주 안에서 그 말 속에 내포된 뜻을 요약 정리해 다시 전달해 주는 것을 의미한다. 집단원의 말이나 감정, 생각 속에 내포된 의미를 보다 분명하고 명확하게 말해주는 것이다. 미처 알지 못하는 의미나 관계 또는 애매하고 혼란스럽게 여기는 내용을 정리해 준다는 점에서 명료화는 자신이 이해받고 있다는 느낌을 받도록 한다. 또한 자신이 미처 생각하지 못했던 측면을 다시 생각해 볼 수 있게 하는 반성적 효과를 가져와 자기 성장과 발전에 도움을 준다.

4) 직면하기

직면은 적극적인 상담개입의 한 방법이다. 언어적 메시지와 비언어적 메시지가 일치하지 않을 때 혹은 말과 행동이 일치하지 않을 때 주로 한다. 말과 정서가 일치하지 않을 때에도 이를 직접적으로 지적하여 자기각성에 이르게 하는 데 사용한다. 이러한 직면은 집단에 참여한 사람의 변화와 성장을 촉진시키는 반면, 심리적 위협과 상처를 안겨줄 수 있어 주의가 요구되는 기술이다.

직면을 사용할 때는 그것을 받아들일 준비가 되어 있는지를 점검하고 하는 것이 바람직하다. 집단에 참여한 집단구성원 전체를 규정지어 직면하는 것은 결코 바람직하지 않다. 취급해야 할 특정 행동에 대해서만 구체적으로 직면을 하되 자신의 느낌을 솔직하고 따뜻하게 표현하는 것이 중요하다.

5) 질문하기

질문은 집단에 참여한 자에게 자신의 감정을 구체적이고 솔직하게 표현하도록 이끌고, 감정의 근원을 밝히는데 도움이 되는 기술이다. 이 기술은 사건이나 경험을 지금-여기에 초점을 맞춘다는데 특징이 있다. 질문할 때는 '왜'라고 묻는 것보다 '어떻게'라고 묻는 것이 효과적이다. 개방적 질문의 예를 제시하면 다음과 같다.

- "왕자님은 지금 집단에 참여하고 계신데 어떠한 느낌이신지요?"
- "사랑님은 지난번 발생한 ○○사건에 대해 어떻게 느끼셨는지요?"
- "겸손님은 지금 피드백을 받은 것에 어떤 느낌이 드시는지요?"
- "경청님은 방금 옆 동료가 말한 것에 대해 어떻게 느끼셨습니까?"
- "공감님은 조금 전 얼굴을 찡그리는 것 같았는데 무엇 때문에 그러셨는지요?"

6) 해석하기

해석은 자신의 행동과 내면세계를 다른 각도에서 탐색하도록 돕는 기술이다. 이 기술은 집단지도자가 직접 하는 것도 좋지만 가능하면 집단에 참여한 사람끼리 서로 하는 것이 더 효과적이다. 해석은 통찰을 촉진하고 감정을 경험하며 문제의 원인이 자신에게 있음을 인식하는데 기여한다. 자신의 문제를 새로운 관점에서 바라보도록 하고, 생활경험과 행동의 의미를 새롭게 인식하는 데에도 도움을 준다.

이러한 해석은 집단에 참여한 사람의 사고, 감정, 행동에 숨겨진 문제나 패턴을 말함으로써 자신의 문제를 다른 관점에서 조망하고 통찰할 수 있어 새로운 내적 참조의 틀을 형성하는 데에도 기여한다.

예를 들어, "왕자님은 우리 중 누군가가 힘든 조직생활을 이야기할 때마다 눈을 지그시 감는 모습이 보이던데 혹시 자신의 고통스런 경험이 생각나셔서 그런 것은 아닌지요?", "사랑님은 이혼 이야기가 나올 때 유독 힘들어하시는 것 같은데 혹시 가족과 관련된 아픈 경험이 있어서 그런 것은 아닌지요?"라고 질문하여 다른 각도에 자신을 돌아보도록 한다.

7) 제지하기

지도자는 집단원의 바람직하지 않은 행동을 보면 이를 분명하게 제지할 수 있어야 한다. 집단원의 행동을 제지해야 하는 경우는 주로 개인중심의 행동에서 나온 것들이 대부분이다. 제지할 때는 그 사람의 인격 자체를 비난하거나 평가하는 말을 하는 것은 바람직하지 않다. 부적절한 행동만을 제지하는데 초점을 두어야 한다.

예를 들어, 집단원을 지나치게 비난하거나 험담하고 집단원이 하는 말에 무분별하게 개입하여 집단역동을 방해하거나 집단분위기를 흐리는 경우이다. 만약, 집단에 참여한 사람의 단점과 아픈 상처를 캐내려고 하는 경우에는 개인의 사적 영역을 침범하는 행위임을 지적하여 제지해야 한다. 또한 장황하게 말을 길게 하거나 피드백을 독점하면 다른 사람이 말할 권리를 침해하는 행위임을 지적하여 이를 제지해야 한다.

3. 종결기술

집단상담의 종결단계에서는 후속계획과 방법을 주로 논의한다. 집단상담을 종결한 후 개인상담을 할 수 있는 방법과 절차 등도 알려준다. 그동안 집단 활동 과정에서 학습한 내용을 실제 삶에 어떻게 활용할 것인가 하는 실용적인 방법을 찾는데 역점을 둔다.

1) 뒤돌아보기

뒤돌아보기는 집단상담을 종결하기 전 집단에 참여한 사람들로 하여금 그동안 경험하고 느낀 점을 뒤돌아보는 시간을 갖는 것이다. 집단상담을 통해 깨달은 바가 무엇이고, 어떤 교훈을 얻게 되었는지 돌아보며 자신을 승화시키는 기술이다.

자신이 경험한 상담과정의 주요 순간을 돌아보는 방법은 여러 가지 방법이 있다. 지나온 상담과정을 조용히 떠올리며 정리하도록 조력할 수 있고, 집단상담과정에서 깨달았던 점과 좋았던 점 등을 질문하고, 이를 삶 속에서 어떻게 실천하고 확장시켜 나갈 것인지 논의하는 방법 등을 주로 다룬다.

2) 두려움 다루기

집단구성원 중에는 집단상담이 끝난다는 사실을 아는 순간부터 집단 활동에 소극적으로 임하는 사람이 있다. 이러한 행동은 자신을 존중하고 관심과 지지를 보낸 사람들과 관계가 곧 단절된다는 안타까움과 아쉬움을 느끼기 때문이다. 집단상담과정에서 배운 것을 실제 삶 속에서 잘 실천할 수 있을지에 대한 두려움을 가지는 사람도 있다. 집단지도자는 이러한 두려운 감정이 잘못된 것이 아니라 자연스럽게 형성된 감정임을 설명하여 불안과 두려움을 해소해야 한다. 또한 집단에 참여한 사람들의 헤어짐에 대한 아쉬운 감정과 불안도 동시에 처리되도록 조력해야 한다.

3) 미해결과제 다루기

집단상담과정에서 탐색된 문제가 모두 해결되는 것은 현실적으로 불가능하다. 따라서 미해결된 과제가 너무 많이 발생되지 않도록 유의하여 집단과정을 잘 마무리하는 것이 중요하다. 집단원과의 인간적 관계나 집단목표와 관련된 미해결된 과제는 이를 해결하는 데 필요한 시간을 추가로 할애하여 논의하는 것이 바람직하다. 만약, 미해결된 과제가 경미한 경우에는 다음 회기의 집단상담시간에 도움을 주는 방법이 있으며 개인상담시간을 별도로 마련해 해결하는 방법이 있다. 개인적인 문제가 해결되지 않은 집단원에게는 그 문제에 대해 심층적인 의견을 나눌 수 있는 시간을 마련해 해결하는 것이 적절하다.

CHAPTER

05

PTSD 치료 상담전략

제1절 주요 개념

외상 후 스트레스장애(Post Traumatic Stress Disorder: 이하 PTSD)를 이해하기 위해서는 무엇보다 먼저 외상의 개념을 알아야 하고, 외상사건에 대한 정의와 특성을 비롯하여 스트레스의 개념과 그 이론을 이해할 필요가 있다.

1. 외상과 외상사건

1) 외상의 개념

외상은 상처나 부상을 뜻하는 고대 그리스어에서 유래하였다. 우리나라에서는 이를 트라우마로 부르기도 하는데, 본서에서도 외상과 트라우마를 동일한 개념의 용어로 사용하고자 한다. 외상은 흔히 부상 혹은 신체적 상처와 개인이 감당하기 힘든 심리적 충격을 포함하는 용어로 두 가지 개념의 사전적 의미를 내포하고 있다.

첫째는 폭력 또는 공격적 행위로 인해 유발된 신체적인 상처를 의미한다. 둘째는 심리적 손상 혹은 정신적 고통을 유발하는 충격(shock)을 의미하는데, 이는 개인의 심리적 발달에 장기간 손상을 입히며 대개 신경증을 유발하는 특성이 있다. 이렇게 외상은 자연재해와 같은 외적 환경변화나 인재로 충격을 받아 공포에 질리거나 무력감을 느껴 정신적 불안정으로 일상생활을 힘들게 한다.

외상은 자기 자신이나 다른 사람의 실제 혹은 지각된 위협을 주는 사건을 목격하는 경우와 신체적인 부상 및 심리적 손상을 포함한다. 현대적 개념의 외상은 환경의 변화를 의미하거나 사건사고의 개념을 포함하는 것에서 벗어나 심리적·정신적 고통을 주는 일반적인 사건사고의 경험까지도 트라우마의 범주에 포함하고 있다.

외상은 여러 유형으로 구분하여 설명한다. 직접외상은 차량 충돌사고, 테러, 인질사건, 폭력사건, GP총기사고와 같이 매우 충격적인 사건을 직접적으로 경험하는 것을 뜻한다. 이를 1차 외상이라고도 말한다. 반면, 간접외상은 충격적인 사건을 목격하거나 폭력사건에 관련된 피해자, 학대당한 사람, 강간 피해자 등을 면담하거나 조사하는 과정에서 발생한 외상을 의미한다. 이를 2차 외상이라고도 말한다. 이렇게 외상사건을 직접 경험하였는가 아니면 목격하였는가에 따라 1, 2차 외상으로 구분한다. 여러 연구결과에서는 1차 외상이 2차 외상보다 PTSD 유병률이 더 높게 나타나는 것으로 보고하고 있다(심윤기, 2018).

단일외상은 교통사고나 강도피해와 같이 일회적으로 발생하는 외상을 말한다. 반면, 포로수용소에서의 감금 경험 혹은 반복적으로 가정폭력을 경험한 주부나 자녀, 계속되는 성적인 학대, 군대의 상급자로부터 지속적인 폭력의 경험, 경찰이나 소방관처럼 업무특성상 장기간에 걸쳐 반복적으로 발생하는 외상을 복합외상이라고 한다. 중요한 것은 복합외상이 단일외상 보다 후유증이 심각하게 나타난다는 점이다. 복합외상에 노출된 사람은 정서나 충동을 조절하는 데 어려움이 있어 약물에 중독되거나 해리증상으로 이어지는 경우까지 보고되고 있다.

한편, 심리적 외상은 개인이 평소 경험하는 스트레스의 범위를 넘어서는 충격적이고 위협적인 사건에 노출된 후, 그 개인에게 기억되는 정신적 충격을 말한다. 외상사건의 경험으로 정신적 충격을 받아 그 경험이 기억 속에 남아 공포와 무력감을 느끼게 하는 유형이다. 이러한 심리적 외상은 자신의 의지와 상관없이 꿈을 통해 침투증상을 경험하게 할 뿐만 아니라, 이를 거부하기 위해 외상사건과 관련된 사람이나 장소를 피하도록 한다. 신체적 외상은 단순히 정신적인 충격의 범위를 벗어나는 육체적인 고통을 동반하는 트라우마를 말한다.

대인관계 내 외상은 전쟁, 신체적 폭력, 성적 폭력 등 관계적인 상황에서 발생하는 트라우마를 말하며, 대인관계 외 외상은 자연재해, 화재, 교통사고, 붕괴사고, 생명을 위협하는 질병 등 대인관계와 거리가 먼 상황에서 발생하는 트라우마를 의미한다. 대인관계 내에서 발생한 트라우마는 대인관계 외에서 발생한 트라우마 보다 PTSD 발병률이 높게 나타난다.

2) 외상사건의 개념

외상사건에 대한 개념은 시간이 흐르면서 몇 번의 변화과정이 있었다. PTSD가 정신장애진단에 처음 등장하였을 때 외상사건에 대한 조건은 전쟁, 강간, 고문, 재난과 같이 상당한 스트레스 증상을 유발시킬 만한 심각한 사건을 경험하고, 본인이 직접 그 상황에 노출되어야 하는 조건이 있었다. 삶을 뒤흔드는 충격적인 일로 부정적인 심리적 결과를 유발하고 실제적인 죽음이나 죽음의 위협이 가해진 아주 높은 스트레스 사건으로 정의하였다.

뿐만 아니라 개인이 직접 실제 외상사건이 일어난 현장에서 경험한 것처럼 사건 자체가 심각해야 했으며, 이것이 정신적인 충격과 두려움, 무력감, 공포를 느끼게 하여 일상생활이 거의 불가능할 정도여야 했던 것이다. 미정신의학회(American Psychiatric Association: 이하 APA)에서 내린 이 같은 초기의 정의는 시간이 흐르면서 조금씩 바뀌어 갔다.

매우 심각하고 충격적인 스트레스를 유발하는 사건이 아닌 다소 심각성이 덜한 스트레스 사건이라도 이를 외상사건에 포함시킨 것이다. 충격이 심하지 않고 심각성이 다소 덜한 사건이라고 하더라도 이를 반복적으로 경험하면 심각한 정신적 고통을 유발하기 때문에 이를 외상사건의 범주에 포함한 것이다(Breslau et al., 1988).

본인이 직접 외상을 목격한 것만으로도 무력감을 느끼고 심각한 공포와 두려움을 경험하였다면 이 역시 외상사건을 경험한 범위 안에 해당한다. 경찰공무원이 수사과정에서 처참하게 죽은 시신을 목격하거나 소방공무원의 화재현장 인명구조과정에서 끔찍한 장면을 목격하는 것도 외상사건에 포함한다.

군인이나 경찰, 소방공무원처럼 위험한 직무를 담당하는 사람은 일반인보다 더 많은 외상사건을 경험한다. 외상사건을 경험하는 남·여 성별 비율도 차이가 나는데 일반적으로 남자 65%, 여자 50% 정도가 일생동안 한 번 이상의 외상사건을 경험하는 것으로 알려지고 있다(Creamer, Burgess & Mc Farlane, 2001).

생명과 신체에 대한 손상의 위협은 외상사건의 본질에 해당한다. 사건의 강도가 높을수록 외상사건이 될 가능성도 높다. 생명과 신체에 대한 손상 위협을 주는 사건은 그러한 위협이 존재하지 않는 사건에 비해 PTSD로 발전될 확률이 높다. 그러나 외상피해자가 외상사건을 겪었다고 해서 모두 PTSD로 발전되는 것은 아니다. 외상사건의 특징적인 요인에 대한 설명(Calhoun & Tedeschi, 2004)은 다음과 같다.

- 외상사건의 발생은 일상적이지 않게 발생한다.
- 외상사건은 예측이 불가능하게 갑자기 발생한다.
- 외상사건으로 인한 심리적 충격과 증상은 오랫동안 기억된다.
- 외상사건이 발생하면 그 사건으로 인해 자기와 타인을 비난한다.
- 외상사건을 경험하면 스스로 이겨내거나 극복할 수 없다고 생각한다.
- 외상사건을 경험하면 그 사람의 삶에 오랫동안 부정적인 영향을 미친다.

외상사건에 노출되었을 경우에는 일반적으로 세 가지의 반응이 나타난다. 첫째는 신체적 반응이다. 외상사건을 경험한 후에는 외상사건을 잘 기억하지 못하는 기억 손상이 나타나며, 수면과 주의집중 곤란, 성마름, 과도한 경계반응 등의 증상이 나타난다(Ledoux, 2005). 둘째는 정서적 반응이다. 불안과 공포, 수치심, 죄책감, 소진(burn out)과 같은 부정적인 정서가 나타난다. 셋째는 인지적 반응이다. 충격적인 외상사건을 경험하면 침투적 기억과 자서전적 기억(Autobiographical memory)에 영향을 미친다.

침투적 기억은 트라우마 경험과 관련이 있는 비슷한 사건에 무의식적으로 촉발되는 플레시백(flash memory)의 형태로 증상이 나타난다. '자라보고 놀란 가슴 솥뚜껑보고도 놀란다.'는 속담이 이를 잘 설명한다. 자서전적 기억은 일상생활에서 일어나는 개인적 경험에 대한 기억으로 단순히 사실에 대한 기억이라기보다는 자신에게 의미 있는 정보에 대한 기억을 말한다. 외상사건을 경험하면 이러한 자서전적 기억을 방해한다.

2. 스트레스의 개념

1) 스트레스의 모형

PTSD를 이해하기 위해서는 스트레스에 대한 개념과 이론을 알아야 한다. 스트레스 용어는 14세기경에 처음으로 사용된 것으로 전해지고 있으며, 17세기경에는 hardship(곤란), adversity(역경), affliction(고통)의 의미로 사용되었다. 18세기에는 사람의 신체기관 및 정신과 관련되어 나타나는 pressure(압력), strain(긴장)의 의미로 사용되었으며, 19세기 이후부터는 사회학과 생물학에서 인간의 신체적·정신적 건강에 대한 스트레스의 영향 관련 연구가 이루어졌다. 20세기부터는 인간의 정신 및 신체 전반에 미치는 개념으로 스트레스를 바라보기 시작하였다.

스트레스에 대한 개념화가 체계적으로 연구되기 시작한 것은 1920년 캐논(Cannon)이 생리적 스트레스(systemic stress)라는 용어를 사용한 이후부터였다. 그는 신체균형 파괴의 역기능적 결과와 신체균형의 항상성 파괴현상을 스트레스로 여겼다. 셀리에(Selye)는 일반적응증후군(General Adaptation Syndrome: GAS)이라는 스트레스에 대한 인간의 3단계 반응을 연구하여 발표함으로써 스트레스의 개념을 더욱 체계화시켰다. 인간이 장기적으로 스트레스를 받으면 질병이 나타나는데 그 단계를 경고단계, 저항단계, 소진단계라고 설명하였다.

최근에는 스트레스의 상황적 측면에 대한 이해가 중시되면서 개인이 처한 특수한 상황적 맥락이나 개인 특성을 중시하여 스트레스를 이해하려고 노력하는 추세다. 스트레스에 대해 한마디로 간단히 설명하기는 쉽지 않다. 한 인간에게 생리적 긴장을 불러일으키는 사건이나 두려움과 같은 정서적 요인으로 압박감, 긴장감 , 좌절감과 갈등 등을 일으키는 요인이 곧 스트레스라고 말하기도 한다. 개인과 환경 간의 상호작용에서 나타나는 현상으로 자신의 대처능력을 벗어난 물리적·사회적 환경에 대한 심리적·행동적·생리적 반응으로 말하기도 한다.

환경의 요구가 지나쳐서 개인 능력의 한계를 벗어날 때 생기는 개인과 환경 간의 불균형 상태를 스트레스라고 설명하기도 한다. 신체적·심리적·행동적 일탈을 초래하는 외부 상황에 대한 적응과정이자 육체에 가해지는 요구에 대한 육체적 반응의 결과이며, 개인이 경험하는 긴장의 상태가 곧 스트레스라고 주장하기도 한다. 이렇게 스트레스는 다차원적이고 역동적인 것이라서 입장과 관점에 따라 다양하게 설명한다. 일반적으로 스트레스를 설명하는 몇 가지 모형을 살펴보도록 하겠다.

첫째, 자극모형이다. 이 모형은 스트레스를 하나의 자극으로 보는 입장이다. 자극모형은 스트레스가 환경 안에서 일어나며 개인에게 무엇인가를 요구하는 것으로 간주한다. 개인에게 부과되는 외부의 요구를 스트레스라고 여기는 것이다. 이 모형에서는 외적인 환경 조건에서 내적인 생리적인 현상까지 다양한 자극을 포함한다. 이렇게 자극으로 본 스트레스는 그 뜻이 분명하다. 하지만 개인에 따라 각각 그 반응이 달라질 수 있다는 점을 고려하지 못한 한계 또한 동시에 지니고 있다.

둘째, 반응모형이다. 스트레스를 반응으로 보는 관점에서는 자극모형과 달리 개인 내면의 항상성 붕괴로 설명한다. 이러한 반응모형은 개인의 내적 경험을 중시한다. 예를 들어, 어떤 사람이 한 사건으로 고통과 심리적 어려움을 느낀다면 그것은 곧 그 사람 내면의 문제로 여긴다. 이 모형의 한계는 스트레스를 신체 내적인 반응으로만 설명하고 있다는 점이다. 인간을 단지 외부 사건에 수동적으로 반응하는 존재로 취급한다는 점에서 한계를 가진다.

셋째, 상호작용모형이다. 이 모형은 상호작용의 관점에서 스트레스를 바라본다. 개인의 특성과 환경을 상호 관련지어 스트레스를 설명하고 있다. 자극모형과 반응모형에서 보는 스트레스의 개념은 환경과의 관계에서 개인의 능동적인 역할이 무시되고, 개인차를 다루지 못한다는 점에서 한계가 있다. 그러나 상호작용 관점에서의 스트레스 개념은 환경 내 자극의 특성과 이에 대한 반응의 매개로서 개인의 특성을 동시에 강조한다. 내·외적인 환경이 요구하는 것과 이에 대처하는 자원 간에 일어나는 상호작용을 비교함으로써 스트레스가 발생한다고 주장하는 모형이다.

넷째, 총체적 모형이다. 이 모형은 스트레스를 총체적으로 이해하려는 관점에서 출발하고 있다. 앞서 언급한 자극, 반응, 상호작용을 포함하여 생물학적인 호르몬의 결핍 현상과 뇌구조의 특성도 스트레스에 영향을 준다는 총체적인 관점에서 설명하고 있다. 개인적이고 잠재적인 스트레스의 원천과 사회적, 물리적, 감정적, 지적, 정신적, 환경적 문제 등을 모두 포괄하는 대규모 체계의 한 부분으로 스트레스를 설명하는 모형이다.

스트레스를 구분하는 것은 크게 두 가지의 기준이 있다. 그것은 예측가능성(predict ability)과 통제가능성(control ability)이다. 사람이 경험하는 외상사건이나 생활의 변화를 예측할 수 있고, 그것을 조절하고 통제할 수만 있다면 긴장감이나 압박감, 두려움 등을 느끼지 않을 수 있다. 그러나 사건을 경험한 당사자가 그 사건을 예측하지 못하거나 조절하지 못한다면 그것은 곧 심리·신체적 질병으로 발전할 가능성이 크다. 아무런 경고 없이 스트레스를 경험한다거나 스트레스를 통제할 수 없는 경우에는 여러 가지 부정적인 심리·신체적 증상으로 이어진다.

2) 스트레스의 유형

스트레스의 유형은 신체적(physical) 스트레스와 심리적(psychological) 스트레스, 사회적(social) 스트레스로 구분한다. 스트레스는 삶의 영역에 부정적인 영향을 주는 것만은 아니다. 인간 삶에 불편함이나 해로운 영향을 주는 역기능적이고 부정적인 디스트레스가 있는 반면, 행복감을 느끼게 하고 성장으로 이어지게 하

[표 5-1] 스트레스의 유형

구 분	스트레스 유형		
스트레스 상황	신체적 스트레스	심리적 스트레스	사회적 스트레스
스트레스의 방향	유스트레스(eustress)		디스트레스(distress)
	긍정적 스트레스(positive stress)		부정적 스트레스 (negative stress)
	좋은 스트레스(good stress)		나쁜 스트레스(bad stress)
	바람직한 스트레스 (desirable stress)		바람직하지 않은 스트레스 (undesirable stress)

는 순기능적인 긍정적인 측면의 유스트레스가 동시에 존재한다.

여키스와 도손은 스트레스와 성과(成果) 간의 관계를 역 U자형으로 제시하면서 스트레스의 수준에 따라 건강 및 성과에 미치는 순기능 스트레스와 역기능 스트레스를 설명하였다.

[그림 5-1] 순기능 · 역기능 스트레스

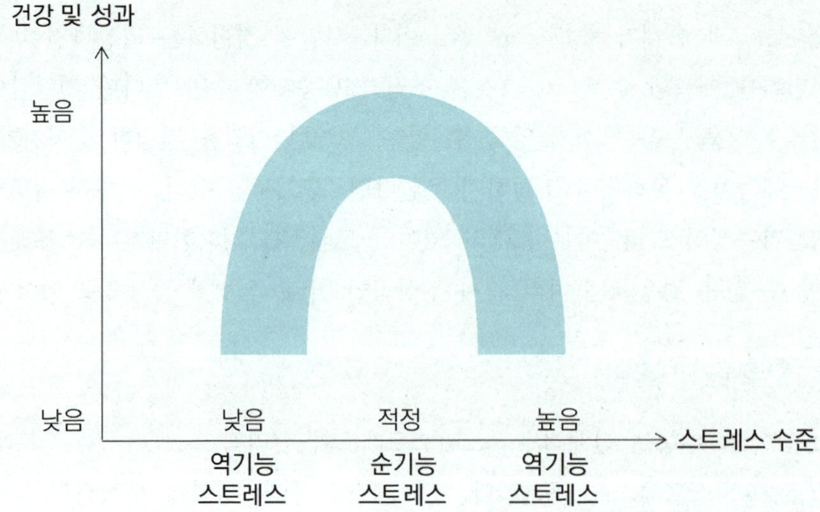

출처: Yerkes & Dodson, 1988

외상스트레스(Traumatic Stress)는 트라우마 사건에 노출된 개인이 경험하는 심리적 충격과 공포, 무력감, 분노, 죄책감 등의 반응을 말한다. 동일한 트라우마 사건에 노출되었다 하더라도 각 개인이 느끼는 심리적 반응은 다르게 나타난다. 일반적으로 외상스트레스는 스트레스 유발요인에 의해 나타난 생물학적 · 심리적 반응을 의미한다.

외상스트레스는 급성 외상스트레스(Acute Traumatic Stress: 이하 ATS)와 외상 후 스트레스(Post Traumatic Stress: 이하 PTS)를 모두 포함한다. 충격적인 외상사건을 겪고 난 후 정상인과 다르게 부정적인 심리신체 증상이 나타나게 될 때 이를 외상 후 스트레스를 경험하고 있다고 말한다.

3. 외상 후 스트레스 장애

1) PTSD의 개념

PTSD라는 병명을 공식적으로 사용하기 시작한 것은 1980년도부터다. PTSD는 트라우마 사건을 겪은 후 나타나는 일련의 특징적인 증상군의 조합이다. 생명을 위협하는 신체적·정신적 외상의 충격을 경험한 후 나타나는 여러 증상을 총체적으로 언급하고 있다. 일상의 범주를 넘어서는 정신적 충격과 신체적 손상 혹은 생명의 위협을 경험한 후에 나타나는 일련의 정신장애를 말한다. 전쟁과 자연재해, 화재사고, 범죄사고 등의 심각한 사건을 경험한 후 불안과 공포를 느끼고, 지속적인 침투증상과 회피 등의 고통으로 정상적인 생활을 하는 데 어려움을 겪는 질병이다.

PTSD는 대형 재난이나 충격적인 외상을 경험한 자에게만 나타나는 것이 아니다. 교통사고나 강도, 강간, 범죄현장 목격 등 일상생활에서 흔히 접할 수 있는 사건 경험에서도 나타난다. 생명을 위협할 정도의 전쟁, 재해, 범죄사고 등 명백히 위험한 사건뿐만 아니라, 단순한 폭력, 다른 사람의 부상이나 죽음을 목격한 경우에도 나타난다. 소방공무원의 직무현장에서 흔히 발생하는 동료의 죽음과 부상을 목격하는 것, 경찰관에게 흔히 발생하는 살인사고의 처참한 장면에 대한 목격, 군대에서 발생하는 충격적인 총기사고를 목격하는 것에서도 PTSD를 유발한다.

PTSD는 트라우마로 기억될 만한 사건에 노출된 후, 그 외상사건에 대한 침투증상이 지속적으로 나타나고, 자극을 회피하며, 인지와 감정이 부정적으로 변화할 뿐만 아니라, 각성과 반응성의 변화가 증가하는 특징이 나타난다. 외상사건을 경험한 후 시간 경과에 따라 1개월 이내 증상 발현과 회복이 이루어지면 ASD로 진단한다. 그렇지만 1개월 이후에도 증상이 개선되지 않고 이후까지 증상이 지속되는 경우에는 PTSD로 진단한다.

[그림 5-2] ASD와 PTSD 증상 지속기간

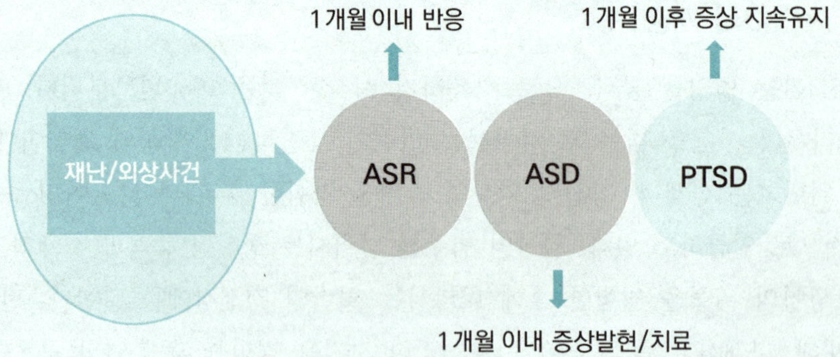

출처: 심윤기, 2018

- 급성스트레스 반응(Acute Stress Reactions: 이하 ASR): 외상스트레스 유발요인에 노출되어 1개월 이내에 나타나는 생물학적 · 심리적 반응을 말한다.
- 급성스트레스 장애(Acute Stress Disorder: 이하 ASD): 외상사건을 경험한 후 1개월 내에 증상이 발현되며 증상 회복도 1개월 내 이루어진다.

2) PTSD 증상의 경과

PTSD는 외상사건을 경험한 후 그 증상이 1개월 이후까지 지속될 때 진단하지만 일부는 증상이 몇 달 혹은 몇 년이 지난 후에 지연되어 나타나기도 한다. 외상경험 1~3개월 동안의 시기에는 PTSD 증상이 분명하게 나타난다. 수면장애를 호소하고 고통스럽고 괴로운 기억이 반복해서 나타나며, 사소한 자극에도 힘들어 한다. 대부분의 외상경험자와 그의 주변에 있는 사람들이 이러한 상황을 이해하지 못하고 불안해하기도 한다. 일반적으로 외상사건을 경험한 사람은 고립감과 위화감을 느끼며, 가정과 직장 및 학교 등에서 자신이 충분히 이해받지 못하는 경우에는 불안감과 고립감이 더 심화되기도 한다.

외상경험 3개월 이후에는 초조와 불안이 더욱 증가하고 쉽게 화를 내는 증상이 나타나는데 이러한 증상은 스스로 조절하지 못한다. 치료를 받더라도 쉽게 증상이 호전되지 않아 불안감은 악화되며 분노, 죄책감, 우울 등의 감정이 강해진다. 외상경험 이전의 생활로 돌아갈 수 없다는 불안한 생각에 잠을 이루지 못하고 주로 낮에 잠을 잔다. 낮과 밤을 바꾸어 생활하는 불규칙적인 생활과 알코올 의존과 같은 약물사용 문제가 표면화되어 나타나기도 한다.

PTSD는 자살과 깊은 관련성이 있다. PTSD 환자의 약 20% 정도가 자살을 시도하였으며, 우울증과 공존하는 경우에는 자살 위험이 8.5배나 높아지는 것으로 알려져 있다(kessler et al., 1995). 우리나라 국민의 사망 원인 중 자살이 차지하는 비율은 OECD 회원국에서 비교하면 높은 수준이다. 우리나라 군인과 소방공무원의 사망 원인도 자살이 가장 높은 비율을 차지하고 있다.

PTSD는 적절한 치료를 받지 않으면 저절로 회복되는 경향이 낮은 수준이다. 10년이 지난 후까지 회복되지 않은 상태로 유지되어 만성화된 경우도 있다. PTSD는 만성화되면 장애 증상이 심각해져 치료하기가 더욱 힘들고, 사회적응을 어렵게 만들기 때문에 적절한 시기에 전문적인 치료를 받는 것이 무엇보다 중요하다. 재난과 같은 외상사고로 인한 경제적 손실의 여파는 시간이 지날수록 차츰 잊히거나 희석되지만 끔찍한 심리적 충격은 상대적으로 더 오래 지속되는 특징이 있다.

PTSD 증상이 있는 사람이 조기에 적절한 치료를 받지 않으면 개인의 삶이 피폐해질 가능성이 크다는 사실이 입증되었다. 2001년 미국 911 테러로 붕괴된 뉴욕의 세계무역센터 인근 주민 대다수가 정서적 무감각과 우울, 수면 장해 등의 트라우마를 경험하였으며, 심지어는 TV 방송을 통해 충격적인 장면과 끔찍한 모습을 본 사람들까지 PTSD 증상을 경험하였다고 알려지고 있다. 베트남 전쟁에 참여한 이후 전역한 군인들이 심각한 트라우마를 호소하며 사회에 적응하지 못한 사례와 가정폭력과 이혼, 범죄사건 등에 연루되어 사회문제가 된 사례 등은 이를 잘 입증해 주고 있다.

제2절 증상과 사례

1. 침투증상

침투는 군대에서 작전계획을 수립하거나 실제 전투함에 있어 자주 사용하는 용어다. 정신질환진단 및 통계편람(Diagnostic and Statistical Manual of Mental Disorders–5: 이하 DSM–5)에서는 '스며들다'라는 의미로 사용되고 있는데, 이는 아무리 의식적으로 노력한다 해도 자신의 의지와는 상관없이 불쑥불쑥 자기 안으로 들어오는 외상사건의 충격적인 장면과 끔찍한 생각, 느낌, 이미지 등을 의미한다. 이러한 침투증상은 PTSD의 대표적인 증상으로 개인 스스로 통제하기 어려운 것이 특징이다. 침투적인 사고나 정서, 기억이 떠오를 때마다 심리적인 고통과 불안, 공포를 느끼며 공황상태를 경험한다.

1) 외상사건에 대한 고통스러운 기억의 반복적이고 침투적인 경험

PTSD와 관련한 침투증상의 가장 일반적인 형태는 외상사건을 경험한 기억이 자신이 의도하지 않았음에도 불구하고 반복적으로 떠오른다는 것이다. 의식 안으로 자꾸 밀고 들어오는 외상사건에 대한 생각과 감정, 불쾌한 이미지, 기억 등은 심각한 심리적 고통을 유발한다. 특히, 강렬한 불안과 공포가 갑작스럽게 밀려오듯이 느끼는 상황에서는 호흡곤란과 혈압상승 등의 증상이 나타나며, 답답하고 죽을 것 같은 공황 상태에 빠지기도 한다.

여러 연구에서는 PTSD 환자들이 심각한 침투증상을 공통적으로 경험하는 것으로 보고하고 있다. 2008년 6월 28일 우리나라에서 쇠고기수입 반대 시위 도중에 있었던 한 경찰 대원의 사례가 이를 잘 말해주고 있다. 또 하나의 사례는 1981년 7월 17일 미국 캔사스시에 위치한 하얏트 리전시 호텔에서 발생한 화재사고인데, 이 사고로 114명이 죽고 200여 명이 부상을 당하기도 하였다.

호텔 화재사고에서 살아남은 생존자를 대상으로 PTSD에 대한 조사가 이루어졌는데 조사대상자 중 85% 이상이 침투증상을 경험한 것으로 밝혀졌다(wilkinson,

1983). 뿐만 아니라 베트남전 참전용사와 캄보디아 난민 중에서도 75% 이상이 반복적인 침투증상을 경험한 것으로 조사되었다(kinzie, 1986).

2) 외상사건과 관련된 고통스러운 꿈의 반복적인 경험

꿈으로 PTSD를 진단하기 위해서는 트라우마 경험 그대로를 나타내는 꿈과 악몽이 반드시 있어야 한다. 이러한 꿈과 악몽은 몇 년에 걸쳐 계속되기도 하고 사건이 발생한지 수십 년이 지나서도 계속 나타날 수 있다. 윌머는 PTSD 증상을 보이는 환자에게서 나타나는 악몽을 네 가지로 구분하여 설명하였다.

첫째는 실제 외상사건을 경험한 내용의 반복적인 악몽, 둘째는 실제 사건경험은 하지 않았지만 일어날 수 있을 뻔 했던 사건에 대한 악몽, 셋째는 트라우마 사건과 전혀 다르거나 비슷하지 않은 외상사건에 대한 악몽, 넷째는 현실과 완전히 유리된 악몽 등으로 구분하였다. 이 중 PTSD 환자가 보고한 꿈 중에는 첫 번째에 해당하는 사건 즉, 실제 외상사건을 경험한 내용의 반복적 악몽의 비율은 45% 정도다(wilmer, 1982).

3) 외상사건이 실제로 일어난 것처럼 느끼고 행동하는 해리반응

일반적으로 PTSD를 겪고 있는 사람은 마치 예전에 발생한 외상사건이 현재에 똑같이 재발하고 있는 것처럼 느끼는 플래시백(flashback)을 경험한다. 플래시백은 매우 갑작스럽고 강렬하게 과거 경험이나 그 일부를 다시 경험하는 것을 말한다. 이러한 플래시백은 의식적으로 만들 수 있는 것이 아니며, 너무 강렬하고 생생하여 그것이 과거에 일어났던 일이라고 인식하지도 못하고 기억도 하지 못한다. 현재의 상황과 전혀 무관하게 갑작스럽게 시작하고 강렬한 정서를 경험하며 일상생활과 거리가 먼 행동을 하기도 한다.

한편, 해리(dissociation)는 흔히 감각이나 지각 또는 기억이 의식과 분리되는 현상을 말한다. 몸에서 정신이 빠져나가는 느낌이 들거나 사물이나 상황이 비현실적으로 느껴지며, 현재 이 장소에 있으면서도 뭔가 동떨어진 느낌이 드는 것 등은 일반적인 해리증상에 해당한다. 해리반응은 의식과 기억, 정체감, 환경을 지각함에 있어서 급격한 붕괴가 일어나서 발생한다. 일반적으로 플래시백 이후에 해리반응이 자주 나타나 자신이 무엇을 했는지 잘 기억하지 못한다.

다음의 인터뷰는 한 소방관에게 나타난 전형적인 플래시백의 경험과 해리반응의 사례에 해당한다.

사 례

"소방관 생활 20여년을 하면서 많은 사람의 시신을 보았습니다. 몇 년 전에는 저희 관할 구역에 있는 한 건물에서 화재가 발생하였는데 안타깝게도 여러 명이 죽었습니다. 사신을 수습하러 건물에 들어갔는데 다 타서 형체를 알아보기 힘든 시신이 있는가 하면 얼굴 형태만 남아 있는 시신도 있었고, 차마 눈 뜨고 볼 수 없을 정도로 심하게 훼손된 시신까지 보게 되었는데 정말 힘들었습니다. 이러한 시신이 한두 구도 아니고 여러 구인데 이를 수습하자니 정말 고통스럽고 힘들었습니다.

그 사건이 있은 후 한참이 지난 어느 날부터 그 때의 일이 갑자기 떠오르는 겁니다. 밤에 자다가 벌떡 일어나 소리 지르기도 하고, 새벽에 일어나 밖을 돌아다니다 집에 들어오기도 하는 등 저는 기억에 없는 얘기를 아내로부터 자주 들었습니다. 지금은 몇 년의 시간이 지나서 좀 덜하기는 하지만 사건이 일어난 그 때 당시에는 시도 때도 없이 매일 똑같은 일이 일어나는 느낌을 받았습니다. 이러한 경험이 지속되다 보니 일상생활 자체가 정상적으로 이루어지지 않았고, 작은 스트레스만 받아도 심하게 짜증을 내었습니다."

4) 외상사건과 유사하거나 상징적인 단서에 노출될 때의 심리적 고통

PTSD를 겪는 사람은 트라우마 사건과 비슷하거나 상징성이 있는 사건을 경험할 때 비슷한 고통을 느낀다. 예를 들면, 군대 생활관에서 총기난사사건을 경험한 생존자는 군복을 입은 군인을 만나거나 군부대 옆을 지나가는 경우에도 외상사건을 연상한다. 해외 파병 활동 중에 적이 설치해 놓은 급조장애물의 폭발로 가까스로 생명을 건진 장병에게는 더운 날씨가 외상사건을 연상시킨다. 지하철 참사 경험을 한 생존자에게는 지하철에 탑승한다던지 혹은 숨이 막히는 검은 연기와 타는 냄새를 맡으면 트라우마 사건이 연상되어 심리적 고통을 느낀다.

다음에 소개하는 한 경찰관의 고백은 트라우마 사건과 유사하거나 상징성이 있는 사건에 노출될 때 심리적 고통을 보여주는 사례가 된다.

사례

"저희는 경찰업무 특성상 죽은 사람의 시신을 자주 보게 됩니다. 시신이 훼손되지 않은 죽은 사람인 경우는 별 문제가 되지 않지만 추락사와 열차사고 같은 경우에는 죽은 사람의 시신을 보기가 참으로 힘듭니다. 높은 건물에서 추락사 한 경우에는 머리가 부서져 얼굴 형체를 알아 볼 수가 없습니다. 하얀 골이 흘러나와 있기도 하고, 장기의 일부가 여기저기 흩어져 있기도 합니다. 지하철역에 진입하는 열차에 뛰어들은 사람의 경우에는 팔 다리와 몸통, 머리가 분리되고 산산조각 나있어 수습하기조차 힘듭니다.

아파트에서 죽은 사람의 시신 같은 경우에는 여러 날이 지나 시신이 발견되면 시체가 부패하여 악취가 진동하고, 거기다가 시신의 살을 파먹은 구더기가 온 방안에 기어 다니는 모습은 정말 보기 힘듭니다. 그런데도 저희는 시신을 수습하고 수사를 합니다. 이러한 사건 현장에 다녀올 때는 정말 충격이 너무 큽니다. 사무실로 복귀해서 샤워도 하고, 퇴근해서는 사우나도 가고 옷도 갈아입고 합니다만 신경이 온통 예민해져 머리 안에 있는 핏줄이 터지는 느낌마저 들곤 합니다. 간혹 TV에서 열차에 뛰어드는 사고나 아파트 투신 자살사고 뉴스를 접하면, 보기 흉한 시신의 모습이 곧 바로 연상되어 심리적으로 큰 고통을 받습니다. 그래서 언제부터인가 저는 TV 뉴스를 잘 안 보게 되었습니다."(중략)

5) 외상사건을 상징하거나 유사한 단서에 노출되었을 때의 생리적 반응

미국 하얏트 리전시호텔 화재사고 생존자를 대상으로 PTSD를 조사한 연구에서는 생존자 중 약 35% 정도가 화재사건을 상징하거나 유사한 단서에 노출되었을 때 생리적 반응을 보였다고 한다(wilkinson, 1983). 우리나라의 경우에는 1996년 경기도 양평군 강상면에서 발생한 버스추락사고에서 생존한 사람들이 이와 비슷한 증상을 경험한 것으로 조사되기도 하였다. 버스가 추락했던 사고는 4월 3일 오후 5시30분에 발생하였다. 사고가 난 버스는 양평 버스터미널과 강하면 성덕리를 잇는 노선 버스였는데, 이날은 양평 장날이라 장을 보고 집으로 가는 주민과 학교수업을 마치고 귀가하는 중고등학생이 유난히 많이 버스에 탑승하였다.

버스는 많은 사람을 태우고 양평군 강상면 병산1리 속칭 벼루고개(308번 지방도)에 다다랐을 때 버스기사의 무리한 핸들 조작으로 50미터 낭떠러지인 남한강으로 추락하였다. 이 사고로 22명이 사망하고, 37명이 부상하는 등 총 59명의 사상자가 발생하였다. 사망자는 93세의 고령에서부터 5세에 이르는 어린아이까지 다양했으며 부부가 동시에 사망한 가정도 있었다.

사고피해 가족이나 생존자 중 일부는 사고의 충격으로 25년이 지난 지금까지도 심리적 고통을 겪고 있는 것으로 전해지고 있다. 특히, 버스를 타는 경우에는 가슴이 답답하고 두근거리며 땀이 나고 긴장되어 말수가 적어진다고 한다. 그러다가 문득 신경이 예민해져 사소한 일에도 화를 내는 일이 자주 발생한다고 한다. 이렇게 PTSD를 경험한 사람은 외상사건과 비슷하거나 상징적으로 나타내는 사건을 경험하면 공통적으로 비슷한 심리적 고통을 느끼며 다양한 생리적 반응이 나타난다.

2. 자극 회피

PTSD의 두 번째 증상은 외상사건과 관련한 자극을 회피하는 것을 다룬다. 사람은 고통스런 자극을 받으면 이를 회피하는 경향이 있다. 회피는 처리되지 않은 정보를 억압하려고 과도하게 통제하려는 데에서 나타나는 증상으로 회피반응이 점점 더 광범위해지면 심리적 마비상태로까지 발전한다.

1) 외상사건과 관련한 고통스러운 기억, 생각, 감정 회피

일반적으로 사람들은 외상사건을 경험하면 사건과 관련된 장소와 상징적인 대상을 피하려고 한다. PTSD 증상을 가진 사람은 이에 더하여 외상사건과 관련한 고통스러운 기억과 생각, 감정을 회피하려고 노력한다. 회피는 몇 가지의 경험을 기억하지 못하는 가벼운 것에서부터 심한 경우에는 사고와 지각, 감정, 언어 반응까지 멈추어버리는 등 그 증상이 다양하다.

PTSD를 겪고 있는 사람은 이와 같은 고통스런 기억과 생각, 감정을 회피하기 위해 향정신성 약물을 남용하게 되는데, 그 이유는 약물이 PTSD의 다양한 증상을 경감시켜주기 때문이다. 그러나 알코올과 같은 약물은 초기에는 증상을 감소시켜주는 수단이 될 수 있지만 장기적으로는 알코올 중독이 PTSD 증상에 추가

되어 치료를 더 어렵게 한다. 음주와 같은 회피방법도 일시적으로는 고통을 줄여주는 효과가 있지만 시간이 흐를수록 오히려 회피행위가 증가하고 강화되어 근본적인 치유책으로 활용하기에는 적합하지 않다.

다음에 소개하는 한 소방관의 인터뷰는 외상사건과 관련한 고통스러운 기억과 생각, 감정을 회피하는 사례를 잘 말해주고 있다.

사 례

"제가 근무하고 있는 안전센터 근처 사거리에서 교통사고가 난 일이 있어요. 유치원에 다닐 만한 어린 아이가 차에 치어 사망했는데 시신 훼손이 너무 심했어요. 제 딸 나이 또래나 되었을까 싶었는데.....! 시신을 수습하는 데 어른 시신을 수습할 때와는 사뭇 다르게 떨리고 눈물이 나더군요. 그런데 그 사거리를 지날 때마다 그 어린 애 얼굴이 자꾸 생각나는 거예요. 그래서 출근할 때 일부러 그곳을 지나가지 않으려고 빙 돌아서 출근해요. 그 사거리를 지나가게 되면 또 그 아이 얼굴이 떠올라서 기분이 가라앉고 안 좋거든요. 이렇게 저희는 항상 끔찍하고 처참한 그리고 가슴 아픈 모습들을 보고 충격을 받으며 살아갑니다.

119안전센터에 돌아와서는 가능하면 서로 좋지 않은 이야기를 하지 않으려고 해요. 동료들한테 얘기해봐야 충격이 덜어지는 것도 아니고, 또 다 같이 힘든 상황인데 나만 힘들다고 엄살 부리는 것 같아서 그렇습니다. 또 마음 약한 나약한 놈으로 소문나서도 안 되자나요. 퇴근하고 집에 들어가서도 절대 이야기를 안 합니다. 얘기하면 가족들은 걱정할 게 뻔하잖아요. 또 가족들은 직접 경험하는 게 아니니까 100% 이해를 못 할 수 있어 가급적 이야기를 안 하게 됩니다."

2) 외상사건 관련 고통스러운 기억, 생각, 감정을 유발하는 단서 회피

PTSD를 겪고 있는 사람은 재난과 같은 외상사건과 밀접히 관련된 고통스러운 기억, 생각, 감정을 유발하는 단서를 회피하거나 회피하려는 노력을 한다. 트라우마에 노출된 후에 그 사건에 대해서 이야기 하는 것도 피하는데, 다음의 사례가 이를 잘 말해주고 있다. 화재 현장에서 불에 탄 시신을 수습한 소방관은 공통적으로 단백질이 타는 냄새를 느낀다고 말한다. 화재를 진압하면서 경험한 이 같은 불쾌한 냄새는 일상생활 중 휴식시간에 마시는 커피 냄새나 식당에서 맡는 음식 냄새에도 외상사건을 경험한 그 당시의 기억을 되살아나게 한다.

사례

"오물이나 이런 냄새가 아니고요! 그러니까 악취는 아니에요. 이상한 단백질 타는 냄새라고 해야 할까요? 아무튼 그런 독특한 냄새가 있어요. 집에서 햄버거를 먹다가도 아니면 시장을 보다가도 혹은 집에서 그냥 누워 있다가도 문득문득 그 냄새가 날 때가 있어요. 그 냄새가 나면 화재사고 현장에서 목격한 불에 탄 시신의 모습이 다시 기억나게 되는 거죠. 뭔가 이상한 냄새가 난다 싶으면 그 냄새를 피하려고 밖에 나가게 돼요(이나윤 등, 2012)."

3. 인지와 감정의 부정적 변화

PTSD의 세 번째 증상은 인지와 감정의 부정적 변화를 다루고 있다.

1) 외상사건의 중요한 측면을 기억하지 못함

인지·감정의 부정적 변화 중 첫 번째 항목은 외상사건의 중요한 측면을 기억하지 못하는 증상을 다루고 있다. 이것은 뇌의 손상으로 나타나는 기질성 기억상실이 아닌 심인성 기억상실의 일종인데, 이를 다른 말로 해리성 기억상실이라고 말한다. 기억상실증은 크게 뇌 손상으로 인한 기질성(organic)과 심리적 충격으로 인한 심인성(psychogenic) 등 크게 두 가지로 구분한다. 심인성 기억상실은 재해, 교통사고, 성폭력과 같은 끔찍한 외상사건을 경험했을 때 해당 사건의 중요한 측면을 기억하지 못하는 형태로 나타나는 증상이다.

이렇게 PTSD를 겪고 있는 환자는 심리적 고통을 유발하는 감정이 실린 외상사건의 여러 가지 측면을 기억하지 못한다. 외상사건의 중요한 측면을 기억하지 못한다는 의미는 과거의 기억을 잊었다기보다 잠시 억압해 두는 것이라고 볼 수 있다. 마음이 사건과 경험을 감당할 수 없어 일시적으로 마음 저편에 묻어두는 것일 뿐, 기억이 완전히 지워진 것은 아니다. 그래서 시간이 지나거나 적절한 치료를 받으면 그 당시의 경험을 다시 기억하는 경우가 있다.

2) 자신과 타인, 세상에 대한 과장된 부정적 신념이나 기대를 지님

인지와 감정의 부정적 변화 중 두 번째 항목은 자신과 타인, 세상에 대한 과장된 부정적 신념이나 기대를 갖는 것을 다룬다. 자신과 타인, 세상에 대한 신념이나 기대를 갖는다는 의미는 세상을 살아가는 자신만의 독특한 도식을 지칭하는 것이다. 충격적인 외상사건을 경험하면 기존에 가지고 있던 긍정적인 신념이나 기대, 희망 등의 자기도식이 흔들리고 무너지며 부정적인 다른 도식이 생성된다.

기존에 부정적 신념이나 기대가 존재했을 경우에는 외상사건의 경험이 부정적인 도식을 더 확장하고 강화하는 계기로 작용되기도 한다. 극단적인 외상사건에 노출된 아동을 대상으로 한 연구에서는 아동이 미래에 대한 정상적인 기대를 하지 않고, 미래를 바라보는 관점도 매우 부정적이고 비관적이라고 보고하고 있다. 전쟁과 같은 이유로 세상 삶이 빨리 끝날 것이라고 생각하고, 미래에는 직업도 없고, 결혼도 못할 것이라고 부정적으로 생각하는 사례들이 보고되었다(Terr, 1991).

3) 외상사건의 원인이나 결과에 대한 왜곡된 인지를 지님

인지와 감정의 부정적 변화 중 세 번째 항목은 외상사건의 원인이나 결과에 대한 왜곡된 인지와 이러한 인지로 자신이나 타인을 책망하는 증상을 다룬다.

2005년 6월 19일 오전 2시 30분경 경기도 연천군 ○사단 최전방 GP에서 발생한 총기난사사고에서 피해를 당한 병사들에게서도 이러한 증상이 나타났다. GP 총기난사사건은 군생활에 불만을 느낀 김일병이 생활관에 수류탄을 던지고 뒤이어 총기를 난사하여 잠을 자던 동료 25명중 6명을 죽게 한 사건이었다. 총기를 난사한 김일병은 생활관을 빠져나와 휴게실에 있던 소초장과 취사장에서 물을 마시고 있던 동료병사 1명에게도 총기를 난사하여 총 8명이 사망하고 2명이 중상을 입었다. 상황실에서 고개만 내민 후임 소초장을 향해서도 총기를 난사했으나 즉각적으로 대피하여 다행히 화를 모면할 수 있었다.

건물 밖으로 나온 김일병은 GP 초소에 가서도 근무병을 향해 방아쇠를 당겼지만 이미 총알은 다 발사된 뒤였다. 이를 모르는 초소 근무병이 "긴급 상황이 발생한 것 같으니 빨리 너의 초소로 돌아가라"고 말하자 이에 태연히 자신의 근무 초소로 돌아가 경계근무를 서는 척 행동을 했던 것으로 조사되었다. 하지만 상황실에서 화를 면한 소초장 이 중위가 자신에게 총을 쏜 범인이 군복을 입었었다는 점을 상기해 전투복을 입고 있었던 5명의 병사를 연병장에 불러 모아 조사를 하였다. 그 과정에서 김일병이 다른 병사의 소총을 들고 있음을 알고 이를 추궁하여 범행을 자백 받게 되었다.

이 사고에서 다행히 목숨을 건진 한 병사는 전역 후에도 그 당시의 총기사고 후유증으로 병원 치료를 계속 받았는데 그의 사례를 소개한다.

사 례

연천 GP 총기난사사고에서 생존한 병사 진료를 담당한 서울 A대학병원 정신건강과 교수는 그 병사가 왜곡된 인지를 보이는 경향이 있다면서 다음과 같이 말하였다. "그 병사는 사건 직후 꿈에 자신이 본 동료 병사의 시신이 자꾸 나타나 잠을 잘 수가 없었다고 합니다. 이유 없이 계속 무서운 느낌이 들어 혼자서는 화장실에도 갈 수 없을 정도로 극도의 불안 증세를 보였습니다. 특히, 그가 호소하는 가장 큰 심리적인 고통은 동료가 죽게 된 원인과 결과가 자신 때문이라는 자책감에 시달리는 고통이었습니다. 사고 당일 자기 자리가 아닌 다른 장소에서 취침해 본인은 살게 되었지만 자신의 자리에서 취침했던 동료 병사는 죽게 되었는데 결국 동료가 자신을 대신해 죽은 것이라는 생각 때문이었지요."(중략)

4) 부정적인 정서상태를 보임

부정적인 정서상태를 보이는 것은 상대적으로 긍정정서 수준이 저조한 상태를 의미한다. 인지와 감정의 부정적 변화 중 네 번째 항목은 분노, 죄책감, 수치심과 같은 부정정서 상태를 설명하고 있다. 분노는 위협당하거나 해를 입는 것에 대한 개인 지각의 반응으로 나타나는 일반적이고 정상적인 감정이다. 따라서 분노는 자기 내적일 수 있고 외적일 수도 있으며, 강하거나 약할 수도 있고, 의식적이거나 무의식적일 수도 있다. 그러나 충격적인 외상사건을 경험한 사람은 직접적인 위협의 근원이 없을 때에도 크게 분노하는 경향이 있다.

전쟁이나 자연재해, 끔찍한 사고 등의 충격적인 사건에서 생존한 사람은 자신만 살아남은 것에 대한 죄책감을 느낀다. 생존자 죄책감이라는 말은 제2차 세계대전 당시 나치 수용소에서 구출된 생존자의 심리에 대한 연구결과가 나오기 시작한 1960년대부터 사용된 용어다. 당시 이들의 심리치료를 맡았던 전문가는 홀로코스트 생존자들이 자신만 살아남은 것에 대해 자신을 책망하고 죄책감을 느끼면서 우울과 악몽, 대인 기피 등의 정서적 고통에 시달렸다고 말하고 있다.

충격적인 트라우마를 경험한 사람은 수치심도 느낀다. 수치심은 종종 자신을 받아들일 수 없거나 자기 비하를 하는 감정인데, 이는 완벽해야 되는 자신에게 결점이 있음을 인식해서 생겨난다. 결국 세상이 자신을 나쁜 사람으로 인식한다고 느끼도록 하여 스스로 자신을 공격하며 동시에 열등감과 당혹감, 실망감 등의 감정을 동반하기까지 한다.

5) 중요한 활동에 대한 관심이나 참여가 감소함

인지와 감정의 부정적 변화 중 다섯 번째 항목은 중요한 활동에 대한 관심이나 참여가 현저하게 감소하는 증상을 다룬다. 예전에 참여했던 활동에 관심을 보이지 않고, 좋아하던 취미활동에도 흥미를 상실하여 참여하지 않으려는 특징을 보인다.

사 례

2014년 4월 발생한 세월호 침몰 사고와 관련하여 환자이송 업무를 수행한 구급요원들에게도 트라우마의 고통은 심했다. 수도권의 한 소방 지역대에서 근무하는 박모(35) 구급대원은 언제부턴가 눈을 감으면 파견 나갔던 진도 팽목항의 참상이 떠오르는 고통이 심해 그해 7월부터 정신과 치료를 받았다. 박모 구급대원운 단원고 학생의 시신을 구급차에 싣고 학생 아버지와 함께 안산까지 올라간 일이 있었다고 한다. 희생된 학생의 얼굴과 오열하는 아버지의 목소리가 연일 자신의 머릿속에 맴돌았고, 꿈도 여러 번 꾸었다고 한다. 그 후 언제부터인가 자신이 무척 좋아하던 조기 축구에도 관심이 없어지고, 참여하고 싶은 마음이 없어져 지금은 나가지 않고 있다고 한다. 심지어는 가족들이 함께 참석하는 결혼식장에도 가고 싶지 않아 회사 일을 핑계대고 가지 않았다고 한다. 뭔가 자신에게 심리적인 문제가 생겼다고 느꼈지만 가족에게 부담이 될 것 같아 자신의 증상을 털어놓지 못하고 있다면서 눈시울을 붉히기도 하였다.

6) 타인에 대한 거리감이나 소외감을 느낌

타인과 이웃에게 거리감이나 소외감을 느끼는 이유는 개인의 심리적 특성이 원인이 될 수 있다. 하지만 실제 주위 환경이 타인과 친밀감을 느낄 수 있는 여건이 못 되어 나타나기도 한다. 그러나 이와 무관하게 PTSD를 겪고 있는 사람은 공통적으로 거리감이나 소외감을 자주 느낀다. 대인관계에서도 주위 사람과 친하게 지내는 것을 어려워하고, 타인과 정서적으로 가깝게 지내는 것을 매우 힘들어 하며, 오히려 타인에게 공격적인 태도와 위협적인 행동을 가하기도 한다.

2006년 57건에 불과하던 미국 내 가정폭력 범죄가 이라크 전쟁이후 145건으로 증가한 것은 타인에 대한 거리감이나 소외감을 느끼는 증상과 무관치 않다. 캄보디아 난민 중에서 약 50% 이상이 타인으로부터 이질감을 느꼈다는 연구결과 보고는 이 같은 사례를 잘 입증해 주고 있다(Kinzie, 1986).

사 례

2010년 3월 26일 밤 9시22분께 백령도 근처 해상에서 해군 초계함인 천안함이 북한의 공격으로 침몰하는 사건이 발생하였다. 이 사건으로 천안함에 탑승했던 승조원 104명 중 40명이 사망하고 6명은 실종되었으며, 58명이 구조되었다. 가까스로 살아남은 생존자 중 한 명인 부사관은 낮에는 그나마 정상적인 상태로 생활하였으나 주위 사람과 잘 어울리지 못했고, 밤만 되면 혼자 술을 마시며 넋두리를 자주 하였다고 한다.

7) 긍정 정서를 느끼지 못함(예: 행복감, 만족감, 애정)

충격적인 외상사건을 경험한 사람은 긍정정서의 범위가 축소되는 경향을 보인다. 이들은 좋아하는 사람에게 감정표현을 잘 하지 못하며 가족문제와 결혼문제, 성적인 문제 등으로 고통을 받기도 한다. 친밀감과 부드러움, 성적인 감정과 연관된 느낌을 잘 느끼지 못하며 극단적인 경우에는 어떠한 정서도 표현하지 못한다(김환, 2010).

긍정정서를 느끼지 못하는 것은 정서적으로 마비되는 것과 같은 현상으로 자칫 대형 사고를 일으킬 위험성이 있다. 행복감과 만족감, 애정과 같은 긍정정서를 느끼지 못해 자살 및 범죄로 이어지기도 한다. 가족문제와 결혼문제 등으로 고통을 받을 뿐만 아니라, 친밀감과 성적인 감정 및 애정을 잘 느끼지 못한다.

4. 각성과 반응성의 변화

PTSD의 네 번째 증상은 트라우마 경험 후 나타나는 각성과 반응성의 변화를 다루고 있다. 자극이 없거나 사소한 자극에도 짜증스런 행동이나 분노 폭발, 무모하거나 자기 파괴적인 행동, 과도한 경계와 놀람 반응, 집중 곤란과 수면장애 등이 나타난다.

1) (자극이 없거나 사소한 자극에도) 짜증스런 행동이나 분노 폭발

극단적인 트라우마를 경험한 사람은 일반적으로 성마름, 화남, 분노, 적대감, 폭력적인 감정을 표출하는 특징을 보인다. 화를 잘 내는 사람은 종종 예측하기 어려운 공격행동을 보이며 아무도 건드리지 않을 때에도 화를 내곤 한다.

PTSD 증상이 있는 군인의 경우에는 초기에 적절한 치료를 받지 못하면 전역 후 정상적인 생활을 하지 못하고 힘들게 생활한다. 2002년 한일 월드컵 경기 중 발생한 제2연평해전에 참전했던 해군 부사관 출신의 한 40대 남성이 그 예다. 그는 당시 교전의 정신적인 충격으로 오랫동안 불안과 두려움, 공포에 시달리며 살아왔다.

전역한 이후에도 그는 줄 곳 교전 당시 받았던 충격 때문에 TV에서 북방한계선이나 북한 도발 등의 뉴스가 나오면 분을 참지 못하고 화를 냈다. 그러던 중 그의 어머니가 안타까운 마음에서 “아들아, 이제 그 일은 그만 잊어버리는 것이 좋겠구나.”라고 한 말에 격분하여 자기가 살고 있는 집에 불을 지르는 일이 발생하였다. 이렇게 PTSD를 겪고 있는 사람은 자극이 없거나 사소한 자극에도 짜증과 분노를 폭발하는 특징이 있다.

사 례

경기도 연천에서 발생한 GP 총기난사 사건에서 생존한 장병들은 사고 조사과정에서 죄인 취급을 당한 것으로 알려지고 있다. 잠을 자야 하는 시간에도 2~3시간씩 불려나가 조사를 받아야 했는데 무려 그 기간이 20일이나 되었다고 한다. 현장검증을 한다면서 피비린내 나는 생활관에 한 시간씩 데려가 처참했던 장면을 세 번씩이나 반복적으로 연상하게 하였다. 이로 인해 생존 장병들에게 공통적으로 나타난 증상은 밤에도 불을 켜 놓아야만 잠을 잘 수가 있었고, 어두우면 잠을 자지 못하고 짜증과 화를 냈다고 한다. 폭력적인 감정으로 자해 행위를 하는 병사도 있었으며, 부모와의 대화 중에도 신경질적인 반응을 보이고 화를 냈다고 생존자 중 한 명인 천모 일병의 아버지가 전해왔다.

2) 무모하거나 자기 파괴적인 행동

미국의 참전용사인 이츠코아틀(23)은 전역 후 환각에 시달려 생활하다 노숙인 4명을 연쇄 살해하는 일이 발생하였다. 국연방수사국(FBI)은 흉기에 찔린 채 숨진 노숙자 현장 근처에서 이츠코아틀을 살인혐의로 체포하였다. 피해자인 노숙자는 공교롭게도 베트남전에 참전했던 퇴역군인인 것으로 알려졌다.

이츠코아틀의 가족들은 이츠코아틀이 이라크에서 돌아온 뒤 환청과 환각, 두통에 시달리며 정상적인 생활을 못하였다고 말하였다. 그의 아버지인 오캄포(49)는 아들이 2006년 군에 입대해서 이라크 전쟁에 파병되기 전까지만 해도 매우 예의바르고 친절하며 적극성과 추진력을 갖춘 모범적인 청년이었으나 군에서 전역하고 집에 돌아온 이후부터는 매사에 의욕을 잃고 술과 컴퓨터 게임에 빠져 지냈다고 한다.

PTSD를 겪고 있는 사람의 무모하거나 자기 파괴적인 행동은 비단 이츠코아틀뿐만이 아니다. 이라크 전쟁에 참전했던 한 퇴역 군인이 국립공원에서 총을 난사하고 눈 덮인 산으로 도망쳐 숨어 다니다가 숨진 채 발견된 사례도 있었다.

3) 과도한 경계

과도한 경계상태는 외부세계에 대하여 항상 경계심을 늦추지 않고 긴장하며 민감한 상태를 유지하는 것을 말한다. 이런 상태가 심해지면 편집증으로 발전할 수 있고 편집증이 아니더라도 일부 PTSD를 겪고 있는 사람은 편집적인 특징을 일상생활 속에서 드러낸다. 이런 방식으로 적응한 사람은 타인과 상호작용하면서 경계심을 갖고 적대적이라고 느끼면 과격하게 반응하는 특징을 보인다.

이라크 아르빌에 파병되었다가 복귀한 우리나라의 한 병사가 길거리를 걷다 뻥튀기 소리를 듣는 순간 갑자기 길바닥에 엎드리는 일이 벌어진 적이 있었다고 한다. 이 같은 사례는 PTSD로 발현된 불안과 공포, 긴장, 경계심이 늘 유지되어 자신도 모르게 나타난 행동이고 할 수 있다.

사 례

서울에서 지하철 8호선을 운행하는 열차 기관사 이모(38)씨는 열차근무를 시작할 때마다 다짐을 한다. 언제 다시 발생할지 모르는 지하철 투신자살에 대비하기 위해서 자기최면을 하는 것이다. 그는 2003년 9월과 2004년 2월 두 번이나 열차 선로로 뛰어든 자살 사고를 경험한 바 있다. 그래서 그는 자살 사고가 일어난 지하철역에 들어올 때면 긴장과 식은땀이 나고 심장이 쿵쾅거리며 신경이 온통 예민해진다고 한다.

4) 과도한 놀람반응

PTSD를 겪고 있는 사람은 유사한 사건이나 사건을 상징하는 것에 지나친 놀람반응을 보인다. 외상사건을 경험한 사람은 신체의 자율적 흥분이 증가한다. 이러한 생리적 각성으로는 심장박동률이나 혈압의 증가, 피부반응의 증가, 수면곤란, 경계 및 놀람반응 등이 증가하는 것으로 알려지고 있다.

사례

서울지하철공사 소속 김모(35)씨는 2호선 강변 역을 지날 때마다 깜짝깜짝 놀라는데, 2004년 1월 30대 여성이 투신자살한 역이기 때문이다. "지하철을 향해서 달려들던 그 순간 그 사람의 눈빛을 잊을 수가 없습니다. 그 여인과 비슷한 옷차림을 한 사람이 승강장에 서 있는 것만 보아도 온몸이 긴장되고 머리가 쭈뼛쭈뼛 서는 것을 느낍니다."

5) 집중곤란과 수면장애

PTSD를 겪고 있는 사람은 공통적으로 집중력 곤란 및 저하와 과제를 처리함에 있어 어려움을 보이는 특징이 나타난다. 수면장애는 잠들기 어렵고 수면상태를 유지하기 어려울 뿐만 아니라, 수면 시 자주 깨는 등의 증상으로 PTSD 증상이 있는 사람에게서 일반적으로 나타나는 현상이다.

세월호 침몰 당시 극적으로 탈출한 생존자는 하나 같이 집중력 곤란과 수면장애를 호소하였다. 글씨가 보이지 않을 정도로 시력이 안 좋아진 사람, 두통을 호소하는 사람, 방향감각을 잃은 사람에 이르기까지 그 후유증도 다양하게 나타나고 있다. 광주지법에서 2014년 7월 22일부터 24일까지 진행된 세월호 재판 증인신문에 출석한 일반인 탑승객들은 모두 정신적·육체적 고통을 호소하였다.

제주항 펜스공사를 위해 세월호에 승선했다가 목숨을 구한 강모씨는 재판장 앞에서 증인 선서문을 제대로 읽지 못하였다. 그는 법정 경위가 불러주는 선서문을 그대로 따라 읽은 뒤에야 비로소 심문에 임하였다. 사고 당시 3층에 있던 그는 갑판 난간이 물에 잠기는 순간 탈출을 결심하고 잠수를 통해 배에서 빠져나오게 되었다. 그는 "사고 이후 온몸이 떨려 일이 집중이 안 되고, 잠을 이룰 수가 없었다."고 호소하였다.

제3절 발병의 원인

1. 위험요인과 보호요인

PTSD는 외상사건경험 그 자체가 일차적인 원인이 되지만 외상사건을 경험했다고 모든 사람이 다 PTSD 증상을 겪는 것은 아니다. 동일한 외상사건을 경험했다 하더라도 외상사건 이후에 잘 적응하는 사람이 있는가 하면 수년이 지나도 심리적 고통 속에서 생활하는 사람이 있다. 이 같은 사항을 고려해 볼 때 PTSD 유발은 분명한 개인차가 존재한다는 것을 알 수 있다.

1) 위험요인

PTSD는 어떤 단일한 요인으로 발생하지 않는다. PTSD 발병은 여러 요인이 상호작용하여 발생하는데 그 중 외상사건을 경험하기 이전의 요인이 큰 영향을 미친다. 최근에는 외상 자체의 심각성보다 스트레스 요인에 대한 각 개인의 개인차와 주관적 반응의 의미가 더 강조되고 있는 추세다. PTSD 발병의 개인차 요인으로는 정신장애에 대한 유전적 또는 기질적인 취약성, 의존성이나 정서적 불안정성과 같은 성격특성이 존재한다.

이는 외상사건을 경험하기 이전부터 개인 마다 다른 유전적인 요인과 개인적 특질을 지니고 있음을 강조하는 의미이다. 경계성 · 편집성 · 반사회성 · 의존성 등과 같은 유전적인 취약성과 주관적인 반응성이 PTSD의 주요 요인으로 작용한다. 가족 중 불안장애를 가진 사람이 있으면 PTSD 발병 가능성이 훨씬 높게 나타나는 이유가 이러한 개인의 위험요인 때문이다(김환, 2000).

외상 이전의 PTSD 위험요인은 주로 다음과 같다.

- 사회적 지지를 받을 수 있는 가족이 결여된 경우
- 충격적인 외상경험 이전의 기능 수준이 낮은 경우

- 생명의 위협이 되는 충격적인 외상사건을 경험한 경우
- 어렸을 때 경험한 방임, 학대 등으로 트라우마가 존재하는 경우
- 아동기에 부모가 별거하거나 이혼하여 애착관계 형성이 안 된 경우
- 정신질환에 취약한 유전적 특성이나 가족력을 지니고 있는 경우
- 최근 생활에서 심각한 스트레스를 일으키는 삶의 변화가 있는 경우
- 성격장애, 우울장애, 불안장애, 알코올중독 등 다른 정신질환이 있는 경우
- 여성, 25세 미만의 연령, 범죄 행위와 관련된 가족력이 있는 경우 등

외상사건 경험 이전만큼이나 외상사건 이후에 발생하는 부정적인 사건 즉, 2차 스트레스원에 의해서도 PTSD 발병에 영향을 미친다. 2차 스트레스원에는 개인 자신의 신체상해, 주거피해, 재산손실 뿐만 아니라 재정적 스트레스, 실직이나 실업 등 직업과 관련된 스트레스 등이 포함된다(Giannopoulou et al., 2006). 이러한 2차 스트레스원은 외상경험 그 자체로 인한 스트레스만큼이나 개인의 트라우마 반응에 부정적인 영향을 미치며, 정신건강문제를 장기적으로 악화시키는데 기여한다.

2) 보호요인

PTSD 위험요인은 장애 발병을 유발하는 요인인데 반해, 보호요인은 장애 발병을 예방하고 막아주는 역할을 한다. PTSD 보호요인으로 영향을 미치는 심리적 요인은 높은 교육수준과 직업, 사회적 지지, 친밀한 가족체계, 원만한 대인관계 등의 사회적 요인을 포함한다. 내적 통제감과 희망, 낙관성, 감사, 영성, 삶의 목적 등 긍정적인 심리적 요인도 관여한다. 이 중 사회적 지지는 트라우마를 경험한 이후 PTSD로 이환될 가능성을 감소시킨다는 것이 여러 연구에서 밝혀졌으며, 일관되게 PTSD 발병을 완화하는 효과를 가져 온다고 강조하고 있다.

PTSD 증상을 겪고 있는 사람이 할 수 있는 행동대처 방법으로는 적응적인 방법과 부적응적인 방법이 있다. 적응적 행동대처는 건강관리서비스를 이용하는 등 스트레스에 적극적으로 대처하는 방법을 말한다. 상황을 통제할 수 있다고 인식하거나 긍정적·낙관적으로 대처하는 행동은 일관되게 외상경험 이후의 심

리적 고통을 경감시키는 것으로 알려지고 있다.

반면, 흡연과 음주, 약물 사용 등과 같은 대처행동은 단기적으로는 트라우마 반응성과 심리적 고통을 낮추는 데 기여하지만, 장기적으로는 오히려 만성적이 되어 중독과 같은 또 다른 역효과의 문제를 발생시킨다(Vlahov et al., 2002).

최근에는 트라우마 대처에 자기효능감이 긍정적인 영향을 준다는 연구결과가 보고되고 있다. 자신에게 어떤 일이 일어나든 관계없이 나는 그 일에 잘 대처할 수 있다고 스스로 믿을 때 실제 외상사건이 일어나더라도 적절한 행동을 하는 것으로 알려지고 있다(Augustin, 2014). 이 외에도 보호요인으로는 독서(Storr et al., 2007), 교육(Schnurr et al., 2004), 강한 정신력(Kobassa, 1982), 긍정적·낙관적 대처(Augustin, 2014) 등이 있다.

2. 이론적 관점

1) 정신분석적 관점

프로이트가 창시한 정신분석은 PTSD의 원인을 자아의 손상과 외상의 재현 등 두 가지로 설명한다. 정신분석은 어린 시절의 경험이 성격 형성에 지대한 영향을 미친다고 주장하며, 정신적 결정론과 무의식적 동기를 중요시 여긴다. 특히, 인간의 마음을 원초아(id)와 자아(ego), 초자아(superego)로 구분하는데 이들 간의 균형이 외상사건으로 깨어질 때 나타나는 심리적 문제를 PTSD라고 설명한다. 다른 하나는 과거에 억압되었던 심리적 갈등이 외상사건으로 재현되는데 이를 PTSD라고 설명을 하고 있다.

(1) 자아의 손상

원초아(id)는 본능적인 욕구를 추구하고 이를 즉각적으로 충족하고자 하는 쾌락의 원리에 따라 움직인다. 초자아는 이와 반대로 바람직하고 이상적인 것을 추구한다. 이렇게 원초아와 초자아는 추구하는 것이 상대적이라서 이 둘의 균형을 자아가 유지한다. 자아는 원초아의 욕구를 고려하면서도 초자아의 압력을 수용하는 방법을 찾아 이 둘 간의 갈등을 저절한 수준에서 해결하고자 노력한다.

그러나 이러한 갈등을 중재하는 자아의 힘이 약하면 원초아 또는 초자아로 에너지가 쏠려 심리적 갈등이 일어나는데 이를 트라우마로 여긴다. 외상사건을 통해 자아가 손상되고 그에 따라 자아의 힘이 약해져 자아가 제 기능을 수행할 수 없을 때 PTSD가 발생한다는 입장이다.

(2) 트라우마의 재현

정신분석에서는 유아기의 성(性)과 관련된 심리적 트라우마 기억이 존재할 경우 현재 경험하는 외상사건으로 인해 재현된다고 본다. 본래 어린 아이는 약한 존재이다. 따뜻한 돌봄과 관심과 애정과 보호가 필요하나 방임되거나 학대받을 경우 또는 성적 트라우마를 경험하면 현재 경험하는 외상사건을 통해 이전에 정지되었던 해결되지 못한 여러 심리적 갈등이 PTSD 증상으로 나타난다고 설명하고 있다.

다시 말해, PTSD는 무의식에 억압된 과거의 트라우마와 관련된 감정을 표출하지 않아서 나타나는 증상으로 여긴다. 의식 중에 있던 위험한 기억과 부정적 감정, 생각 등이 무의식으로 들어가고 이것이 다시 의식 밖으로 나오지 못하도록 억압하는 과정에서 PTSD로 이환된다고 보는 입장이다.

2) 행동주의적 관점

20세기 초 러시아 생리학자인 파블로프(Ivan Pavlov)는 개의 소화과정에 대한 실험을 통해 '고전적 조건형성' 원리를 제안하였으며 이를 근거하여 행동주의가 탄생하였다. 이후 스키너(Skinner)의 실험 연구를 통해 행동에 대한 보상이 학습을 가능케 한다는 '조작적 조건형성'의 원리가 제안되었다.

행동주의는 인간의 모든 행동이 환경과의 상호작용 속에서 학습된 것이라고 여기는 이론이다. 정신역동과 같이 개인 내부에서 일어나는 보이지 않는 정신요소를 측정하는 것을 지양하고, 객관적으로 관찰 가능한 눈에 보이는 행동만을 연구해야 한다고 강조한다. PTSD의 발생원인에 대해서도 다양한 이론을 통해 설명하고 있다.

모러는 PTSD가 발생하는 원인을 앞서 언급한 두 가지 원리를 적용하여 2요인 학습이론(two-factor theory)을 주장하였다(Mowrer, 1960). 고전적 조건형성은 PTSD 환자가 갖는 두려움과 공포증상을 잘 설명하고 있으며, 조작적 조건형성은 PTSD 환자의 회피 행동을 잘 언급하고 있다. 고전적 조건형성은 트라우마 경험과 비슷한 자극에 반응하는 공포와 두려움에 대한 연합의 원리를 들어 설명하고 있고, 조작적 조건형성은 트라우마 경험에 따른 회피 행동을 강화의 원리를 적용하여 언급하고 있다.

(1) 고전적 조건형성

러시아의 유명한 생리학자인 파블로프는 1900년대 초 개의 침샘 일부를 외과적으로 적출하여 먹이를 먹을 때마다 분비되는 침의 양을 측정하는 연구를 시도하였다. 연구가 진행되는 과정 중에 문득 개가 먹이를 주러 오는 사람의 발자국 소리를 듣거나, 비어 있는 밥그릇만 보아도 침을 흘린다는 사실을 발견하게 되었다.

여기에서 고전적 조건형성의 개념이 출발을 한다. 개는 발소리와 그릇이 먹이와 함께 나타난다는 일종의 '연합의 원리'를 학습한다는 것을 새롭게 발견하였으며 침 분비와 아무런 상관이 없는 발소리와 빈 그릇이 먹이와 같은 효과를 나타낸다는 원리를 발견한 것이다. 파블로프는 이러한 결과를 보다 구체적으로 알아보기 위해 먹이를 주기 전에 항상 불빛을 비추어 불빛도 먹이와 같은 효과가 나타나는지를 알아보았는데 그 결과는 동일하게 나타났다.

충격적인 재난이나 끔찍한 트라우마를 경험한 사람도 이와 같은 원리로 설명을 하고 있다. 군인에게 성폭행을 당한 여성은 군복을 입은 사람만 봐도 두려움을 느끼고, 세월호 침몰사고를 경험한 사람은 물만 보아도 두려움을 느끼는 것이 이 같은 연합의 원리 때문이다. 성폭력과 군복이 연합이 되고 물과 침몰사건이 연합된 결과다.

이러한 현상은 외상사건의 경험에서 발생한 불안, 공포와 연합되는 것에만 해당되는 것은 아니다. 특정한 생각이나 냄새도 두려움과 연합된다. 예를 들어, 필자는 과거에 치과에서 사랑니 치료를 받았던 적이 있었는데 치료를 받는 과정이 너무 고통스러워 다른 생각을 하면 나아질까 생각하여 어릴 적 가까웠던 친구를 생각하면서 치료를 받았다.

그런데 언제부터인지 그 친구를 생각할 때마다 이가 아프기 시작하였다. 그 원인을 알지 못하다가 한참이 지나서야 치료과정에서 친구를 떠올렸던 생각이 이를 빼는 고통과 연합되었다는 사실을 알게 되었다.

연합은 유사한 자극에도 공포와 두려움을 느끼는 자극일반화를 경험한다. 화재현장에서 불에 탄 시신을 수습한 소방관은 공통적으로 단백질이 타는 냄새를 느꼈다고 말한다. 화재를 진압하면서 경험한 이 같은 불쾌한 냄새는 일상생활에서 맡는 유사한 냄새에도 두려움을 느낀다. 휴식시간에 마시는 커피 냄새와 식당에서 음식을 먹으며 맡는 냄새까지도 불안을 느낀다.

이 같은 현상은 화재현장에서 맡은 단백질 타는 냄새가 점차 유사한 냄새로까지 확장되었기 때문이다. 집에서 햄버거를 먹다가도 혹은 시장을 보다가도, 집에서 누워 있다가도 문득 그와 유사한 냄새가 나면 화재사고 현장에서 목격한 불에 탄 시신이 떠올라 냄새를 피하려고 집 밖으로 나가는 이유가 바로 여기에 있다.

[그림 5-3] 고전적 조건형성의 원리

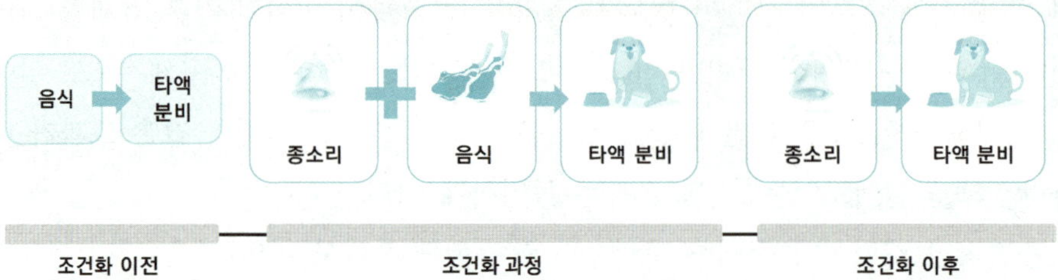

(2) 조작적 조건형성

스키너는 조건반사의 원리에 입각한 학습을 연구하여 발전시켰는데 우리가 알고 있는 스키너 상자(Skinner Box)가 이를 잘 설명해 주고 있다. 스키너는 몇 가지 장치를 해둔 상자 속에 쥐를 넣고 관찰하였다. 지렛대와 전등, 먹이 접시 등을 그 상자 안에 설치해 두고 쥐가 지렛대를 누를 때에 먹이가 나오도록 장치하였다.

상자에 들어간 쥐는 갖가지 행동을 하다 우연히 지렛대를 누르자 먹이가 나온다는 사실을 알고 같은 행동을 반복하였다. 지렛대를 누르는 횟수는 먹이가 나오지 않는 경우보다 먹이가 나오는 경우가 더 급격히 증가하여 나타났다. 이러한 현상은 먹이가 행동을 반복하게 하는 강화물(reinforcement)의 역할을 하였기 때문이다. 쥐가 강화물에 의해 어떤 행동을 반복하게 되는 것처럼 사람도 이와 마찬가지라고 스키너는 주장하였다.

조작적 조건형성의 원리는 PTSD를 겪고 있는 사람의 회피행동을 잘 설명하고 있다. 일반적으로 인간은 외상사건을 경험하면 사건과 관련된 장소나 상징적인 대상을 피하려고 노력한다. PTSD를 겪고 있는 사람은 이에 더하여 외상사건과 관련한 고통스러운 기억, 생각, 감정까지도 피하려고 노력한다.

이러한 회피 증상은 경험을 기억하지 못하는 것부터 사고와 지각, 감정, 언어 반응이 멈추어버리는 심각한 경우까지 있다. 이러한 증상은 모두 고통을 피하기 위한 방편들이다. 두렵고 고통스러운 그 때의 경험을 생각하지 않으면 잠시나마 불안과 두려움, 공포가 되살아나지 않기 때문에 이를 회피하려고 하는 것이다.

필자는 어릴 적 가정환경이 친구들과 비교가 안 될 정도로 어렵고 빈곤하였다. 아버지는 꼽추 장애자셨고 어머니는 작고 가녀린 분이셨는데 두 분 모두 일찍 세상을 떠나셨다. 큰 누나마저 세상이 힘들어 스스로 목숨을 끊으셨고, 네 분의 형들은 뿔뿔이 흩어져 제 살길을 찾아 모두 고향을 떠났다. 혈혈단신 홀로 남겨진 나는 불우이웃 돕기로 지원되는 물자로 근근이 끼니를 이어갔고, 중·고등학교 때는 골프장에서 주말마다 남자 캐디 일을 하면서 스스로 학비를 벌어 학교에 다녔다.

그 당시 필자를 가장 힘들고 아프게 했던 상처는 가난하다는 이유로 주위 사람들의 멸시와 부모 없는 자식이라는 무시를 당하는 것이었다. 그래서 나는 지금도 고향에 내려가는 것이 썩 마음에 내키지 않아 특별한 경우를 제외하고는 잘 내려가지 않는다. 군대 동기들은 노후에 고향에 내려가 살고 싶다고들 말하곤 하는데 나는 전혀 그럴 생각이 없다. 어릴 적 상처를 받았던 트라우마와 관련된 장소가 고향이라서 이를 회피하고자 하는 마음이 아직까지 작동하고 있다고 생각한다.

[그림 5-4] 조작적 조건형성의 원리

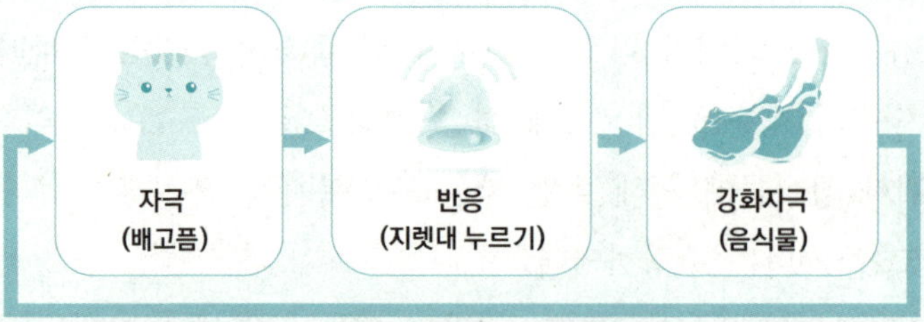

아프고 힘들었던 트라우마의 경험을 덜 느끼고자 피하는 것은 어찌 보면 당연한 것일지도 모른다. 승강기 안에서 성폭행을 경험한 여성은 승강기를 타는 것을 회피하게 되고, 운전하다 교통사고를 당한 사람은 차를 타는 것을 극도로 꺼리는 것이 모두 같은 이유 때문이다. 회피증상은 조작적 조건형성의 강화 원리로 설명이 가능하다. 정적강화는 긍정적 자극의 보상으로 행동을 강화하는 것이라면, 부적강화는 부정적 자극을 제거하여 행동을 강화한다.

자녀가 아침에 일찍 일어나면 좋아하는 장난감을 사주는 것은 정적강화에 해당한다. 반면, 평소 가기 싫은 학원에 가지 않도록 허락해주는 것은 부적강화다. PTSD의 회피행동은 부적강화의 원리가 작동하는 것이다. 고통을 주는 단서를 회피하는 이 같은 행동은 단기간은 불안과 두려움을 감소시켜 심리적 고통으로부터 벗어나게 하는 효과가 있다. 그렇지만 회피행동은 장기적으로 PTSD 증상을 계속 유지하게 하는 부작용을 낳으며, 시간이 지날수록 회피행동이 강화되어 치료를 더 어렵게 만든다.

3) 인지주의 관점

대부분의 행동주의 학자는 학문의 연구대상을 의식(意識)에 두지 않고 인간의 행동에 초점을 두고 있다. 오직 자극과 반응의 관계와 그 관계로 구성되는 체계를 주로 다룬다. 하지만 인지주의자는 인간을 사고하는 존재로 전제하여 인간의 내부에서 일어나는 능동적인 사고과정과 인지구조를 중시한다. 정보가 뇌 속에서 어떠한 처리과정을 통해 저장되는지와 인지도식 등을 주로 다룬다.

(1) 인지도식, 완전경향성, 정보과부하

호로비츠(Horowitz, 1986)는 일찍이 외상사건에 대한 정보가 본인이 지닌 기존 인지도식에 배치되면 정상적인 처리가 어렵다고 주장하였다. 이러한 호로비츠의 주장을 이해하기 위해서는 도식(schema)이라는 개념과 완전경향성(completion tendency), 정보과부하(information overload)에 대한 개념을 알아야 한다.

인지도식(cognitive schema)은 개인이 가진 고유한 생각의 틀이자 정신적인 틀로서 공식과 같은 것이다. 인간은 이 같은 도식을 통해 생각하고 행동하는 패턴을 조직화한다. 도식은 비슷한 상황에서는 항상 비슷한 생각을 하도록 이끌며, 주변 환경이 변화되었다 하더라도 생각하는 틀을 바꾸기 보다는 원래의 방식대로 생각하도록 한다.

예를 들어 '여군은 남군보다 열등하다'는 식의 인지도식을 가진 병사가 있다고 하자. 그 병사는 애인이 면회를 와서 말을 많이 하자 '여자가 알면 얼마나 안다고...!'라고 생각할 수 있다. 또한 부대에서 함께 근무하는 여군 상관이 하는 지시와 명령에도 같은 방식으로 생각할 수 있다. 인지도식은 이 같은 방식으로 정보를 받아들인다. 만약 개인이 정보를 받아들이는 도식이 원통형으로 생겼다면 사각형으로 생긴 것을 봐도 원통형으로 보게 되는 것이 바로 인지도식 때문이다.

인지도식은 개인마다 다르게 형성되어 있다. 그 이유는 개인의 특성에 따라 정보처리를 빠르게 하려는 생존전략의 한 방편이기 때문이다. 도식이 사전에 형성되어 있으면 정보를 빠르게 받아들이고 이를 신속하게 처리하는 데 유리하다. 반면, 도식에 맞지 않는 정보가 들어오면 그 정보를 무시하거나 때로는 왜곡하기도 한다. 새로운 정보가 도식에 들어오면 기존에 있던 도식의 틀에 부합될 때까지 계속해서 정보를 처리하려는 완전경향성(completion tendency) 때문이다.

만약, 새로운 정보를 처리하려고 노력해도 해결되지 못하는 미해결 상황이 지속되면 이를 무시하거나 억압하고 혹은 왜곡하거나 잊어버리려고 시도한다. 하지만 이 마저도 완전경향성 때문에 쉽게 잊지 못하는 상황이 된다. 충격적인 외상사건을 경험하면 이렇게 개인이 가진 도식의 틀에 부합될 때까지 계속해서 정보를 처리하는 과정에서 생각, 이미지, 감정, 느낌 등이 튀쳐나오게 되는데 이를 PTSD 증상으로 여긴다.

충격적이고 끔찍한 외상사건을 경험하면 새로운 정보량이 엄청나게 많이 들어온다. 그것은 대부분 개인의 도식에 부합되지 않은 상태의 정보들이다. 새로 들어온 정보가 시간이 지나도 처리되지 않은 채 도식 속에 그대로 남아 있는 상태를 정보과부하 상태라고 말한다. 일상적인 생활스트레스 사건이나 새로운 환경 변화에 적응하기까지 많은 시간이 걸리는 이유가 바로 이러한 정보과부하(information overload) 때문이다.

외상사건은 사건이 주는 정보의 양이 무척 많다. 뿐만 아니라 많은 정보를 개인의 도식으로 해결하기 어려워 정보과부하 현상이 발생한다. 이 같은 현상이 곧 침투증상을 일으키고 회피증상으로 이어지게 만든다.

(2) 붕괴된 신념체계

사람은 누구나 쉽게 흔들리지 않는 자기 자신에 대한 믿음과 세상에 대한 기본적인 신념을 갖고 살아간다. 외상사건은 나에게 일어나지 않을 것이라는 믿음과 이 세상은 의미 있고 공정하다는 신념, 나는 외상사건과 같은 충격적인 사건을 겪어서는 안 되는 소중한 사람이라는 가치감 등이 트라우마 사건으로 철저히 붕괴되어 PTSD를 유발한다.

일반적으로 많은 사람은 자신이 살고 있는 세상을 의미 있게 바라보고 공정하다는 기본 신념을 갖고 살아간다. 그러나 학교에서 성폭력을 당한 학생은 학교를 참된 교육의 현장으로 생각하지 않는다. 군에서 구타와 가혹행위를 경험한 장병은 군대가 공정하지 않은 조직이라고 생각한다. 이렇게 충격적인 외상사건을 경험하면 기존 개인이 지니고 있던 세상에 대한 기본신념이 바뀐다.

인간은 누구나 자신을 소중한 사람으로 생각하며 살아간다. 자신에게는 충격적이거나 끔찍한 사건을 경험하지 않고 살아갈 것이라는 긍정적인 믿음을 갖는다. 그래서 예상치 못한 사고를 경험한 사람은 왜 이런 일이 자신에게 발생하였는지 의문을 가지며 사건 자체를 부정하기까지 한다. 이 같은 모습은 충격적인 외상사건 경험을 통해 자신의 신념이 급격히 붕괴되어 나타나는 현상이다.

(3) 정보처리과정

외상사건을 경험한 사람의 반응은 다양하다. 비록 외상사건을 경험했더라도 이를 성공적으로 극복한 사람이 있는 반면, 사건 충격을 극복하지 못한 사람도 존재한다. 정신적인 스트레스와 심리적 불안감으로 외상 이전의 기능을 회복하지 못한 채 불안정한 모습으로 삶을 살아가기도 한다. 본인의 강한 의지와 주변인의 적극적인 도움으로 심리적 어려움을 잘 이겨내고 자신의 삶에 대한 의미와 가치를 새롭게 찾은 사람들도 있다.

외상사건을 경험한 사람들이 모두 PTSD로 발전되지 않은 이 같은 모습은 외상사건을 경험한 이후에 어느 특정한 단계가 작용하고 있다는 것으로 해석할 수 있다. 호로비츠(Horowitz, 1986)는 외상사건을 경험한 이후에 적응과정과 부적응의 과정으로 이어지는 분기점이 존재한다고 설명하고 있다.

1단계는 외침단계(충격 단계)로 외상사건에 공황, 해리와 같은 반응을 즉각적으로 보이는 단계다. 이 단계에서는 피해자들이 외상사건을 잘 이해하지 못한다. 2단계는 거부단계(회피단계)로 트라우마 경험에 대하여 부인하는 단계다. 약물과 알코올을 남용하고 자신이 누구인지를 잘 기억하지 못한다.

3단계는 왕복단계(동요단계)는 침투와 회피증상을 동시에 경험하고 절망하며 대인관계를 회피한다. 이 단계가 지속되면 PTSD로 이어진다. 4단계는 훈습단계다. 침투증상이 덜하고 회피와 마비가 점점 약해지며 정보처리가 조금씩 이루어진다. 5단계는 반응완결단계다. 트라우마 경험이 자아에 통합되고 성격구조에 변화를 보이는 등 트라우마 정보가 완전히 처리되는 단계다.

[그림 5-5] 정보처리 5단계

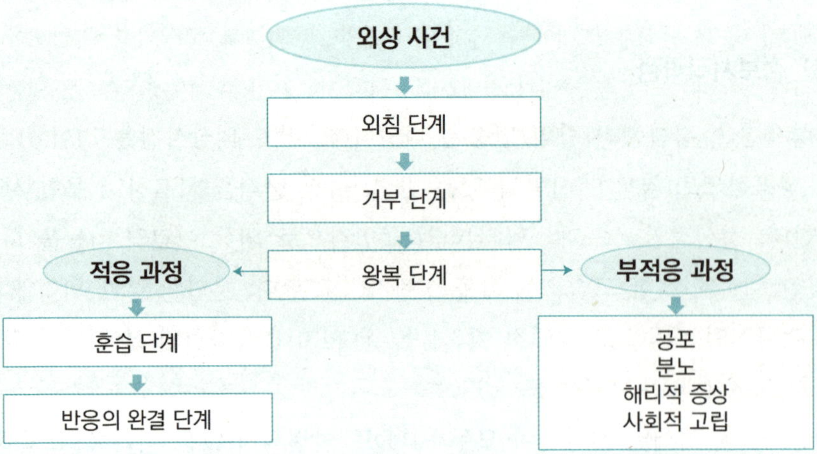

출처: Horowitz, 1986

3. 생물학적 관점

PTSD의 개인적인 취약성은 주로 유전적이고 생물학적인 관점과 심리적인 측면, 사회적 관점에서 주로 설명한다. 생물학적 관점에서는 뇌세포의 파괴로 뇌가 전체적으로 작아지고, 해마와 편도체를 비롯한 변연계가 손상되면 손상된 뇌에서 호르몬 분비에 이상이 생겨 PTSD 증상이 나타난다고 설명한다. 또한 뇌신경 체계와 신경전달물질인 도파민, 벤조다이아제핀, 노르에피네프린 수용체 및 시상하부－뇌하수체－부신축의 기능에 이상이 생겨 PTSD가 발생한다는 입장을 취하고 있다.

1) 주요 개념

생물학적 관점의 지지자는 PTSD 환자 군에서 자율신경계 반응이 과도하게 증가한다는 연구결과와 함께 혈압과 심장박동수가 증가하고 정상적이지 못한 수면구조를 그 증거로 제시하고 있다. 이러한 연구결과는 트라우마 사건을 경험하기 이전부터 개인이 지니고 있는 유전적인 요인으로 여기기도 한다.

(1) 작은 해마

PTSD 환자는 상대적으로 작은 해마(hippocampus)를 가지고 있다는 연구결과가 제시되었다(Astur et al., 2004). 해마는 우리 뇌에서 정보를 처리하여 전달하거나 기억을 저장하고 인출하는 중추기관으로 편도체(amygdala) 옆에 붙어 있다. PTSD 환자에게서 발견된 작은 해마와 만성적으로 스트레스를 받는 동물의 해마에서 뉴런(neuron)이 상실된 증거는 해마가 작아질 수 있다는 가능성을 분명하게 보여준다.

부모의 자궁 속에 있을 때 산모의 호르몬 분비 불균형이 있었거나 유아기의 영양 부실에 의한 뇌 발달의 저하는 상대적으로 작은 해마를 가지고 태어날 가능성이 있으며, 이는 PTSD 발병을 높일 수 있다는 연관성을 추정해 볼 수 있다. 그렇지만 PTSD 발현이 해마의 축소를 야기한다는 가정은 아직까지 과학적으로 입증되지 않고 있다.

(2) 편도체의 과활성화

PTSD 발병의 또 다른 원인은 편도체의 과도한 활성화 때문이다. 우리의 뇌는 생존과 관련된 것은 망각하지 않고 기억하도록 프로그램 되어 있다. 우리가 위험을 감지하면 가장 먼저 편도체가 활성화하고, 이어 시상의 명령으로 부신에서 아드레날린을 분비한다. 이 같은 현상은 곧 심장박동을 증가시키고 각 근육에 혈액을 빠르게 공급하여 힘이 생기게 한다. 이것을 우리는 싸우기 아니면 도망가기 반응이라고 말하는데 위급한 상황에서 생각하지 못했던 힘이 나오는 것은 이 같은 생존반응때문이다.

[그림 5-6] 뇌의 해마와 편도체

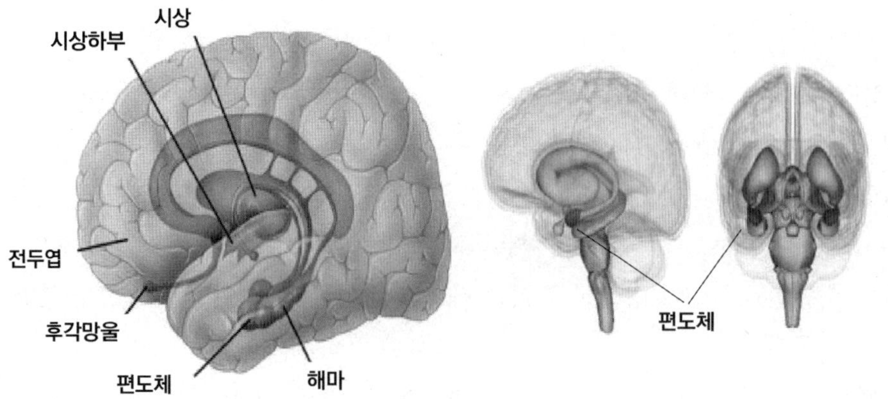

감정과 관련된 기억이 잘되는 이유는 이와 같은 편도체가 작동하기 때문이다. 불안과 두려움, 공포와 관련된 일은 다시는 되풀이하지 않도록 예방하기 위해 장기기억에 저장한다. 그러나 편도체가 지나치게 활성화되면 감정 기억이 장기기억에 저장되지 않고 두려운 상태 그대로 남아있게 된다. 위험한 상황이 종료되었다는 전전두엽의 명령을 편도체가 듣지 않은 채, 아직도 위험하다고 판단하여 계속 불안을 느끼도록 하여 정상적인 생활을 어렵게 만든다.

(3) 코르티솔 결핍

PTSD의 생물학적 원인을 이해하기 위해서는 교감신경계와 시상하부－뇌하수체－부신축(HPA axis)이라는 두 가지 시스템의 기능을 잘 알아야 한다. 교감신경계는 외상사건을 경험하면 카테콜라민인 에피네프린, 노르에피네프린을 분비하여 투쟁도피반응(flight or fight reaction)을 일으킨다. 그 결과 동공이 확장되고 심장박동수와 혈압, 혈류가 증가하며 근육에서 혈당의 소비가 증가한다. 이때 부신축에서는 시상하부와 뇌하수체, 부신 등이 복잡한 상호작용을 한다.

시상하부에 위험신호가 전달되면 그것은 뇌하수체에 작용하여 부신피질 자극호르몬 분비를 증가시킨다. 이는 다시 부신에 작용하여 코르티솔(cortisol)이라는 호르몬 분비를 감소시킨다. 코르티솔은 콩팥의 부신 피질에서 분비되는 스트레스 호르몬이다. 신체의 스트레스 반응을 가라앉히는 뇌의 화학물질이다. 외부의 스트레스와 같은 자극에 맞서 몸이 최대의 에너지를 만들어 내는 과정에서 분비되어 혈압과 포도당 수치를 높이는 데 기여한다. 스트레스와 같은 위협 상황이 다가오면 몸은 그러한 위협에 대항하기 위해 에너지를 생성하도록 한다.

결국 PTSD가 발병하는 원인은 스트레스 반응을 낮춰주는 코르티솔이라는 호르몬이 결핍되어 나타나는 현상으로 설명이 가능하다. 일반적인 생활사건에서 스트레스를 받는 경우에는 코르티솔이 감소하지 않는다. 그렇지만 생명의 위협을 느끼는 압도적인 스트레스 상황에서는 코르티솔 분비 수준이 낮아지는 것으로 밝혀졌다. 다시 말해, 충격적이고 심각한 트라우마에 노출되었을 때는 일반적인 스트레스에 노출되었을 때와 다르게 코르티솔 수준이 낮아 PTSD로 발전한다는 사실을 알 수 있다.

제4절 진단과 치료

1. PTSD 진단기준

PTSD는 외상사건에 노출된 정도와 노출시간, 반응결과의 경중에 따라 진단기준을 제시하고 있다. 미정신의학회 APA에서 2013년에 새롭게 개정한 정신질환 진단 및 통계편람 DSM-5에서는 다음과 같이 진단기준을 제시하고 있다.

1) 진단기준 A(외상사건)

외상사건은 트라우마를 남기는 것으로 사람의 생명과 신체적 안녕을 위협하는 엄청난 재난 및 충격적인 사건을 말한다. 외상사건에 대한 기준은 언뜻 평범한 일상과 거리가 먼 것처럼 보일 수 있지만, 실제로 우리 주위에서 흔히 목격되는 사건이 대부분이다. 과학문명이 발달하고 인공지능을 이용한 직업이 늘어

남에 따라 현대사회는 더욱 복잡하고 거대해져 트라우마 사건이 우리 주위에서 자주 목격되는 상황이다.

여성과 어린이를 노리는 범죄가 계속 늘어나고, 어디를 가나 대형 사건사고의 위험과 인적재해 및 자연재해에 노출되는 현상이 지속적으로 증가한다. 성폭력과 강간, 유괴, 비행기 사고, 테러 등도 급증하는 현실을 볼 때 외상사건의 범위는 점점 넓어질 것으로 전망되고 있다. 외상사건에 대한 세부 진단기준 A는 다음과 같다.

세부 진단기준

실제적인 것이든 위협을 당한 것이든 죽음, 심각한 상해 또는 성적인 폭력을 다음 중 한 가지 이상의 방식으로 경험한다.

① 외상사건을 직접 경험하는 것
② 외상사건이 다른 사람에게 일어나는 것을 직접 목격하는 것
③ 외상사건이 가까운 가족이나 친구에게 일어났음을 알게 되는 것
④ 외상사건의 혐오스러운 세부 내용에 반복적으로 또는 극단적으로 노출되는 것
※ 전자매체, TV, 영화, 사진을 통한 것이 아님

2) 진단기준 B(침투증상)

DSM-5의 진단기준 B는 침투증상에 초점을 맞추어 진단기준을 제시하고 있다.

세부 진단기준

외상사건과 관련한 침투증상이 다음 중 한 가지 이상 나타난다.

① 외상사건에 대한 고통스러운 기억의 반복적이고 침투적인 경험
※ 주: 7세 이상 아동의 경우, 놀이를 할 때 외상사건과 관련된 주제가 반복적으로 표현되어 나타남
② 외상사건과 관련된 고통스러운 꿈의 반복적인 경험
※ 주: 아동의 경우, 악몽의 내용이 기억나지 않을 수 있음

③ 외상사건이 실제로 일어난 것처럼 느끼고 행동하는 해리반응
※ 주: 아동의 경우, 놀이를 할 때 외상-특정적 재연이 나타날 수 있음
④ 외상사건과 유사하거나 그러한 사건을 상징하는 내적, 외적단서에 노출될 때 마다 강렬한 심리적 고통을 경험함
⑤ 외상사건을 상징하거나 그와 유사한 내적, 외적 단서에 심각한 생리적 반응을 보임

3) 진단기준 C(자극 회피)

DSM-5의 진단기준 C는 자극회피 증상에 초점을 맞추어 진단기준을 제시하고 있다.

세부 진단기준

외상사건과 관련된 자극 회피가 다음 중 한 가지 이상의 방식으로 지속적으로 나타난다.

① 외상사건과 밀접히 관련된 고통스러운 기억, 생각, 감정을 회피하거나 회피하려는 노력
② 외상사건과 밀접히 관련된 고통스러운 기억, 생각, 감정을 유발하는 단서(사람, 대화, 활동, 대상, 상황)를 회피하거나 회피하려는 노력

4) 진단기준 D(인지와 감정의 부정적 변화)

DSM-5의 진단기준 D는 인지와 감정의 부정적 변화증상에 초점을 맞추어 설명하고 있으며, 세부 진단기준을 다음과 같다.

세부 진단기준

외상사건과 관련된 인지와 감정의 부정적 변화가 다음 중 2가지 이상 나타난다. 이러한 변화는 외상사건이 일어난 후에 시작되거나 악화될 수 있다.

① 외상사건의 중요한 측면을 기억하지 못한다.
② 자신, 타인, 세상에 대한 과장된 부정적 신념이나 기대를 지속적으로 지닌다.
③ 외상사건의 원인이나 결과에 대한 왜곡된 인지를 지니며, 이러한 인지로 인해 자신이나 타인을 책망한다.

④ 부정적인 정서상태를 보인다(예: 분노, 공포, 죄책감, 수치심).
⑤ 중요한 활동에 대한 관심이나 참여가 현저하게 감소한다.
⑥ 다른 사람에 대해서 거리감이나 소외감을 느낀다.
⑦ 긍정정서를 지속적으로 느끼지 못한다(예: 행복감, 만족감, 애정).

5) 진단기준 E(각성과 반응성의 변화)

DSM－5의 진단기준 E는 각성과 반응성의 변화증상에 초점을 맞추어 설명하고 있으며, 세부 진단기준은 다음과 같다.

세부 진단기준

외상사건과 관련하여 각성과 반응성의 현저한 변화가 다음 중 2가지 이상 나타난다.

① (자극이 없거나 사소한 자극에도)짜증스런 행동이나 분노폭발
② 무모하거나 자기 파괴적인 행동
③ 과도한 경계
④ 과도한 놀람 반응
⑤ 집중의 곤란
⑥ 수면 장애(잠들기 어렵거나, 수면상태를 유지하기 어렵거나, 수면 시 자주 깸)

6) PTSD의 경과와 영향에 대한 진단기준(F, G, H)

DSM－5의 진단기준 F, G, H는 PTSD의 경과와 영향에 대한 진단기준이다. 진단기준 F는 앞서 제시한 진단기준 B, C, D, E의 기준을 모두 충족하는 장애가 1개월 이상 나타나야 한다고 조건을 제시하고 있다. 진단기준 G는 이러한 장애로 심각한 고통이 유발되거나 사회적, 직업적 또는 중요한 기능에 현저한 손상이 나타나야 하고, 진단기준 H는 이러한 장애는 약물이나 신체적 질병에 의한 것이 아니어야 한다고 제시하고 있다.

2. 외상피해자 관리

1) 일반지침

충격적인 재난이나 끔찍한 트라우마 사건을 경험한 사람들 중에서는 대략 30% 정도가 치료하지 않았는데도 저절로 트라우마 경험 이전의 정상상태로 돌아오는 것으로 알려져 있다. 트라우마 사건 경험자 중 40% 정도는 가벼운 심리적 증상을 경험하는데 치료 과정을 거치면 쉽게 증상이 호전된다. 그러나 20% 정도는 중증의 증상을 지속적으로 유지하며, 10% 정도는 증상이 호전됨이 없이 지속해서 악화상태를 유지한다(심윤기, 2018). 외상피해자를 관리하는 데 필요한 몇 가지의 지침을 살펴보겠다.

첫째, 외상피해자의 심리적 안정을 유지한다.

트라우마 전문가는 누구를 막론하고 외상피해자가 하는 말을 잘 들어주고 위로해 줄 준비가 되어 있어야 한다. 외상피해자의 감정과 반응을 인정하고 믿어주어야 하며, 트라우마 경험이 피해자의 잘못이 아니라는 사실을 명확히 인식시킬 수 있어야 한다. 충격적이고 심각한 외상사건에서 피해자가 살아남기 위해 한 일에 대한 질문은 가급적 하지 않는 것이 좋으며, 평가하거나 판단하는 말은 더더욱 삼가야 한다.

외상피해자에게 지금 필요한 것은 주위 사람들이 여전히 자신을 지지하고 사랑하고 있으며, 여러 지인의 관심 속에 있다는 것을 느끼도록 하여 심리적인 안정을 유지하도록 하는 것이다. 전문가의 따뜻한 언어와 몸짓 하나하나는 외상피해자의 심리적 안정에 큰 도움으로 작용한다.

둘째, 외상피해자의 말에 관심을 기울인다.

트라우마를 경험한 외상피해자의 이야기에 귀를 기울이는 것은 무척 중요하다. 피해자 자신의 경험을 자신의 생각대로 표현하도록 격려해야 한다. 충격적인 재난이나 트라우마 사건에서 살아남은 외상피해자의 이야기에 관심을 갖고 그냥 옆에서 들어주는 것만으로도 피해자에게는 큰 도움이 된다.

때때로 피해자의 친구나 가족이 피해자의 심리적 고통을 해결하려는 마음에서 성급히 그들에게 다가가 조언하는 것은 도움이 되지 않는다. 외상피해자는 조용히 있는데 주위 사람들이 나서서 피해자에게 지금 필요한 것이 무엇이고, 어떻게 대처해야 한다든지 하는 장황한 이야기는 바람직하지 않으며 도움도 되지 않는다.

셋째, 사회적지지 체계를 넓힌다.

끔찍한 트라우마 사건을 경험한 외상피해자가 이야기를 하고 싶을 때는 마음껏 하도록 허용해 주고, 외상피해자가 말하고 싶지 않을 때는 그냥 두는 등 피해자가 원하는 대로 따라가 주는 것이 좋다. 외상피해자의 마음과 신체를 이완하고 즐겁고 편안한 활동을 하도록 여유 있는 시간을 제공하는 것이 필요하다. 특히, 가족과 친한 친구들이 피해자에게 용기를 북돋아주고 심리적 지지를 제공하는 것은 치료에 큰 도움이 된다. 지역에 있는 대학의 상담센터나 종교단체, 사설상담소, 지역보건소의 전문가 도움을 받으면 외상피해자를 관리하는 데 많은 도움이 된다.

넷째, 트라우마 정보를 제공한다.

드라우미를 치료함에 있어서 중요한 점은 교육을 통해 트라우마와 관련한 정보를 제공하는 것이다. 트라우마에 대한 증상의 특징과 심리적 고통에 대한 치료지식을 가지고 있는 경우에는 스스로 자신의 상태를 체크해서 대응한다. 따라서 트라우마와 관련한 다양한 정보를 얻을 수 있도록 정보자료를 제공하고 학습여건을 마련해 준다.

트라우마의 일반적인 증상과 반응을 이해하도록 책을 읽도록 하거나 메신저 등을 검색해서 트라우마와 관련된 지식을 쌓도록 한다. 트라우마 사건을 경험하기 이전에 이미 이러한 정보나 관련 지식을 축적하고 있는 경우에는 트라우마 전문가나 상담자와 심층적인 논의를 하며 의사결정과정을 유지하는 것이 도움이 된다.

2) 가족구성원의 역할

트라우마는 고통을 겪고 있는 당사자뿐만 아니라 함께 생활하는 가족구성원에게도 여러 가지 어려움을 안겨준다. 외상피해자의 심리적 불안과 부적절한 감정표출로 가족 내 안정감을 해치고, 가족관계를 악화시키는 일 등이 발생하지 않도록 가족구성원의 지지와 관심은 절대적으로 필요하다. 가족구성원이 외상피해자 관리를 위해 해야 할 몇 가지의 지침을 제시하면 다음과 같다.

첫째, 외상피해자와 함께 있는 시간을 늘린다. 트라우마 치료와 회복은 어려운 과정이다. 트라우마를 겪고 있는 피해자에게 반복적으로 지지를 보내고 외상사건과 관련된 감정과 경험을 공유하는 것은 트라우마 회복의 기본이다. 간혹 외상피해자가 심리적으로 불안정하여 가족에게 지나치게 의존하거나 잦은 분노를 표출하여 가족구성원을 힘들게 할 수 있다. 그렇지만 많은 시간동안 피해자와 함께 지내고 충분한 지지가 이루어지면 트라우마 회복은 빠르게 이루어진다.

둘째, 트라우마에 대한 이야기를 자주 나눈다. 트라우마를 겪고 있는 가족을 위해 따뜻한 대화가 중요하다는 것은 누구도 부인할 수 없다. 하지만 충격적인 재난이나 끔찍한 외상사고를 경험한 이후에 사건에 대해 이야기를 나누는 것은 결코 쉽지 않은 일이다. 불쾌한 감정이나 죄책감으로부터 회피하기 위해 외상사건에 대한 이야기를 하고 싶지 않기 때문이다. 그렇다고 트라우마 증상을 겪고 있는 이와 같은 피해자를 그냥 놔둘 수만은 없는 일이다.

가족구성원은 피해자가 외상과 관련한 이야기를 어렵게 꺼내면 차근차근 피해자가 하는 말의 속도를 따라가며 이야기를 들어줄 수 있어야 한다. 얘기를 하는 것이 오히려 피해자에게 상처가 될 수 있다는 잘못된 생각에서 대화를 하지 않으면 그만큼 트라우마 회복은 더디게 이루어진다. 가족구성원 모두가 스스럼없이 외상사건을 얘기하고 의견을 나눌 때 트라우마 증상은 자연스럽게 회복된다.

셋째, 식사와 수면은 규칙적으로 한다. 충격적인 외상사건으로 인한 심리적 고통은 심리·신체적 반응을 유발하며 행동에도 변화를 준다. 불규칙한 식사와 수면이 바로 이에 해당한다. 불규칙한 생활은 삶의 활동에 집중하지 못하게 하고, 무기력한 상태의 피해자로 하여금 더욱 무절제한 생활을 하도록 한다. 외상피해자의 불규칙하고 무절제한 비정상적인 생활은 가족전체의 문제로까지 확장하는 특징이 있다.

절제되고 규칙적인 생활은 외상피해자의 생활을 보다 잘 통제할 수 있고, 자기 조절력을 높이는데 기여한다. 가족구성원과 같은 시간대에 활동하도록 함으로써 피해자와 많은 대화와 소통이 가능하기 때문이다. 뿐만 아니라 피해자의 야간 불면시간을 줄일 수 있고, 부정적인 생각에 빠져드는 시간도 줄일 수 있는 이점이 있다.

넷째, 부정적 인지와 감정, 행동을 받아들인다. 외상피해자 가족 중에는 피해자의 인지, 감정, 행동의 변화를 일시적으로 나타나는 현상으로 보지 않고, 영구적인 병리증상으로 보는 경향이 있다. 피해자가 보이는 의처증이나 의부증, 심한 불안과 우울, 짜증, 폭력적 언행을 영구적인 병리 증상으로 여겨 이혼을 생각하거나 별거하는 경우가 있는데 이는 오히려 문제를 악화시킨다.

외상사건 경험을 통해 느끼는 피해자의 심리적인 불안과 두려움, 상처, 분노, 상실감, 죄책감 등은 수개월에서 수년 간 지속되기도 한다. 피해자가 보이는 문제증상을 당장 치료해서 고쳐야 할 그 무엇으로 생각하는 것은 바람직하지 않다. 외상사건을 경험한 사람들이 트라우마를 극복하는 과정에서 나타나는 아주 자연스런 변화과정으로 인식해야 한다.

다섯째, 증상이 심할 때는 전문치료를 받는다. 대부분의 트라우마 피해자는 가족과 함께 보내는 시간을 충분히 갖고, 많은 대화를 지속하면 트라우마 증상이 완화되어 간다. 그럼에도 불구하고 일부 트라우마 피해자는 증상이 악화되어 전문적인 치료가 필요한 상황으로 전개되기도 한다. 피해자가 극도의 불안과 공포 증상을 보이거나 침투증상 및 인지와 감정의 부정적 변화, 각성 및 반응성의 변화 정도가 매우 크고 부정적이어서 가족이 감당하기 어려운 수준에 이르면 전문기관에서 치료를 받도록 대처하는 것이 바람직하다.

3. 인지행동치료

인지행동치료(Cognitive Behavioral Therapy: 이하 CBT)는 Beck의 인지이론을 기반으로 한 정보처리이론이다. CBT는 사고, 감정, 행동을 기술하는 심리적 모델을 바탕으로 사람의 생각과 신념, 행동을 변화시킴으로써 부정감정을 변화시키는 데 목적을 둔다. 치료는 외상사건으로 발생된 불안과 과각성이 어느 정도 감소된 이후에 외상피해자가 자신의 문제를 스스로 생각하고 치료에 집중할 수 있을 때 개입한다.

1) 치료의 방법

(1) 외상기억의 처리

CBT의 주요 목표는 외상기억의 단서와 연합된 기억을 통합하는 것이다. 외상사건을 경험한 피해자가 심리적 불안과 두려움, 공포에서 회복하려면 외상사건에 대한 기억이 그동안의 삶의 경험과 통합되어야 한다. 충격적인 트라우마 사건을 경험한 끔찍한 기억으로부터 도망가고 싶은 마음은 지극히 정상적이다. 그렇다고 외상기억을 억압하는 것은 외상을 경험한 자기 자신의 일부를 부정하는 것이나 다름없다. 외상사건의 경험을 과장하거나 과소평가하지 않고 삶의 실제적 경험의 일부로 받아들이는 것이 필요하다.

트라우마의 경험을 글로 쓰는 것은 자극을 회피하여 숨겨진 상처의 기억을 드러내게 하는 유용한 방법 중 하나다. 급하게 서두르지 않고 천천히 안전한 환경에서 외상피해자의 감정과 기억을 드러내게 하는 것은 무척 중요하다. 자신의 충격적인 외상기억을 떠올리는 것은 자신에게 무슨 일이 일어났는지를 충분히 이해할 수 있도록 촉진함은 물론 충격적인 외상기억을 삶의 일부로 받아들이도록 하는 데 기여한다.

(2) 인지재구조화

CBT는 자신의 비합리적인 생각을 확인하고 그것을 보다 합리적이고 기능적인 생각으로 바꾸는 것을 가능하게 한다. 인지재구조화는 대개 A→B→C 모형으로 설명한다. A(Activating)는 사건의 약자다. B(Belief)는 스스로 A를 믿는 자신의 신념체계를 의미한다. C(Consequences)는 B를 통해 나타나는 결과를 뜻한다. 대부분의 사람은 A가 C의 원인이라고 생각을 하나 실제로는 B가 원인이다.

충격적인 외상사건을 경험한 사람에서 나타나는 인지오류는 과잉일반화, 과대 및 과소평가, 이분법적 사고, 흑백논리, 자의적 추론 등이다. 이러한 인지오류는 여러 가지 기법을 활용하여 잘못된 신념을 바람직한 신념체계로 재구성하는 것에 초점을 둔다.

(3) 죄책감 다루기

PTSD 증상을 회복하기 위해서는 트라우마와 관련하여 나타나는 죄책감과 분노, 상실감, 슬픔 등을 잘 다루어야 한다. 죄책감은 양심의 결과로 나타나는 감정이지만 트라우마를 겪는 외상피해자에게도 나타난다. 죄책감의 성공적인 해결을 위해서는 당시에 나에게 어떠한 일이 일어났고, 왜 일어났는지를 먼저 알아야 한다. 그런 다음에는 사건이 발생한 당시와 이후에 자신의 행동을 되돌아보는 것이다. 만약 그러한 상황에 다시 놓인다면 어떻게 행동할 것인지를 같이 의논한다. 죄책감을 누그러뜨리는 방법은 다음과 같은 것이 있다.

- 외상사건을 다시 생각해보고 재구성한다.
- 자신이 생각하는 죄책감에 대한 근거를 찾는다.
- 외상사건 당시 그 곳에 있지 않았던 간접적인 책임을 최소화한다.
- 외상사건 결과에 내해 갖는 자신의 책임에 대한 근거를 찾는디.
- 100% 책임이 자신에게 있다고 여기는 생각을 다시 돌아보도록 한다.
- 자신의 책임이 있다면 그것을 갚을 수 있는 장기계획을 만들어보도록 한다.

이 외에도 책임의 정도를 현실적으로 정하는 것, 애도와 같은 감정을 죄책감과 구별하는 것, 인지적 왜곡과 자신의 한계를 인정하는 것, 극심한 스트레스 하에서 만들어지는 결정을 이해하는 것 등이 죄책감을 다루는 데 유용하다. 트라우마 경험을 통해서 배운 것은 무엇인지, 외상사건이 다시 일어난다면 더 잘 대비할 수 있는 것은 무엇인지, 외상사건을 경험함으로써 나에게 긍정적으로 기여한 것은 무엇인지를 점검해 본다.

(4) 분노다루기

PTSD 증상이 있는 사람은 강한 분노를 표출하는 경우가 많다. 외상사건을 경험한 것에서 비롯된 분노를 해결하는 과정은 결코 쉽지 않다. 분노를 다루는 방법은 분노를 충분히 다시 경험하게 하고, 분노 아래 잠재되어 있는 슬픔과 두려움, 실망 등의 다양한 감정을 이해하도록 하는 것이다. 내면에 숨겨진 부정적인 감정을 제거하는 것이 자신을 보호하는 것임을 깨달아 분노에서 자유로워져야 한다.

분노를 해결하는 방법은 첫째, 분노를 충분히 경험하고 표출하도록 하여 그 느낌과 만나도록 해야 한다.

둘째, 분노의 감정을 충분히 이해하도록 한다. 외상사건에서 비롯되는 분노는 그 아래 잠재되어 있는 슬픔, 두려움, 실망, 상처, 불안 등을 동반한다. 이러한 근본적인 감정은 그 감정과 접촉해서 이해해야 가라앉힐 수 있다.

셋째, 말 할 필요가 있는 대상과 그 내용을 충분히 말하도록 한다.

넷째, 분노를 끝내는 데 도움이 되는 방법을 충분히 검토한다. 사과를 하거나 자신의 고통을 인정하는 것이 치유에 도움이 된다면 현실적인 문제를 받아들이는 것이 필요하다.

다섯째, 자신을 용서하는 것이 곧 분노를 잠재우는 방법이다. 용서는 분노를 해결하는 효과적인 도구로 작용한다. 용서는 가해자가 그것을 받을 자격이 있건 없건 혹은 사과를 하건 말건 상관없이 자신을 위해 스스로 선택하는 행동이다.

(5) 상실감 다루기

상실감을 다룰 때에는 슬픔을 먼저 충분히 경험하도록 하는 것이 필요하다. 상실의 느낌은 직면을 통해 직시할 경우 치유로 가는 건설적인 길을 발견할 수 있고, 우리의 삶에서 정말로 중요한 것이 무엇인지를 발견할 수 있도록 도움을 준다. 상실을 통해 배운 것을 돌아보고 건재한 자신에 대해서 감사하며, 자신의 고통과 화해하는 과정을 갖는다.

일반적으로 상실의 직면을 방해하는 요소는 분노에 사로잡혀 있거나 부정감정이 지나치고 지속적일 때, 해결되지 않은 죄책감을 가지고 있을 때, 외상사건이 너무 갑작스럽게 발생되어 감당하기 어려울 때, 주변 사람과 환경이 지지해주지 않을 때 등이다. 상실을 다루는 데 도움이 되는 방법은 다음과 같다.

- 원하는 만큼 슬퍼하기
- 상실을 통해서 배운 것을 천천히 생각해보기
- 상실을 더 잘 견디도록 도와줄 수 있는 것을 생각해보기
- 슬픔이 외상사건의 아픔을 해결하고 치유되는 기회로 생각해보기
- 죄책감, 수치심, 과거를 바꾸고 싶은 희망을 기꺼이 포기하는 마음을 가지기
- 상실된 것이 무엇인지 확인하는 것을 돕기 위해 외상 이전의 사진첩을 보기
- 상실을 기념하기(예를 들어, 국립묘지, 참전용사 기념비 답사 및 애도하기) 등

4. 지속노출치료

지속노출치료(Prolonged Exposure: 이하 PE)는 본래 PTSD 치료를 위해 포아와 그의 동료들(Foa et al., 1991, 1999)이 개발한 치료방법이다. 이 방법은 다양한 CBT 요소를 포함하고 있는데 그 중에서도 노출치료에 많은 비중을 두고 있다. 일부 전문가는 노출치료가 트라우마를 반복적으로 경험하게 하여 피해자의 심리적 증상을 더 악화시킬 수 있다고 주장하기도 한다. 하지만 실제 연구결과에서는 심리적 증상의 악화를 경험한 사람은 소수에 불과하고 대부분은 트라우마 증상 완화에 기여한 것으로 알려지고 있다.

1) 치료의 특징

충격적인 외상사건을 경험한 사람은 트라우마 상황과 관련한 생각이나 감정을 피하려고 노력한다. 그러나 피하는 것은 잠시 동안은 편할 수 있으나 장기적으로는 별 도움이 되지 않는다. 상상노출과 현장노출은 이러한 회피의 문제를 해결하도록 도와주는 치료방법이다. 상상노출은 마음속에 있는 상처를 계속해서 되새기는 방법을 이용한다. 현장노출은 외상사고 이후 두려움 때문에 피하던 상황이나 장소를 직접 찾아가 직면을 통해 증상을 완화하는 방법이다.

트라우마를 겪고 있는 사람은 본능적으로 사건의 기억을 회피하려는 특징을 가지고 있다. 그래서 상상노출이나 현장노출을 두려워한다. 그렇지만 외상사건

에 대한 기억과 생각을 계속해서 돌아보면 그 기억에 대한 괴로움이 조금씩 둔감해지고 외상기억 또한 위험하지 않다는 것을 깨닫게 된다.

치료과정은 우선 호흡을 통한 이완법과 함께 트라우마를 경험한 사람에게 나타나는 주요 증상에 대한 교육을 실시한다. 이후 외상사건을 천천히 회상하도록 함으로써 침투증상을 일으키는 상황에 자신을 노출시키는 연습을 한다. 외상사건을 회상하는 동안 외상피해자는 외상사건 기억의 조각들을 당시의 상황에 맞게 재처리하게 된다.

이후 외상피해자는 안전한 상태에서 실제 외상사건과 관련된 상황이나 물건 등에 자신을 직접 노출한다. 초기에는 불안을 덜 느끼는 상황으로부터 시작하여 점차 더 위협적인 상황으로 노출수위를 높여 간다. 외상사건에 대한 반복적인 노출을 통해 외상피해자가 외상사건에 대한 새로운 관점을 가지는 순간 외상사건과 관련된 죄책감이나 분노, 상실감 등의 부정적인 감정은 감소한다.

2) 치료의 방법

(1) 호흡 및 이완 훈련

충격적인 외상사건을 경험한 피해자에게는 먼저 복식호흡을 통해 두려움과 불안을 감소시킨다. 복식호흡은 심리적 고통과 신체증상을 조절하고 완화하는 데 도움을 준다. 복식호흡 과정에 명상적인 요소를 더하면 이완의 효과는 더 확장된다. 일반적으로 근육의 긴장은 사람이 불안하거나 두려워할 때 나타난다. 불안의 전반적인 주의와 경계상태를 보여주는 것이며, 불안의 자연스러운 신체적 증상의 모습이다. 근육이완은 대근육군을 긴장시킨 다음, 다시 힘을 빼거나 이완하는 방법으로 근육에 긴장을 강하게 시킬수록 더 깊은 이완을 가져온다.

(2) 상상 및 현장노출하기

외상사건을 경험한 대부분의 사람은 외상에 대한 두려운 기억으로부터 도망하거나 회피하려 한다. 하지만 외상사건에 대한 기억에서 도망가는 것은 거의 불가능에 가깝다. 회피하고자 하는 노력과 에너지만 낭비되어 정상적인 삶을 방해할 뿐이다. 외상사건을 직·간접적으로 경험하는 노출은 외상사건으로 고통스러워하는 사람을 치료하는 데 반드시 거쳐야 할 관문이다.

노출은 과거의 외상사건에 대한 기억이 더 이상 위험하지 않다는 것을 다시 경험하도록 촉진하는 방법을 활용한다. 안전한 환경에서 트라우마 경험과 관련된 사건을 다시 접하도록 하여 의도적으로 외상피해자에게 불안을 일으키는 방법이다. 일반적으로 노출방법은 간접노출과 직접노출의 두 가지 방식으로 실행된다.

간접노출은 상상노출이라고도 하는데, 외상사건의 피해자가 더 이상의 불안이나 고통을 느끼지 못하는 단계에까지 계속해서 사건을 상상하는 방법이다. 외상기억을 회상하는 과정에서는 강한 정서적 반응이 나타나지만 점차 정서적 반응은 줄어든다. 이러한 간접노출은 통상 직접노출 이전에 이루어진다.

직접노출은 현장노출이라고도 한다. 강한 공포를 유발시키는 외상사건과 관련된 상황이나 장소, 물건 등에 외상피해자가 직접 직면하는 방법이다. 예를 들어, 교통사고가 일어나 차를 멀리하는 사람에게 다시 자동차를 운전하게 하는 것, 승강기에서 성폭행을 당해 이를 멀리하는 사람에게 다시 승강기를 타게 하는 방법 등이 이에 해당한다. 반복적인 현장노출 훈련이 성공적으로 이루어지면 피해자가 두려워하는 상황이나 장소가 더 이상 위험하지 않다는 것을 깨닫게 된다.

5. 안구운동 둔감화재처리

안구운동 둔감화재처리(Eye Movement Desensitization and Reprocessing: 이하 EMDR)는 샤피로 박사가 개발한 치료방법이다. 첫 임상연구는 1989년에 이루어졌으며 이듬해인 1990년에 인지적 재구조화가 반영되어 지금에 이르고 있다. EMDR은 수평안구운동 외에도 다양한 요소가 통합된 표준화된 치료방법으로 인지행동기법과 인간중심기법 등이 포함되어 있다(Shapiro & Forrest, 1998, 2008).

EMDR은 안구운동이나 두드리기, 소리 등의 규칙적인 양측성 자극을 주어 대뇌의 정보처리시스템을 자극한다. 신경학적인 기억과 관련된 기억의 연결망을 변화시켜 트라우마 기억을 처리하는 방법이다. 외상기억을 가진 사람에게 양측성의 자극을 제공하면 기억 연결망이 긍정정서와 긍정적 인지과정을 활성화시키며, 부정정서와 부정적 인지과정은 축소하거나 감소시킨다. 치료회기는 심리적 증상의 정도에 따라 달라지며 비교적 짧은 회기로 이루어지는 특징을 지니고 있다.

복합 트라우마의 경우에는 EMDR 치료가 더욱 유용한 것으로 보고되고 있다. EMDR 준비단계에서 외상피해자에 대한 충분한 내적자원개발이 이루어지면 트라우마를 회복하는데 크게 기여하여 부정적 외상경험이 긍정적인 경험과 새로운 연결망을 형성한다.

1) 치료의 특징

모든 인간은 인체 내에 생리적인 정보처리시스템을 갖추고 있다. 특히, 뇌의 정보처리시스템은 우리가 경험하는 것을 처리, 기억, 저장하는 역할을 한다. 우리의 기억은 서로 밀접하게 그물망처럼 연결되어 있어 생각, 감정, 심상, 감각이 서로 상호작용한다. 뇌에서 이루어지는 인지적 학습이란 이렇게 기억 속에 저장된 데이터 간에 새로운 연결이 형성될 때 일어난다. 하지만 충격적인 외상사건을 겪으면 뇌의 분열로 정보처리기능이 방해를 받는다. 그럴 경우 다른 기억회로와 연결망을 구성하지 못해 정상적인 정보처리기능이 이루어지지 않는다.

구체적으로, 끔찍한 사건이나 충격적인 트라우마의 경험은 뇌의 정보처리시스템을 교란시키고 마비시킨다. 따라서 처리되지 않은 고통스러운 기억은 그 당시의 장면, 생각, 느낌, 소리, 냄새, 그리고 신체감각 등의 단편적인 형태로 남아 신경계 안에 갇혀버린다. EMDR은 이러한 미해결된 마음의 상처와 처리되지 않은 충격적인 트라우마 경험의 기억을 처리함으로써 고통스러운 증상을 없애는 치료이다. 외상사건에 대한 고통스러운 기억을 둔감하게 하여 외상사건 이전의 상태로 돌아가도록 도와준다. 과거를 좀 더 객관적으로 바라보고 적응적으로 기능하도록 도움을 주는 치료과정이다(장연집, 2008).

EMDR을 실시한 후 뇌를 촬영하면 기억 및 학습과 관련된 부위가 변화된 것을 확인할 수 있는데, 이는 과거의 고통스런 기억을 처리하는 뇌의 활동이 활성화 되었다는 것을 의미한다. 사람이 매우 고통스러운 외상사건을 경험하면 대뇌는 정상적으로 정보를 처리하지 못하여 외상사건이 그대로 뇌에 갇혀 버린다. 그래서 외상피해자가 사건의 장면, 소리, 냄새, 생각, 감정을 기억할 때 실제 그 사건이 일어났을 때와 같은 강렬한 느낌을 받게 되는 것이다. 이런 고통스런 기억은 사람이 세상을 바라보거나 다른 사람과 관계를 맺는 방식에 부정적인 영향을 미치게 되는데 EMDR은 이러한 미해결된 기억을 정상적으로 처리하는 치료 방법의 하나이다.

2) 치료의 방법

외상사건과 관련된 뇌의 정보처리는 신경계에서 일어난다. EMDR 치료에서 사용하는 눈 운동은 이러한 신경계의 기능을 적극 활용하는 방법인데 렘수면 단계에서 꿈을 꾸는 것과 같은 원리가 작용한다. 수면 중에 관찰되는 눈의 움직임은 본인이 잠자기 전까지 받아들인 여러 가지 정보 중 불필요한 정보를 조각내어 제거하는 과정이다. 따라서 생리학적인 관점에서 바라보는 꿈이란 이렇게 조각내서 버려진 정보들이 서로 부딪혀 일어나는 현상으로 설명한다.

상담전문가가 해야 할 일은 외상피해자에게 가장 적합한 안구운동을 시도하는 것이다. 안구운동을 할 때는 외상피해자의 안구가 시야 범위의 한쪽에서 다른 쪽으로 움직이도록 유도한다. 그러나 만약 외상피해자가 치료 중에 안구 통증을 느낀다거나 혹은 안구운동 자체를 불안하게 느낀다면 안구운동을 잠시 중지하는 것이 좋다.

안구운동은 외상피해자의 시야가 좌우로 편안하게 움직이도록 한다. 이때 상담전문가는 자신의 손가락을 사용하여 외상피해자의 시각적인 초점을 집중하도록 하는데, 손가락 대신 볼펜이나 자 등의 다른 물건을 사용해도 무방하다. 보통 안구운동은 손가락 2개를 붙여 똑바로 세우고, 손바닥 쪽이 약 30~40cm 떨어져 있는 외상피해자의 얼굴을 향하게 한 후, "이 정도가 괜찮습니까?"라고 묻는다. '아니요'라는 대답이 나오면 가장 편안하게 느끼는 위치와 거리를 다시 조절한다.

안구운동을 실시하는 동안에 전문가의 손가락이 움직이는 대로 피해자의 시선이 따라오지 못하는 경우도 있다. 이런 경우에는 "당신의 눈으로 제 손가락을 미는 것처럼 생각하고 따라해 보세요."라고 말한다. 안구운동은 수평방향 외에도 다양한 방법이 있다. 대각선 방향의 안구운동은 외상피해자의 얼굴 오른쪽 아래에서 왼쪽 위로(혹은 그 반대로)한다. 피해자의 턱 위치에서 반대편 눈썹 위치로 움직이는 방향이다. 그 외에도 수직반향, 원모양, 8자 모양 등이 있다.

안구운동 첫 세트는 수평안구운동을 24번 정도 하는데, 오른쪽－왼쪽－오른쪽으로의 전환이 안구운동 1번이 된다. 첫 세트를 실시한 후에는 트라우마 피해자에게 "이제 어떻습니까?"라고 질문하여 자신의 내면에서 일어나는 생각, 심상, 감정, 통찰, 신체적 감각 등의 경험을 말할 기회를 제공한다. EMDR은 표준화된 방식으로 모두 8단계로 이루어진다. 증상의 경중에 따라 회기가 달리 적용되기도 하는데, 강철민(2008)의 『EMDR, 눈 운동 민감소실 및 재처리』를 참조하면 도움이 될 것이다. EMDR의 회기별 매뉴얼은 경찰, 군인, 소방관 및 일반 외상경험자들이 활용할 있도록 재구성하여 제3부에 제시하였다.

PART

03

외상스트레스관리 개인상담 매뉴얼

— Chapter —

CHAPTER

06

외상 후 스트레스관리 개인상담매뉴얼

외상 후 스트레스를 해소하기 위한 상담은 인지행동치료 방법이 효과적인 것으로 알려지고 있다. 인지행동치료 상담은 인지치료와 노출치료 등 두 가지의 방법이 주로 활용되고 있다. 인지치료는 외상사건을 경험한 자신의 어떤 생각이 스트레스를 유발하고 증상을 악화시키는지를 이해하는 것으로부터 시작한다. 외상을 경험한 사건과 주변 환경에 대한 자신의 어떤 생각이 자신을 불안하고 혼란스럽게 하는지 알 수 있도록 도움을 주며, 상담자의 도움을 받아 이러한 자신의 생각을 좀 더 합리적이고 긍정적으로 대치하는 것을 익히도록 한다. 뿐만 아니라 화, 분노, 죄책감 등의 감정을 다루는 방법도 터득하도록 도움을 준다.
한편, 외상을 경험한 대부분의 사람은 외상사건과 관련된 생각이나 감정을 피하려고 노력한다. 그러나 피하는 것은 잠시 동안은 편할 수 있으나 장기적인 측면에서는 별 도움이 되지 못하고 오히려 치료를 더 어렵게 만든다. 노출훈련은 이러한 문제를 해결해 주는 치료방법으로 활용되고 있다. 상상노출은 마음속에 있는 상처의 기억을 계속해서 되새기게 하는 방법이며, 현장노출은 두려움 때문에 피하고 있는 상황이나 장소 등을 직접 직면하도록 하는 방법이다.

본 매뉴얼은 국가보훈처(2010)의 정책연구 자료에 제시된 프로그램의 내용을 일부 수정·보완하여 재구성하였다.

[표 6-1] 외상스트레스 해소 상담의 회기별 내용

구 분	중 점	세부내용
1회기	시작하기	• 치료과정 개관하기
2회기	외상스트레스 직면하기	• 외상스트레스와 직면 이해하기
3회기	플래시백 다루기	• 플래시백과 스트레스 유발자극 다루기
4회기	상상노출하기	• 상상노출목록을 작성한 후 노출훈련 실시하기
5회기	현장노출하기	• 현장노출 장소를 선정한 후 노출훈련 실시하기
6회기	부정정서 조절하기	• 화와 분노감, 죄책감 다루기
7회기	긍정 강점 찾기	• 자신의 강점 찾기와 미래 인생설계
8회기	마무리하기	• 삶의 의미 찾기, 상담종결

1회기: 시작하기

1) 치료목표

신뢰관계를 형성하고 치료과정을 이해하는 데 목표를 둔다.

2) 진행요령

① 신뢰관계를 형성한다.

외상사건을 겪은 경찰·군인·소방관에게는 무엇보다도 상담자의 안정적이고 지지적인 모습을 필요로 한다. 상담자는 방어적이거나 경계의 자세가 아닌 모든 가능성을 열어두는 개방적인 자세를 보여야 한다. 외상피해자를 향하여 몸을 약간 기울이면서 그의 말에 관심을 기울이고 있다는 자세를 취하며, 피해자가 말하는 순간순간 시선을 맞추어 '당신에게 관심을 기울이고 있습니다.', '당신의 입장을 공감합니다.'라는 의미를 전달하여 신뢰관계형성에 기여되도록 해야 한다.

상담자는 지나치게 조심하거나 긴장하는 표정을 짓는 것은 바람직하지 않다. 편안하게 이완된 자세를 취하며, 전문가로서 치료에 대한 신뢰감을 주는 모습을 보일 수 있어야 한다. 그리고 상담과정에서 다루어지는 내용은 반드시 비밀이 보장됨을 주지시킨다.

② 프로그램을 개관한다.

상담자는 외상스트레스 증상을 겪고 있는 경찰·군인·소방관 등에게 프로그램 전반에 대한 내용과 진행과정, 기대효과에 대한 설명을 하는 것이 필요한데, 다음과 같은 내용을 강조하는 것이 적절하다.

- 상담자는 외상피해자와 함께 치료를 위해 협력하고 도움을 주는 사람이다.
- 외상피해자는 자신의 생각과 감정을 적극적으로 탐색하고 상담절차를 따른다. 특히, 상담 시간을 엄수하고 과제를 꼭 해오도록 한다.
- 상담과정에서 상담자와 외상피해자는 서로 신뢰관계를 유지한다.
- 상담자는 프로그램에 대해 다음과 같은 자료를 준비하여 설명한다.

외상스트레스해소 프로그램의 내용 개관

외상스트레스는 심신의 충격을 경험한 후 극도의 공포와 불안 같은 정서적 혼란을 경험하게 합니다. 신경계가 과도하게 각성되어 매우 예민해지고, 충격과 관련 있는 자극을 회피하는 등 심리적 고통을 받습니다. 따라서 상담 초반부에서는 외상스트레스가 무엇이고 왜 일어나는지를 알아보고, 불안을 감소시키는 훈련을 합니다. 상담 중반부에 불안이 감소되면 자신의 고통을 차분히 바라볼 수 있으므로 외상스트레스 해소를 위한 자신감을 회복하는 데 중점을 둘 것입니다. 상담 후반부에는 과거 자신의 위기극복 성공경험이나 갈등 극복경험 등을 되돌아보고, 자기 안에 있는 강점을 찾아 향후 인생을 재설계함으로서 새롭게 태어나는 계기가 되는 시간을 가질 것입니다.

상담 과정

상담과정은 총 8회기로, 매 회기 60~90분 정도 소요됩니다. 매 회기 주제가 다르고, 그 회기에 다룬 내용을 충분히 학습하고 숙련될 수 있도록 연습과제를 줄 것입니다. 이후 숙제를 통해 훈련 경험과 노력에 대해 서로 이야기를 나누는 시간을 가지도록 하겠습니다.

연습과제와 노력

연습과제는 상담실이 아닌 가정이나 직장 등에서도 이루어질 수 있도록 연계된 내용이므로 충실하게 따라야 효과를 얻을 수 있습니다. 본인 자신을 위해서 노력할수록 자신에게 도움이 된다는 것을 인식해야 할 것입니다.

③ 외상스트레스에 대해 설명한다.

이 세상 사람은 누구 할 것 없이 스트레스를 받고 살아갑니다. 스트레스가 전혀 없는 삶이란 있을 수가 없지요. 스트레스가 전혀 없다면 사람은 아무 일도 하지 않을 것이고, 자극에도 반응이 없는 무기력한 사람이 될 것입니다. 내일 자격증 시험이 있는데 아무런 긴장이 생기지 않는다면 제대로 시험을 치를 수 있겠습니까? 과속하는 차가 내 앞으로 오는데 피하지 않는다면 어떻게 되겠습니까? 적당한 스트레스는 우리가 살아가는 데에 꼭 필요한 것입니다. 우리는 이를 정상적인 스트레스 반응(normal stress response)이라고 말하지요.

스트레스를 받으면 우리의 몸과 마음은 다양한 방식으로 반응합니다. 신체적 반응으로는 맥박이 증가하고, 근육이 긴장되거나 얼굴이 붉어지고 땀이 나지요. 정서적 반응으로는 불안, 공포, 분노가 생길 수 있습니다. 행동적 반응으로는 그 상황과 맞서 싸우려고 하거나 또는 상황으로부터 도망가려고 합니다. 이것들은 모두 정상적인 반응입니다. 긍정적인 스트레스는 유-스트레스(eustress)라고 하는데요, 이것은 우리의 생명을 보호하고 위급 상황에서 긍정적인 반응을 유발합니다. 따라서 유-스트레스 반응은 우리를 보호하는 역할을 합니다.

그러나 스트레스 반응이 너무 강하거나 과도하면 부정적인 스트레스가 나타나는데요, 우리는 이를 디-스트레스(distress)라고 합니다. 외상스트레스나 급성스트레스, PTSD는 과도한 디-스트레스로 인해 나타납니다. 디-스트레스는 과도한 긴장으로 몸을 피로하게 하고 위급 상황에 올바르게 대처하지 못하게 하는 등 우리의 신체, 정서, 사고, 관계에 부정적인 영향을 줍니다.

④ PTSD에 관한 정보제공교육을 한다.

PTSD의 증상은 첫 번째로 외상사건에 대한 침투 증상이 나타납니다. 외상사건을 경험한 것과 관련된 기억, 이미지, 생각들이 밀려와 악몽으로 재경험 되고, 순간순간 과거의 장면들이 스쳐지나가는 플레시백 형태로 나타납니다.

두 번째로는 외상사건과 관련 있는 자극을 회피합니다. 외상사건과 관련 있는 침투적 사고가 떠올라 너무나 불안하고 두렵기 때문에, 외상사건을 떠올릴 수 있는 장소, 사람, 자극들을 피하게 됩니다. 외상사건과 관련된 자극을 피하기 위해 사회활동을 하지 않고 집에만 머무른다거나, 고통을 잊기 위해 알코올이나 약물에 의존하기도 합니다. 일부에서는 외상사건에 대한 일시적 기억상실이나 해리를 경험하기도 하며, 정서적 마비 상태에 이르기도 합니다.

세 번째는 인지 및 감정의 부정적 변화입니다. 외상사건의 중요한 측면을 기억하지 못하고 자신과 타인, 세상에 대한 과장된 부정적 신념이나 기대를 가지며, 외상사건의 원인이나 결과에 대한 왜곡된 인지를 지닙니다. 또한 부정적인 정서상태를 보이며, 중요한 활동에 대한 참여가 감소합니다.

네 번째는 각성과 반응성의 변화가 찾아옵니다. 작은 자극에도 쉽게 흥분하고 예민해지거나 소스라치게 놀라고 겁에 질릴 수 있으며, 지나치게 조심하는 경계 상태를 가집니다. 또한 위험상황에 대한 분노, 수치심, 불안, 우울 등 정서적 흥분과 충동조절의 어려움을 느끼게 됩니다. 이 외에도 외상사건으로부터 자신을 방어하지 못했다는 자책감을 가질 수도 있고, 동료가 위험상황에 처해 있는데 아무런 도움을 주지 못했고 또 자신만 살아남은 것에 대한 죄책감과 수치심을 느끼기도 합니다.

⑤ 호흡이완훈련을 진행한다.

호흡이완훈련은 일반적으로 복식호흡과 비슷하다고 생각하면 쉽게 이해할 수 있습니다. 이 훈련은 예민해진 우리의 자율신경계를 둔감화하고 안정시킬 수 있는 효과적인 방법입니다. 이를 익숙하게 연습하여 몇 주 동안 지속된다면 불안 증상의 감소, 불면증 감소, 스트레스수준이 감소하는 효과를 얻을 수 있습니다. 깜짝깜짝 놀라는 증상과 심장 박동의 증가, 호흡 곤란, 식은 땀, 몸의 떨림 증상을 감소시킵니다.

이완훈련 전 준비사항

① 가능한 산만하지 않은 조용한 장소에서 하는 것이 좋다.
② 바닥에 담요를 깔고 편안하게 눕는다. 꽉 끼는 옷은 느슨하게 풀어놓는다.
③ 마음에 떠오르는 복잡한 생각을 버린다.
④ 행복했던 기억을 생각하면서 근육의 긴장을 늦춘다.

호흡이완훈련 연습

① 바닥에 담요를 깔고 누운 자세에서 무릎을 자신을 향해 굽히고, 양발은 서로 떨어지게 하며, 발가락도 넓히도록 한다. 척추는 가능한 곧게 편다.
② 전체 몸 중에서 긴장되는 곳을 찾는다.

③ 한 손은 복부에 한손은 가슴 위에 얹는다.

④ 코에서 배로 숨을 천천히 들이마셔서 손이 위로 올라오는 것을 느끼게 한다. 이때 가슴은 약간만 움직여야 한다. 다섯을 세면 잠시 숨을 멈춘다.

⑤ 살짝 미소를 지은 후, 가능한 오랫동안 입으로 숨을 내쉰다. 내쉬는 동안 쉬이-소리가 나게 한다.

⑥ 이것을 다섯 번 반복한다. 심호흡하는 시간을 5분에서 10분으로 점차 늘려간다.

⑦ 연습이 끝나면 다시 전체 몸을 지각하여 긴장된 곳이 남아있는지 확인한다.

⑧ 익숙해지면 몸에서 긴장을 느낄 때마다 앉아서 또는 서서한다.

3) 평가 및 과제

Q1. 오늘 배운 점은 무엇인가?

Q2. 오늘 몸과 마음에 어떤 도움이 되었는가?

◉ 과제: 매일 아침 15분, 저녁 15분, 하루 두 차례 호흡이완훈련을 연습한다.

2회기: 외상스트레스 직면하기

1) 치료목표

직면의 중요성 이해하고 외상스트레스에 직면하는 방법을 숙달한다.

2) 진행요령

① 불안의 조건화 원리와 직면의 중요성을 이해한다.

외상사건을 경험한 후 극도의 불안이 왜 오래 지속되는지 그 이유에 대해 설명 드리겠습니다. 불안은 흔히 조건화과정으로 설명할 수 있습니다. 생명이나 생존을 위협하는 자극은 자연적으로 불안이나 공포 반응을 일으킵니다. 원래는 생존과 관련 없는 일반적인 상황이나 장면, 시간, 냄새, 그림과 같은 자극들은 아무런 정서반응을 일으키지 않지만, 이들 자극이 생명을 위협하는 자극과 연합되면 불안이 확산됩니다. 그래서 충격적인 사건을 경험하면 불안과 공포를 느끼는 것은 자연스런 반응입니다.

그러나 이때 충격적인 사건과 다른 자극(외상 당시 보았던 모습, 냄새 등)이나 그와 유사한 자극(가해자와 유사한 얼굴, 걸음걸이, 목소리 등)이 연합되면 극단적인 불안으로 확산될 수 있습니다. 이때 충격적인 사건과 관련 있는 유사한 자극만 보고도 불안, 공포를 느끼기 때문에 이를 모두 회피하게 됩니다. 외상과 유사한 상황을 회피하면 단기적으로는 불안이 감소하겠지만, 장기적으로는 유사한 자극들이 무해하다는 것을 인식하지 못하여 오히려 자극에 더 예민하게 반응하게 됩니다. 따라서 불안에 대한 치료는 불안을 일으키는 장면과 이완자극을 반복적으로 연합시키는 역조건화의 원리를 이용하여 불안을 상쇄시키는 것이 중요합니다.

불안을 유발하는 자극이나 상황을 직면해야 불안정하게 처리된 정서를 재처리할 수 있습니다. 그렇지 않으면 외상사건이 이미 종료되었음에도 불구하고 불쑥 불쑥 외상사건이 떠오른다거나 외상사건과 유사한 자극들을 자꾸 회피하게 됩니다. 따라서 오늘 저와 함께 외상사건 당시의 기억을 떠올리면서 해결하지 못한 감정들을 정리할 것입니다. 오늘은 분명히 00년도 0월 00일입니다. 지금 여기에서 제가 당신과 함께 있다는 것을 명심하십시오. 그 전에 먼저 긴장된 근육들을 풀어보는 훈련을 해보도록 하겠습니다.

② 근육이완훈련을 연습한다.

교감신경계의 과각성을 줄이는 방법으로는 호흡이완훈련과 근육이완훈련이 있습니다. 지난 시간에 호흡이완훈련을 배웠고 연습과제로도 실천하였는데 오늘은 근육이완훈련을 배우도록 하겠습니다. 연습과제의 핵심은 이완에 대한 주관적 감각에 주의를 기울이는 것입니다. 연습을 통해서 깊고 빠르게 이완하는 방법을 배울 수 있는데, 이것은 매우 중요합니다.

일단 빠르게 이완하는 방법을 배우면 불안을 가져다주는 어떤 상황에도 이 기술을 적용할 수 있습니다. 만약 우리가 불안을 이완으로 이길 수만 있다면 우리는 스트레스를 쉽게 견뎌낼 수 있고 통제할 수 있습니다. 이완을 배우는 최적의 방법은 하루 두 번씩 연습하는 것입니다. 아침에 한 번 혹은 저녁에 한 번, 하루 두 번 이상 연습하면 좋습니다.

체계적이고 규칙적인 연습을 통해 우리 몸의 자율신경을 조절하는 기술을 배우는 것이니까요. 처음에는 다음과 같이 온몸의 근육을 11개 부분으로 나누어서 긴장과 이완을 연습하는 것이 좋습니다. 이것을 매일 연습하여 1주일 후에 익숙해지면 온몸의 근육부분을 8부분으로 나누어 연습하고, 나중엔 4부분으로 나누어 연습할 수 있습니다.

이완 순서

오른손과 아래 팔 → 오른손 위팔 → 왼손과 아래 팔 → 왼손 위팔 → 이마와 눈 → 아래 얼굴과 턱 → 목과 어깨 → 흉부와 흉부 뒤쪽 등 → 복부와 복부 뒤쪽 허리 → 엉덩이와 위쪽 다리(오른쪽 다리) → 아래쪽 다리와 발

이완을 위한 장소는 기댈 수 있는 곳이나 침대, 의자 또는 베개로 편하게 받칠 수 있는 곳이면 좋습니다. 머리와 목을 지지해주는 것이 좋으며, 안경이나 콘

택트렌즈를 착용하지 않고 꼭 끼는 옷은 헐렁하게 풀어줍니다. 시작할 때 근육을 긴장시키고 5~10초간 이 상태를 유지합니다. 긴장할 때는 스스로 자신이 얼마나 긴장하고 있는지를 인식해야 합니다. 목표는 긴장과 이완 사이의 차이를 충분히 느낄 만큼 긴장을 하는 것인데, 이를 통해 근육 이완의 느낌을 확실히 알도록 연습합니다.

③ 외상기억을 다룬다.

외상피해자를 괴롭히는 증상이 어디에서 비롯되는지 아는 것이 중요하다. 외상사건을 경험한 것이 두렵고 고통스러운 것이지만 자기에게 무엇이 어떻게 일어났는지 정확하게 알아야 된다는 것을 강조한다.

첫째, 외상피해자 자신의 주관적 불편감을 알아보아야 한다.

주관적 불편감을 알아보는 척도(subjective unit of disturbance scale: 이후 SUDS)는 가장 적은 스트레스에서부터 가장 많은 스트레스에 이르기까지 11점 척도로 구성되어 있다. 외상피해자가 어느 척도 위치에 해당하는지를 평가하는 것이 중요하다. 측정 결과 스트레스가 10을 넘어서는 경우가 있을 수 있다. 이렇게 높은 수준의 SUDS는 더 많이 이완하고 쉬어야 할 필요가 있다는 것을 나타내 주는 것이다.

주관적 불편감 척도(SUDS)

1. 나는 스트레스가 없고 완전히 이완되어 있다. 나는 깊이 잠든 것처럼 편안하다.
2. 나는 매우 이완되어 있다. 나는 깨어있지만 선잠을 자는 것 같다.
3. 나는 깨어있지만 긴장을 느끼지 않는다.
4. 나는 약간의 긴장을 느낀다.
5. 나는 약간의 스트레스, 걱정, 두려움 또는 불안, 신체 긴장을 느낀다.
6. 나의 스트레스는 어느 정도 불쾌하지만 참을 수 있다.
7. 나는 중간 수준의 스트레스와 불쾌한 감정을 느끼고 있다. 나는 어느 정도 걱정하고 있다.
8. 나의 몸은 상당히 긴장되고 불쾌하지만 참을 수 있고 명확하게 사고할 수 있다.
9. 나는 높은 수준의 불안, 두려움, 걱정과 함께 상당한 스트레스를 느끼고 있다. 나는 오랫동안

이것을 참아낼 수 없을 것 같다.
10. 스트레스가 너무 심해서 사고하는데 영향을 준다. 나는 논리적으로 사고할 수가 없다.
11. 나는 극심한 스트레스 상태에 있다. 나는 완전히 공포로 가득 차 있고, 온몸이 극도로 긴장되어 있다. 이것은 내가 상상할 수 있는 최악의 공포와 두려움이다. 나는 아무런 생각도 할 수가 없다.

둘째, 외상사건의 경험에서 무엇을 보고 느꼈는지 경험일지를 쓰도록 한다.

① 먼저, 외상사건 피해자가 기억하는 스트레스경험을 상세하게 기술하게 한다.
- 외상사건 당시 떠오르는 감각 경험(냄새, 장면, 촉감, 소리 등)을 기술한다.
- 외상사건 당시 외상스트레스와 관련하여 떠오르는 생각을 기술한다.
- 외상사건 당시의 신체반응은 어땠는지 기술한다.
- 그때의 감정, 기분은 어땠는지 기술한다.
- 그때 강하게 원하거나 소망했던 것은 무엇이었는지 기술한다.
- 그래서 당신은 무슨 행동을 했는지 기술한다.
- 상황이 어떻게 종료되었는지 기술한다.

② 문장구조, 맞춤법에 대해서는 신경 쓰지 않고 작성한다.
③ 작성하다가 감정이 일어나면 그 감정을 충분히 표현하고 정상 반응임을 주지시킨다.
④ 일지를 쓰다 신체적 과각성이 일어나면 쉽게 이완할 수 있는 복식호흡부터 실시하고, 심하면 근육이완을 실시한다.
⑤ 주관적 불편감이 5수준 이하이면 경험일지를 계속 쓰도록 격려한다.
⑥ 경험일지를 다 썼으면 과거의 지각을 현재의 지각으로 옮기는 작업을 한다.

셋째, 현실 지각력을 높이는 이중지각훈련을 실시한다.

① 외상사건 당시의 주관적 불편감 척도를 체크하여 수준을 확인한 후, 지금 외상스트레스 경험을 상세히 설명할 때의 주관적 불편감 척도를 다시 체크하여, 이 둘 간의 수준을 비교해 보고 논의한다.
② 차이가 별로 없이 둘 다 높은 경우에는 외상사건 경험을 기억하며 설명하

는 것만으로도 주관적으로 위험하다고 느끼고 있음을 지적해준다. 그러나 지금은 결코 위험한 상황이 아님을 다시 언급하고, 외상피해자가 자신의 기억에 두려움을 느끼고 있음을 인식하도록 한다.

③ 차이가 많이 나는 경우에는 외상사건 경험 당시에 비해 지금은 주관적 불편감이 낮음을 확인했으므로, 이제부터는 더욱 구체적인 기억을 회상하고 처리하여 작은 불편감마저도 감소시켜 나가자고 격려한다.

3) 평가 및 과제

Q1. 오늘 배운 점은 무엇인가?

Q2. 오늘 배운 것이 어떤 도움이 되었는가?

◉ 과제: 외상경험 일지를 작성해 온다. 그 당시 본 것, 떠오른 생각, 느꼈던 감정, 원했던 바램, 자신의 행동 순으로 기술하되, 그때마다 내용은 달라도 상관없다. 단, 주의할 점은 작성하는 장소와 시간을 정해서 하고, 작성 후에는 현실적인 지각으로 돌아오도록 연습한다. 매일 호흡이완훈련이나 근육이완훈련 중에 하나를 특정 시간에 연습한다.

3회기: 플래시백 다루기

1) 치료목표

플래시백과 외상스트레스 유발자극을 다루어 증상을 완화시킨다.

2) 이론적 배경

① 플래시백이란?

외상사건을 경험한 후 나타나는 침투증상을 다루는 방법을 알려준다. 이 방법은 다음과 같을 때 사용한다.

- 외상사건에 관한 기억이나 생각이 갑자기 떠오를 때
- 외상사건에 관한 악몽을 계속 꾸게 될 때
- 외상사건의 경험과 연합되어 있는 냄새, 소리, 날짜 등의 자극들이 플래시백을 일으킬 때(갑자기 과거의 사건이 영상처럼 떠올라 다시 그 사건을 경험하는 것 같은 느낌)
- 외상사건과 유사한 상황이 느껴져 불안할 때

플래시백이 무엇인지 설명하겠습니다. 플래시백은 과거사건이 현재로 침입해서 지금 여기에서 실제로 발생하는 것처럼 느끼도록 하는 기억입니다. 플래시백은 생생한 외상사건이 갑자기 회상되는 것을 의미하는데 강한 감정을 동반합니다. 일반적으로 플래시백은 번쩍하고 나타나거나 전체 경험의 기억으로 나타날 수 있는데, 예측 불가한 것이 특징입니다. 플래시백이 발생할 때면 외상사건을 다시 경험하는 것처럼 느끼게 되며, 플래시백이 나타나는 동안은 기억이 사라지거나 의식을 잃지는 않지만, 현재의 시간으로부터 일시적으로 떠나있게 됩니다.

잠자는 동안 발생하는 플래시백은 악몽이나 생생한 꿈으로 나타날 수 있습니다. 플래시백은 침투 사고나 재경험 또는 강한 감정으로 나타날 수 있습니다. 플래시백이 나타나는 동안 외상사건에 대한 기억은 더욱 강하게 재생됩니다. 심지어 어린아이조차도 플래시백을 겪는데요, 아이들은 말로 표현하기 보다는 행동으로 표현하는 경향이 많으며, 때로는 타인이 그에게 했던 행동을 따라 하기도 합니다.

② 외상스트레스 유발자극이란?

플래시백과 같은 재경험 증상은 갑자기 아무 일 없이 나타나는 경우도 있지만 일반적으로는 유발자극이 있은 후 나타납니다. 유발자극은 현재의 경험 속에서 과거 외상을 상기시켜주는 자극을 말합니다. 우리의 뇌는 어떤 감각이나 경험을 할 때 그와 연관된 과거의 기억을 상기시키는 작용을 합니다.

예를 들어, 따뜻한 베개의 감촉이 어린 시절의 기억을 불러일으키거나, 맛있는 음식의 향기가 어머니의 추억을 상기시키기도 하는 것이지요. 같은 원리로 외상과 관련이 있는 감각이나 경험은 우리에게 외상스트레스 기억을 상기시키고, 자율신경계의 과각성과 두려운 감정을 불러일으킵니다. 또한 외상스트레스 유발자극은 불쾌함과 두려움을 가져다주며, 플래시백을 일으키거나 불안, 공포, 공황, 분노, 혼란, 반응마비를 일으키게 합니다.

일반적으로 이러한 유발자극은 피하기 쉬운데 피한다고 해결되는 것은 아닙니다. 회피는 두려움을 강화시키는 효과가 있습니다. 스트레스 유발자극을 우리가 잘 알고 이를 조절할 수 있으면 이런 증상을 감소시킬 수 있습니다. 이를 위한 방법으로 유발자극 목록을 만드는 것이 도움이 됩니다.

3) 진행요령

① 플래시백을 다룬다.

플래시백의 예를 들어보겠습니다. 소방관 철수씨는 아파트에서 살고 있습니다. 위층의 이웃은 밤늦게까지 음악을 틀어놓아 철수씨가 경비에게 항의하자 위층 사람은 밤중에 일부러 쿵쿵대고, 철수씨의 차를 긁어서 보복하겠다고 말을 합니다. 철수씨는 2년 전 군대에서 선임병사에게 가혹행위를 자주 당했던 경험이 있습니다. 아파트 위층 사람의 이런 보복 행동이 이전 군대에서의 기억이 되살아나, 2년 전 고참의 가혹행위가 자꾸 머릿속에 떠오르고, 다시 경험하는 것 같은 플래시백을 일으키고 있습니다. 그는 많이 괴로워하고, 위층 사람을 만날게 될까봐 가슴이 떨려 전전긍긍합니다. 그의 몸은 벌써 보복에 대비하기 위해 과도한 경계상태에 들어갑니다.

대체로 플래시백은 외상사건과 관련된 감각과 감정을 포함합니다. 플래시백이 나타날 때 전체 신경 체계가 관여한다는 의미이지요. 신경체계는 외상스트레스 유발자극에 노출될 때 과도하게 각성됩니다. 플래시백은 기억의 부분으로써 나타나기도 하는데, 그럴 때는 다음과 같은 질문을 스스로 하는 것이 효과가 있습니다.

- 플래시백 내게 무얼 이야기하려고 하는가?
- 내가 더 보아야 할 무엇이라도 있는 건가?
- 내가 더 느껴야 할 무엇이라도 있는 건가?
- 내가 더 들어야 할 무엇이라도 있는 건가?
- 내가 더 배우거나 받아들여야 할 것이 있는가?

플래시백 다루기

- 지난 2주 동안 당신이 경험했던 플래시백에 대해서 생각해본다.
- 플래시백과 당신이 경험한 것에 대해 설명해 보라.
- 과거에 유사한 플래시백이 있었는가? 만약 그렇다면 언제 그리고 어떤 상태에서였는가?
- 플래시백의 냄새, 느낌, 소리는 무엇인가? 누가 관련되어 있는가?
- 실제 트라우마 경험의 냄새, 느낌, 소리는 무엇인가? 누가 관련되어 있는가?
- 플래시백과 과거의 트라우마 상황은 어떻게 다르고 어떻게 같은가?
- 플래시백이 발생했을 때 어떤 행동이 기분을 좀 좋게 해줄 수 있는가?
- 플래시백이 발생했을 때 현재로 당신을 어떻게 다시 돌아오게 할 수 있는가?

이 연습과제는 당신이 경험한 플래시백에 적용할 수 있다.

② 바깥쪽으로 고개 돌리기

플래시백을 다루는 또 하나의 방법은 세상을 향해 고개를 돌리는 것입니다.

외상피해자의 괴롭고 고통스러운 마음에서 벗어나도록 세상 밖의 이야기를 나누는 것이 좋습니다. 또한 외상 경험일지를 작성하고 외상과 관련된 내용으로 그림을 그리는 등 다른 방식으로 재현하는 것도 좋습니다. 만약 플래시백에 대하여 이야기하는 것을 기꺼이 들어줄 지지적인 사람이 있다면, 그 사람과 가까이 지내면서 되도록 많은 이야기를 나누도록 하는 것이 좋습니다.

플래시백에 대해 이야기를 나누는 것은 플래시백에 대한 고통을 줄이고, 플래시백이 발생하는 횟수를 줄여주는 효과가 있습니다. 이것은 이중지각 연습과도 비슷합니다. 경험하는 자기와 관찰하는 자기를 조화시킴으로써 플래시백 현상을 빠르게 멈추도록 하는 효과를 가져다 줍니다.

이중지각 연습하기

다음의 문장을 자신에게 큰 소리로 말하고 빈칸을 채운다.

- 지금 나는 (현재의 감정: 예, 분노)을 느끼고 있고,
- 내 몸은 (현재 몸의 감각, 적어도 3가지: 예, 통증 · 악취 · 굉음)을 느끼고 있고,
- 나는 (외상사건 쓰기: 예, 화재)을 기억하기 때문에 (힘들다: 예, 공포감을 느낀다).
- 그러나 동시에 나는 (지금의 날짜), (지금의 장소)에서 주의를 둘러보고 있다.
- 나는 (지금 여기에서 볼 수 있는 것)을 볼 수 있고,
- 나는 (어떤 외상)이 지금 여기에서 더 이상 발생하지 않는다는 것을 안다.

③ 다른 방식으로 플래시백 다루기

플래시백을 물리치는 방법은 다음과 같이 다양하다.

- 손뼉 치기
- 심호흡하기
- 눈동자 돌리기
- 편안한 음악 듣기
- 바닥에 발자국 찍기
- 찬물로 세수하기

- 자신에 대해서 긍정적으로 말하기
- 마음속의 안전한 장소로 가는 심상을 사용하기
- 주변에 있는 물체의 이름을 큰 소리로 말하기
- 플래시백 종이에 그려서 버리거나 태우거나 묻기
- 플래시백 용기에 담기(실제로, 종이로, 또는 마음속에서 상징적으로)
- 플래시백이 사라질 때까지(상상의) 클렌저 스프레이로 기억 위에 뿌리기

4) 평가 및 과제

Q1. 오늘 배운 점은 무엇인가?

Q2. 오늘 배운 점으로 어떤 도움이 되었는가?

◉ 과제

① 각각 본인에게 해당되는 것의 연습문제를 플래시백이 나타날 때 마다 기록해 오기

② 증상이 나타날 때 주관적 불편감 척도(SUDS)로 측정하는 것을 습관화하기

③ 트라우마 유발 자극에 대한 연습문제를 실제 상황에 맞추어 작성하기

④ 매일 호흡이완훈련이나 근육이완훈련 중에 하나를 특정한 시간에 실습하기

4회기: 상상노출하기

1) 치료목표

상상노출 훈련을 통해 트라우마 증상을 완화한다.

2) 진행요령

① 이완상황 상상노출

상상노출은 평화롭고 편안한 이미지를 떠올리는 이완 방법으로 다음과 같이 실시합니다. "자, 이제부터 눈을 감고 제 말을 따라 상상해 보십시오(잔잔한 배경 음악을 틀어주고, 조용하고 편안한 목소리로 말한다). 자, 우리 모두 이렇게 상상해 봅니다. 나는 한적한 바닷가에 있다. 아무도 없는 모래밭을 조용히 거닐고, 저 바다 멀리에서는 갈매기들이 평화롭게 날아다니는 모습을 보고 있다. 바닷가는 나 이외 아무도 없고 파도 소리만 들리고 있을 뿐이다. 나를 방해하는 것은 아무도 없고 오로지 평온함만이 나를 감싸고 있다."

이후 1분 정도 침묵하고 나서 "자 이제 깨어날 시간이 되었습니다. 천천히 현실 세계로 돌아오도록 다섯부터 하나까지 숫자를 셀 건데요, 둘을 세면 눈을 뜨시고, 하나를 세면 처음의 각성상태로 돌아옵니다. 다섯... 넷... 셋... 둘... 하나...

네~ 아주 잘 하셨습니다. 모두들 상쾌한 기분이시죠? 지금까지 우리는 상상노출 훈련을 해 보았는데요, 그 느낌이 어땠는지 서로 이야기를 나눠보도록 하겠습니다."

② 불안상황 상상노출

이번에는 이완상황으로의 상상노출이 아닌 불안상황으로의 상상노출을 해보겠습니다. 이전 시간에 작성하였던 불안위계표의 하위 5단계에서 1단계까지 상상노출을 하겠습니다. 5단계의 상상노출을 한 후 복식호흡을 3분 정도 하고, 그 다음에는 4단계, 3단계, 2단계, 1단계로 진행하겠습니다.

3) 평가 및 과제

Q1. 오늘 이 시간에서 배운 점은 무엇인가?

Q2. 오늘 배운 점으로 인해 몸과 마음에 어떤 도움이 되었는가?

◉ 과제: 이완 훈련 후 상상노출만 1일 1회 실시하기

5회기: 현장노출하기

1) 치료목표

실제 현장노출을 통해 트라우마 증상을 제거한다.

2) 진행요령

① 실제 현장노출

실제 외상사건 현장을 방문하여 유사한 환경을 경험해 보도록 한다. 불안위계에 따라 5단계부터 노출시키며, 각 단계별 노출 후에는 이완하도록 시간을 충분히 제공한다. 심하게 불안을 느끼면 반드시 휴식을 취하고, 다시 이완한 후 시작한다.

② 소감 나누기

실제 현장노출을 통한 자신의 경험을 이야기하고 느낌을 공유한다.

3) 평가 및 과제

Q1. 오늘 배운 점은 무엇인가?

Q2. 오늘 배운 점으로 어떤 도움이 되었는가?

◉ 과제: 상상노출 후 현장노출 1일 1회 실시하기

6회기: 부정정서 조절하기

1) 치료목표

화와 분노감, 죄책감 등의 부정정서를 제거한다.

2) 이론적 배경

① 화와 분노감

화는 못마땅하거나 언짢아서 생기는 노엽고 답답한 감정으로 그 자체가 문제가 되는 것이 아니다. 어떻게 표현하는가가 문제가 된다. 화를 부적절하게 표현하는 것은 자신에게 좋지 않은 영향이 돌아오기 때문에 연습을 하는 것이 필요하다. 화는 주위 사람들을 힘들게 하는 부정적인 측면이 많지만 긍정적인 측면도 지니고 있다. 그 이유는 지금 상황이 별로 좋지 않아 뭔가 변화가 필요한 때라는 것을 알려주는 신호가 되어주기 때문이다. 그러므로 이런 신호에 따라 화를 적절하게 다루어서 더 좋은 상황을 만드는 것이 필요하다.

분노는 분개하여 크게 화를 내는 과각성 증상의 하나로 스트레스의 부산물이다. 외상사건을 경험한 피해자는 타인, 사건, 환경에 대해 부정적 감정을 쏟아낸다. 외상사건이 발생했는데 왜 그것이 나에게 발생했는지에 대한 이유가 충분히 설명되지 않을 때 두려움과 슬픔, 상실, 실망, 수치, 죄책감과 같은 감정이 생기면서 분노가 일어난다. 외상사건의 가해자를 알고 있다면 분노는 직접적으로 그 사람에게 향하게 되는데, 때로는 사건과 관련이 없는 주위 사람들에게 분노를 표출하기도 한다.

② 죄책감

충격적인 외상사건을 경험한 사람은 자신에게 그 일에 대한 책임이 있건 없건 상관없이 수치심과 죄책감을 느끼게 된다. 또한 죄책감을 없애기 위해 자해 등의 자기 파괴적인 행동을 시도하기도 한다. 죄책감은 트라우마 극복을 어렵게 한다. 따라서 상담자는 외상피해자의 책임이 실제로 얼마만큼이 있는지, 어느 정도의 죄책감을 가지는 것이 적절한지, 또한 파괴적이지 않은 방법으로 죄책감을 줄일 수 있는 방법은 어떤 것인지 등을 다루어야 한다.

3) 진행요령

① 화와 분노감 다루기

첫째, 나는 어떤 때에 화가 나는가?

- 사람들이 외상사건을 경험한 자신을 비난할 때
- 내 자신도 모르게 부정적 증상이 나타나서 괴롭힐 때
- 물질 중독, 도박, 과소비, 일이 많을 때
- 나의 주변에 있는 것에 대한 이해가 부족할 때
- 외상사건 가해자나 관련자에게 보상을 받지 못하는 자신의 무능력 때문에
- 트라우마를 겪게 한 사회 또는 조직 책임자를 처벌하지 못하는 법체계 때문에
- 자신을 보호하지 못한 행동과 외상사건을 막지 못한 한심한 자신 때문에

이러한 이유 중 외상피해자에게 해당하는 것은 어느 것인가 체크해 본다.

둘째, 화는 어떻게 표현하는가?

다음 연습과제는 화를 부적절한 방법으로 표현하고 있는 예이다. 자신의 경우는 어떤지 체크해본다. 많은 문항에 체크할수록 나의 화내는 방법은 건강하지 못한 것이다. 따라서 화를 표출하는 다른 방법을 배울 필요가 있다.

해당하는 항목에 체크하기!

1. 나는 타인에 대해서 권위적으로 의견을 강요한다. □
2. 나는 타이밍을 맞춰서 타인을 공격한다. 다른 사람이 어떤 것에 약하거나 피곤해할 때 또는 보호할 수 없을 때 공격한다. □
3. 내게는 지지 않은 논쟁 방법이 있다. 대화를 독점하거나, 다른 사람의 감정을 무시하거나, 다른 사람 말을 듣지 않거나, 내가 말을 많이 해서 다른 사람이 말하기를 포기하게 한다. □

4. 나는 내게 저지른 사소한 잘못을 잊어버리지 않고 쌓아두었다가 화를 폭발시킨다. □
5. 나는 화가 났을 때 소리치거나, 물건을 던지거나, 때리거나 폭력적이 된다. □
6. 화가 나면 밖으로 나가거나 말을 하지 않는다. 그러면 다른 사람과 싸울 일이 없다. □
7. 화가 났을 때 다른 사람에게 상처가 될 말을 하거나 빈정거린다. □
8. 나는 다른 사람들에게 죄책감을 느끼게 한다. □
9. 나는 결코 사과를 받아들이지 않는다. 필요하다면 몇 년이고 인색하게 군다. □
10. 가능한 모든 것을 싸움하는데 사용한다. 몇 년 전에 나를 화나게 했던 것도 끄집어낸다. □
11. 나는 다음 싸움을 위해 공격 수단을 비밀리에 수집한다. 이후에 다른 사람들에 대항하여 이 정보를 사용한다. □
12. 나는 내가 화난 것에 대해서 대화하지 않는다. 대화는 시간 낭비다. □
13. 화가 날 때 상처를 주거나 주워 담지 못할 말을 한다. □
14. 나의 화는 추악하다. 만약 화를 표현한다면 다른 사람들이 나를 나쁘게 생각할 것이다. □
15. 나는 다른 사람들이 내게 화를 내는 것을 피해야 한다. □
16. 나는 기어코 화를 보이지 않도록 한다. □
17. 다른 사람들이 내게 화가 났다면 나는 모든 것을 바로 잡아야 한다. □

셋째, 화를 이해하고 풀어버리기

화와 관련된 다음의 사항을 숙지하는 것이 필요하다.

- 화는 자연스러운 나의 일부분이다.
- 화는 내 주변에서 무엇이 발생할지를 알려주는 신호다.
- 화는 자신에 대해 더욱 잘 알게 한다.
- 화는 나를 보호하도록 알려준다.
- 화는 변화가 필요하다는 것을 알려준다.
- 화의 원인은 나에게 중요한 사람들과 공유할 수 있게 해준다.

화를 풀기 위해 해야 할 것들!

1. 왜 화가 났는가를 객관적으로 살핀다. 그 일이 화를 낼만큼 그렇게 중대한 일이었는가?
2. 그 문제가 해결가능한 문제인지 살피고 해결한다.

3. 일반적으로 화는 두려움이나 상처의 표현이다. 화의 내면에는 자기의 상처가 있는 것이다. 누가 그 상처를 건드렸는가? 그가 당신을 해치기 위해 그리하였는가? 화에 대한 적절한 대상이 있는가? 만약 그러하다면 그 대상은 누구인가?
4. 화를 내는 것은 좋은 것이지만 화를 표현하는 방법은 남을 공격할 수 있다. 자신의 화의 표현에 대해서 책임감을 가져야 한다.
5. 화의 이면에 있는 감정들을 드러내기 위해서 화를 단어나 그림으로 표현한다. 만약 화에 대해서 쓴다면 화가 나도록 자극한 것이 무엇이었는지, 신체지각은 어떤지, 누가 관련되어 있는지를 글로 써본다. 이것은 당신 자신이나 타인을 해치지 않고 화를 표현하는 안전한 방법이다.
6. 화의 이면에 놓인 치유되지 않은 상처를 살펴본다. 이 상처는 과거로부터 온 것이다. 상처를 살펴보기 전에 자기를 우선 어루만져 준다.
7. 화를 밖으로 끄집어낸다. 다시 자신에게 화를 내거나 자신에 대해서 나쁘게 생각하지 않는다. 당신을 해쳤던 사람들을 공격하지 말고 당신이 화난 이유를 차분히 알린다. 발생한 사건에 대해서 그들이 말하는 것을 듣는다.

② 죄책감 다루기

만약 외상피해자가 경험한 외상사건에 대해서 자신에게도 책임이 있다고 생각한다면 죄책감을 느낄 가능성이 높다. 또한 자신의 행동이 나쁘다고 생각하는 것도 죄책감을 갖게 한다. 예를 들어, 외상피해자가 운전하던 차가 사고를 당해 옆에 함께 타고 있던 다른 누군가가 죽었다면 죄책감을 느끼고 이를 괴로워 할 수 있다. 따라서 자신이 했던 일과 관련한 죄책감 여부와 그 타당한 이유를 찾아보는 것이 중요하다. 아래 연습 과제를 통해 이를 구체적으로 다루어 보자.

나의 죄책감(연습과제1)

1. 당신에게 일어난 외상사건에 대해 죄책감을 느낀다면 그 이유를 적어보라.

① ________________ ② ________________ ③ ________________

2. 외상사건의 상황을 살펴보자. 당신이 한 일이나 하지 않은 일 때문에 일어났는가?

사건을 조사하고, 실제 이야기를 작성하는 기자처럼 당신 자신에 대해 생각해봐야 한다.
① 무슨 일이 일어났는가? ② 왜 일어났는가? ③ 왜 나에게 일어났는가?
④ 그 당시 왜 내가 그렇게 행동했는가? ⑤ 사건 발생 이후로 나는 어떻게 변했는가?
⑥ 만약 사건이 다시 일어난다면 나는 어떻게 행동할 것인가? 나는 다른 행동을 하길 원하는가? 다른 행동을 할 수 있는가?

이 연습이 당신의 행동에 대해 무엇을 가르쳐 주었는가?

⬇

나의 책임(연습과제2)

1. 앞의 연습에서 당신이 썼던 것을 다시 보고, 당신이 기억하는 외상사건을 1인칭으로 (나는) 다시 정리해 본다.
2. 현재 시점에서 당신이 생각하는 사건에 대한 당신의 책임은 얼마나 되는가?
   - 나는 일어난 사건에 대해 ( )%의 책임이 있다.
   - 당신의 책임 비율에 대해 확신하는가? (네 / 아니오)
   - 책임이 더 많거나 적을 수 있는가?
   - 사건과 그로 인한 결과들이 당신의 단순한 실수 때문인가? 당신의 무능력 때문이었는가?
   - 당신의 무지 때문이었는가? 당신의 부주의 때문이었는가? 당신의 부도덕 때문이었는가?
3. 이제 당신이 처음에 자신에게 부여한 책임 정도를 다시 보자. 당신의 책임은 ( )% 이다. 이제 당신이 기술했던 것에 근거해서 당신이 실제로 ( )%의 책임이 있다고 다른 사람들을 납득시킬 수 있겠는가? 당신의 책임 비율을 어떻게 수정할 수 있겠는가?
4. 트라우마 사건과 관련된 다른 사람들에 대해 생각해 보자. 각 사람의 역할은 무엇인가? 각 사람의 책임은 ( ) %인가?
5. 만약 다른 사람이 어느 정도의 책임이 있다면, 당신 자신의 책임은? 만약 당신이 어떤 행동을 하거나 하지 않았다면 사건을 막을 수 있었겠는가? 트라우마를 겪고 있는 동안에 당신이 하거나 하지 않았던 것들, 당신이 할 수 있었던 것과 할 수 없었던 것들을 다시 보고, 당신의 책임 수준을 결정해 보라. 나의 총 책임은 ( )%이다. 그 이유는 ( )이다. 그렇다면 여전히 책임을 느끼는 이유는 무엇인가?
6. 만약 당신이 여전히 책임을 느낀다면 당신의 사고나 행동으로 이미 충분히 벌을 받았다고 볼 수 있지 않은가? 얼마나 더 당신이 고통을 받아야 하는가? 당신에게 자기용서는 매우 긴 과

정일지 모르지만 그것은 사건 발생에 대한 당신의 실제 책임에 달려있다. 당신이 자신의 책임에 대해 용서할 수 있는지를 스스로에게 물어보는 것이 중요하다. 당신이 스스로 용서하기 위해서 필요한 것이 무엇인가? 답을 적어보라

7. 만약 당신이 여전히 외상사건에 대한 책임을 져야한다고 생각한다면, 자기 파괴적이지 않은 방법으로 책임지는 방법을 생각해 보라.

4) 평가 및 과제

Q1. 오늘 배운 점은 무엇인가?

Q2. 오늘 배운 것은 어떤 도움이 되었는가?

◉ 과제: 화가 나고 죄책감이 드는 상황에서 어떻게 하였는지 기록해오기

7회기: 긍정강점 찾기

1) 치료목표

긍정적 자기대화를 통한 자신의 강점 찾기, 미래 인생 설계하기

2) 이론적 배경

① 긍정 심리학

과거 철학으로부터 독립된 심리학은 부정적인 증상을 줄이는 것에 초점이 맞추어져 왔습니다. 그 결과 긍정적인 심리적 특징에 대한 관심은 대체로 적었지요. 그러나 2000년대로 접어들면서 자신의 강점과 긍정적 특질을 향상시킨다면 좀 더 행복한 생활을 할 수 있다는 견해가 점차 확장되었습니다. 이런 전제로 강점과 긍정적 특질을 연구하고 이를 향상시키는 것을 목적으로 한 새로운 심리학의 조류가 탄생하게 되었는데 이것이 바로 긍정 심리학입니다.

지금까지의 외상 극복 프로그램은 외상스트레스의 증상을 줄여서 불편감을 감소시키는 방향으로 많은 노력을 기울였으나, 본 장에서는 외상피해자가 지닌 강점을 찾고 이를 확장하는 노력을 해보려고 합니다.

② 트라우마와 연관된 요인

외상사건을 경험했다고 해서 모든 사람이 트라우마 증상이 나타나는 것은 아닙니다. 그렇다면 외상사건을 경험하고도 급성스트레스 장애(ASD)나 PTSD에 걸리지 않는 사람은 어떤 특징이 있는 사람일까요? 지금까지 이루어진 연구결과를 살펴보면 다음과 같은 긍정적 특질이 있는 사람들이 트라우마에 대한 저항력이 높게 나타납니다.

- 사회적 지지가 잘 갖추어진 사람
- 자기 연민에 빠지지 않은 사람
- 수동적이기보다는 능동적으로 사건 해결에 참여한 사람
- 고통에서 의미를 발견한 사람 등

McCrae(1996)와 같은 학자는 역경에 대처하는데 도움이 되는 성격특질이 있다고도 주장하였습니다. 주요 성격특질은 외향성과 개방성, 내적통제의 위치(internal locus of control), 응집력(sense of coherence), 의지력 등이라고 설명하였지요. 외상피해자가 외상사건에 대처해야 하는 동기와 낙관적 태도를 지니고 있으면 위기극복을 잘 하는 것으로 나타나고 있습니다. 또한 능동적인 능력을 바탕으로 다른 위기사건을 성공적으로 해결했던 경험이 있는 사람 역시도 외상사건에 잘 대처한 것으로 보고되고 있습니다.

3) 진행요령

① 자신의 일반적인 강점을 찾아본다.

자신도 모르게 '잘 안될 것 같아', '해 봤자 소용없지'와 같은 부정적인 자기 대화는 위급한 스트레스 상황에 대한 통제력을 약화시킵니다. 그러나 나는 과거에 성공했던 경험도 있고, 스트레스를 잘 극복했던 경험도 있습니다. 호랑이 굴에 들어가도 정신만 똑바로 차리면 살 수 있다는 속담이 있듯이, 나 자신의 능력을 믿고 헤쳐 나와야 합니다. 스트레스를 직면하더라도 긍정적인 자기대화는 상황을 통제할 수 있는 힘과 지혜를 줍니다. 과거에 성공했던 경험, 자부심을 느꼈던 경험, 즐거운 경험, 성취감을 느꼈던 경험과 같이 자신 안에 긍정적인 경험을 찾아보도록 합시다.

- 과거에 내가 성공했던 것은 ( )이다.
- 과거에 나는 ( )에서 자부심을 느꼈다.
- 내가 즐거웠던 과거의 경험은 ( )이다.
- 과거에 내가 성취감을 느꼈던 것은 ( )이다.

② 외상사건 당시에 대처한 나의 능력

외상사건 피해자는 그동안 힘든 생활을 하였고 지금도 하고 있다. 그렇지만 외상사건 이후에도 여전히 가정과 사회의 소중한 존재로 살아가고 있다. 외상피해자가 지닌 능력 중 긍정적인 능력은 외상스트레스에 대처하는 데에 큰 도움이 된다.

외상스트레스에 대처하는 자신의 능력을 찾아보도록 한다. 먼저, 외상사건 이전의 자신의 원래 모습을 생각해 본다. 그때 어떠한 경험을 했는지, 그때의 생각, 그때의 감정, 그때의 신체반응, 그때의 바램, 그때의 행동에 대해 이야기하면서 자신 안에 긍정적인 힘을 느껴보는 시간을 가진다.

외상에 대처하는 나의 능력(연습문제)

다음의 문장에서 자신에게 해당된다고 생각하는 것을 체크해 봅시다.

- 나는 희망이 있다.
- 나는 생각하는 힘이 있다.
- 나는 유머감각을 지니고 있다.
- 나는 새로운 경험에 개방적이다.
- 나는 타인에게 호감을 줄 수 있다.
- 나는 훌륭한 도전을 좋아하고 다시 일어선다.
- 나는 내가 하는 일에 성실하다(나는 끝까지 한다).
- 나는 개인적 역량의 원천이 내 안에 있다고 믿는다.
- 나는 적극적으로 내 삶의 계획을 세우려고 노력한다.
- 나는 내게 발생한 일에서 의미를 찾으려고 노력한다.
- 나는 나쁜 상황을 의미 있는 부분으로 나누려고 노력한다.
- 나는 내 삶에서 발생한 문제를 해결하려는 동기가 있다.
- 나는 다른 사람의 느낌이나 생각에 대해서 개방적이다.
- 나는 외향성이 높다(나는 사람과 함께 있기를 좋아한다).
- 나는 내가 상황에 대처할 능력을 가지고 있다고 확신한다.
- 나는 내가 삶에서 경험했던 나쁜 것을 극복하기 위해 노력한다.
- 내게는 훌륭한 사회적 지지가 있다. 내게 도움을 줄 사람들이 있다.
- 세상에는 내가 할 수 있는 것과, 내가 할 수 없는 것이 있음을 안다.
- 나는 새로운 것을 시도하거나 새로운 방식으로 바라보는 것을 좋아한다.
- 나는 전반적으로 긍정적인 사람이다. 나는 부정적이기 보다는 긍정적으로 바라본다.
- 나는 행동 지향적인 사람이다. 나는 앉아서 고민하기 보다는 행동하기를 좋아한다.

☞ 몇 개가 체크되었는가. 당신이 체크한 것과 체크하지 않은 것들의 패턴을 알겠는가? 더 많이 체크할수록 당신에게 발생한 외상을 극복하기 위해 더 많은 행동을 하는 것이다.

☞ 당신은 앞서 언급한 여러 문장을 읽으면서 당신에 대해서 무엇을 관찰하였는가?

③ 자존감 높이기

외상스트레스는 자신에 대한 좋은 느낌과 사고를 위협할 수 있고, 부정적인 생각과 무가치함, 경멸의 정서를 가져올 수 있습니다. 자신이 흠이 있거나 나쁘거나 피해를 입었다고 믿을 수도 있습니다. 또한 자신의 존재가 다른 사람을 더럽힌다고 생각하거나, 나의 존재로 인해 다른 사람의 삶을 고통스럽게 할 것이라고 생각할 수도 있습니다. 이렇게 낮은 자존감은 자기혐오, 절망, 냉소 등 다른 사람들을 피하게 하는 원인이 됩니다.

만약, 자신을 가치 있다고 여긴다면 좋은 자존감을 가진 사람입니다. 높은 수준의 자존감은 자기존중으로부터 나오지요. 자기 자신을 유능하게 보고 있다면, 스트레스를 더 잘 다룰 수 있고, 위기를 도전으로 받아들일 수 있습니다. 자존감을 세우는 방법은 자신이 이룬 성공, 자신이 해결한 문제, 위기극복 경험을 시각화하는 것이 좋습니다. 긍정적인 대화기술을 연습하여 증진시키거나, 하고 싶은 취미를 찾거나, 다른 사람을 위해 봉사하는 것도 자존감을 높이는 좋은 방법입니다.

쓸데없이 자신에 대한 자책이나 비현실적인 기대는 자존감을 낮아지게 할 수 있습니다. 자존감은 자기 자신에 대한 무조건적인 가치와 무조건적인 사랑의 느낌들에 기초한 자기수용임을 잊지 말아야 합니다.

나의 자존감 확신(연습과제)

몸을 이완시킨 후, 자존감에 대한 확신을 가져본다. 그것이 모두 사실인 것처럼 그것을 자세하게 시각화시키면서 소리 내어 자신에게 말해봅니다.

- 나는 최선을 다한다.
- 나는 가치 있는 사람이다.
- 나는 나를 자랑스럽게 느낀다.
- 나는 매력적이고 유능하다.
- 나는 내 삶을 의미 있게 생각한다.
- 나는 내 자신을 조건 없이 사랑한다.
- 나는 변화할 수 있고 성장할 수 있다.

- 나는 더 이상 무기력한 사람이 아니다.
- 나는 나 자신으로부터 사랑을 받을 만하다.
- 나는 나 자신으로부터 존중을 받을 만하다.
- 나는 다른 사람으로부터 사랑을 받을 만하다.
- 나는 다른 사람으로부터 존중을 받을 만하다.
- 나는 다른 사람들의 삶을 중요하게 생각한다.
- 나는 다른 사람과 비교하지 않고 있는 그대로를 존중한다.

4) 평가 및 과제

Q1. 오늘 배운 점은 무엇인가?

Q2. 오늘 배운 점으로 어떤 도움이 되었는가?

◉ 과제: 오늘 연습한 과제들을 일상생활에서 실천해 본다. 이를 위해 다음과 같은 자존감에 관한 연습과제를 하나 더 제시한다.

다음의 질문에 대해 답해 보세요.

- 나의 소망과 꿈은 무엇인가?
- 나는 어디에서 희망을 찾는가?
- 나는 어떤 상황에서 유머감각을 갖는가?
- 나는 나 자신을 정서적으로 어떻게 보살피는가?
- 나 자신을 위한 나의 현실적인 기대는 무엇인가?
- 나 자신을 위한 나의 비현실적인 기대는 무엇인가?
- 나는 언제 그리고 어떻게 사랑과 애정을 표현하는가?
- 나는 나 자신에게 언제, 어떻게 그리고 무엇을 보상해 주는가?
- 나는 나의 신체적 자기(나의 몸)를 보살피기 위해 무엇을 하는가?
- 나는 어떤 상황 하에서 나의 느낌들에 대해 개방적이고 정직한가?
- 나는 언제 그리고 어떻게 나 자신을 가치절하 하거나 평가를 낮추는가?
- 나는 나 자신에 관해 무엇을 좋아하는가? 또는 무엇을 가치 있게 여기는가?
- 나는 내 자신이 부정적으로 느낄 때도 다른 사람을 긍정적으로 도울 수 있는가?

8회기: 마무리

1) 치료목표

프로그램을 총 정리하고 상담을 종결한다.

2) 진행요령

① 치료 프로그램 총 정리

지금까지 외상스트레스 증상에 대처할 수 있는 다양한 방법을 배웠습니다. 불안할 때나 잠이 오지 않을 때, 혼란스러울 때와 같은 상황에서 자신의 심리적 안정을 유지하는데 도움을 줄 수 있는 근육이완법도 배웠습니다. 또한 외상사건에 대한 기억을 정리하고 직접 공포를 다룰 수 있게 하는 노출훈련도 배웠습니다. 분노감과 죄책감에서 벗어나고, 자신의 강점을 향상시켜 스트레스를 극복하는 방법도 배웠습니다. 이번 시간은 마지막 시간으로 프로그램의 효용성을 종합적으로 평가해보고, 일상에서 지속적인 활용을 다짐하는 시간을 갖고자 합니다.

Q. 그동안 프로그램에 참여하면서 배운 것이 어떤 도움이 되었는가?

② 앞으로의 치료

본 프로그램으로 치료가 완전히 끝날 수도 있고 더 필요할 수도 있다. 이는 외상피해자와 상담자가 함께 증상의 호전과 성과를 상의하여 결정해야 하는 문제이다. 남은 문제가 있다면 본 프로그램에서 배운 것을 이용하여 해결할 수 있다.

③ 삶의 의미 찾기

삶의 의미를 찾는 것은 외상의 충격 때문에 잠시 동안 잊고 있었던 삶의 목표와 가치를 떠올리고 새로운 출발의 원동력이 될 수 있게 하는데 기여한다. 내가 진정 원하는 것이 무엇인가에 대해 스스로에게 물어 봄으로써 삶의 의미와 가치, 목적 등을 발견할 수 있다.

3) 연습과제

① 삶의 의미 목적 바로세우기

삶의 의미와 목적을 바로세우기 위해서는 무엇보다 먼저 이를 이해하는 것이 중요합니다. 20세기 유명한 심리학자인 칼융(Carl Jung), 롤로 메이(Rollo May), 그리고 빅토르 프랑클(Viktor Frankl)은 삶의 의미와 삶의 목적이 불분명해서 생기는 불안에 대해 설명하였습니다. 이 주제에 대해서 가장 깊은 생각을 한 사람은 아마도 빅토르 프랑클일 것입니다. 프랑클은 세계2차대전 당시 포로수용소에서 상상할 수도 없는 잔인하고 끔찍한 고문과 고통을 당했음에도 불구하고 끝까지 참아내고 생존한 사람입니다.

그는 포로수용소에서의 경험을 통해 삶의 이유, 인생의 의미와 목적을 가진 사람이 고통을 더 잘 견딘다는 것을 알게 되었습니다. 그는 가장 비참한 곤경 속에서도 동료를 돕는 것에서 기쁨을 느끼는 몇몇 사람을 보고 매우 충격을 받았다고 말했습니다. 프랑클 자신도 사랑하는 아내를 그려보면서 그리고 자신이 포로수용소에서 깨달은 것을 후에 다른 사람들에게 알리는 것을 상상하면서 의미 없고 비참한 포로수용소 생활을 이겨냈습니다.사람은 철조망 사이로 떠오르는 해를 바라보는 것과 같은 소소한 일상에서도 더 없는 기쁨을 느끼는 존재라는 것을 알게 되었습니다.

사람의 신체는 구속할 수 있지만 자유와 고난에 대한 사람의 태도까지 빼앗을 수 없다는 것을 깨달았던 것이지요. 이후 그는 사람들이 인생에서 의미를 찾는 것을 돕는 의미요법(logo therapy)이라는 심리치료를 발달시켰습니다. 삶의 의미와 목적을 찾도록 다른 사람을 돕는 것에 커다란 의미를 두었던 것입니다. 그는 사람이 정말로 필요로 하는 것은 불안이 없는 상태가 아니라, 삶의 목표를 위한 노력과 분투라고 강조하였습니다.

삶의 의미와 목적을 다시 발견하는 것은 무척 중요한 과제입니다.

모든 사람은 자기 자신 안에 위대한 삶의 의미와 목적의 씨앗을 가지고 있습니다. 그 씨앗을 잘 싹트게 하고 기를 수 있는 방법으로서 다음의 질문에 대해 깊이 생각해보고 대답하는 시간을 가지는 것이 중요합니다.

- 무슨 목적을 위해 생존하였는가?
- 왜 포기하지 않고 자살하지 않았는가?
- 왜 무엇 때문에 계속 살아가고 있는 것인가?
- 무엇이 내 인생을 살아갈 가치가 있게 만드는가?

위의 연습은 다음과 같은 것을 생각해 보도록 도울 것입니다.

- 인생이 당신에게 무엇을 주었는지에 대한 깨달음
- 희망, 꿈, 인생의 즐거움을 경험하는 것에 대한 기대
- 당신은 누구에게 중요한 사람인가에 대한 깨달음
- 도움이 되는 사람이 될 수 있을 것이라는 기대
- 나는 더 큰 의미와 더 많은 즐거움을 찾을 수 있을 것이라는 믿음
- 나는 내 고통이 해결될 것이라는 미래에 대한 긍정적인 믿음
- 자기 자신의 높은 가치에 대한 믿음

– 나는 나에게 가치가 있다는 것을 안다. 나는 포기하는 사람이 아니다.
– 나는 나를 믿는다. 나는 내가 경험한 외상을 극복할 자신이 있다.
– 나는 절망적인 상황을 경험해 보았다. 이제 나는 어떤 상황에서도 이겨낼 수 있다.

② 삶의 목표 바로세우기

삶의 의미와 목적을 이해하고 바로세운 후에는 삶의 목표를 새로 수립하는 것이 중요합니다. 이를 위해서는 다음과 같이 합니다.

첫째, 나의 삶의 목표를 새롭게 세워봅시다.

둘째, 삶의 목표를 수립하는데 도움이 되는 다음의 질문에 답해 봅니다.

- 당신의 일은 당신에게 충분한 만족감을 주고 있나요?
- 공부를 새로 하거나 계속하기를 원하는 분야가 있나요?
- 배우고 싶거나 계속 하기를 원하는 취미나 관심거리가 있나요?
- 당신 삶의 좌우명은 무엇인가요?

- 5년 안에 성취하고 싶은 것이 있다면 무엇인가요?
- 10년 안에 성취하고 싶은 것이 있다면 무엇인가요?
- 내년에는 어떤 일을 성취하고 싶은가요?
- 당신에게 가장 중요한 가치는 무엇이고, 큰 의미를 주는 것은 무엇인가요?
- 당신 삶의 목표를 위해 바꿀 수 있다고 생각하는 부분은 어떤 것인가요?

셋째, 앞서 언급한 연습과제를 실시하고 난 후의 소감을 말해봅니다.

3) 평가 및 과제

Q1. 오늘 배운 것은 무엇인가?

Q2. 지금까지 배운 것이 어떤 도움이 되었는가?

CHAPTER 07

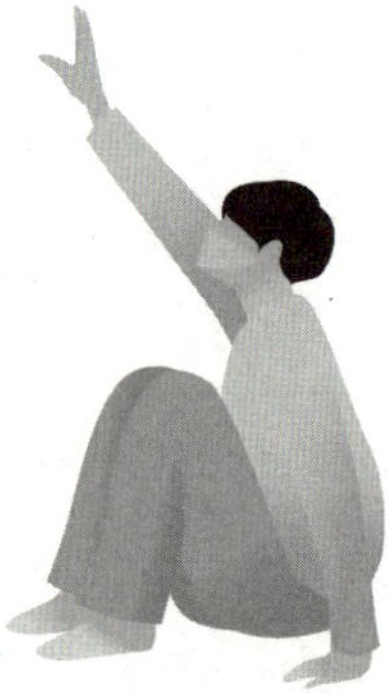

재난 트라우마관리 개인상담매뉴얼

재난 트라우마 극복은 인지행동치료, EMDR, 게슈탈트치료, 최면치료 등 다양한 방법이 활용되고 있다. 개인의 특성과 위기평가 결과, 위기상황을 고려하여 방법을 달리 적용하는데 일반적으로 경찰, 군인, 소방관에게는 현재의 심리상태에 대한 위기평가결과를 고려한 인지행동치료를 활용하는 것이 효과적이다.

인지행동치료 상담은 인간의 사고, 인지에 따라 인간의 정서와 행동이 달라진다는 점을 바탕으로 하는 이론이다. 한 사람의 사고나 행동은 그가 세상을 구조화하는 방식에 따라 결정된다는 인지에 기초를 두고, 역기능적인 사고와 행동을 수정하여 현재의 문제를 해결하는 데 초점을 둔다. 이러한 인지행동치료는 트라우마 극복에 활용하기가 수월할 뿐만 아니라 효과가 큰 이점이 있다.

본 매뉴얼은 인지행동치료를 통해 스스로 자신의 행동을 통제하고, 감정 변화를 적절히 조절하는 능력을 증진하는 것에 목표를 두고 만들어진 소방방재청(2011)의 프로그램 내용을 일부 수정·보완하여 재구성하였다.

[표 7-1] 재난트라우마 극복 상담의 회기별 내용

구 분	중 점	세부내용
1회기	상담절차 소개	▪상담구조화 / 재난 트라우마 교육
2회기	외상경험 노출하기	▪재난 트라우마 경험일지 작성 및 발표
3회기	인지재구조화하기	▪트라우마 경험 발표 ▪인지 재구조화(A-B-C)

4회기	인지오류 이해하기	▪ 트라우마 경험 발표 ▪ 인지오류 교육
5회기	불안상황 인식하기	▪ 트라우마 경험 발표 ▪ 불안위계목록 작성
6회기	상상노출하기	▪ 불안 위계목록에 의한 간접 노출훈련 실시
7회기	현장노출하기	▪ 불안 위계목록에 의한 직접 노출훈련 실시
8회기	대처전략 개발하기	▪ 트라우마 대처전략 개발 및 교육

1회기: 상담절차 소개

1) 개요

목표	재난 트라우마 상담 절차 이해
도입	• 자기소개 • 상담과정과 상담 시 지켜야 할 유의사항 설명 • 근육이완훈련 실시

2) 진행요령

① 상담절차 소개

② 재난 트라우마 및 인지행동치료 절차 이해

트라우마와 PTSD의 진단, 원인, 증상, 미치는 영향 등을 설명한다.

인지행동치료의 이론적 근거를 설명하고, 전체 상담진행 과정을 설명한다.

③ 근육이완훈련

근육이완훈련에 들어가기에 앞서 이완에 방해가 될 수 있는 시계나 안경 같은 물건을 풀어 놓도록 한 후, 다음과 같은 지시문을 따른다.

근육이완훈련 지시문

• 오른쪽 손에 주먹을 힘껏 쥡니다.

손에 긴장을 느껴봅니다. 손가락 사이로, 엄지, 손목, 그리고 팔까지 긴장이 어떻게 느껴지는지 주의를 기울여봅니다. 손가락들, 엄지, 손목의 긴장감을 집중해 봅니다. 모든 근육에서 긴장을 느끼고, 모든 긴장에 주의를 기울입니다. 그리고 이완할 때 그 차이를 느껴보는 겁니다. 당신의 손가락은 얼얼하고 따뜻하게 느껴질 수 있고, 어떤 사람은 이완에 들어가면서 근육이 따뜻하고 무겁게 느끼는 것을 발견하기도 합니다. 또 어떤 사람은 긴장이 사라지면서 근육이 가벼워진다고 느끼기도 합니다. 당신이 어떻게 느끼는지를 주목하고 이 느낌들을 간직해 보십시오. 당신이 긴장했을 때 근육이 어떻게 느끼는지와 지금 어떻게 느끼는지를 비교해 보도록 합니다. 이완의 파도가 모든 근육을 만지고 이완을 깊이하면서 당신의 팔을 휘감는다고 상상해 봅니다. 파도는 썰물이 되어 나가고 이때 모든 긴장이 함께 빠져나간다고 상상합니다. 자, 이 차이를 느끼고 느낌을 간직해 보세요.

• 자, 이제 우리는 오른손 위쪽 팔의 근육으로 주의를 옮깁니다.

오른쪽 손을 들어 어깨를 만져봅니다. 그리고 위쪽 팔의 근육, 이두박근과 삼두박근을 긴장시켜봅니다. 위쪽 팔에 긴 근육에서 긴장을 느껴봅니다. 위쪽 팔 주변에서 밴드가 꽉 조여서 긴장을 만들어 낸다고 상상해 봅니다. 모든 근육이 어떻게 느끼는지를 주목하면서 그 긴장에 집중해 보며 이완합니다. 차이를 느껴보세요. 당신이 긴장했을 때 근육이 어떻게 느끼는지와 지금 어떻게 느끼는지를 비교해봅니다. 이완의 느낌은 오른손과 아래쪽 팔로 뻗쳐나가서 이완의 느낌이 전달된다고 상상해보십시오. 당신의 팔은 무겁고 따뜻하게 느낄 것입니다. 변화에 집중해보세요. 이완의 파도는 당신의 팔을 적시고 썰물처럼 빠져나가는 것을 느껴봅니다. 깊고 완전한 이완이 오는 것을 느껴봅니다. 이 느낌들을 간직해보세요. 고요하고 평온하다. 긴장되었을 때 근육이 어떻게 느껴지는지와 이완되었을 때 어떻게 느껴지는지 그 차이에 주목하고, 이 느낌들이 커지는 것을 상상해봅니다.

• 우리는 이제 왼손에 주의를 옮기겠습니다.

왼손에 주먹을 쥡니다. 손가락, 엄지, 손목을 통해서 아래쪽 팔까지 긴장을 느껴봅니다. 긴장의 느낌에 주목해봅니다. 손가락, 엄지, 손목에서 다시 팽팽함에 집중합니다. 모든 근육에서 긴장을 느껴봅니다. 그리고 이완합니다. 차이를 느껴보세요. 손가락은 얼얼하고 따뜻하게 느껴질 것입니다. 변화에 집중해보세요. 그것이 당신에게 어떻게 느껴지는지 주목하고 이 느낌들을 간직해봅니다. 긴장했을 때 근육이 어떻게 느껴졌는지, 지금 어떻게 느끼는지를 비교해보세요. 이완의 파도는 다시 모든 근육을 어루만지며 당신의 팔을 휘감는다고 생각해봅니다. 이완을 깊이 하며 파도는 썰물이 되어 모든 긴장을 쓸어간다고 상상해봅니다.

• 이제 우리는 왼손 위쪽 팔의 근육으로 주의를 옮겨봅니다.

왼쪽 손을 들어 어깨를 만져봅니다. 그리고 위쪽 팔의 근육, 이두박근과 삼두박근을 긴장시켜봅니다. 위쪽 팔에 긴 근육에서 긴장을 느껴봅니다. 위쪽 팔 주변에서 밴드가 꽉 조여서 긴장을 만들어 낸다고 상상해 보십시오. 모든 근육이 어떻게 느끼는지를 주목하면서 그 긴장에 집중해봅니다. 그리고 이완해보세요. 차이를 느껴보세요. 당신이 긴장했을 때 근육이 어떻게 느끼는지와 지금 어떻게 느끼는지를 비교해보세요. 이완의 느낌은 왼손 아래쪽 팔로 뻗쳐나가 이완의 느낌이 전달된다고 상상해봅니다. 당신의 왼팔은 무겁고 따뜻하게 느껴질 것입니다. 변화에 집중해보세요.

이완의 파도는 당신의 팔을 적시고 썰물처럼 빠져나가는 것을 느껴질 것입니다. 깊고 완전한 이완을 가져오는 것을 느껴보세요. 이 느낌들을 간직해보세요. 고요하고 평온한 느낌입니다. 긴장되었을 때 근육이 어떻게 느끼는지와 이완되었을 때 어떻게 느껴지는지 그 차이에 주목해봅니다.

• 이제 우리는 얼굴과 어깨 근육으로 주의를 옮기겠습니다.

이마 근육과 눈에서 시작합니다. 눈썹을 조이고 눈을 찌푸리면서 이마 근육을 아래쪽으로 눌러보세요. 눈 주의의 모든 긴장을 느껴봅니다. 여기에는 얼굴표정을 만드는 많은 근육이 있는데요, 이 근육들을 모두 느껴봅니다. 관자놀이와 눈 주변을 잡아당기면서 이마에서 긴장을 느껴보세요. 그리고 이완해보세요. 긴장을 모두 밖으로 보내고 차이에 주목해봅니다. 이마의 조임이 점점 풀리고 이완되면서 이마가 편안해지는 것을 느낄 것입니다. 얼얼하거나 따뜻하게 느껴질 수도 있습니다. 어떤 변화가 생겼던 간에 그 변화에 주목하고 간직해보세요. 긴장이 빠져나가고 이완이 깊어짐에 따라 눈이 이완되는 것을 느껴보세요. 점점 더 이완되고 있음을 느껴봅니다. 긴장되었을 때 근육이 어떻게 느끼는지와 지금 어떻게 느끼는 지를 비교해봅니다. 우리가 볼과 턱으로 주의를 옮길 때에도 이 느낌을 기억해봅니다. 우리가 하려고 하는 것은 어금니를 꽉 깨물고 입꼬리를 잡아당기고 찡그린 얼굴을 만드는 것입니다. 가능하다면 혀로 입천장이나 위 치아를 누르는 것이 좋습니다. 그 긴장을 유지하면서 어느 곳이 팽팽한지를 느껴보세요. 그리고 멈춰보세요. 그리고 또 이완해보세요. 모든 긴장이 빠져나가게 하고 차이에 주목해봅니다. 턱이 완전히 이완되면 사실상 입이 벌려진 채로 턱은 매달려있는 상태임을 느끼게 됩니다. 그대로 완전히 이완해보세요. 당신 얼굴에 있는 모든 근육은 이제 이완되었으며 이마, 눈, 볼, 턱도 완전히 이완된 느낌을 기억합니다.

• 이제 우리는 목과 어깨근육으로 주의를 옮기겠습니다.

만약 우리 몸에 어떤 부분을 다쳤거나 아픈 곳이 있다면 그 부분을 너무 긴장시키지 마십시오. 긴장했을 때와 긴장이 풀렸을 때 근육이 어떻게 느끼는지만 알면 됩니다. 목 뒤쪽에서 근육을 긴장시키면서 머리를 부드럽게 뒤로 젖힙니다. 동시에 어깨에 있는 근육들이 서로 꽉 묶여서 매듭지어진 것처럼 느껴지도록 어깨를 올려봅니다. 긴장을 유지한 채 근육이 얼마나 탄탄하게 느껴지는지를 느껴보세요. 어느 곳에 긴장이 있는지를 주목하고 그 긴장을 느껴봅니다. 그리고 이완해보십시오. 머리가 편안한 자세에 있도록 해서 그곳이 긴장되지 않도록 해 보십시오. 어깨를 이완해보세요. 근육은 느슨해지고 편안해집니다. 나른해집니다. 따뜻하고 편안합니다. 아무런 힘을 들이지 않고 따뜻함과 편안함이 온몸으로 퍼져나가, 온몸이 완전히 이완되는 것을 느껴봅니다.

• 이제 우리는 가슴과 뒤쪽 등의 근육으로 주의를 옮기겠습니다.

여기서 우리는 약간 다른 방식으로 긴장감을 만들 것입니다. 시작하기 전에 숨을 들이마시고, 잠시 멈춘 후에 숨을 내쉬면서 이완하겠습니다. 준비가 되면 숨을 깊게 들이마시고, 잠시 멈춘 후에 가슴과 뒤쪽 등 근육을 긴장시킵니다. 숨을 멈추고 근육의 팽팽함을 느껴봅니다. 긴장과 팽팽함이 어떻게 느껴지는지와 어디서 느껴지는지를 지각해봅니다. 그리고 이완해봅니다. 숨을 내쉬면서 긴장도 함께 내보냅니다. 다음 호흡은 느리고 편안하게 합니다. 신선한 공기를 들이마시고 다시 내뱉으면서 긴장도 날숨과 함께 내보냅니다. 숨을 쉴 때마다 점점 더 평온해지고 더욱 깊이 이완되는 것을 느껴봅니다. 아주 평온하고 평화로운 느낌을 느껴봅니다.

• 이제 우리는 복부와 복부 뒤쪽 허리 근육으로 주의를 옮기겠습니다.

숨을 들이 마시면서 가슴의 근육을 긴장시키고 숨을 멈췄다가 다시 숨을 내쉬면서 이완합니다. 준비가 되면 깊게 숨을 들이마셔서, 폐에 공기를 가득 채우고, 아랫배를 바깥쪽으로 밀어서, 등과 아랫배 사이의 공간을 확장시키고, 복부와 옆구리와 아래쪽 등에서 팽팽함을 느껴봅니다. 숨을 참고 팽팽함을 느껴봅니다. 그리고 이완해봅니다. 숨을 내쉬어 가슴과 아랫배가 들어가게 해봅니다. 다음 호흡을 하면서 신선한 공기가 폐에 가득 차는 것을 느끼고 아랫배가 부풀어 오르도록 해봅니다. 숨을 내쉴 때마다 당신의 몸이 쿠션으로 깊이 빠져든다고 상상해봅니다. 당신의 모든 근육들은 흐느적거리고 느슨해지는 것을 느껴봅니다. 힘을 빼고 쿠션에 몸을 맡겨보세요. 아무런 긴장을 느끼지 않고 숨을 쉬는 어린 아기처럼 당신의 아랫배는 부드럽게 올라온다고 느끼며, 위쪽 전체 몸으로 이완이 펴져나가는 것을 느껴보세요. 평온하고 평화로운 느낌을 느껴봅니다. 숨을 내쉴 때마다 이완이라는 단어를 생각하고, 당신의 몸이 가는 대로 내버려둡니다.

• 이제 우리는 엉덩이와 위쪽 다리 근육으로 주의를 옮기겠습니다.

여기서는 근육을 긴장시킬 때 근육이 어떻게 느껴지는지와 이완할 때 어떻게 느껴지는지의 차이에 초점을 두면서, 근육들을 조였다가 이완하도록 하겠습니다. 엉덩이, 대퇴부, 위쪽 다리 근육을 조이면서 시작합니다. 엉덩이와 위쪽 다리를 조이면서 팽팽함을 느껴보세요. 팽팽함을 느끼고, 긴장을 느끼고, 긴장을 잡아두세요. 그리고 이완합니다. 차이를 느껴보세요. 다시 따뜻하고 편안한 판도가 당신의 근육들로 타고 넘어 들어오는 것처럼 느껴질 것입니다. 긴장이 풀리면서, 당신은 쿠션으로 빠져듭니다. 이완의 파도가 다른 부분으로 넘어 들어가 그곳의 모든 긴장을 침식시키는 것을 상상해보십시오.

• 이제 우리는 아래쪽 다리와 발로 주의를 옮깁니다.

발가락을 위쪽으로 올려서 발가락과 발과 발목과 종아리가 긴장을 느끼도록 합니다. 팽팽함을 느끼고 모든 근육이 어떻게 느끼는지에 주목해봅니다. 완전하게 이완해보세요. 모든 긴장이 아래쪽으로 흘러내려가서 발로 빠져 나가는 것을 상상해보세요. 이완은 온몸을 씻어내고, 따뜻한 느낌이 충만하도록 해줍니다. 모든 근육에 평온함이 깊어집니다. 긴장과 이완의 차이를 비교해봅니다. 그리고 이 느낌을 간직해봅니다. 어떻게 느꼈는지를 기억하고 그 근육의 기억을 간직해봅니다.

• 이제 각각의 근육 군을 다시 연습할 것입니다.

그러나 이번에는 근육들을 긴장시키지 않을 것입니다. 근육이 언급될 때 조금 더 이완만 하면 됩니다. 자, 발과 아래쪽 다리 근육에서 이완을 느낍니다. 위쪽 다리와 엉덩이...평온하다...편안합니다. 아랫배와 허리...이완되고 있습니다. 당신의 호흡은 평온하고 평화롭습니다. 가슴과 뒤쪽 등...조용하고...따뜻하고...무겁습니다. 어깨와 목...느슨합니다...그리고 평온합니다. 얼굴, 아래쪽 이마, 눈 사이, 볼과 턱 아래...느슨하고...무겁습니다. 그리고 팔, 위쪽 팔, 아래쪽 팔, 그리고 손과 손가락. 평온하고. 평화롭게 느껴집니다.

• 이제 마음으로 이완하면서 전체 몸을 연습합니다.

근육이 더 이완할 수 있다고 느낀다면 그 근육에 주의를 기울이고, 이완을 깊이 합니다. 아무런 힘이 들지 않고 단지 평온하게 느낍니다. 그리고 다음 다섯 번의 호흡에 집중해봅니다. 부드럽고 평온하게 숨을 쉬는 데 집중해봅니다. 하나부터 다섯까지 세는 동안 숨을 들이쉬고 내쉬면서 이완이라는 단어를 생각합니다. 숨을 쉴 때마다 당신 자신이 더 평온하고 더욱 이완되고 있는 것에 주목해봅니다. 몇 분간 이러한 감각을 즐겨봅니다. 이제 이완의 단계에서 다시 평상의 삶으로 돌아올 시간입니다. 마음속에서 삼에서부터 하나까지 거꾸로 셀 겁니다. 각 숫자를 세면서 당신 자신이 평온하고 편안한 채로 조금씩 깨어나는 것을 발견할 것입니다. 셋~ 당신은 여전히 평온하고 편안합니다. 둘~ 당신은 조금씩 깨어납니다. 하나~ 자. 이제 천천히 눈을 뜨고 깨어납니다.

☞ 과제부여: 근육이완훈련을 매일 2회 실시

☞ 마무리: 프로그램 후 느낌 나누기, 다음 회기의 프로그램 소개

2회기: 트라우마 경험 노출하기

1) 개요

목표	트라우마 경험일지를 작성하고, 이를 발표하여 재난기억을 촉진한다.
도입	1주일간의 경험을 공유한다.

2) 진행요령

① 트라우마 경험일지 작성

충격적이고 끔찍한 재난을 경험한 일지를 작성해 보겠습니다. 경험일지 내용은 사건의 사실 자체에 대한 것이라기보다 그 사건에 대해 어떻게 기억하는지에 대한 내용을 쓰는 것입니다. 무슨 일이 일어났는지, 왜 일어났는지, 어떻게 그 일이 일어나게 되었는지를 쓰시고, 내담자가 기억하고 있는 재난과 관련한 생각, 이미지, 소리, 냄새, 느낌까지 모두 써 봅니다.

이 과정은 재난사건에 대한 내담자분의 기억과 관련한 정보를 수집해서 당신을 돕기 위한 것이기 때문에 문법이나 문장에 대해서는 걱정하지 않으셔도 됩니다. 재난 트라우마 경험일지를 쓰는 것은 자기 스스로 부정적인 스트레스 증상에 대처하고, 당신을 불편하게 만드는 외상기억에 직면하기 위하여 하는 과정입니다.

외상사건을 경험한 세부사항과 사건을 경험할 당시의 생각, 정서에 집중하셔서 작성하도록 하겠습니다(질문을 자주하여 기억을 촉진한다).

② 트라우마 경험일지 발표

자, 다 쓰셨으면 이번에는 작성된 경험일지를 말하도록 하겠습니다(경험일지를 발표하지 못하고 침묵하고 있다면 "재난 경험일지를 써보시니 어떤 기분이 드세요?," "표정이 불안해 보이시는데 그 사건에 대해 어떤 감정을 가지고 계신지 말씀해 주시겠어요?"라고 격려한다).

트라우마 경험일지 발표를 마치면 신체 및 정서적 반응에 대해 "지금 몸이 어떤 느낌입니까?", "지금 어떤 기분이세요?"와 같은 질문을 한다. 그리고 재난사건에 대해 어떻게 대처했는지에 대해서도 이야기 하도록 격려한다. 불안을 일으킨 장면을 회피하는 것은 정상적인 반응이지만, 이에 대한 경험노출은 심리적 회복을 위한 대처방법으로 매우 중요한 과정임을 이해시킨다.

☞ 과제부여: 근육이완훈련과 복식호흡 매일 2회 실시, 외상경험일지 매일 3번 읽기

☞ 마무리: 프로그램 종료 후 느낌 공유 및 다음 회기 프로그램의 간단한 소개

3회기: 인지 재구조화하기

1) 개요

목표	인지 재구조화를 통해 부정적 감정을 해소한다.
도입	• 트라우마 증상과 관련한 1주일간의 경험을 공유하기 • 트라우마 경험일지를 읽고 지난 시간과 느낌이 어떻게 다른지 느껴보기

2) 인지재구조화 A-B-C 설명

인지재구조화를 설명 드리겠습니다. 일반적으로 우리는 나를 불안하게 만드는 사건(A: Activating 사건) 때문에 내가 불안(C: Consequences 감정적 · 육체적 결과)하게 느낀다고 생각합니다. 그러나 자세히 살펴보면 어떤 사건이나 사람 때문에 불안한 것이 아니라 그 사건에 대해 우리가 가지고 있는 생각, 특히 비합리적인 믿음 때문에 불안하게 느끼는 경우가 많습니다. 이는 비합리적인 생각이나 사고가 우리의 정서나 행동에 좋지 않은 영향을 미치고 있다는 것을 나타내주는 것입니다.

홍수 피해를 입은 사람을 예로 들어보겠습니다. 비가 온다(A) → 또 홍수가 날 거야. 나는 지난 번 홍수에서 죽을 고비를 넘겼는데, 그런 사고가 또 발생할 수 있을 거야(B) → 불안(C)이 발생한다. 이렇게 내가 지닌 신념으로 인해 불안한 나의 감정(C)이 발생하는 것입니다. 이 말은 나의 신념(B)이 어떤 내용이냐에 따라 나의 감정(C)이 달라질 수 있다는 얘기입니다. 이처럼 두려움, 분노, 죄책감, 상실감, 좌절, 무력감, 열등감 등 우리를 괴롭히는 정서는 거의 대부분 우리의 비합리적인 사고방식에 의해서 생겨나고 있음을 알 수 있습니다.

우리가 느끼는 정서는 우리 자신이 생각한 결과입니다. 사고와 느낌은 분리되어 있지 않습니다. 우리가 합리적인 사고방식을 가지고 있으면 우리의 마음이 편안하지만, 반면에 경직된 사고방식을 가지고 있으면 우리의 마음도 피곤해집니다. 우리가 자신의 어떤 문제 때문에 또는 어떤 경험 때문에 필요이상으로 힘들고 피곤하다면 그것은 우리가 그러한 사고방식을 가지고 있음을 나타내 주는 증거입니다. 이제부터 과거에 우리를 불안하게 했거나 화나게 했던 경험을 떠올려 보고 A, B, C로 나누어 생각해 보겠습니다.

☞ 과제부여: 근육이완훈련 매일 2회 실시, 트라우마 경험일지 매일 3번 읽기

☞ 마무리: 프로그램 후 느낌 공유, 다음 회기 프로그램의 간단한 소개

4회기: 인지오류 이해하기

1) 개요

목표	나의 인지오류 찾기
도입	• 트라우마 경험일지를 읽고 지난 시간과 느낌이 어떻게 다른지 느껴보기 • 재난경험 노출과정이 트라우마 회복을 위해 중요하다는 것을 설명하기 • 정서의 A,B,C 내용에 대한 복습과 구체적인 예를 들어 설명해 보기

2) 인지오류 설명

나를 불안하고 고통스럽게 하는 생각은 대체로 다음과 같은 것들이 있습니다.

• 당위적 생각(반드시 ~해야만 한다)

– 나는 무슨 일이 있어도 꼭 1등을 해야만 해.
– 재난을 경험했지만 나는 강하니까 아무 일도 없었던 것처럼 보여야 돼.

• 흑백논리(양극단적인 생각)

– 1등하지 못하면 그것은 실패한 인생이야.
– S대학이 아니면 다 삼류대학이야.

• 극단적 생각

– 나는 이번에 실연을 당했어. 여자들은 아무도 나를 좋아하지 않아.
– 이번 일에 실수를 했어. 나는 항상 실수만 하고 사는 병신이야.

• 개인화

– 자신과 관련이 없는 일을 자신 때문에 생긴 일이라고 생각.
– 경기에서 우리가 패한 것은 모두 나 때문이야.

• 자기비하적인 사고

– 잘못된 행동 하나로 자신을 평가 절하.

– 시험 성적이 떨어졌어, 나는 이것 밖에 안 되는 인간이야.

☞ 과제부여: 근육이완훈련, 복식호흡 매일 2회 실시, 경험일지 매일 3번 읽기

☞ 마무리: 프로그램 후 느낌 공유, 다음 회기 프로그램의 간단한 소개

5회기: 불안상황 인식하기

1) 개요

목표	재난경험 노출을 통해 트라우마 회복하기
도입	• 트라우마 증상과 관련한 1주일간의 경험 공유 • 트라우마 경험일지를 읽고 지난 시간과 느낌이 어떻게 다른지 느껴보기 • 재난경험 노출 절차가 충분한 회복을 위해 중요함을 설명하기

2) 진행요령

① 불안상황 기록하기

자, 이번에는 내담자님에게 가장 큰 불안을 야기하는 하나의 상황을 적어보도록 하겠습니다. 그 상황은 자주 또는 적어도 1주에 한번 이상은 일어나며, 불안하고 두려워서 피하는 상황입니다.

- 불안상황 기록하기
  자, 이제부터는 다음 질문에 대해 구체적으로 답해 보시기 바랍니다.
- 이 상황에서 당신은 어느 정도의 불안을 경험하셨습니까? 그 상황에서 당신이 느낀 불안 점수를 기록해 보십시오(10점 척도에서 0은 전혀 불안이 없음을 의미하는 것이고, 10은 최고의 불안 수준을 나타낸다). 당신의 불안수준(0–10)은 얼마입니까?
- 당신은 이러한 상황을 얼마나 자주 경험하십니까?(1주일에 몇 번 이러한 상황을 경험하는지를 적는다). 당신의 불안상황 발생빈도는 1주일에 몇 번입니까? ( )번
- 이러한 불안상황이 지속되는 시간은 얼마입니까?(불안이 일반적으로 얼마나 지속되는지를 적는다). 당신의 불안 지속시간은 얼마입니까? ( )분
- 이 상황에서 불안이 당신의 삶을 얼마나 방해합니까?(10점 척도 상에서 0점은 전혀 방해가 없음을 뜻하고, 10은 아주 많은 방해를 받는 것을 나타낸다). 당신 삶의 방해정도(0–10)는 얼마입니까?

② 불안위계목록 작성하기

최근 일주일간 자신의 행동을 돌아보고 불안을 느낀 상황 5가지를 기록해 보겠습니다. 그런 다음 10가지 상황을 불안수준 척도(0–10점)로 평정하여 가장 불안이 작은 것부터 큰 순서대로 기록해 보겠습니다. 그리고 하루 동안 경험한 불안 횟수와 가장 불안을 회피하고 싶었던 이유도 기록해 보겠습니다.

- 불안이 낮은 것부터 높은 순으로 5가지 불안상황 기록하기:

- 하루 동안 경험한 불안 횟수 기록하기:

- 가장 불안을 회피하고 싶었던 이유 기록하기:

☞ 과제부여: 근육이완훈련 매일 2회 실시, 트라우마 경험일지 매일 3번 읽기
☞ 마무리: 프로그램 후 느낌 공유 및 다음 회기 프로그램의 간단한 소개

6회기: 상상노출하기

1) 개요

목표	상상노출 훈련을 통해 재난 트라우마 증상 제거하기
도입	• 재난 트라우마 증상과 관련한 1주일간의 경험 공유 • 트라우마 경험일지를 여러 사람 앞에서 읽은 후, 느낌이 어떻게 다른지 느껴보기 • 상상노출 절차가 트라우마 증상 회복을 위해 중요함을 설명하기

2) 진행요령

① 노출치료의 원리 교육

유인물을 이용하여 노출치료의 원리를 이해하도록 설명한다.

<노출치료의 원리>

노출치료는 두 개의 큰 구성요소로 되어 있습니다.

첫 번째는 상상노출입니다. 상상노출은 마음속에 있는 상처를 계속해서 되새기는 것입니다. 두 번째는 현장노출로 사고 이후에 두려움 때문에 피하는 상황을 직면하게 하는 것입니다. 재난을 경험한 사람들은 재난과 관련된 생각이나 감정을 피하려고 합니다. 또한 불안해지기 때문에 재난을 회상할 수 있는 그러한 상황, 장소, 활동을 피하려고 합니다. 그렇지만 피하는 것은 잠시 동안은 좀 편할 수 있지만 결국 장기적으로 보아서는 도움이 되지 못하고 오히려 공포 극복을 방해합니다. 상상노출과 현장노출은 이러한 문제를 해결할 수 있도록 도와줍니다.

노출치료가 효과를 거두게 되는 것은 무엇 때문일까요? 비교적 안전한 상황에서 공포스러운 기억을 차근차근 직면하면 다음과 같은 현상이 일어납니다. 첫째, 기억을 되살리는 것은 재난 경험을 감정적으로 처리할 수 있게 해줍니다. 두 번째, 재난 경험을 직면하면서 기분이 나빠지거나 불안해지는게 위험한 것이 아니라는 것을 알게 해줍니다. 세 번째, 재난을 떠올리게 하는 다른 상황에 대해서도 조금씩 덜 공포감을 느끼게 합니다. 네 번째, 공포와 불안을 잘 처리하는 법을 배우게 되고, 자기 자신에 대해서도 보다 나은 느낌을 갖게 합니다. 마지막으로 그동안 회피해

왔던 기억이나 상황을 반복적으로 직면하게 되면서 공포와 불편감이 점차로 감소하는 것을 알게 됩니다.

다시 말해, 이런 상황에 대해서 조금씩 편해진다는 것입니다. 이것을 습관화 또는 둔감화현상이라고 합니다. 습관화는 불안이 차츰차츰 가라앉게 되는 과정을 말하는데, 안전한 상황에서 불안에 노출되는 과정을 자꾸 반복하면 조금씩 덜 불안을 느끼게 됩니다. 몇 번 넘어지면서 자전거 타는 법을 배우는 것과 비슷합니다. 몇 번 넘어졌다고 자전거 타는 것을 피해버린다면 자전거를 타는데 더 불안합니다. 그러나 불안한 상태이지만 자전거를 계속 탄다면 결국은 두려움이 덜해집니다.

습관화는 공포스러운 기억에도 똑같이 작동합니다. 외상사건에 대한 기억을 피하는 것보다 자꾸 그 기억을 떠올리게 되면 그 기억에 대해서 조금씩 덜 괴롭게 느껴지고, 그 기억이 위험하지 않다는 것을 알게 됩니다. 고통스러운 기억에 폭로되는 것. 즉, 그 사건을 상상으로 되새기는 것은 그런 기억들을 조절할 수 있게 해줍니다. 이렇게 되면 공포스러운 기억은 점차 사라지게 됩니다.

큰 사건을 겪고 나면 사람들이 자기 자신이나 세상이 변했다고 믿게 됩니다. 자신을 둘러싼 상황이나 세상을 위험하게 보게 되는 것이지요. 사람에 대한 태도가 부정적으로 변하고, 자기 자신에 대해서도 부정적으로 생각하게 됩니다. 이러한 이유로 치료하는 기간 동안에 재난 사건과 자기 자신 그리고 다른 사람과 상황에 대해서 어떻게 생각하는지 자주 논의하게 됩니다. 재난 사건과 관련된 변화가 감정에 어떠한 영향을 주었는지 트라우마와 관련된 생각의 변화를 자주 알아보게 되는 것입니다.

상상노출 및 현장노출은 처음에는 어렵게 보일 수 있습니다. 실제로 많은 재난사건의 피해자들이 이것에 참여하는 것을 두려워합니다. 그러나 시간이 지나면서 이러한 치료가 정말로 효과가 있다는 것을 알게 됩니다.

② 상상노출 훈련

상상노출 훈련은 30분 정도 시행하되 재난 사건 하나에만 국한하여 실시한다. 재난 경험을 현재 시제로 바꾸어 진행한다(노출강도를 약하게 약 5분 노출, 점차로 노출의 강도와 시간을 증가). 재난피해자는 눈을 감고 그때의 재난사건을 그려보고 느낌과 생각에 머무르도록 한다(노출강도를 강하게 약 25분간 노출). 이에 충분히 머무르도록 피해자의 기억에 대해 세부적인 것을 질문하고, 세심하게 탐색함으로써 기억을 더 생생하게 만들 수 있도록 도와야 한다.

생각과 감정, 신체적 지각에 집중할 수 있도록 격려한다. 필요하다면 경험을 잘 적정화한다(예를 들어 눈을 뜨라든지, 과거시제를 쓰라든지, 조금 더 이야기하는 식으로 재현하라든지, 혹은 더 몰입할 수 있는 방법을 이용해서 도와주는 것 등이 포함됨). 재난피해자의 불안감이 올라가고 힘들어한다면 상상노출을 제대로 시행하고 있다는 증거다. 계속 그 상상에 머물러 있도록 격려하다가 불안감을 줄여야 할 필요가 있을 경우에는 이완훈련을 실시하고 휴식시간을 가진다.

상상노출 기록지	
일자	
성명	
회기 수	
상상노출 회수	
상상노출 내용	

③ 상상노출의 처리

상상노출이 끝난 후에는 그 과정이 어떠했는지, 어떻게 느꼈는지 소감을 나누는 시간을 20분 이상 충분히 갖는다.

☞ 과제부여: 상상노출 목록을 스스로 작성하여 연습한다.

☞ 마무리: 프로그램 후 느낌 공유 및 다음 회기 프로그램의 간단한 소개

7회기: 현장노출하기

1) 개요

목표	현장노출 훈련을 통해 재난 트라우마 극복하기
도입	• 재난 트라우마 증상과 관련한 경험 공유 • 현장노출 훈련 전, 불안위계 하위 5단계에서 상위 1단계까지 상상노출을 한 후, 근육이완훈련, 복식호흡을 한다. • 실제 현장노출을 한다.

2) 진행요령

① 현장노출목록 작성

재난 관련 회피자극과 상황을 이끌어 내고, 5~7개 정도의 현장노출 목록을 작성한다.

구분	항목	불안감 수준
1		
2		
3		
4		
5		
6		
7		

② 현장노출 지시문

다음의 예가 현장노출 과제를 만드는 데 도움이 된다. 적어도 30분 이상 버텨야 한다.

예: 시장에 가기

- 누군가와 함께 시장에 가서 함께 걸어 다니기
- 누군가와 함께 시장에 가서 혼자 서 있다가 혼자 걸어 다니기
- 누군가와 함께 시장에 가서 혼자 서 있다가 어느 가게에 혼자 들어가기
- 누군가와 함께 시장에 가지만 그 사람은 주차장에 있고 혼자 시장 보기
- 누군가와 함께 시장에 가지만 30분 후에 데리러 다시 오고 혼자 시장 보기
- 누군가가 집에서 전화 연락이 되는 곳에 있고 혼자 시장에 가기
- 아무에게도 이야기하지 않고 혼자서 시장에 가기

③ 현장노출의 처리

현장노출이 끝난 후에는 그 과정이 어떠했는지, 어떻게 느꼈는지 소감을 나누는 시간을 20분 이상 충분히 갖는다.

☞ 과제부여: 현장노출 장면을 스스로 선정하여 연습한다.

☞ 마무리: 프로그램 후 느낌 공유 및 다음 회기 프로그램의 간단한 소개

8회기: 대처전략 개발하기

1) 개요

목표	스트레스 대처에 대한 교육 및 실천할 수 있는 대처전략 세우기
도입	• 재난 트라우마 증상 회복과 관련한 1주일간의 경험 공유 • 대처전략이 트라우마 증상 회복을 위해 중요함을 설명하기 • 현재까지의 치료과정에서 나타난 증상의 변화를 논의하기

2) 진행요령

① 트라우마에 대한 교육 및 실천할 수 있는 대처전략 세우기

- 지지 구하기: 친구에게 전화 걸어 이야기하기/가족과 이야기하기
- 이완운동: 점진적인 근육이완/복식호흡
- 사고중지: 산책이나 운동을 하며 좋지 않은 생각 버리기
- 일기쓰기: 불안상황과 자신의 감정을 글로 적어 보기
- 자기대화: 자신이 잘 해낸 것을 생각하고, 부정적 사고를 인식하기
- 규칙적인 운동: 걷기, 수영, 자전거 타기, 스트레칭 등
- 매일하는 활동/의식 지속: 같은 시간에 일어나서 하루를 시작하기, 규칙적으로 식사하기, 매일·매주·매월 하는 기분전환활동 지속
- 자기 보상: 자신을 위해 작은 선물, 특별한 시간 등을 내어 보상하는 방법 찾기, 긍정적인 활동을 통한 기분전환하기(영화, 운동 등)

② 도움이 되었던 트라우마 대처전략 공유하기

앞서 언급한 트라우마 대처전략 리스트 외에 평소 자신이 스트레스 상황에서 도움이 되었던 대처전략을 공유한다.

CHAPTER

08

안구운동 둔감화재처리 개인상담매뉴얼

ASD나 PTSD, 직무 및 외상스트레스로 고통을 겪고 있는 소방관이나 경찰, 군인 및 일반 공무원들은 EMDR 방법으로 치료하는 것이 효과적이다. EMDR은 표준화된 방식으로 8단계로 이루어지지만 내담자가 겪는 증상의 경중에 따라 회기를 달리 적용할 수 있기 때문이다.

본 매뉴얼은 강철민(2008)의 『EMDR, 눈 운동 민감소실 및 재처리』를 참조하여 소방관과 경찰, 군인 및 일반 공무원들이 ASD나 PTSD, 직무 및 외상스트레스 관리를 위해 다양하게 활용할 수 있도록 내용을 일부 수정·보완하여 재구성하였다.

[표 8-1] EMDR 치료의 단계별 매뉴얼

구 분	중 점	세부내용
1단계	외상경험 청취	과거의 외상사건 기억 탐색, 보호요인 및 위험요인 파악
2단계	상담의 구조화	외상피해자 정서적 안정성 확보 및 치료과정 설명
3단계	외상기억 평가	재처리할 외상사건에 대한 기억의 평가와 기준 측정
4단계	외상기억 둔감화	외상사건에 대한 부정적 기억의 네트워크 재처리
5단계	긍정인지 장착	긍정적 외상기억의 네트워크와 연결 및 강화
6단계	신체감각 재처리	외상스트레스 사건기억과 관련된 부정적 신체감각 재처리
7단계	상담과정의 종결	치료과정 요약정리, 지지와 격려, 상담의 종결
8단계	추수상담	추수상담 과정에서 외상기억 재평가 및 재처리

1단계: 외상경험 청취

1) 치료목표

- 과거의 외상경험 및 직무스트레스에 대한 이야기 청취
- 내담자의 개인특성 및 보호·위험요인 탐색
- 외상기억 재처리를 위한 계획수립

2) 진행요령

처음 단계는 EMDR 처리를 위해 필요한 과거의 외상경험을 청취하는 과정이다. EMDR을 시작하기 전에 상담전문가는 반드시 과거의 외상을 경험한 기억을 탐색해야 한다. ASD나 PTSD, 직무 및 외상스트레스 관리를 위해 필요한 내담자의 개인특성과 보호 및 위험요인을 탐색한다. 현재 나타난 문제의 근원에 대한 가설을 세운 후 적절한 개입과 치료계획을 수립하며, EMDR로 처리할 수 있는 가장 좋은 치료목표를 정한다. 이 단계에서 상담전문가와 내담자 간 재처리 과정의 작업이 안정적으로 이루어질 수 있도록 라포 형성을 촉진하는데 노력을 기울인다.

2단계: 상담의 구조화

1) 치료목표

- EMDR 시작을 위한 준비
- 내담자의 정서적 안정성 확보
- EMDR 진행과정과 주의사항 및 기대효과 등 설명

2) 진행요령

이 단계에서 상담전문가는 내담자에게 트라우마에 대한 설명과 함께 안구운동이나 그 밖의 다른 양측성 자극이 어떤 작용을 하는지, EMDR 과정 중 내담자는 무엇을 해야 하는지 그 역할에 대한 상세한 설명 등 상담의 구조화를 한다. 상담전문가는 EMDR 처리과정 동안 내담자에게 과거에 경험한 외상을 생각나는 대로 말하는 것이 무척 중요하다는 점을 알려주어야 한다. 또한 외상기억 재처리과정 중 생긴 감정에 옳은 감정이나 나쁜 감정이 있을 수 없고, 재처리 과정도 모든 사람이 다 제각각 다르게 이루어진다는 점을 말해준다.

외상피해를 경험한 내담자는 치료과정 중 무언가 도움이 필요하다고 느껴지면 언제든지 처리과정 중단을 요구할 수 있다는 것도 알려준다. 그래서 손을 들거나 눈을 감는 것과 같은 멈춤 신호를 치료하기 전에 미리 정해 놓는데, 그 이유는 내담자의 내면에 안전지대를 미리 설정해 놓는 것이 필요하기 때문이다.

상담전문가는 내담자가 치료과정에서 신뢰감을 형성하고 보호받고 있다는 안전감을 가지도록 하는 것은 매우 중요하다. 안전감과 신뢰감을 느낄 수 있는 관계가 성립되고, 내담자가 EMDR 처리과정 동안 일어날 수 있는 사항에 대해 충분히 이해하는 등 EMDR 준비가 다 되었다고 생각될 때 치료를 시작한다.

3단계: 외상기억 평가

1) 치료목표

- 재처리할 ASD나 PTSD, 직무 및 외상스트레스 기억에 대한 평가와 측정
- 외상경험의 모든 요소 확인 및 인지타당도 측정
- 고통의 정도를 평가하는 주관적 불편감 측정

2) 진행요령

3단계는 재처리할 ASD나 PTSD, 직무 및 외상스트레스 관련 기억을 측정하고 평가하는 단계이다. EMDR 처리과정에서 가장 먼저 해야 할 일은 내담자가 심리적 외상과 연관된 목표를 명확히 파악하고 그것에 초점을 맞추도록 하는 것이다. 이 단계에서는 통상 한 회기 90분 정도의 시간이 소요되지만 종종 강한 부정 정서가 표출되어 치료시간이 더 길게 걸리는 경우도 발생할 수 있다. 상담전문가는 내담자에게 "외상을 경험한 사건의 가장 처참하고 끔찍한 장면은 무엇입니까?"라고 물어본다.

예를 들어, 학대 받은 기억을 처리하고자 하는 남성의 경우는 그의 아버지가 술에 취한 상태에서 그에게 폭력을 가하는 이미지를 대상으로 삼을 수 있다. 그 다음은 내담자에게 외상사건과 연관되어 내 삶을 어렵게 만들었던 자신에 대한 부정적 인지를 물어본다. "그 장면을 떠올렸을 때 당신에게 가장 잘 나타나는 어려움은 무엇이었습니까?" 그는 "난 불안했었다."라고 말한다면 이 불안은 강한 감정을 수반하고 있어 그의 삶에 많은 부정적 영향을 미쳐왔을 것으로 추정해 볼 수 있다.

이후 상담전문가는 내담자에게 다음과 같이 질문을 한다. "과거의 폭력적 장면을 떠올릴 때 내담자님은 어떻게 느끼고 싶으세요?" 이 물음에 "나는 안전함을 느끼고 싶어요!"라는 긍정 인지를 내담자가 말하면 상담전문가는 이러한 진술의 현재 느낌을 1에서 7까지의 척도 중 어디에 해당하는지 점수를 매겨보라

고 말한다. “내담자님의 아버지가 당신에게 폭력을 가하는 장면을 떠올리면서 ‘나는 지금 안전하다’라는 생각이 전혀 느껴지지 않으면 1, 확실히 안전하게 느껴지면 7이라고 할 때 지금 어느 정도로 느껴집니까?” 라고 묻는다. 이를 인지타당도 척도(Validity Of Cognition Scale: 이하 VOCS)를 측정한다고 말한다.

그런 다음, 상담전문가는 내담자에게 그 장면과 부정적인 인지를 떠올릴 때 어떤 감정을 느끼는 지에 대해 물어본다. “그 사건과 ‘나는 불안하다’라는 생각을 떠올리면 지금 어떤 감정이 느껴지나요?” 라는 물음에 내담자가 두려움이 느껴진다고 말하면 전문가는 고통의 정도를 측정하는 주관적 불편감 척도(subjective units of disturbance scale; 이하 SUDS)가 어느 수준인지 물어본다.

SUDS의 측정은 처리가 어느 정도 진행되고 있는지를 알아보기 위해 처리과정 중간 중간에 여러 번 물어보아야 한다. “고통이 없거나 불편하지 않으면 0, 상상할 수 있는 가장 큰 고통이 있다면 이를 10이라고 할 때, 내담자님은 지금 얼마나 고통스럽게 느껴집니까?”라는 이 질문에 그는 8점으로 느껴진다고 말하였다면 그 다음에는 신체감각에 대해 물어본다.

4단계: 외상기억 둔감화

1) 치료목표

- ASD나 PTSD, 직무 및 외상스트레스 사건을 경험한 부정적 기억의 네트워크 재처리
- 성공적으로 해결될 때까지 현재 문제와 연관된 부정 기억의 재처리

2) 진행요령

4단계는 민감소실 즉, 둔감화의 과정이다. ASD나 PTSD, 직무 및 외상스트레스 사건을 경험한 내담자는 고통스러운 장면과 그와 연관된 감정, 신체감각, 그리고 부정적 인지를 함께 떠올리면서 전문가의 손가락을 따라 눈을 움직이도록 한다. 그리고 내담자에게 눈을 움직이면서 떠오르는 것이 있으면 그것이 어떤 내용이든 자기 자신을 검색하지 말고 그냥 내버려두라고 말한다.

이 과정에서는 ASD나 PTSD, 직무 및 외상스트레스 사건의 기억이 갇혀 있는 신경 네트워크를 자극하여 그 기억의 여러 가지 요소를 다시 재처리하는 것이 목표다. "외상을 경험한 그 장면과 나는 안전하지 않다는 생각, 불안과 두려움이 신체에서 느껴지는 곳을 떠올리면서 제 손가락을 따라 안구운동을 하십시오."라고 말한다.

안구운동은 천천히 시작하여 내담자가 편안하게 느끼는 속도로 진행한다. 대략 24회의 좌우 왕복운동을 하고 난 뒤, 혹은 내담자에게 분명한 변화가 일어날 때 안구운동을 멈추고, "머릿속에 떠오른 것을 그냥 놔두고 심호흡을 하십시오." 라고 말한다. 그런 다음 "지금 뭐가 떠올랐습니까?" 혹은 "지금 무엇이 느껴집니까?"라고 묻는다.

내담자는 이미지, 신체감각, 감정, 새로운 깨달음, 일반적인 생각 등을 경험하기도 하고, 아니면 전혀 아무것도 떠오르지 않을 수도 있다. 내담자의 말을 듣고 난 뒤 "그것에 대해 생각하면서 계속 가겠습니다." 혹은 "그 생각 혹은 그 느낌과 함께 계속 가보겠습니다."라고 말하면서 다시 안구운동 한 세트(24회)를 시행

한다. 이때에도 내담자가 무엇을 경험하는지 세심하게 주의를 기울인다. 하나의 정보가 처리되었다는 신호가 올 때까지 내담자의 안구운동은 계속되어야 하는데, 만약 ASD나 PTSD, 직무 및 외상스트레스 사건을 경험한 내담자가 안구운동 과정 중 정서적으로 흥분하고 불안정한 상태가 되더라도 계속 안구운동을 지속하여 외상사건에 대한 기억을 재처리할 수 있어야 한다.

외상피해자가 선호하는 안구운동의 속도나 횟수는 사람마다 각각 다르다. 어떤 내담자는 한 세트 당 10~15회 정도의 안구운동을 가장 좋아하고, 어떤 사람은 한 세트 당 100회 정도의 안구운동을 좋아하기도 한다. 안구운동을 한 세트 마칠 때마다 "지금 무엇이 느껴집니까?" 혹은 "지금 뭐가 떠올랐습니까?"라고 묻는다. 내담자가 자신의 경험을 이야기하면 상담전문가는 이를 듣고 다시 안구운동을 계속한다. 어떤 내담자는 EMDR 과정 중 자꾸 말을 하고 싶어 하는데 이는 매우 긍정적이 시그널이다. 왜냐하면 그렇게 함으로써 내담자는 그 경험을 계속 유지할 수 있고, 상담전문가는 그 경험을 계속 따라갈 수 있기 때문이다.

안구운동을 하는 동안 내담자는 사고, 감정, 신체감각의 다차원적인 자유연상 과정을 경험한다. 어떤 내담자는 매우 강렬한 감각이나 무서운 이미지 혹은 강한 분노, 압도적인 공포, 애도 감정, 사랑 그리고 용서와 같은 강렬한 감정을 경험하기도 한다. 어떤 내담자는 태어나기 전 혹은 유아기 경험의 기억을 말하기도 하고, 또 어떤 사람은 세밀하면서도 상징성이 많은 꿈과 같은 심상을 말하기도 한다.

이러한 경험을 말하는 과정에도 상담전문가는 "그것과 함께 계속 가십시오." 라고 말할 수도 있고, "이미 지나간 오래 된 일입니다. 그것들이 그냥 지나가게 내버려 두십시오"라고 말해 내담자를 안심시킬 수도 있다. 혹은 기차를 타고 가면서 창밖에 스쳐지나가는 풍경을 바라보는 것과 같은 기분으로 자신의 내적 경험을 바라보라는 식으로 은유적으로 말해 줄 수도 있다.

ASD나 PTSD, 직무 및 외상스트레스 사건을 경험한 내담자는 자신의 의식을 바라보는 관찰적 자아(observing ego)의 경험을 하면서 마치 영화를 보는 것처럼 자신의 경험을 바라볼 수도 있다. 이는 마치 과거를 경험하면서 동시에 자신을 관찰하는 것과 같은 현상이다. 내담자가 과거의 부정적 기억에 압도되어 관찰적 자아가 약해지면 상담전문가는 내담자의 관찰적 자아를 격려하고 강화시키는 것이 바람직하다.

안구운동을 하고 변화된 상태를 점검하는 이러한 과정은 회기 내내 계속 되는데 그 과정 중간 중간 마다 주관적 불편감(SUD)을 측정한다. 이 때에는 내담자의 외상기억 재처리 과정이 분산되지 않도록 주의하는 것이 중요하다. 어떤 내담자는 과거의 다른 기억 채널이 많이 열리면서 원래의 목표인 외상기억에서 점점 멀어지는 경우가 발생할 수 있다. 이럴 때 상담전문가는 내담자에게 원래의 외상기억으로 다시 돌아가라고 말하고 무엇이 떠오르느냐고 묻는다.

예를 들면, 앞서 언급한 사례에서 상담전문가가 "술에 취한 내담자님의 아버지가 당신에게 폭력을 가하는 이미지를 떠올리면 지금 무엇이 떠오릅니까?"라고 물어봄으로써 재처리과정이 얼마나 일어났는지를 알 수 있어야 한다. 만약 내담자가 "그 장면을 떠올리면 지금도 무척 화가 난다."라고 대답하면 외상기억의 재처리과정이 잘 이루어지고 증거다(내담자는 처음에 공포의 느낌으로 재처리를 시작). 전문가는 "그것과 함께 계속 가겠습니다."라고 말하면서 안구운동을 계속하면 된다.

만약 원래의 장면으로 돌아와 보니 더 이상 고통스럽지 않다고 말하면 상담전문가는 내담자에게 주관적 불편감(SUD) 척도의 수준을 물어본다. "고통이 없거나 불편하지 않으면 0, 상상할 수 있는 가장 큰 고통은 10이라고 할 때 내담자님은 지금 얼마나 고통스럽게 느껴집니까?" 내담자가 감정적으로 힘들지 않다고 말하고, 불편감을 0 혹은 1이라고 하면 긍정 인지를 주입하는 다음의 5단계로 넘어간다.

5단계: 긍정인지 장착

1) 치료목표

- 사전에 선택된 긍정 기억의 적절성 평가
- 긍정기억을 연상하고 강화하여 이를 과거의 부정적 기억과 연결
- 긍정기억을 재처리할 외상기억 목표와 연결하여 인지타당도가 7이 될 때까지 강화

2) 진행요령

5단계 긍정인지 장착은 원래의 외상사건의 부정적 기억과 긍정적 기억을 같이 떠올리라고 말하면서 안구운동을 진행하는 방법이다. 외상사건의 부정적 기억을 새로운 긍정기억으로 새롭게 재장착하는 것이다. 먼저 내담자에게 원래의 이미지를 떠올리게 하고 회기를 시작할 때 정한 긍정인지(지금 난 안전하다)를 다시 생각하게 한 후, 그것이 적합한지 아니면 더 적합하다고 느껴지는 또 다른 긍정인지가 떠올랐는지를 물어본다. 그는 "지금 난 안전하다."를 계속 선택할 수 있고 혹은 "그것은 이제 지나간 과거의 일에 해당될 뿐이다." 라고 새롭게 말할 수도 있다.

"원래의 외상사건과 '지금 난 안전하다'는 말을 함께 떠올릴 때, 그것이 느껴지지 않으면 1, 완전하게 느끼지는 것이 7이라고 한다면, 지금 내담자님은 어느 정도로 느껴지십니까?" 만약 내담자가 완전하게 느껴져 6 혹은 7이라고 말하면 상담전문가는 내담자에게 그 말과 원래의 사건을 함께 떠올려보라고 말한다(이때 그 사건의 장면은 작아졌거나 혹은 흐려졌거나 혹은 컬러풀하기보다는 흑백으로 변하여 어떤 방식으로든 덜 위협적으로 되어 있다). 그런 다음 안구운동을 몇 세트 더 시행한 후에 다시 인지타당도를 질문하여 어느 정도로 변화되었는지를 점검한다.

때때로 새로운 외상기억이 열려 재처리해야 할 필요가 있는 새로운 소재가 나타나기도 하는데, 그럴 경우에는 시간이 남아있다면 그것을 계속 처리해 나가는 것이 바람직하다. 그러나 만약 시간이 없다면 그것을 적어놓고 다음 시간에 다

루기로 하고 마무리 작업을 하는 것이 적절하다. 만약 내담자의 인지타당도 척도가 6 미만일 경우에는 몇 가지 다른 시도를 한다.

먼저, 긍정인지의 적합성을 점검해 보는 것이다. 어쩌면 긍정인지가 상황에 적합하지 않게 나타나는 경우가 있다. 또는 내담자가 재처리를 방해하는 차단 믿음(blocking belief)을 갖고 있을 수가 있는데, 이럴 때에는 이를 집중적으로 다루어야 한다. 뿐만 아니라 내담자는 긍정인지를 완전한 사실로 받아들이지 못하는 어떤 부가적인 기억을 갖고 있을 수가 있다. 예를 들어, 학대 피해자는 처리해야 할 다른 학대 기억이 많기 때문에 "지금 난 안전하다."라는 생각을 7점으로 느끼지 못하는 경우가 발생할 수 있다. 상담전문가는 이런 점을 고려하여 부정적 기억의 재처리과정이 잘 이루어지도록 해야 한다.

6단계: 신체감각 재처리

1) 치료목표

- 남아 있는 부정적 직무 및 외상스트레스 기억의 신체적 표현을 재처리한다.
- 불편한 신체 감각이 있으면 이를 재처리 하여 깨끗이 제거한다.

2) 진행요령

EMDR의 6단계는 신체검색(Body scan)과 신체감각을 재처리 하는 과정이다. 목표로 정한 외상기억이 처리되고 긍정인지의 재장착을 마치고 난 뒤에 이루어지는 과정이다. 이 단계에서 상담전문가는 내담자에게 "눈을 감고 그 사건과 지금 난 안전하다."라는 생각을 떠올리면서 내담자님의 온몸을 머리부터 발끝까지 점검해보십시오. 그리고 뭔가 느껴지는 신체부위가 있으면 저에게 말씀해주십시오."라고 말한다.

만약 내담자가 어떤 감각이 느껴진다고 말하면 상담전문가는 바로 안구운동을 시행한다. 만약 좋은 감각이 느껴졌다면 안구운동은 좋은 감각을 강화시키며, 만약 불쾌한 감각이 느껴졌다면 그것이 사라질 때까지 재처리를 계속한다. 이렇게 신체감각 검색과정은 상담전문가에게 아직 처리되지 않은 과거의 부정기억에 대해 주의를 기울이고 계속 재처리를 해야 한다는 사실을 알려주는 시그널이다.

내담자가 신체검색을 하는 중에 숨이 막힐 것 같은 느낌이 남아있다고 말한다면 이는 다른 스트레스 사건과 연관이 있는 신체감각일 수 있고 혹은 방금 다룬 사건에서 완전히 처리가 되지 않는 부분과 연관된 감각일 수 있다. 상담전문가는 내담자에게 남아있는 신체감각을 잘 기억하고 있다가 다음 시간에 이를 집중적으로 다루어야 한다.

7단계: 상담의 종결

1) 치료목표

- 치료의 초점을 현재로 향하게 하여 재처리를 종결한다.
- 상담전문가와 계속 접촉할 계획을 논의한다.
- 회기 과정을 요약정리하고 지지와 격려를 한 후 상담을 종결한다.

2) 진행요령

EMDR의 7단계는 상담을 종결하는 과정이다. 만약 ASD나 PTSD, 직무 및 외상스트레스 사건에 대한 과거의 부정적 기억 처리가 잘 되어 원래의 스트레스 사건에 대한 고통이 사라졌다면 상담종결과정은 비교적 간단하다. 상담전문가와 내담자는 회기의 과정동안 처리한 재처리 과정이나 새롭게 알게 된 통찰에 대해 이야기를 나눈다. 상담종결 이후에 새롭게 내담자의 부정적 디-스트레스 기억이 나타나면 그것을 추수상담에서 다룰 수 있다는 점을 말해준다.

내담자가 꿈이나 새로운 통찰을 수첩에 기록한다거나 그림을 그리고 그 밖의 다른 예술적 활동을 하는 것은 부정적 스트레스 기억의 재처리과정을 촉진하는 데 큰 도움이 된다는 점도 알려준다. 스트레스 상황에서 내담자 스스로 대처할 수 있는 명상이나 이완훈련, 다양한 스트레스 해소기법 등을 가르쳐주고, 필요한 경우에는 상담전문가에게 전화를 해도 가능하다는 점을 알려준다.

내담자가 회기 동안 재처리 작업을 잘 따라준 것에 대한 격려와 지지를 보내는 일도 상담종결 과정에서 중요한 과업의 하나에 해당한다. 내담자가 편안하고 안정된 상태가 유지된 상태에서 상담 마무리를 하는 것이 중요하기 때문이다. 마지막으로 치료과정을 요약정리하고 회기를 종결한다.

8단계: 추수상담

1) 치료목표

- ASD, PTSD, 직무 및 외상스트레스 기억의 재평가 및 재처리한다.
- 외상피해자의 심리신체기능 수준 재평가 및 재처리한다.

2) 진행요령

8단계는 상담을 종결한 후 이루어지는 추수상담의 과정이다. 상담전문가는 내담자가 찾아 왔을 때 그동안 외상사건의 기억을 다룬 문제와 연관된 어떤 일이 일어났는지를 물어본다. 이때 내담자는 꿈이나 새로운 통찰, 과거의 또다른 스트레스 관련 부정기억, 새로운 신체감각 혹은 플래시백을 경험하였다고 말할 수도 있다.

상담전문가는 내담자에게 그동안 다룬 스트레스 사건의 기억을 떠올리면 뭔가 새로운 것이 떠오르는지 탐색한다. 내담자가 새롭게 알게 되었거나 느낀 것에 대해서 충분히 이야기를 나눈 후, 디-스트레스 기억을 재평가 하고 재처리한다. 동시에 내담자의 심리신체 기능의 수준도 재평가하고 재처리한다.

PART

04

직무스트레스관리 집단상담 프로그램

— Chapter —

CHAPTER

09

내 안의 분노조절 집단프로그램

인간의 기본 정서중 하나인 분노는 스스로를 보호하기 위한 반응임에도 불구하고 우리사회는 억제가 미덕인 것처럼 인식하는 경향이 있다. 그렇기 때문에 때로는 과하고 부적절하게 자신이나 타인에게 분노를 표출하는 경우가 발생하곤 한다. 이는 정신건강 뿐만 아니라 신체적 손상, 인간관계에까지 좋지 않은 영향을 끼치는 결과를 초래한다.

본 프로그램은 분노를 조절하거나 완화하기 위해 다양한 전략을 사용하여 분노를 적절한 언어와 행동으로 전달하는 프로그램이다. 김현숙(2017)의 분노조절 집단상담 프로그램의 내용을 일부 수정하고 재구성하였다.

[표 9-1] 분노조절 프로그램의 회기별 내용

구 분	중 점	세부내용
1	즐거운 만남	• 사전검사 • 프로그램 소개 • 별칭 짓기, 자기소개 • 피드백 및 마무리
2	분노의 이해와 다양한 감정알기	• 근육이완훈련 • 분노의 두 얼굴 • 내 마음의 온도계 • 감정카드 스피드게임
3	분노와 관련된 가족의 행동양식 이해하기	• 근육이완훈련 • 우리가족의 분노패턴 탐색 • 나의 화난 상황은?

4	분노 상황 시 대안적인 해결책알기	• 근육이완훈련 • 분노 상황극 • 이어그리기 게임 • 다양한 분노해결방법
5	경청으로 분노 줄이기 마무리	• 소극적 듣기, 적극적 듣기 체험 • 최종분석, 나의 분노! • 집단을 정리하고 마감(집단 상담에 참여하면서 깨달은 점, 느낀 점, 아쉬운 점을 나눔)

1회기: 즐거운 만남

목 표	• 프로그램 구조화와 집단분위기를 안정되게 조성한다. • 집단에 참여한 사람 상호간 유대감을 형성한다.		
활동 과정	진행내용	소요 시간	준비물
도 입	• 사전 설문 - 내가 '화가 날 때 어떻게 하는지' 간단한 설문조사(감정표현 검사지)를 실시한다. • 집단원에게 프로그램 소개를 통해 앞으로 5주 동안 어떤 활동을 하게 되는지 이야기한다. "본 프로그램은 총 5회기로 구성되어 있고, 1회기 활동 시간은 60분입니다. 진행방식은 개별 및 모둠 활동을 통해 여러분이 직접 참여하는 프로그램으로 진행될 것입니다."	10분	워크북 ☞ 1-①
전 개	• 분노란 무엇인가?(5분) - 분노란 긍정 감정도 부정 감정도 아닌 자연스러운 감정임을 알게 한다. 분노는 망치처럼 무엇인가를 때려 부수는 파괴적인 방법으로 사용될 수도 있고, 반대로 새로운 무엇인가를 건설하는 방식으로도 사용될 수 있다. 따라서 분노를 느낄 때 이를 건설적인 방식으로 표현하여 관계를 파괴하고 갈등을 조성하는 것이 아니라 같이 사는 세상을 가치 있게 만들어가는 방법을 배우는 것이 중요하다 • 규칙정하기(5분) - '나의 약속' 활동지를 통해 이 프로그램을 통해 자신이 얻고 싶은 목표를 설정하고 이 프로그램 내에서 지켜야 할 규칙을 참여자들 끼리 정하는 시간을 가진다.	10분	워크북 ☞ 1-②
	• 별칭 짓기와 자기 소개하기(20분) - 감정카드에서 자신이 불리고 싶은 단어를 선택하여 내 이름표에 적는다. 'Let me introduce my self!' 활동지에 나의 소개를 작성해보고 발표하는 시간을 통해 서로를 알 수 있는 시간을 갖는다. • 후라이팬 게임(10분) - 둥글게 앉아 자신의 별칭을 소개한다. - 다른 사람의 별칭을 부른다. - 돌아가면서 별칭을 잘 외운다.	30분	감정카드 워크북 ☞ 1-③
마무리	• 오늘 프로그램에 대한 짧은 소감 나누기	10분	

워크북 1-① 나의 감정표현 방식 찾기

사람은 누구나 화가 나거나 분노를 느끼지만, 화가 났을 때 반응하는 방식은 서로 다르다. 다음 문항은 사람이 화가 나거나 분노를 느낄 때 어떻게 반응하는가를 나타내는 문항들이다. 각 문항을 잘 읽은 후, 당신이 화가 나거나 분노를 느꼈을 때 일상적으로 얼마나 자주 다음 문항과 같이 반응하거나 행동하는가를 빈칸에 ✓표하시기 바란다. 이러한 문제에는 옳고 그른 답이 없다. 어느 한 문장에 너무 오래 생각하지 말고 응답하여 주기 바란다.

번호	문 항	전혀 아니다	가끔 그렇다	자주 그렇다	매우 그렇다
1	나는 화를 참는다.	①	②	③	④
2	나는 화난 감정을 표현한다.	①	②	③	④
3	나는 말을 하지 않는다.	①	②	③	④
4	나는 사람들에게 인내심을 갖고 대한다.	①	②	③	④
5	나는 뚱해지거나 토라진다.	①	②	③	④
6	나는 사람들을 피한다.	①	②	③	④
7	나는 소리를 지른다.	①	②	③	④
8	나는 냉정을 유지한다.	①	②	③	④
9	나는 문을 꽝 닫아버리는 식의 행동을 한다.	①	②	③	④
10	나는 상대의 시선을 피한다.	①	②	③	④
11	나는 나의 행동을 자제한다.	①	②	③	④
12	나는 사람들과 말다툼을 한다.	①	②	③	④
13	나는 아무에게도 말하지 않으나, 안으로 앙심을 품는 경향이 있다	①	②	③	④
14	나는 목소리를 높인다.	①	②	③	④
15	나는 화가 나더라도 침착하게 자제할 수 있다.	①	②	③	④
16	나는 속으로 다른 사람을 비판한다.	①	②	③	④
17	나는 나 자신이 인정하고 싶은 것보다 화가 더 나 있다.	①	②	③	④
18	나는 대부분 사람들보다 진정을 빨리 회복한다.	①	②	③	④

19	나는 욕을 한다.	①	②	③	④
20	나는 참고 이해하려고 노력한다.	①	②	③	④
21	나는 다른 사람들이 알고 있는 것보다 분통이 더 나 있다.	①	②	③	④
22	나는 자제심을 잃고 화를 낸다.	①	②	③	④
23	나는 화난 표정을 짓는다.	①	②	③	④
24	나는 화난 감정을 자제한다.	①	②	③	④

분노 통제/ 1,4,8,11,15,18,20,24

분노 표출 /2,7,9,12,14,19,22,23

분노 억제/ 3,5,6,10,13,16,17,21

워크북 1-② 서약서 작성하기

서 약 서

우리의 만남은 화는 빼고 행복은 더하는 분노조절 프로그램을 통하여 새로운 변화와 발전을 목표로 합니다. 보람 있고 즐거운 만남이 되기 위해 서로를 존중하는 우리의 약속을 정해 봅시다.

1. 내 마음에 있는 생각이나 느낌을 솔직하게 표현한다.
2. 전우들이 하는 말을 비판이나 편견 없이 있는 그대로 듣는다.
3. 여기서 나눈 이야기는 절대로 밖에서 말하지 않는다.
4. 전우가 이야기할 때에는 끼어들거나 방해하지 않고 잘 듣는다.
5. 집단 모임 시간을 잘 지키고 성실히 집단 활동에 참여한다.

년 월 일

이름 : 서명:

워크북 1-③ 자기소개하기

나의 이름은 ______________________

나의 애칭 혹은 별명 ______________________

우리 가족 소개 ______________________

내가 좋아하는 음식 ______________________

내가 좋아하는 연예인 ______________________

내가 닮고 싶은 사람 ______________________

이 시간을 통해 배우고 싶은 점 ______________________

그 외 하고 싶은 한마디 ______________________

2회기: 분노의 이해와 다양한 감정 알기

목 표	• 분노의 두 얼굴과 화난 상황을 이해한다. • 다양한 감정을 탐색하는 능력을 기른다.

활동 과정	진행내용	소요 시간	준비물
도 입	• 손가락 레슬링 - 두 명씩 짝을 지어 손을 맞잡은 상태에서 엄지손가락만을 이용하여 상대방의 엄지손가락을 3초 동안 누르면 이긴다(누군가 힘을 발휘하여 나의 마음을 표현하지 못하게 누르면 화가 날 수 있음을 이야기 함).	5분	
	• 근육이완훈련 - 영상을 보고 근육이완훈련을 배운다. - 눈을 감고 배운 것을 따라 한다.	10분	영상
전 개	• 분노의 두 얼굴(10분) - 분노의 두 얼굴에는 무엇이 있는지 알려준다. 수동형(분노억제): 일단 화가 나면 아무 일이 없었던 것처럼 행동한다. 문제가 되는 것에 대해 말하지 않기 때문에 남들이 볼 때는 착한 사람이라 한다. 공격형(분노표출): 입에서 불이 나오는 듯한 분위기로 즉각적으로 화를 낸다. 격렬하게 자신이 화가 났다는 것에 대해 논리적인 듯 설명하지만, 비난, 위협, 괴롭힘, 빈정거리는 말을 한다. 자신이 옳다고 믿기 때문에 다른 사람의 의견을 들으려 하지 않고 상대방의 감정도 무시한다. - 1회기 때 작성한 설문지의 결과를 가지고 나는 수동형인지, 공격형인지 분노 조절형인지 이야기 한다.	10분	워크북 ☞ 2-①

	• 내 마음의 온도계(20분) - 앉아있는 모둠끼리 '내 마음의 온도계' 활동지를 통해 화나게 했던 일, 마음 온도계, 내 몸의 반응, 했던 행동을 이야기 한다.	20분	워크북 ☞ 2-②
	• 감정 스피드 게임 - 감정카드 한 장을 다른 사람들에게 보이지 않게 주의하며 뽑는다. 말없이 표정만 보여준다. 어떤 상황에서 이런 감정을 느꼈는지 이야기한다.	10분	감정카드
마무리	• 이번시간에 느낀 점을 이야기하고 다음시간 소개하고 마무리한다.	5분	

워크북 2-① 현재 나의 모습은?

수동형(분노억제)	공격형(분노표출)

• 일단 화가 나면 아무 일이 없었던 것처럼 행동한다. • 문제가 되는 것에 대해 말하지 않기 때문에 남들이 볼 때는 착한 사람이라 한다.	• 즉각적으로 화를 낸다. 입에서 불이 나오는 듯한 분위기 • 격렬하게 자신이 화가 났다는 것에 대해 논리적인 듯 설명하지만, 비난, 위협, 괴롭힘, 빈정거리는 말을 한다. • 자신이 옳다고 믿기 때문에 다른 사람의 의견을 들으려 하지 않고 상대방의 감정도 무시한다.

워크북 2-② 내 마음의 온도계

화나게 했던 일	마음온도계	내 몸의 반응	했던 행동
	높은 수준 10 9 8	머리 눈 눈썹	
	중간 수준 7 6 5 4	턱 입술 목 어깨	
	낮은 수준 3 2 1	다리 마음 목소리	

3회기: 분노와 관련된 가족의 행동양식 이해하기

목 표	• 우리 가족의 분노패턴 방식을 탐색한다. • 나와 가족의 분노표현 방식을 이해한다.

활동 과정	진행내용	소요 시간	준비물
도 입	• 3.6.9 게임 - 1부터 순서대로 세어본다. - 3.6.9라는 숫자 차례가 되면 박수를 친다. - 20부터 거꾸로 세어본다.	5분	
전 개	• 근육이완훈련(10분) - 비디오를 보고 근육이완훈련을 배운다. - 눈을 감고 배운 것을 따라 한다.	10분	영상
	• 우리가족의 화내는 형태는? (20분) - 나만의 분노표현양식 활동지를 나누어 준다. "우리는 가족과 함께 살아가고 있기 때문에 서로에게 영향을 주고받으며 살아갑니다. 그래서 먹는 것, 자는 것, 말투나 행동까지 알게 모르게 닮아 있습니다. 알게 모르게 닮아있는 학습된 분노의 형태를 알아봅시다." - 우리가족이 분노를 표현하는 방식을 이야기 한다.	20분	워크북 ☞ 3-①
	• 나의 화난 상황은? (20분) - '나의 화난상황' 활동지에 이번 주에 내가 화났던 상황을 간단히 적고, 어떻게 행동했는지 적어봅니다. - 서로 이야기를 나누고 나라면 그 상황에서 어떻게 했을지 이야기 해봅니다(내 마음의 온도계를 기억하며 적어본다).	20분	워크북 ☞ 3-②
마무리	• 이번시간에 느낀 점 등을 이야기하고 다음시간 소개하고 마무리한다.	5분	

워크북 3-① 가족 분노표현 방법

여러분이 알아차렸든지 알아차리지 못했든지 간에 우리 가족이나 다른 누군가가 사용하는 화의 표현방식으로부터 '나의 분노 표현방식'이 생겼어요. 질문지를 통해 나의 분노가 무엇에 영향을 받았는지 생각해 볼까요?

1. 아버지가 화가 날 때, 주로 사용하는 말이나 행동 중에서 내가 비슷하게 사용하는 것은 무엇인가?

– 이 질문에 '네'라고 답한다면, 어떤 말과 행동이었는지 생각해보고 '아니오'라면 2번 질문으로 가세요.

2. 어머니가 화가 날 때, 주로 사용하는 말이나 행동 중에서 내가 비슷하게 사용하는 것은 무엇인가?

– 이 질문에 '네'라고 답한다면, 어떤 말과 행동이었는지 생각해보고 '아니오'라면 3번 질문으로 가세요.

3. 부모님이 사용하는 말과 행동을 닮지 않았다면 내가 화가 날 때 주로 사용하는 말과 행동은 무엇의 영향을 가장 받은 것일까? 이 질문에 대해 생각해보고 글을 써보세요.

워크북 3-② 나의 화난 상황은?

1. 이번 주에 내가 화났던 상황을 간단히 적어봅니다.

2. 내가 어떻게 행동했는지 적어봅니다(가족의 분노 표현방법과 연관시켜보기).
- 서로 이야기 나눕니다.
- 나라면 어떻게 했을지 이야기해 봅니다.

4회기: 분노상황 시 해결책 이해하기

목 표	• 다양한 분노해결 방법을 이해한다. • 일상생활에서 일어나는 상황에서 분노해결 방법을 찾는다.

활동과정	진행내용	소요시간	준비물
도 입	• 맨발의 트위스트 - 신문지 위에 맨발로 음악에 맞춰 발바닥을 움직이면서 신문지를 조각내는 것. 음악에 맞춰 움직이는 것으로도 분노를 조절할 수 있는 다양한 방법이 있음을 나눈다.	5분	음악
전 개	• 근육이완훈련 - 영상을 보고 근육이완훈련을 배운다. - 눈을 감고 배운 것을 따라 한다.	10분	영상
	• 상황극하기 - 일상생활에서 일어날 수 있는 3가지 정도의 이야기를 나누어 본다.	20분	워크북 ☞ 4-①
	• 이어 그리기 게임 - 내가 그리고자 하는 것 먼저 생각하게 한다. - 양쪽으로 두 장을 돌려가며 이어서 그리게 한다. (이 활동을 통해서 똑같은 그림을 보고 내가 그리고자 하는 것과 다른 사람이 그리고자 하는 것이 다를 수 있음을 이야기 한다. 다른 사람의 생각을 알 수 없다는 것과 내가 화가 났을 때 말하지 않으면 타인은 나의 상황을 잘 모른다는 것을 알려준다)	10분	A4 2장
	• 다양한 분노해결방법 - 내가 분노를 만난다면 화가 난 것을 알아차리고 멈춘다. - 어떤 해결방법이 있는지 이야기한다. - 진행자가 알려준 것과 장병들이 가지고 있는 분노해결방법을 서로 나눠본다.	10분	워크북 ☞ 4-②
마무리	• 이번시간에 느낀 점 등을 이야기하고 다음시간 소개하고 마무리한다.	5분	

워크북 4-① 상황극 하기

☆ 내가 분노를 만나면

1. 내 허락 없이 담당하는 일을 침해했을 때

잠깐! 내가 분노를 만나면...

분노 알아차리기

멈춰라

타임아웃!

2. 내게 제출해야 하는 서류가 있는데 시간을 지키지 않는다 등

3. 구성원들이 공유할 수 있는 상황을 제시해서 진행한다.

나만의 분노 조절모드 전환

워크북 4-② 다양한 분노해결방법

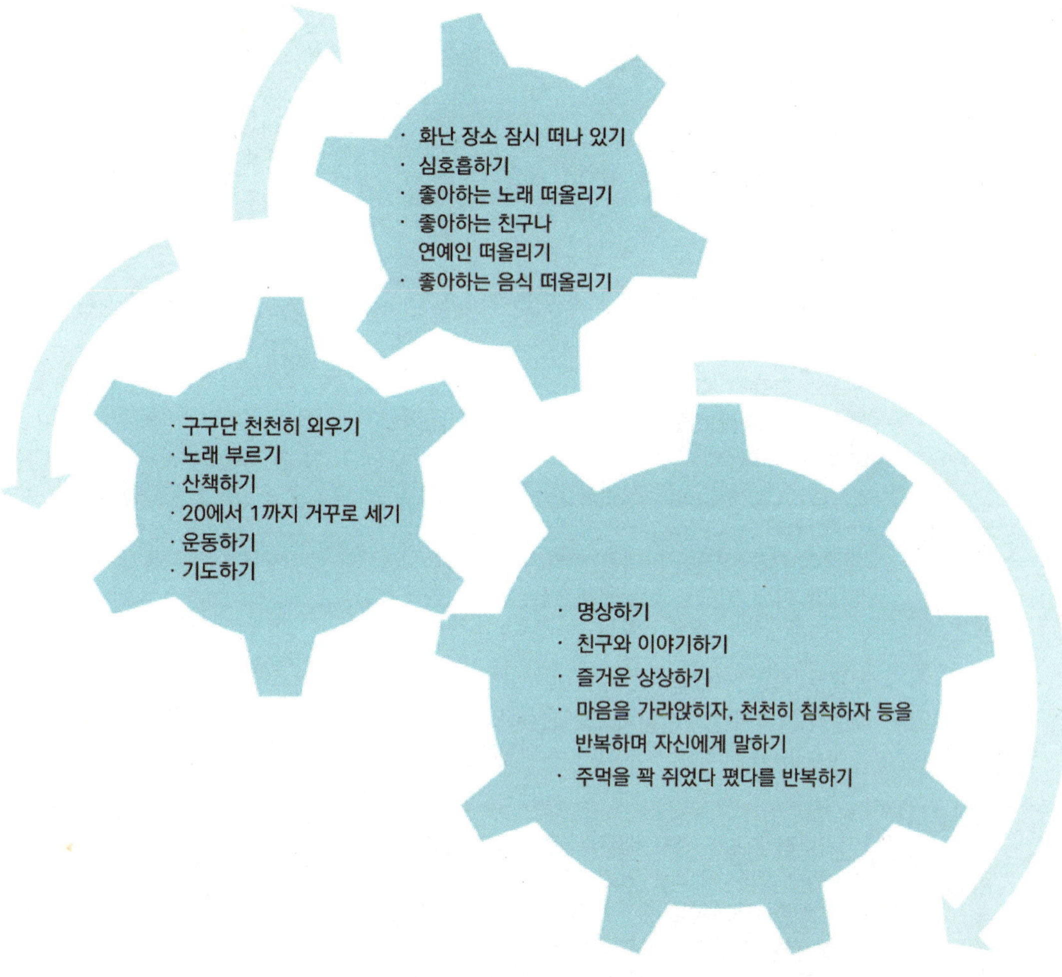

5회기: 경청으로 분노 줄이기

목 표	• 듣기 체험을 통해 경청의 중요성을 인식한다. • 나의 분노를 최종 분석한다.

활동 과정	진행내용	소요 시간	준비물
도 입	• 경청의 중요성 이야기하기 - 경청의 걸림돌과 분노를 줄이는 지름길인 적극적 경청의 태도에 대해 설명한다.	10분	워크북 ☞ 5-①
전 개	• 근육이완훈련 - 비디오를 보고 근육이완훈련을 배운다. - 눈을 감고 배운 것을 따라 한다.	10분	영상
	• 소극적, 적극적 듣기 체험 - 한사람은 이야기하고 한사람은 딴 짓 하기, 역할 바꿔 해보기 - 한사람은 말하고 듣는 사람은 적극적으로 듣고 반응하기 (소극적, 적극적 듣기 체험의 느낌이 어땠는지 전체가 함께 이야기 나누면서 적극적으로 듣고 반응하는 것에 대한 중요성을 나눈다.)	10분	워크북 ☞ 5-②
	• 최종분석, 나의 분노!! 활동하기 - 패턴적인 나의 분노상황과 그 과정속의 고민 등을 나눠보고 대안을 선택하여 실행계획을 세워본다.	10분	워크북 ☞ 5-③
마무리	• 1회기부터 5회기 까지 배운 내용을 리뷰 한다. - 분노가 나의 선택임을 알고 다양한 분노해결방법에 어떤 것이 있는지, 그중에서 내가 선택한 분노해결방법은 무엇인지 생각해본다. 내가 분노를 만나면 화가 남을 알아차리기, 멈추기, 생각하기, 선택하기를 통해 분노를 조절할 수 있음을 인지한다. - 집단을 정리하고 마감하고 마무리한다(집단에 참여하면서 깨달은 점, 느낀 점, 아쉬운 점을 나눔).	10분	

워크북 5-① 경청하기

경청의 걸림돌	
1. 짐작하기	자기생각에 빠져 상대방이 무슨 말을 하든 있는 그대로 받아들이기 보다는 말꼬리를 물고 늘어지거나, 자기의 생각대로 판단해서 더 이상 대화를 진행할 수 없다.
2. 내가 할 말 준비하기	자기 할 말을 생각하기에 바빠 상대방의 말을 온전히 듣지 못한다. 상대방의 말이 끝나자마자 자기주장을 쏟아 낸다.
3. 걸러내기	듣고 싶지 않은 말에 대해서는 들으려고 하지 않는다. 그래서 상대방의 말을 듣긴 하지만 있는 그대로 듣지 못한다.
4. 판단하기	상대방에 대해 부정적인 생각으로 판단하여 들어서 제대로 듣지 못한다.
5. 언쟁하기	상대방의 생각을 전혀 들을 생각이 없고, 상대방이 어떤 이야기를 해도 무시하며 자기생각만 장황하게 말한다.

슬쩍 넘어가기, 비위 맞추기

분노를 줄이는 지름길 적극적 경청의 태도	
1.	상대방이 이야기 할 때 눈 맞춤을 한다.
2.	상황에 맞게 고개를 끄덕인다.
3.	말하는 내용에 맞는 표정을 한다.
4.	말하는 상대방 쪽으로 몸을 기울인다.

5.	상황에 맞는 반응을 한다.
6.	말하는 사람의 기분(감정)이 어떨지 생각하며 듣는다.
7.	이야기가 끝나면 들은 것을 말해서 확인한다.
8.	상대방 이야기 중간에 말을 자르지 않는다.
9.	다른 생각하지 않고 집중해서 듣는다.

워크북 5-② 소극적, 적극적 듣기 체험

(최근에 공감 받고 싶었던 내용으로 이야기를 나눠본다)

A 장병	B 장병
이야기하기	딴짓하기 (하품, 기지개, 다른 곳 바라보기, 이야기 내용과 상관없는 질문하기 등)
역할 바꿔 해보기	
이야기하기	적극적으로 듣고 반응하기 ('음, 아, 그래...' 등의 반응 보이기 / 고개 끄덕이기)
역할 바꿔 해보기	

워크북 5-③ 최종분석, 나의 분노!

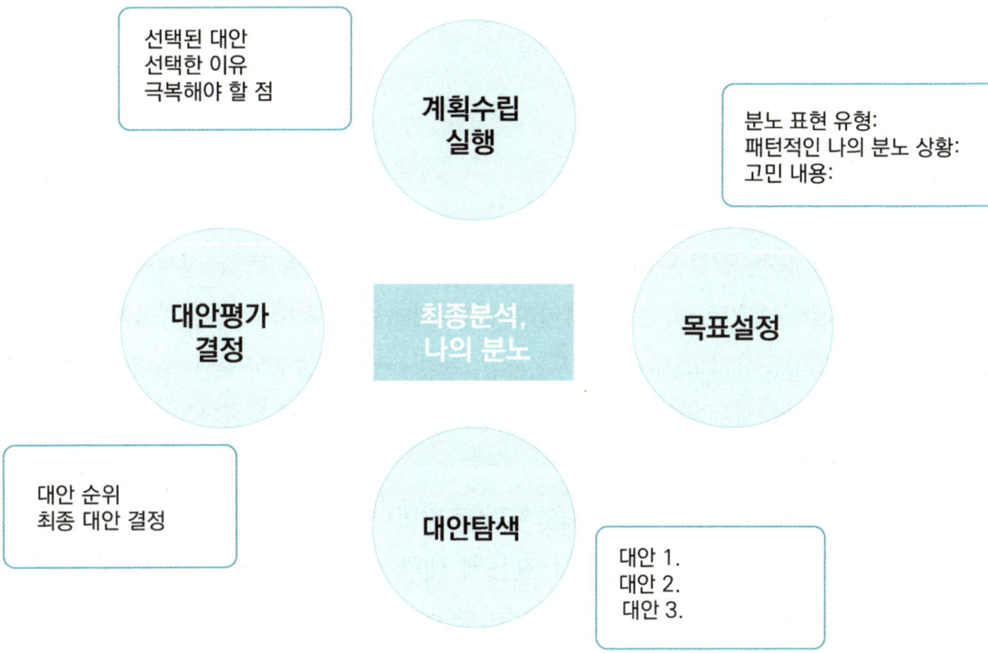

CHAPTER

10

직장 동료 용서하기 집단프로그램

인간은 누구 할 것 없이 여러 가지 상처와 고통을 겪으며 살아간다. 특별히 대인관계에서 오는 갈등은 분노와 좌절, 두려움, 불안 등의 부정 정서를 유발하여 삶을 황폐하게 만든다. 뿐만 아니라 삶의 만족감을 저하시키고 갈등과 분쟁의 원인으로 작용하기도 한다. 경찰, 군인, 소방관들은 상명하복의 조직 체계와 계급으로 이루어진 위계적 상황에서 원만한 대인관계를 유지한다는 것은 매우 어려운 일이다.

본 프로그램은 위계문화의 특성을 지닌 조직이나 기관 내에서 나타나는 대인관계의 갈등을 명확히 인식하고, 그 갈등에 대한 대처를 잘 할 수 있도록 도움을 주기 위해 도입하였다. 용서의 참 의미를 배워 인간관계 갈등으로 인한 부정 정서와 심리적 상처를 치유하고 회복하는 데 도움을 주기 위해 프로그램 내용을 구성하였다. 본 프로그램은 정성진 등(2016)의 『용서를 통한 치유와 성장』에 나오는 집단상담 프로그램을 참고하였으며, 경찰, 군인, 소방관들에게 적용하는 데 적합하도록 그 내용을 일부 수정하고 재구성하였다.

[표 10-1] 프로그램의 회기별 내용

구 분	중 점	세부내용
1회기	마음 문 열기	프로그램 참여 이유와 기대하는 목표에 대한 이야기를 나누고 자신의 인간관계를 돌아본다.
2회기	상처 직면과 표현하기	미해결된 상처와 대상을 회상하고 상처를 직면한다. 상처의 부정적 영향에 대해서 자각한다.
3회기	새로운 시각으로 바라보기	자신의 대처 방식을 점검하고 상처를 준 사람을 큰 맥락 속에서 새롭게 바라본다.
4회기	용서의 결정과 행동	용서의 필요성과 진정한 용서의 의미를 이해하고 상처를 준 상대방을 용서한다.
5회기	용서 여정	용서의 의미를 성찰하고, 지속적인 용서의 삶을 살아갈 수 있도록 마음을 새롭게 다진다.

1회기: 마음 문 열기

목 표	• 프로그램의 목적과 집단 운영 방법을 이해한다. • 자신의 인간관계를 돌아본다. • 자연스럽게 자기를 개방하여 서로 신뢰감을 형성한다.

활동 과정	진행내용	소요 시간	준비물
도 입	• 집단구성원을 소개 한다. • 서약서를 작성한다. • 대인관계의 상처와 갈등으로 인한 부정적인 반응을 극복하는 방법을 배워 적용함으로 정서적 안녕과 행복을 경험 한다.	10분	워크북 ☞ 1-①
전 개	• 장점 관련 별칭 짓고 자기소개 하기 - 자신의 장점을 찾고 장점과 관련된 별칭을 지은 후 준비된 이름표에 별칭을 적고 아름답게 꾸민다. - 돌아가며 별칭을 지은 이유와 자기소개를 한다.	30분	명찰 필기도구
	• 프로그램 참여 이유와 기대 목표 나누기 - 프로그램 참여 이유와 기대 목표에 대해 이야기한다. - 시작의 중요성과 변화를 향해 나아갈 때 어떤 장애물이 생길 수 있는지에 대해서도 허심탄회하게 이야기를 나눈다.	20분	필기도구
	• 나의 인간관계 돌아보기 - 나의 인간관계에 대해서 깊게 생각해본다. - 좋은 관계를 위해 필요한 것은 무엇인지 관계의 위기를 극복하는 좋은 방법은 무엇인지 의견을 나눈다. - 관계 돌아보기를 통해 깨닫게 된 점을 이야기한다. - 사람은 누구나 고의적이든 무의식적이든 누군가에게 상처를 주거나 마음을 아프게 할 수 있다. 중요한 것은 상처를 어떻게 다루어나가느냐가 중요하다.	40분	워크북 ☞ 1-②
과제 부여	• 상처 체크리스트를 작성해 오도록 안내한다.	5분	
마무리	• 회기를 마친 후 느낌에 대해 공유하고 정리한다.	10분	

1-① 서약서 작성하기

서 약 서

우리의 만남은 직장동요 용서 프로그램을 통하여 새로운 변화와 발전을 목표로 만들어진 모임입니다. 우리는 이 곳에서 한층 더 당당해지고 멋있어진 자신의 모습과 전우들의 모습을 보게 될 것입니다. 자신과 동료들의 모습을 알아가면서 기쁠 수도 있겠지만 때로는 동료에게 실망하고 화가 나는 일도 발생할 수 있습니다. 그러나 이 모임을 통해 더 나은 자신의 모습과 새로운 가능성을 만나게 될 것입니다. 보람 있고 즐거운 만남이 되기 위하여 서로를 존중하는 우리의 약속을 정해 봅시다.

1. 내 마음에 있는 생각이나 느낌을 솔직하게 표현한다.
2. 동료들이 하는 말을 비판이나 편견 없이 있는 그대로 듣는다.
3. 여기서 나눈 이야기는 절대로 밖에서 말하지 않는다.
4. 동료가 이야기할 때에는 끼어들거나 방해하지 않고 잘 듣는다.
5. 프로그램이 진행되는 시간을 엄수하고 성실히 참여한다.
6. 부여된 과제는 성실히 수행한다.

년 월 일

이름: 서명:

워크북 1-② 관계 돌아보기

1. 과거나 현재의 관계 중에서 나에게 도움이 되었던 사람에 대해 기록해 보십시오.

1) 누구와 어떤 일이 있었습니까?

2) 어떤 점이 도움이 되었습니까?

2. 과거나 현재의 관계 중에서 나를 힘들게 했던 사람에 대해 얘기해 보십시오.

1) 누구와 어떤 일이 있었습니까?

2) 어떤 점이 힘들었습니까?

2회기: 상처 직면과 표현하기

목 표	• 미해결된 상처와 대상을 회상하고 상처를 직면한다. • 내면에 남아 있는 상처로 인한 분노와 부정적 감정들을 자각하고 자유롭게 집단구성원들과 이야기를 나눈다. • 문제해결의 대처방식을 알아보고 변화의 필요성을 인식한다.

활동 과정	진행내용	소요 시간	준비물
도 입	• 지난 회기를 마친 이후의 느낌을 나눈다. • 미해결된 상처는 오래된 감정으로 남아 삶 속에 역기능을 일으키는 주요한 심리적 요인이 됨을 설명한다.	10분	필기도구
전 개	• 내가 받은 상처 직면하기 - 자신에게 부당함과 고통을 주었던 대상과 상처를 구체적으로 떠올려 본다. - 상처를 준 대상이 누구인지 얘기해 본다. - 상처가 내게 미치는 영향평가표를 작성한다. - 활동지를 이용하여 자신이 받았던 상처에 직면하고 그것이 현재 자신에게 미친 영향을 평가한다.	50분	워크북 ☞ 2-① ☞ 2-②
	• 부정적 감정을 자유롭게 표현하기 - 상처를 준 대상에게 표현하지 못했던 분노나 슬픔을 표현해본다. - 예시: 그에게 하고 싶은 말은 ________이다. 그에게 듣고 싶은 말은 ________이다.	20분	인형
	• 대처방식 점검하기 - 갈등에 처하거나 분노를 느낄 때 자신이 사용하는 대처방식이 바람직한지 점검한다. - 자신이 주로 사용한 대처방식이 상처를 치유하고 편안한 마음을 갖는데 도움이 되었는지 스스로 평가해 보고 집단원과 새로운 대안이 필요한지 고민해본다.	20분	워크북 ☞ 2-③
과제 부여	• 다음 회기 목표 및 활동주제에 대하여 설명하고, 워크북 3-①을 작성해 온다.	5분	
마무리	• 명상카드를 나누어주고 명상자세를 취한 후 자신에게 나직하게 말해보는 시간을 갖는다.	15분	명상카드

워크북 2-① 상처 체크리스트

누군가가 나를 부당하게, 그리고 상당히 아프게 했던 경험을 한 가지만 생각해 보십시오. 힘들겠지만 언제, 어떤 일이 일어났는지, 나에게 어떤 영향을 미치고 있는지를 자세히 떠올려 봅니다. 그 후에 다음의 질문에 대답하십시오.

1. 언제 그 일이 발생했습니까?

________일 전　________주 전　________달 전　________년 전

2. 그 일로 인해 당신은 얼마나 상처를 받았습니까?

상처 받지 않음	약간 상처 받음	상처 받음	많이 상처 받음	매우 많이 상처받음
1	2	3	4	5

① 2번 질문에서 3점 이상이라고 대답한 경우에만 다음 질문으로 넘어가십시오.

② 3점 이하인 경우에는 당신을 많이 아프게 했던 다른 상처 경험을 떠올린 후 1번 질문부터 다시 시작하십시오.

3. 누구와 어떤 일이 있었습니까? (최대한 구체적으로 적어 보십시오.)

4. 그 일이 당신에게 어떤 상처를 주었습니까?
그 상처가 당신에게 미치는 영향은 무엇입니까? (최대한 구체적으로 적어 보십시오.)

워크북 2-② 상처가 내게 미치는 영향평가표

내가 받은 상처:

영향 점수:

전혀 없음			중간			매우 심함
0	1	2	3	4	5	6

기분:

화가 난다. ____________ 배신감을 느낀다. ____________

우울하다. ____________ 억울하다. ____________

불안하다. ____________ ____________

기타 기분 ____________ ____________

생각:

상대방을 믿지 못하게 되었다. ____________

이 세상이 불공평하다는 생각이 든다. ____________

내가 약하고 무능력하다는 생각이 든다. ____________

상처에 대해서 반복해서 계속 생각하게 된다. ____________

기타 생각 ____________

행동:

상대방과의 관계가 나빠졌다. ____________

식욕도 없고 잠도 잘 못 잔다. ____________

사람들을 피한다. ____________

기타 행동 ____________

워크북 2-③ 대처방식 알아보기

◉ 갈등을 겪거나 분노를 느낄 때 여러분이 자주 사용하는 대처방식은 무엇입니까?

1. 위의 예를 참고하여 자신이 자주 사용하는 대처방식을 떠올려 보고 얼마나 도움이 되었는지 다음 체크리스트를 작성해 보십시오.

내가 사용한 대처방식	전혀 효과가 없다	별로 효과가 없다	보통이다	어느 정도 효과가 있다	매우 효과가 있다
단절하기					
무시하기					
공격하기					
비난하기					
기 타					

3회기: 새로운 시각으로 바라보기

목 표	• 상대방의 환경에 대해 알아보고, 상처를 맥락 속에서 재인식한다. • 상대방의 입장에서 공감을 통해 용서하기를 노력한다. • 인간은 단점과 한계를 가진 불완전한 존재임을 이해한다.

활동 과정	진행내용	소요 시간	준비물
도 입	• 상처에 대해서 새로운 눈으로 바라보는 것은 상처를 단편적으로 보는 것이 아니라 보다 큰 맥락 속에서 총체적으로 바라보는 것임을 설명한다.	10분	
전 개	• 인간에 대해 새로운 눈으로 바라보기 - 지난 시간에 과제로 내 준 워크북을 이용하여 상대방에 대해 새롭게 알게 된 내용을 나눈다.	40분	워크북 ☞ 3-①
	• 상대방의 입장이 되어 느껴보기 - 빈 의자 기법을 실시한 후 자신의 마음을 점검한다. - 상대방의 입장이 되어 어떨지 상상해보고 질문에 답해본다. - 상처를 준 사람으로서 어떠한 심정인지, 무슨 생각이 드는지, 어떤 변화가 일어나는지 얘기한다.	30분	의자
	• 불완전한 인간임을 통찰하기 - 인간은 불완전하므로 다른 사람에게 잘못하며 상처줄 수 있음을 이해한다. - 자신이 타인에게 상처를 준 경우에 대해 말해본다.	30분	워크북 ☞ 3-②
마무리	• 명상카드를 나누어주고 자신에게 나직하게 말해본다. • 나에게 피해나 상처를 주었던 사람을 떠올리며 축복을 기원한다.	10분	명상카드 명상음악 은은한 조명

워크북 3-① (   )의 삶

◉ 당신에게 상처를 준 사람을 위에 써 넣고, 다음을 중심으로 그 사람의 삶에 대해서 최대한 자세하게 써 보십시오.

1. 그 사람의 성장 과정은 어떠했습니까? (그 사람이 어린 아이였을 때, 청소년이었을 때, 성인이 되었을 때 어떠했습니까? 구체적인 사건들을 예로 들면서 써 보십시오.)

   대처방식 예시: 도피하기, 욕하기, 남 탓하기, 반복해서 생각하기, 회피하기, 술 마시기, 공격하기, 집착하기, 무시하기, 따돌리기, 합리화하기, 폭언하기, 요구하기, 회유하기, 잊어버리기, 자기비하하기, 억압하기, 기도하기, 운동하기, 노래방 가기

2. 당신에게 상처를 줄 당시 그 사람의 삶은 어떠했습니까? (구체적인 사건을 예로 들면서 구체적으로 써 보십시오.)

3. 상대방의 장점을 세 가지만 써보십시오.

4. 상대방의 단점을 세 가지만 써보십시오.

워크북 참고자료

빈 의자 기법(Empty Chair)

상담자는 빈 의자를 내담자 앞에 두고 상상의 인물, 즉 내담자에게 상처 준 사람과 대화하도록 유도한다. 또한 내담자가 그 인물이 되어 의자에 앉아서 대답한다. 필요시에는 의자 대신 보조 자아를 등장시켜 그 인물의 역할을 맡도록 할 수 있다. 또는 비 특정인, 예를 들어 울고 있는 아이, 과거에 상처받던 상황의 자신의 모습, 어린 시절 늘 지니고 다녔던 인형, 슬픔에 잠긴 사람, 앉아서 떨고 있는 사람 등을 상상하게 한 후 자신을 투영해 볼 수도 있다. 의자 이외에 침대, 창가, 탁자, 식탁 등도 같은 이미지로 사용될 수 있다.

빈 의자 기법은 다음과 같이 진행한다.
"우리는 이런저런 상상들을 많이 합니다.
저는 이제부터 여러분을 상상의 세계로 안내할까 합니다.
여기 빈 의자가 하나 있습니다. 누군가가 앉아 있습니다.
누구일까요? 여러분에게 상처를 준 사람이 앉아 있다고 상상해 볼까요?
어떻게 앉아 있나요? 표정은 어떤가요? 시선은 어디를 보고 있죠?
뭐라고 첫마디를 건네겠습니까? 그러면 그 사람은 뭐라고 대답하나요?
눈을 감아도 좋습니다. 자, 이제 그 사람에게 정말로 하고 싶었던 이야기를 해 보세요."

워크북 3-② 내가 상처를 주었던 경험

◉ 살아가면서 우리는 다른 사람에게 잘못하고 상처를 줄 때가 있습니다. 내가 누군가에게 잘못하고 상처를 주었던 경험에 대해서 생각해 봅니다.

1. 언제, 누구와 무슨 일이 있었습니까?

2. 그 일은 나와 상대방에게 어떤 영향을 미쳤습니까?

3. 이런 경험이 나에게 상처를 준 사람에 대한 생각과 태도에 어떤 영향을 미치고 있습니까?

4회기: 용서의 결정과 행동

목 표	• 용서 경험을 통해 용서의 필요성을 생각해보고 진정한 용서를 이해한다. • 나에게 상처를 준 사람을 용서하기로 결심하고 선물을 준다.

활동 과정	진행내용	소요 시간	준비물
도 입	• 과거의 용서 경험을 통해 용서의 필요성과 진정한 용서의 의미에 대해 알아본 후, 나에게 상처를 준 사람에 대해 용서하기로 결심해 본다.	10분	
전 개	• 용서 경험 나누기 - 용서 받았거나 용서했던 경험, 그때 느꼈던 감정, 자신이 생각하는 용서의 의미, 용서의 필요성에 대해 이야기를 나눈 후 한 사람이 요약하여 소개한다. - 용서는 가해자를 위한 것이기 보다 상처 입은 피해자가 상처를 극복하고 회복하기 위해 필요한 과정임을 숙지한다.	30분	워크북 ☞ 4-①
	• 진정한 용서의 의미 이해하기 - 퀴즈를 통해 용서에 대한 오해를 점검해본다. - 맞힌 참여자에게 선물을 줌으로 즐거운 분위기를 유도 한다.	20분	워크북 ☞ 4-②
	• 용서의 선택과 결심하기 - 상처를 극복하기 위한 방법으로 용서를 결심하도록 노력한다. - 나에게 상처를 준 사람을 용서하기로 결심했다면 서약서를 작성해본다.	30분	워크북 ☞ 4-③
	• 상대에게 선물 주기 - 나에게 상처를 준 사람을 만난다면 어떻게 대할지 생각해보고, 그에게 선물을 준다면 무엇을 주고 싶은 지 목록을 작성해본다. - 두 사람씩 짝지어 선물 전달 연습을 한다.	20분	워크북 ☞ 4-④
마무리	• 선물 전달은 다음 시간까지 계속한다. • 다음 회기에 필요한 집단원의 선물을 준비하게 한다.	10분	

워크북 4-① 용서 경험

◉ 우리는 살면서 실수하기도 하고, 누군가로부터 부당한 대우를 받거나 상처받기도 합니다. 자신이 실수를 했을 때 용서를 받았던 기억과 누군가를 용서했던 기억을 되살려 보십시오.

1. 누구에게 용서받은 경험이 있나요? 용서받았을 때 어떤 감정을 느꼈습니까?

2. 누군가를 용서한 경험이 있나요? 용서했을 때 어떤 감정을 느꼈습니까?

3. 용서란 무엇이라고 생각하는지요?

4. 용서는 왜 필요하다고 생각하는지요?

워크북 4-② 진정한 용서의 의미 이해하기

1. 다음 문장에 대해서 ○, X로 답해 보십시오.

가. 용서는 잊는 것이다. (　　)

나. 용서는 참는 것이다. (　　)

다. 용서하면 정의가 훼손된다. (　　)

라. 용서하면 화해해야 한다. (　　)

마. 용서는 나를 위한 것이다. (　　)

2. 다음 중 '진정한 용서'에 해당하는 것을 찾아보십시오. (　　)

① 상대방이 나처럼 피해를 입었을 경우에 용서하는 것

② 주위에서 용서하기를 기대하기 때문에 용서하는 것

③ 자발적으로 상대방을 이해하고 수용하는 마음으로 용서하는 것

3. 용서는 일회적 행위가 아니라 '과정'입니다. 우리가 걸어온 과정을 체크해 보십시오.

개방		결심 및 작업		심화
□ 관계 돌아보기 □ 상처 마주하기 □ 상처의 영향 자각하기	⇨	□ 새롭게 바라보기 □ 새롭게 느끼기 □ 용서 결심하기 □ 새롭게 행동하기	⇨	□ 변화 발견 □ 고통의 의미 □ 삶의 목적 □ 용서의 자유

◉ 답지

1. 가(X), 나(X), 다(X), 라(X), 마(X)
2. ③
3. 개방(☑ 관계 돌아보기, ☑ 상처 마주하기, ☑ 상처의 영향 자각하기)
   결심 및 작업(☑ 새롭게 바라보기, ☑ 새롭게 느끼기)
   심화(☑ 변화발견)

워크북 4-③ 용서 증서

나는 이제 나에게 상처를 준 (   )을(를) 용서합니다.
그리고 다음을 약속합니다.

1. 그 사람에 대해서 부정적으로 생각하고, 느끼고, 행동하지 않겠습니다.

2. 그 사람에 대해서 최대한 긍정적으로 생각하고, 느끼고, 행동하도록 노력하겠습니다.

3. 내 용서를 표현하기 위해서 그 사람에게 선물을 주도록 노력하겠습니다.

이름:	서명:	날짜:	년	월	일
보증인:	서명:	날짜:	년	월	일

워크북 4-④ 상대에게 줄 수 있는 선물 목록

◉ 나에게 상처를 준 사람에게 주고 싶은 선물목록을 작성해 보고 어떻게 느껴지는지 체크해 보십시오.

선물 목록	아주 편안함	조금 편안함	별로 편안하지 않음	전혀 편안하지 않음

선물목록 예시

비난하지 않기, 상대방의 장점 찾기, 기도하기, 눈 맞추며 반갑게 인사하기, 미소 짓기, 먼저 안부 묻기, 먼저 말 걸기, 상대방의 이야기를 귀 기울여 듣기, 작은 선물 전하기, 함께 식사하기

◉ 실천 가능한 범위에서 선물 전달을 계획해 보십시오.

누구에게	
무엇을	
언제	
어떻게	
상대방의 반응은 어떨까?	

5회기: 용서의 여정

목 표	• 용서 경험의 의미를 성찰한다. • 긍정적 변화를 살펴보고 앞으로 계속될 용서 여정을 준비한다.

활동 과정	진행내용	소요 시간	준비물
도 입	• 선물 받은 경험 나누기 - 선물 전달 계획을 실행한 집단원의 경험과 소감을 듣고, 전하지 못한 사람은 앞으로 어떻게 하고 싶은 지 이야기를 나누어본다. - 용서 경험의 의미를 성찰해보면서 앞으로 용서 여정을 가기 위해 서로 격려하는 시간을 갖도록 한다.	15분	
전 개	• 얼마나 용서했을까? - 용서 척도를 사용하여 자신이 받은 상처와 상처를 준 사람에 대한 생각이 얼마나 변화되었는지 확인한다.	30분	워크북 ☞ 5-①
	• 용서 여정 되돌아보기 - 용서 여정에 나타난 긍정적 변화와 미해결 과제에 대해 생각해본다. - 용서 여정에서 예상되는 걸림돌은 무엇이고 그것을 어떻게 극복하면 좋을지 함께 이야기한다.	30분	워크북 ☞ 5-②
	• 칭찬하기 - 서로의 장점을 칭찬하며 격려한다. - 지도자가 먼저 제비를 뽑고 뽑힌 사람은 지도자에게 선물을 받고 준비한 주인공의 자리에 앉는다. - 집단원은 앉은 사람에게 2분 정도 칭찬을 한다. - 주인공이 된 사람은 가장 기억에 남는 칭찬과 칭찬받은 소감을 말하고 자신이 받은 선물을 공개한다. - 제비를 뽑아 계속 순서를 이어간다.	25분	
마무리	• 프로그램 성과를 전체적으로 평가하고 가장 도움이 되었던 활동과 가장 어렵고 힘들었던 활동은 무엇인지, 더 좋은 프로그램이 되기 위해 개선할 점은 무엇인지 소감을 나눈다.	20분	워크북 ☞ 5-③

워크북 5-① 얼마나 용서했을까?

1. 다음 문항들은 당신이 받은 상처와 상처를 준 사람에 대해서 지금 어떻게 생각하고 느끼고 행동하는 지를 알아보는 내용입니다. 자신과 가장 적합한 문항에 표시해 보십시오. 모든 문항에 솔직하게 응답해 주십시오.

내용	매우 그렇지 않다	대체로 그렇지 않다	그저 그렇다	대체로 그렇다	매우 그렇다
1. 그 사람에 대한 미움이 남아 있다.	1	2	3	4	5
2. 그 사람을 봐도 마음이 편안하다.	1	2	3	4	5
3. 그 사람을 보면 화가 난다.	1	2	3	4	5
4. 그 사람을 봐도 아무렇지 않다.	1	2	3	4	5
5. 그 상처를 잊기 어렵다.	1	2	3	4	5
6. 그 일로 사람들을 경계하게 되었다.	1	2	3	4	5
7. 그 사람과 웃으며 이야기할 수 있다.	1	2	3	4	5
8. 그 사람을 형식적으로 대한다.	1	2	3	4	5
9. 그 사람에게 잘 해주려고 노력한다.	1	2	3	4	5
10. 그 사람에게 편하게 연락한다.	1	2	3	4	5

2. 채점 방법

① 2번, 4번, 7번, 9번, 10번의 점수를 더합니다.

② 1번, 3번, 5번, 6번, 8번은 점수를 역으로 바꾸어서 더합니다.

(예: 1점→5점, 2점→4점, 4점→2점, 5점→1점) ①과 ②의 점수를 더하여 총점을 구합니다. 총점은 얼마입니까?

3. 총점 해석 기준

① 22점 이하는 낮은 수준입니다. 당신은 아직도 상처를 많이 받고 있으며, 그 때문에 당신의 생각과 감정과 행동이 부정적입니다. 당신은 치유가 많이 필요하므로 천천히 용서 과정을 거치기 바랍니다.

② 23~32점은 보통 수준입니다. 당신이 상대방을 어느 정도 용서했다는 것을 의미합니다. 상처에서 완전히 벗어나기 위해서는 용서하기 과정을 거칠 필요가 있습니다.

③ 33점 이상은 높은 수준입니다. 당신은 이미 많이 용서하고 있으며 당신이 원한다면 이번 상처에 대해서는 용서하기 과정을 수행하지 않아도 됩니다. 그러나 상대방을 더 용서하고 싶다면 그 상처를 대상으로 용서하기의 과정을 따라가도 좋습니다.

워크북 5-② 나의 용서과정을 정리하기

1. 나에게 상처를 준 사람을 용서하는 과정을 거치면서 얻은 것은 무엇입니까?

2. 상대방에게 용서를 실천하는 데 가장 도움이 된 것은 무엇입니까?

3. 상대방에게 용서를 실천하는데 가장 방해가 된 것은 무엇입니까?

4. 이런 방해는 어떻게 극복해 나갈 수 있습니까?

워크북 5-③ 평가

1. 용서 프로그램에 참여하면서 얼마나 도움이 되었는지 다음 문항에 답해 주세요.

내용	매우 도움 됨	약간 도움 됨	보통	별로 도움 안 됨	전혀 도움 안 됨
1. 이 프로그램에 대한 전체적인 나의 평가는 무엇입니까?					
2. 이 프로그램은 나의 상처받은 마음을 회복하는 데 얼마나 도움이 되었습니까?					
3. 이 프로그램은 나에게 상처를 준 사람에 대한 태도변화에 얼마나 도움이 되었습니까?					
4. 이 프로그램은 나의 인간관계 변화에 얼마나 도움이 되었습니까?					
5. 이 프로그램은 내가 행복한 삶을 살아가는 데 얼마나 도움이 되었습니까?					

2. 프로그램 개선을 위한 제안 사항이 있으면 적어 주십시오.

3. 프로그램을 마치는 소감을 남겨 주십시오.

CHAPTER 11

경찰공무원의 직무스트레스해소 집단프로그램

경찰공무원의 스트레스해소 프로그램개발 연구에서 수용전념치료(ACT: Acceptance and Commitment Therapy) 프로그램이 경찰의 직무스트레스 감소와 스트레스 대처방식 향상에 효과적인 것으로 나타났다(윤경희 등, 2012). 수용전념치료 프로그램은 명상과 심리치료가 통합된 형태의 프로그램으로 부정적인 감정과 생각을 수용하고 가치 있는 삶으로 나아가기 위한 적극적인 행동에 전념함으로써 심리적 긴장과 삶의 질을 향상시킬 수 있는 방법을 제시한다.

본 프로그램은 경찰공무원의 직무스트레스 관리 및 감소를 위하여 윤경희 등(2012)의 경찰 직무스트레스 해소를 위한 수용전념치료 프로그램과 문현미(2006)의 심리적 수용촉진을 위한 수용전념치료 프로그램을 참고하여 일부 내용을 수정·보완하여 재구성하였다.

[표 11-1] 프로그램의 회기별 내용

회기	주제	세부내용
1회기	내 상태 알아차리기	• 프로그램 소개 및 별칭 짓고 소개하기 • 직무 스트레스 척도를 통해 자신의 상태 확인하기 • 〈생각하는 이야기〉 수도꼭지와 물, 구덩이에 빠진 사람 • 〈과제〉 경험일지 작성하기
2회기	내 마음 알아차리기	• 〈활동〉 스트레스 버튼 찾기 • 〈생각하는 이야기〉 호랑이에게 먹이주기, 장기판과 장기 말 • 〈명상〉 건포도 명상

3회기	기꺼이 경험하기	• 다양한 표정의 내 얼굴 그리기 • <생각하는 이야기> 깡통 괴물 관찰하기, 괴물과의 줄다리기 • <연습> 기꺼이 경험하기 • <명상> 차(茶) 명상
4회기	수용하기	• <활동> 바꿀 수 있는 것과 바꿀 수 없는 것 • <연습> 잘 느끼기 • <생각하는 이야기> 늪지대 지나가기 • <명상> 나뭇잎 명상
5회기	Let it be, Keep going	• 삶의 가치와 장애물에 대하여 생각해보기 • <생각하는 이야기> 거지 환영하기
6회기	마음 다지기	• ACT공식 확인하기 • 추모사 상상하기, 비문 작성하기, 내 삶의 꿈 이야기 • <생각하는 이야기> 버스 운전사와 승객

1회기: 내 상태 알아차리기 - "저 괜찮을까요?"

목 표	• 직무 스트레스 예방 및 감소 프로그램의 목적과 집단 활동의 규칙을 이해한다. • 자신의 직무 스트레스 수준을 확인한다. • 생각하는 이야기를 통해 새로운 의제의 필요성을 제기한다. • 경험 일지를 작성하며 스스로 고통에 대처하는 방식을 돌아본다.

활동과정	진행내용	소요시간	준비물
도 입	• 본 프로그램의 목적 및 내용을 소개한다. (경찰 업무 특성상 스트레스는 지극히 당연한 것입니다. 스트레스의 경험으로 반드시 불행해지는 것은 아닙니다. 고통은 스트레스를 피하고 통제하려는 데서 비롯됩니다. 스트레스를 수용함으로서 보다 평온한 삶을 살 수 있습니다. 이 프로그램은 당신이 경찰업무를 수행하며 겪은 경험들을 다루게 됩니다. 직무상 얻은 스트레스에 대한 심리적 수용을 통해 변화된 행동이 삶의 가치를 높일 수 있도록 안내할 것입니다.) • 프로그램 안내문 및 서약서를 작성한다.	15분	서약서 워크북 ☞ 1-①
전 개	• 부정적으로 자기를 평가하는 별칭과 희망과 바램을 담은 별칭의 2가지 별칭을 짓고 자기소개하기 - 이름표 앞 뒷면에 2가지 별칭을 적고 부정·긍정의 별칭 중선택하여 부르거나 불릴 수 있음을 경험하도록 돕는다. • 프로그램 참여 동기에 대하여 이야기를 나눈다. - 자기개방을 통해 집단원들 간의 신뢰와 유대감을 높인다.	40분	이름표 필기도구
	• 직무 스트레스 척도와 직무 만족 척도 작성하기 - 자신의 스트레스 정도를 객관적인 수치로 확인한다.	20분	워크북 ☞ 1-②
	• <생각하는 이야기> 수도꼭지와 물	30분	

	(욕조나 씽크대를 생각해 보세요. 스트레스의 근원은 씽크대에 물, 즉 스트레스를 쏟아내는 수도꼭지와 같습니다. 삶이 작동될 때마다 켜지는 수도꼭지. 수도꼭지가 많을수록 씽크대 안으로 쏟아지는 물의 양은 많을 것입니다. 마개가 막혀있다면 어떨까요? 혹은 마개가 막혀있지 않다면 어떨까요?) - 생각과 의견을 교환한다. (이 프로그램의 목표는 수도꼭지에서 흘러내리는 물을 막는 것이 아닙니다. 당신이 씽크대에 마개를 막지 않도록 도움으로써, 당면하게 되는 스트레스로 일상에 피해를 입지 않도록 하는 데 있습니다.) • <생각하는 이야기> 구덩이에 빠진 사람 (당신이 눈을 가린 채 벌판에 서 있고 등에는 연장 가방을 메고 있습니다. 당신의 할 일은 눈을 가린 채 이 벌판을 가로질러 가는 것입니다. 그것이 삶을 사는 방식이라고 들었고 당신은 그렇게 합니다. 그런데 이 벌판에는 꽤 깊고 넓은 구덩이들이 많습니다. 벌판을 달려가던 당신은 구덩이에 빠지고 맙니다. 곤경에 처하자 당신은 연장 가방에서 삽을 꺼내 열심히 파기 시작합니다. 그 결과는 어떻게 될까요?) - 생각과 의견을 교환한다. (맞습니다. 삽질을 할수록 구덩이는 점점 더 커져만 갑니다. 구덩이 안에서 삽으로 구덩이를 파는 행위는 스스로에 대한 비난, 책임 회피, 안주 등을 의미할 수 있습니다. 우리는 들고 있는 삽을 일단 내려놓는 것이 필요합니다. 삽을 들고 있는 한은 달리 빠져나올 길을 찾을 수 없기 때문입니다. 이 프로그램은 우리가 들고있던 삽을 놓는 것부터 훈련하게 될 것입니다.)		
과제 부여	• 스트레스 경험일지 작성 방법 안내하기	5분	워크북 ☞ 1-③
마무리	• 미완성 문장을 활용하여 회기 감상 나누기 "내가 구덩이에 빠졌다고 상상해 보니, ____________"	10분	

워크북 1-① 프로그램 안내문 및 서약서

프로그램 안내문

본 프로그램은 당신이 이제까지 싸워오던 것을 돕는 것이 아니라 그 싸움에서 비껴 나가는 것을 돕고자 합니다. 집단 활동을 통해 당신과 당신의 심리적 경험들(감정, 생각, 기억 등) 간의 관계를 다루게 될 것입니다. 내용이 익숙지 않아 낯설고 불편할 수도 있고, 피하고 싶거나 중단하고 싶은 감정이 들 수도 있습니다. 하지만 변화에는 시간이 필요하며 이 프로그램이 끝나는 시점이 변화의 시작일 수 있습니다. 끝까지 함께 하시어 경찰공무원의 숭고한 직무를 수행하시는 데 도움이 되시길 바랍니다.

※ 본 프로그램은 매주 2시간씩 6주간 총 12시간에 걸쳐 진행됩니다.
※ 생각하는 이야기와 명상, 토론, 게임, 과제물 등의 방법을 활용합니다.

서 약 서

본인은 직무스트레스를 감소를 위한 집단상담에 참여하며 아래의 사항들을 지킬 것을 약속합니다.

1. 나는 내 마음속에 있는 생각이나 느낌을 솔직하게 표현하겠습니다.
2. 나는 다른 집단원이 이야기를 할 때에는 방해하지 않고 귀 기울여 잘 듣겠습니다.
3. 나는 다른 집단원이 하는 말을 편견이나 비판 없이 있는 그대로 듣겠습니다.
4. 나는 프로그램 중에 알게 된 집단원의 개인적인 사실에 대해 비밀을 지키겠습니다.
5. 나는 매회 모임에 지각이나 결석을 하지 않고 성실히 참여하겠습니다.
6. 나는 우리 집단에서 나를 포함해 모두의 성장을 위해 적극적으로 참여하겠습니다.

년 월 일 이름: (서명)

워크북 1-② 직무스트레스척도, 직무만족척도

직무스트레스

문항	전혀 그렇지 않다	그렇지 않다	보통이다	그렇다	매우 그렇다
1. 나는 업무가 많아 항상 시간에 쫓기며 일한다.					
2. 업무량이 현저하게 증가하였다.					
3. 업무 수행 중에 충분한 휴식이 주어진다.					
4. 주어진 업무량 이외에 여러 가지 업무를 동시에 해야 한다.					
5. 내 업무는 창의력을 필요로 한다.					
6. 내 업무를 수행하기 위해서는 높은 수준의 기술이나 지식이 필요하다.					
7. 작업시간, 업무수행 과정에서 나에게 결정할 권한이 주어지며 영향력을 행사할 수 있다.					
8. 나의 업무량과 작업스케줄은 스스로 조절할 수 있다.					
9. 나의 상사는 업무를 완료하는 데 도움을 준다.					
10. 나의 동료는 업무를 완료하는 데 도움을 준다.					
11. 조직 내에서 내가 힘들 때 내가 힘들다는 것을 알아주고 이해해 주는 사람이 있다.					
12. 조직개편에 대한 불안감이 있다.					
13. 나의 근무조건이나 상황에 바람직하지 못한 변화가 있었거나 있을 것으로 예상된다.					
14. 우리 조직은 근무평가, 인사제도(승진, 부서배치 등)가 공정하고 합리적이다					
15. 업무수행에 필요한 인원, 공간, 시설, 장비, 훈련 등 지원이 잘 이루어지고 있다.					

16. 우리 부서와 타 부서 간에는 마찰이 없고 업무협조가 잘 이루어진다.					
17. 업무에 대한 나의 생각을 반영할 수 있는 기회와 통로가 있다.					
18. 나의 모든 노력과 업적을 고려할 때 내 봉급 수준은 적절하다.					
19. 내 사정이 앞으로 더 좋아질 것으로 생각하면 힘든 줄 모르고 일하게 된다.					
20. 나의 능력을 개발하고 발휘할 수 있는 기회가 주어진다.					
21. 회식 자리가 불편하다.					
22. 나는 기준이나 일관성이 없는 상태로 업무 지시를 받는다.					
23. 조직의 분위기가 권위적이고 수직적이다.					
24. 남성, 여성이라는 성적인 차이 때문에 불이익을받는다.					

〈직무만족〉

문항	전혀 그렇지 않다	그렇지 않다	보통이다	그렇다	매우 그렇다
1. 나는 현 직무가 나의 발전에 도움이 된다고 생각한다.					
2. 나는 내가 맡고 있는 일을 중요하게 생각한다.					
3. 나는 현 직무에 대하여 긍지를 갖고 있다.					
4. 나는 나의 업무에 대하여 전반적으로 만족하고 있다.					
5. 나의 능력과 경력에 따른 경찰의 보수 수준은 적정하다고 생각한다.					

6. 나는 본봉, 수당, 상여금 등을 결정하는 방법이 적절하다고 생각한다.

7. 나는 비슷한 업무를 수행하는 사람들과 비교할때 공정한 보수를 받는 편이다.

8. 나는 상사 및 동료관계에 대하여 대체로 만족하고 있다.

9. 나는 직장에서 상사, 동료 혹은 부하와 친밀하게 지낸다.

10. 나는 직장 내에서 상사, 동료 혹은 부하와의 친밀도는 내가 하기 나름이다.

11. 나는 승진하는 것은 자신의 능력이며 노력여하에 달려 있다고 생각한다.

12. 나는 열심히 근무해서 성과를 올리는 것이 승진에 영향을 미친다고 생각한다.

13. 나는 경찰조직의 승진제도가 공정하다고 생각한다.

14. 경찰관이라면 범인을 제압할 수 있는 능력이 있어야 한다.

15. 나는 대항하는 범인을 제압할 수 있는 자신감이 있다.

16. 나는 대항하는 범인으로부터 나의 몸을 보호할 수 있는 호신 능력이 있다.

17. 나는 가끔 경찰직을 그만두고 싶을 때가 있다.

18. 나는 곧바로 옮길 수 있는 직장이 생긴다면 그리로 갈 것이다.

19. 나는 근무조건이 비슷하다면 다른 직장으로 옮기고 싶다.

20. 경찰조직에 오래 근무해 봤자 별로 얻는 것이 없을 것 같다.

21. 나는 직장 생각만 하면 숨이 막히는 등 출근하지 않고 쉬고 싶은 충동을 느낀다.

워크북 1-③ 경험 일지

	무슨 일이 있었습니까?	그때 어떤 감정이 들었습니까?	그때 어떤 생각이 들었습니까?	어떤 신체적 감각이 느껴졌습니까?	감정, 생각, 감각에 대해 어떻게 했습니까?	얼마나 효과적이었습니까?
월						
화						
수						
목						
금						
토						
일						

2회기: 내 마음 알아차리기 - "스트레스에 버튼이 있었어요!"

목 표	• 자신의 직무 스트레스 징후와 촉발 요인들을 탐색한다. • 안녕과 삶의 질을 방해하는 심리적 장애물에 대해 인식한다. • 구성원들과 의견을 나누며 보편성을 느끼고 공감한다. • 생각하는 이야기를 통해 스트레스에 대한 반응 태도 변화를 기대한다.

활동 과정	진행내용	소요 시간	준비물
도 입	• 한 주간의 변화와 근황 나누기 • 지난주 자신의 경험일지 내용 다루기	20분	
	• 나의 스트레스 버튼 찾기 활동지 작성하기 - 자신의 스트레스 촉발 요인들을 탐색한다.	10분	필기도구 워크북 ☞ 2-①
	• 직무 스트레스로 인해 나타나는 징후에 대해 의견나누기 - 직무 스트레스가 보편적임을 느끼고 공감한다.	30분	
전 개	• <생각하는 이야기> 호랑이에게 먹이주기 (나이 지긋하신 할아버지께서 손자에게 말을 건넸습니다. "얘야, 우리 마음 속에는 호랑이가 두 마리 살고 있단다. 한 마리는 미움, 질투, 욕심, 고집, 거짓말, 게으름을 먹고 살고, 다른 한 마리는 사랑과 양보, 웃음, 진실, 용감, 성실을 먹고 산단다." 아이가 물었습니다. "그럼 두 호랑이 중에 누가 더 힘이 센가요?", "그거야 당연히 네가 먹이를 주는 쪽이 힘이 세지.") - 생각과 의견을 교환한다. • <생각하는 이야기> 장기판과 장기 말 (장기판을 상상해 보세요. 그 위에는 검은 말과 흰 말이 있고 이들은 한 팀으로 서로 맞서 싸웁니다. 이 말들은 자신의 생각과 감정, 믿음들이라고 볼 수 있습니다. 게임 진행 방식은 당신이 이기길 원하는 편을 선택하는 것입니다. 자, 이제 선택한 말들이 전쟁을 합니다. 당신의 삶은 전쟁터가 됩니다. 혹시 당신은 어느 쪽 장기 말이 되어 싸움 중인가요?) - 생각과 의견을 교환한다. (그런데 이상한 점이 있습니다. 당신이 적군과 아군	30분	

	이라고 생각하여 싸움을 한 두 종류의 말들이 모두 자신의 일부분이라는 점입니다. 당신은 혹시 장기판이 아닐까요?) - 생각과 의견을 교환한다. (검은 말은 나쁜 감정들, 예를 들어 불안, 우울, 원망 등이 고 흰 말은 좋은 감정들 즉 자신감, 통제감 등으로 생각할 수 있습니다. 내 마음 속에서 두 종류의 감정들이 편을 먹고 싸움을 했던 거지요. 당신이 장기 말이 된다면 그 승패에 따라 당신의 인생이 좌우될 것입니다. 그러나 당신이 장기판이라면, 장기 말들이 게임을 하여도 장기판에는 아무런 영향을 미치지 않습니다. 장기판이 존재해야 장기 말이 존재하고 말들을 움직이거나 할 수 있습니다. 즉, 여러분들의 감정, 생각, 정서, 기억 등은 장기 말이지, 여러분 자신, 즉 장기판이 아니라는 겁니다.)		
	• 건포도 먹기 명상 - 건포도를 3~4알씩 나누어주고 건포도에서 경험할 수 있는 것들을 잘 관찰하도록 요청한다. - 현재 느낌과 마음을 온전히 알아차리는 경험을 한다. (당신 앞에 건포도가 있습니다. 마치 과거에는 본 적이 없는 사물인 것처럼 주의 깊게 관찰해 보세요. 먼저 손가락으로 잡았을 때 느껴지는 촉감을 느껴보고, 색깔과 표면의 상태도 살펴보세요. 그 다음에는 건포도의 냄새를 맡아 보세요. 냄새와 관련된 생각이나 느낌이 있는지도 살펴봅니다. 마지막으로 입에 넣어 보세요. 입안에서 굴려도 보고 천천히 씹어도 봅니다. 그 맛과 감촉을 확인하고 삼키는 과정도 의식적으로 체험해 보세요. 삼키고 난 후에 드는 생각이나 느낌은 어떤가요? 내 몸이 건포도 분량만큼 더 무거워진 것을 상상하거나 느낄 수 있습니다. 이것은 사물을 깊이 관찰하는 연습입니다. 무엇을 하고 있는 동안, '지금 내가 무엇을 하고 있다는 것을 아는 것'을 체험함으로서 자동조종 되는 방식을 멈출 수도 있고 현재를 지각하고 행동하는 데 도움이 됩니다.)	20분	건포도 물휴지
마무리	• 미완성 문장을 활용하여 회기 감상 나누기 "나는 오늘 나의 스트레스 버튼을 찾으며 __________ 을 느꼈습니다."	10분	

워크북 2-① 나의 스트레스 버튼

나의 스트레스 버튼은 무엇일까?

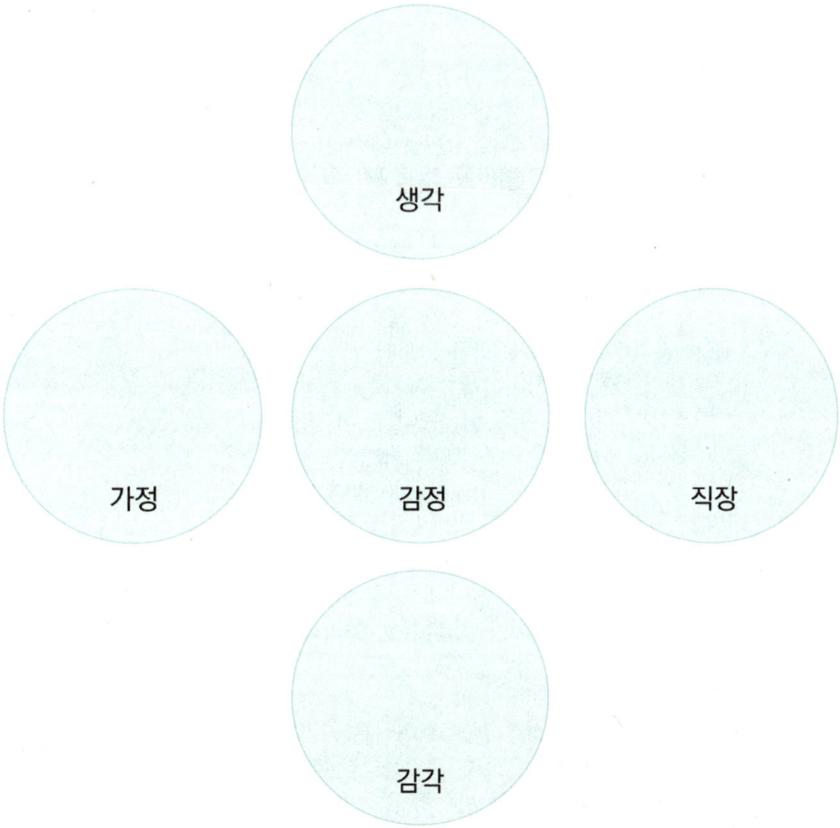

3회기: 기꺼이 경험하기 - “어쩔 수 없는 거래요”

목 표	• 지금 상태, 감정 그대로의 나의 모습을 판단하지 않고 자각한다. • 스트레스는 무조건 피하고 통제해야 할 대상이 아님을 안다. • 진정한 수용이 자기 존중의 태도임을 안다.

활동 과정	진행내용	소요 시간	준비물
도 입	• 다양한 표정의 내 얼굴 그리기 - 핸드폰에 저장된 과거 자신의 사진들이나, 현장에서 직접 다양한 표정으로 셀카 사진을 여러 장 찍은 후, 핸드폰 위에 투명 아크릴판을 대고 자신의 얼굴들을 그린다. - 여러 감정을 담은 자신의 현재 모습을 직면하며 자신이 바라는 자신의 모습을 알게 된다.	30분	투명 아크릴판 네임펜
전 개	• <생각하는 이야기> 깡통 괴물 관찰하기 (이번 회기 주제인 ‘기꺼이 경험하기’는 거대한 괴물을 마주하는 것으로 종종 비유됩니다. 이 괴물은 깡통과 철사로 만들어졌으며 10미터가 넘는 장신이라서 기꺼이 마주하기가 불가능할 정도입니다. 지금부터는 그 괴물이 어떻게 구성되어 있는지 찬찬히 살펴보세요. 머리, 몸통, 팔, 다리... 괴물을 이루고 있는 깡통과 철사로 분해해서 봅니다. 그렇게 하면, 커다란 괴물을 한 번에 대하는 것보다 쉽게 느껴지실 겁니다.) - 생각과 의견을 교환한다. (이렇듯 접촉하기 어려운 힘들고 어려운 경험들을 분해하여 기꺼이 경험함으로써 그것을 영원히 지니게 되지 않아도 되며, 그것과 싸우지 않아도 된다는 것을 알게 됩니다.)	15분	
	• <연습> 기꺼이 경험하기 연습 (눈을 감고 그때 일어났던 일을 회상해 보세요. 그 상황은 최근에 당신이 투쟁하고 있는 것으로 당신에게 중요한 것이어야 합니다. 그 상황과 그때 감정에 접촉하도록 노력해 봅니다.)	20분	

(먼저, 당신이 선택한 것과 관련된 어떤 신체적 감각이 있다면 주목해 보세요. 그것에 대해 생각하면서 당신의 몸이 느끼는 것을 단지 부드럽게 알아차려 보세요. 그리고 어떤 반응을 알아차린다면, 단지 그것을 끌어 올려서 보세요. 그 특별한 신체적 느낌을 붙들고 씨름하는 것을 가만히 놓아둡니다. 여기서 우리의 목적은 당신이 그 느낌을 좋아하도록 하는데 있지 않고, 그것을 기꺼이 소유하고 그것과 씨름하지 않도록 하는 것입니다.) (고통스러운 경험 속에서 당신이 피하고 싶었던 느낌들이 있을 것입니다. 이제 당신이 그런 느낌을 가지고 있다는 것을 가만히 바라봅니다. 그리고 그 느낌들이 있는 곳에 가만히 머물러 보겠습니다. 그저 그 자리에 느낌들을 간직합니다. 더 이상 그러한 느낌을 피하려고 하지 않습니다. 그저 당신의 마음 한 켠에 고통을 위한 자리를 만들어 줍니다. 천천히 심호흡을 하며 눈을 뜹니다.) - 생각과 의견을 교환한다.		
• '기꺼이 경험하기 척도' 작성하기 - 기꺼이 경험하기 척도를 작성하며 자신의 상태를 점검하고 다시 한번 의미를 되새긴다. <생각하는 이야기> 괴물과의 줄다리기 (자, 이번에는 끔찍한 괴물과 줄다리기를 한다고 생각해 볼까요? 당신과 괴물 사이에는 커다란 구덩이가 있어서, 줄다리기에서 진다면 이 구덩이 속으로 떨어질 것입니다. 그런데 이 괴물은 엄청나게 강해서 우리가 이길 수 없습니다. 당신은 어떻게 하시겠습니까? 어떤 선택이 있을까요?) - 생각과 의견을 교환한다. (보통 생각할 때, 여기에서는 두 가지 선택지가 있습니다. ① 이기는 것, ② 지는 것. 그러나 사실은 하나의 선택지가 더 있죠. 바로 ③ 싸움을 멈추는 것입니다. 줄다리기에서 이기는 것이 우리가 해야 할 일이 아니라는 겁니다. 바로 당신에게 필요한 것은 밧줄을 내려놓고 당신이 가고자 하는 방향으로 가는 것입니다. 그러면 구덩이에 떨어지는 일도 없을 것입니다.) - 생각과 의견을 교환한다.	5분 20분	워크북 ☞ 3-①

	• 차(茶) 명상 - 오감과 의식에 집중하며 안내에 따라 천천히 차를 마시며, 현재 느낌과 마음을 온전히 알아차리는 경험을 한다. (여기 당신이 선택한 차 한 잔이 있습니다. 천천히 차의 색깔과 냄새, 찻잔에 담긴 모양, 온기 등을 관찰하고 느껴봅니다. 한 모금 천천히 음미하듯 마셔보세요. 예상했던 맛인지, 좋은지 싫은지, 몰랐던 점과 새로 알게 된 점, 입안에 퍼지는 감각, 목 넘김, 위에서 느껴지는 온도 등 모든 생각과 감각을 충분히 느껴봅니다. 최대한 천천히 차를 마시며 내 몸에 차가 퍼지는 느낌을 세심하게 의식적으로 느껴봅니다. 그리고 당신이 마시는 이 차 한 잔이 지금 당신의 몸의 일부가 되어 있음과 그것은 내가 선택한 것이었음을 기억하시길 바랍니다.)	20분	여러 종류의 차와 찻잔 뜨거운 물
마무리	▪ 미완성 문장을 활용하여 회기 감상 나누기 "내가 거대한 깡통 괴물과 줄다리기를 한다면, ____________________"	10분	

워크북 3-① 기꺼이 경험하기 척도

〈기꺼이 경험하기〉

문항	전혀 그렇지 않다			보통이다			매우 그렇다
1. 우울하거나 불안해도 괜찮다.	1	2	3	4	5	6	7
2. 원치 않는 생각이나 감정이 들면 이를 생각하지 않음으로써 억제하려고 애쓴다.	1	2	3	4	5	6	7
3. 내 감정을 두려워하지 않는다.	1	2	3	4	5	6	7
4. 불안은 나쁘다.	1	2	3	4	5	6	7
5. 불안, 걱정 및 감정을 통제하는 것에 대해 별로 염려하지 않는다.	1	2	3	4	5	6	7
6. 우울하거나 불안하지 않으려고 애쓴다.	1	2	3	4	5	6	7
7. 내가 인생에서 겪은 모든 고통스러운 경험을 없앨 수만 있다면 나는 그렇게 할 것이다.	1	2	3	4	5	6	7

4회기: 수용하기 - "변화시킬 수 없는 것은 받아들일래요"

목 표	• 바꿀 수 있는 것과 바꿀 수 없는 것을 구분해 봄으로써 수용적 태도를 이해한다. • 덧붙여진 고통을 알아보며 부정적인 자기 평가로 인한 손실을 깨닫는다. • 다양한 정체성을 체험해보며 객관적으로 그 상태를 알아차릴 수 있다.

활동 과정	진행내용	소요 시간	준비물
도 입	• 변화시킬 수 없는 것에 대한 수용과 변화 가능한 것들을 변수 있는 용기에 관한 글귀를 소개하고 낭독하기 (오늘은 여러분께 좋은 글귀를 하나 소개할까 합니다. '라인홀트 니버'라는 학자가 쓴 '평안의 기도'인데요, 그가 신께 간절히 바란 것의 첫 번째는 '변화시킬 수 없는 것을 받아들이는 평온함'이고 두 번째는 '변화시킬 수 있는 것들을 변화시킬 수 있는 용기', 그리고 세 번째는 '이 두 가지를 구별할 줄 아는 지혜'입니다. 이제 다 함께 천천히 낭독해 보겠습니다. "신이시여, 내가 변화시킬 수 없는 것들은 받아들이는 평온함을 주시고, 변화시킬 수 있는 것들은 변화시킬 수 있는 용기를 주시고 이 두 가지를 구별할 줄 아는 지혜를 주소서.")	5분	
전 개	• '바꿀 수 있는 것'과 '바꿀 수 없는 것' 이해하기 - 제시어를 중심으로 자신의 삶에서 변화 가능한 것과 가능하지 않은 것을 구분해 본다.	20분	필기도구 워크북 ☞ 4-① ☞ 4-②
	• '원래의 고통'과 '덧붙여진 고통' 깨닫기 - 자신의 경험에 비추어 부정적 자기 평가로 고통을 더 하고 있음을 깨닫는다. - 생각과 의견을 교환한다.	20분	
	• <생각하는 이야기> 텃밭 가꾸기 (여러분이 텃밭을 가꾸려고 장소를 고르고 땅을 갈아 씨를 뿌렸다고 상상을 해 봅시다. 싹이 트기를 기다리는 동안 길 건너편에 더 좋은 땅처럼 보이는 장소를 발견했습니다. 싹이 난 채소들을 뽑아서 그곳에 다시 텃밭을 일구어 심었습니다. 그런 후 좀 더 좋아 보이는 다른 땅이 눈에 띄었습니다. 여러분이라면 어떻게 하시겠습니까?)	30분	

	- 생각과 의견을 교환한다. (맞습니다. 가장 중요한 것은 땅을 선택하는 안목일 것입니다. 만약 내가 선택한 텃밭이 부족해 보인다면 물을 주고 잡초를 뽑고 비료도 주며 최선을 다해 가꿀 것입니다. 우리 삶에서 '가치'란 텃밭을 가꿀 장소와 같습니다. 그리고 가치를 선택한다는 것은 텃밭 장소를 선택하는 것과 같지요. 좋은 가치를 선택하고, 가치가 빛을 발하도록 충분히 노력하는 실천적 태도가 꼭 필요한 것입니다. 마치 채소가 잘 자라도록 공을 들이고 기다려주는 것처럼 말이지요.)		
	• <연습> 잘 느끼기 연습 - 활동지를 작성하고 자신의 순간의 신념을 확인한다.	20분	필기도구 워크북 ☞ 4-③
	• <명상> 나뭇잎 명상 (편안히 눈을 감아 봅니다. 나는 드넓은 초원 한가운데 개울가에 편안히 앉아 있습니다. 나의 옆에는 아주 오래된 커다란 나무도 한그루 있습니다. 편안한 마음으로 흐르는 개울을 바라보고 있으니 여러 가지 생각과 감정이 떠오르는 것이 느껴집니다. 잠시동안 내 안에 올라오는 생각과 감정들을 지켜봅니다. 방금 나무에서 나뭇잎 하나가 개울로 살포시 떨어집니다. 조금 전까지 내 안에 떠올랐던 생각 또는 감정들을 그 나뭇잎 위에 올려놓고 흐르는 개울물에 조심스레 떠내려 보냅니다. 나뭇잎은 내 생각과 감정을 싣고 천천히 멀어져 갑니다. 조금씩 멀어져서 이제는 보이지 않습니다. 자, 다시 또 다른 생각이 솟아오르는 것을 알아차리게 됩니다. 다시 한번 또 하나의 나뭇잎 위에 그 생각과 감정들을 얹고 물 위로 멀리 떠내려 보냅니다. 이런 방식으로 필요하다면 여러 장의 나뭇잎들을 물 위로 띄워 보냅니다. 혹시 나뭇잎이 잘 떠내려가지 않거나 물살에 뱅뱅 돌고 있다면 좀 더 강한 물살을 일으며 내려보내거나 폭포를 만들어 다시 올라올 수 없게 만들어 보세요. 나뭇잎이 잘 떠내려 갈 수 있게 어떤 것이든 상상하셔도 좋습니다.)	15분	
마무리	• 미완성 문장을 활용하여 회기 감상 나누기 "수용한다는 것은 나에게 ______________"	10분	

워크북 4-① '바꿀 수 있는 것'과 '바꿀 수 없는 것'

'바꿀 수 있는 것'과 '바꿀 수 없는 것'

◉ 자신이 생각하는 바꿀 수 있는 것과 바꿀 수 없는 것을 적어 보세요.

◉ <생각해 볼 제시어>

가족, 자신, 타인, 습관, 과거, 미래, 지식, 태도, 생각, 나이, 관점, 성격, 외모 등

바꿀 수 있는 것	바꿀 수 없는 것

워크북 4-② '원래의 고통'과 '덧붙여진 고통'

'원래의 고통'과 '덧붙여진 고통'

◉ 자신이 현재 느끼고 있는 스트레스 상황과 사건을 떠올리며, 자신이 느끼는 고통을 원래의 고통과 덧붙여진 고통으로 구분하여 적어 보세요.

원래의 고통	덧붙여진 고통

워크북 4-③ 잘 느끼기 연습

잘 느끼기 연습

◉ 다음은 우리 삶의 부정적인 순간들에 대한 신념들을 열거한 것입니다. (예: 기분 나쁨, 원치 않는 생각이나 기억이 듦, 불쾌한 감각을 느낌 등)

◉ 각 쌍의 신념들 중에서 당신 삶의 이런 순간들을 가장 가깝게 설명하는 곳에 체크하십시오.

1a ____	부정적인 경험을 없애기 위해서 내가 무엇인가를 하지 않으면 그로 인해 해를 입을 것이다.
1b ____	부정적인 경험이 나쁘게 느껴지긴 하지만 나를 해칠 수는 없다.
2a ____	부정적인 경험이 발생할 때 해를 덜 입도록 그것을 통제하기 위해 무언가를 하는 것이 목표이다.
2b ____	부정적인 경험을 통제하려는 시도가 문제를 만든다. 목표는 그것을 그냥 놔두는 것이다, 삶의 자연스러운 부분이 그러하듯이 그것은 변할 것이다.
3a ____	부정적인 경험을 다루는 방법은 왜 내가 그런지를 이해하는 것이다. 그러면 그것을 없앨 수 있다.
3b ____	부정적인 경험을 다루는 방법은 그것을 반드시 분석하거나 판단하지 않고 그 존재를 알아차리는 것이다.
4a ____	건강해지는 방법은 부정적인 순간들을 통제하고 없애는 더 좋은 법들을 배우는 것이다.
4b ____	건강해지는 방법은 부정적인 순간들을 지닌 채 효과적으로 사는 법을 배우는 것이다.
5a ____	부정적인 반응을 통제하거나 없애지 못하는 것은 약하다는 표시이다.
5b ____	부정적인 반응을 통제하기 원하는 것이 문제이다.
6a ____	부정적인 경험을 하는 것은 개인적인 문제가 있다는 명백한 표시이다.
6b ____	부정적인 경험을 하는 것은 살아가는 데 있어서 불가피한 부분이다.
7a ____	자기 삶을 통제하는 사람은 대개 그가 느끼고 반응하는 것을 통제할 수 있다.
7b ____	자기 삶을 통제하는 사람은 자신의 반응이나 감정을 통제하려고 애쓸 필요가 없다.

5회기: Let it be, Keep going - “장애물도 괜찮아요!”

목 표	• 심적 장애물에 대한 새로운 시각을 갖는다. • 영역별 가치를 구체적으로 설정하고 목표와 행동 및 장애물에 대하여 인식한다. • 전념행동의 중요성을 알고 ‘실천’ 자체의 의미를 깨닫는다.

활동 과정	진행내용	소요 시간	준비물
도 입	• 노력의 함정 (오늘은 생각할 거리가 있는 게임으로 시작해볼까 합니다. 여러분들 책상 위에 놓인 펜을 잡도록 노력하세요. 아니요, 펜을 집으라고 말하지 않았습니다. 펜을 집도록 노력하라고 말했습니다. 다시 펜을 집도록 노력하세요, 아니요, 펜 쪽으로 손을 움직이라고 말하지 않았으니 멈춰 주세요. 제가 펜을 집도록 노력하라고 말씀드렸는데, 그렇게 할 수 있었나요? 혹은 여러분은 단지 펜을 집는 것을 선택하거나 집지 않는 것을 선택하라는 말로 들으셨나요?) - 생각과 의견을 교환한다. (여러분이 무언가를 ‘노력한다’고 말하는 것은 여러분이 펜을 집도록 노력한다는 것과 같은 것입니다. 이것은 우리가 평소에 많이 사용하는 “노력할게”라는 말속의 함정이 있음을 알려줍니다. 무언가에 전념한다는 것은 점프하는 것과 같습니다. 뛰어내릴 수는 있지만 어떤 것도 반쯤만 점프할 수는 없습니다.)	20분	펜
전 개	• <생각하는 이야기> 거지 환영하기 (여러분이 피자 회사 마케팅 부서의 직원이라고 가정해봅시다. 신제품 홍보를 위하여 길거리 마케팅을 기획하고 시식코너를 만들었습니다. 인근 지역에 전단지를 돌려서 누구나 와도 좋다고 광고를 하였습니다. 드디어 당일날, 많은 사람들이 찾아와 성황리에 시식을 하고 있습니다. 그때 더럽고 냄새나는 거지들이 찾아옵니다. 내쫓자니 난동을 부릴 것 같고, 그렇게 되면 회사 이미지에 손상이 갈 수도 있을 것입니다. 자, 여러분은 어떻게 하시겠습니까?)	20분	

- 생각과 의견을 교환한다. (네, 가장 중요한 것은 행사 진행을 무사히 마쳐야 한다는 사실입니다. '어서오세요, 이쪽으로 오세요.'하고 환영의 표시를 하고 다른 손님에게 피해가 되지 않는 자리로 안내하고 피자를 대접합니다. 배가 고팠던 그들은 피자를 먹으며 고마워 할지도 모릅니다. 그들이 온 것이 내심 싫지만, 그들을 환영할 수는 있는 것입니다. 그들을 좋아할 필요는 없습니다. 그들에 대한 여러분의 의견이나 평가와 그들을 행사장의 손님으로 환영하는 것은 분명히 구별되는 것입니다. 이 이야기는 여러분이 좋아하지 않지만 올라오는 감정이나 기억, 생각들에 대한 것으로, 그것들은 거지에 비유됩니다. 그리고 요지는 그것들에 대한 여러분들의 자세입니다. 스트레스 상황에 드는 그런 감정과 생각들은 물론 좋지는 않지만 여러분은 환영하는 쪽을 선택할 수 있습니다. 여러분에게는 행사를 무사히 마쳐야 한다는 중요한 사명이 있기 때문입니다.) - 생각과 의견을 교환한다.		
• <생각하는 이야기> 늪지대 지나가기 (여러분이 멀리서 잘 볼 수 있는 아름다운 산을 향해 여행을 시작했다고 가정해 봅시다. 하이킹을 시작하자마자 넓은 늪지가 나타났습니다. '늪지대가 있으리라고는 상상도 못했는데…. 냄새나고, 진흙투성이라 앞으로 나아가기도 힘드네. 어쩌지?' 여러분들은 어떤 선택을 하시겠습니까? 여행을 포기할 것인가? 늪지로 들어갈 것인가?) - 생각과 의견을 교환한다. (인생은 이와 같습니다. 우리는 결국 늪지대로 들어가게 됩니다. 진흙에 젖기를 원하기 때문이 아니라 그것이 당신과 당신이 가고자 하는 곳 사이에 놓여있기 때문입니다. 우리가 고통을 좋아해서 고통 속으로 들어가는 것이 아니라 가치를 둔 방향을 위하여 고통 속으로 걸어간다는 것이지요. 따라서 장애물이 나타날 때 필요한 것은 방향을 재확인하는 일입니다.) - 생각과 의견을 교환한다.	20분	
• <활동> 가치 평가지와 목표, 행동, 장애물 기록지 작성하기	50분	필기도구 워크북

<table>
<tr><td></td><td>- 전반적인 삶의 영역에서 자신이 추구해온 가치에 대하여 그 중요도와 성공도 및 우선순위를 매겨보며 생각해 보는 시간을 갖는다.
- 그 가치들의 새로운 방향과 목표를 설정하고 그 목표 달성에 방해가 되는 장애물의 존재를 인식한다.</td><td></td><td>☞ 5-①
☞ 5-②</td></tr>
<tr><td>마무리</td><td>• 미완성 문장을 활용하여 회기 감상 나누기
"내 삶의 장애물의 존재를 ________________"</td><td>10분</td><td></td></tr>
</table>

워크북 5-① 가치 평가지

가치평가지

◉ 각 영역에서 당신이 가치를 두는 내용을 적고 그것이 자신에게 얼마나 중요한지를 10점(중요도 높음)에서 1점(중요도 낮음)까지로 평정하세요.

◉ 지난달 중에 이 가치에 따라 얼마나 성공적으로 살았는지를 10점(매우 성공적임)에서 1점(전혀 성공적이지 않음)까지로 평정하세요.

◉ 지금 삶을 살아가며 중요하게 생각하는 영역에 순서를 매기되, 가장 우선적인 것은 1, 다음은 2... 등의 순으로 평정하세요.

영역	나의 가치	중요도	성공도	우선순위
부부/친밀한 관계				
가족관계				
사회적 관계				
직업/직장				
교육과 훈련				
재충전 활동				
영성				
시민의식				
신체적 건강				

워크북 5-② 목표, 행동, 장애물 기록지

목표, 행동, 장애물 기록지

◉ 각 영역별 내용을 구체적으로 적어 보세요.

영역	가치 방향	달성 가능한 목표	목표 달성을 위한 행동	목표달성의 장애물
부부/친밀한 관계				
가족관계				
사회적 관계				
직업/직장				
교육과 훈련				
재충전 활동				
영성				
시민의식				
신체적 건강				

6회기: 마음 다지기 – "그래도 소중한 건 나예요"

목 표	• 수용 전념의 기본 의미를 재확인한다. • 실현되기를 바라는 자신의 삶을 상상하며 실천 의지 다지기

활동 과정	진행내용	소요 시간	준비물
도 입	• ACT공식 - 본 프로그램의 이론적 바탕인 '수용전념치료'의 공식을 안내하고 되새기도록 한다. ① A(Accept your reactions & be present): 반응을 수용하고 현재에 있으라. ② C(Choose a valued direction): 가치 방향을 선택하라. ③ T(Take action): 행동을 취하라. - 관련 활동들을 되짚어 설명하며 기억을 돕는다.	10분	
전 개	• 추모사 상상하기 (이제 어떤 특별한 상황을 상상해 보려 합니다. 바로 여러분의 장례식장에 여러분들이 영혼으로 참석하게 된 상황입니다. 여러분은 자신의 배우자, 자녀들, 친구들, 동료들이 읽는 추모사를 들으면서 장례식을 지켜보고 있습니다. 여러분들은 여러분의 배우자가, 자녀가, 친구가, 동료가 여러분을 어떻게 기억하길 바라는지요? 마지막 순간 그들에게 어떤 말을 듣기 원하시는지요?) - 생각과 의견을 교환한다. (말씀하신대로, 여러분은 여러분이 그동안 자신을 평가하고 스스로 싸우는 많은 것들과 마지막 가는 길에 듣기를 원하는 말들과는 관련이 없어 보입니다. 그것은 여러분이 가치를 두는 것이 아닌 것들을 위해 자신을 압박해 왔다는 증거이기도 합니다.) - 생각과 의견을 교환한다. • 비문 작성하기 (이번에는 우리들 사후에 남게 되는 것들에 대해 생각해볼까 합니다. 사람들이 죽은 후에 남는 것은 그들이 가졌던 것이 아니라 그들이 실현한 것입니다. 여러	20분	필기도구 워크북 ☞ 6-① ☞ 6-②

분 삶이 무언가를 실현하였다면, 그것이 비문으로 새겨질 것입니다. 자. 비문에 어떤 말을 새기고 싶으신가요?) - 비문을 작성하고 발표한다.	20분
• 내 삶의 꿈 이야기를 작성하기 (이제 어떤 특별한 상황을 상상해 보려 합니다. 바로 여러분의 장례식장에 여러분들이 영혼으로 참석하게 된 상황입니다. 여러분은 자신의 배우자, 자녀들, 친구들, 동료들이 읽는 추모사를 들으면서 장례식을 지켜보고 있습니다. 여러분들은 여러분의 배우자가, 자녀가, 친구가, 동료가 여러분을 어떻게 기억하길 바라는지요? 마지막 순간 그들에게 어떤 말을 듣기 원하시는지요?) - 비문을 작성하고 발표한다.	30분
• <생각하는 이야기> 버스 운전사와 승객 (당신은 버스 운전사입니다. 당신이 몰고 있는 이 버스에는 현재 승객이 많습니다. 그런데 그중 험상궂은 몇몇 사람이 당신에게 "이쪽으로 가라!", "저쪽으로 가라!"고 서로 고함을 치며 위협합니다. 당장이라도 앉아있는 뒷자리에서 앞으로 뛰어나올 기세입니다. 운전사인 당신은 어떻게 하시겠습니까? 이 승객들을 다루는 방법에는 어떤 것들이 있을까요? 단, 목적지를 알고 있고 운전할 줄 아는 사람은 운전사인 당신뿐입니다.) - 생각과 의견을 교환한다. (운행에 위협을 주는 승객들을 다루는 방법은 말씀하신대로 여러 가지가 있을 것입니다. 첫째, "제발 앉아서 조용히 하세요. 시키는 대로 할테니까" 혹은 둘째, "시키는대로 하기 싫어! 버스 밖으로 끌어 내려야겠어."하며 버스를 세울 수도 있을 것입니다. 하지만 그들은 힘이 세고 애를 써도 쉽게 끌어 내릴 수는 없습니다. 셋째, 버스를 세우고 뒤로 가서 그들을 달랠 수도 있을 것입니다. 넷째, 그들이 없는 것처럼 여기고 버틸 수도 있을 것입니다. 하지만 말씀 드린대로 그들은 좀처럼 말을 들을 것 같지는 않습니다.) - 생각과 의견을 교환한다. (운전사는 버스를 운행할 막중한 임무가 있고 오직 당신만이 목적지와 운전 자격이 있습니다. 그들과 씨	20분

름을 한다면 그러기 위해서는 버스를 세워야 한다는 것인데, 그렇다면 당신은 승객들을 다루기 위해서 운전을 제대로 할 수 없거나 운행을 포기하게 되는 것입니다. 그들이 이리 가라 저리 가라 명령은 하지만 실제 버스 운전자는 당신이라는 사실을 기억하십시오. 즉, 그들은 운전사가 아니라 승객일 뿐이라는 겁니다. 그들이 자기네 말을 안 들으면 제대로 못 갈 거라고 협박하더라도 그들도 한 배를 탄 입장에서 운전사를 다치게 하는 일은 실제로 일어나지 않을 것이며, 안전에 위협을 느낀 다른 승객들도 가만히 있지는 않을 것입니다. 그러므로 승객들이 아무리 소란스럽게 굴더라도 그것을 다루느라 운전을 멈추는 일 없이 승객들이 떠들게 놔두고 당신은 운전만 잘 하면 될 것입니다. 중요한 것은 운전을 제대로 해서 목적지까지 무사히 가는 것이기 때문입니다.)

- 생각과 의견을 교환한다.
  (버스는 당신의 삶이고 버스의 승객들은 당신의 생각, 감정, 신체적 상태, 기억 등 내적 경험의 다른 측면들입니다. 당신 삶의 목적지를 알고 운행하는 것은 순전히 당신의 의지에 달려 있는 것이지요.)

마무리	• 프로그램 종결 감상 나누기	20분

워크북 6-① 비문 작성하기

워크북 6-② 내 삶의 꿈 이야기

내 삶의 꿈 이야기

◉ 내 인생의 각 영역에서 실현되기를 바라는 꿈을 간단한 이야기로 만들어 보세요.

가치 영역	삶의 목적 및 방향에 대한 이야기
부부/친밀한 관계	
가족관계	
사회적 관계	
직업/직장	
교육과 훈련	
재충전 활동	
영성	
시민의식	
신체적 건강	

CHAPTER

12

소방공무원의 자살시도예방 집단프로그램

소방공무원의 직무는 그 특성상 위험에 쉽게 노출되어 각종 스트레스에 매우 취약하다. 자연재해나 인재사고 현장에서 같이 활동하던 동료가 예기치 못한 사고로 사망하거나 크게 부상당하는 모습을 목격하여 자신도 그렇게 될 수 있다는 불안감과 두려움을 항시 느끼며 생활한다. 이러한 불안정한 상태와 반복되는 직무 및 외상스트레스는 PTSD로 발전하기도 하며 자살행동으로 이어지기도 한다.

화재진압 현장에서 불에 탄 참혹한 시체를 수습하고 얼굴과 신체의 형체를 분간하기조차 힘든 사람을 구조하며, 재난사고로 사망 직전에 있는 피해자의 임종 순간을 맞이하기도 한다. 이렇게 화재진압과 인명구조 활동에서 참혹하고 끔찍한 장면을 자주 접하는 소방공무원들의 정신적 충격은 근무의욕을 저하시키고 심각한 스트레스로 심리적 고통을 증가시켜 자살을 생각하게 한다.

직무수행 중 동료 소방관의 죽음과 부상을 목격하는 경우에는 심각한 트라우마 증상으로 현장 활동에 대한 두려움과 공포를 느끼며, 자살시도로 이어지기까지 한다. 본 프로그램은 이러한 소방공무원의 자살을 예방하기 위한 목적으로 도입한 프로그램이다.

[표 12-1] **프로그램의 회기별 내용**

구 분	중 점	세부내용
1회기	프로그램 소개 및 친해지기	• 프로그램의 목적 소개 • 내 마음의 앨범 • 3분 데이트
2회기	'나'를 아십니까?	• 나의 인생 곡선 그려보기 • 고민쪽지 나누기
3회기	나의 생각프레임 바꿔 끼우기	• 위기상황 대처 연습하기 • 위기상황 대처 적용하기
4회기	원인은 스트레스!	• 나의 스트레스 유형은? • 나만의 스트레스 대처방법 소개하기
5회기	세상에서 가장 소중한 나	• 나의 희망 그리기 • 빈 방 채우기

1회기: 프로그램 소개 및 친해지기

목 표	• 집단에 참여한 구성원들 간의 유대감을 형성한다. • 집단분위기를 안정되고 편안하게 조성한다.

활동 과정	진행내용	소요 시간	준비물
도 입	• 집단 리더를 소개한다. • 서약서를 작성하고 프로그램을 설명한다.	10분	워크북 ☞ 1-①
전 개	• 별칭 짓기 집단상담 프로그램을 하면서 어떤 별칭으로 불리고 싶은지 스스로 정한다. • 함께 지킬 약속 정하기 - 집단에 대한 기대 나누기 - 프로그램을 진행하는 동안 지켜야 할 규정 정하기	25분	펜
	• 내 마음의 앨범 - 워크북(1-②)을 채운다. - 내가 좋아하는 사람, 나에게 가장 소중한 물건, 내가 가장 빛났을 때 혹은 기뻤을 때, 잊고 싶은 기억을 글로 써도 좋고, 그림으로 그려도 좋다고 설명한다. • 3분 데이트 - 2인 1조가 되어 3분 간 서로에게 다음과 같은 질문을 하며, 따뜻한 분위기를 조성한다. Q1. 당신의 별칭과 그 의미는? Q2. 취미나 성격, 버릇은? Q3. 내 마음의 앨범 내용 Q4. 기타 질문사항 • 나의 파트너 소개하기 - 다른 집단원에게 나의 파트너를 소개한다.	40분	워크북 ☞ 1-②
마무리	• 오늘 프로그램에 대한 나의 감정 나누기 • 다음 회기 프로그램 설명	15분	

워크북 1-① 서약서 작성하기

생 명 존 중 서 약 서

우리의 만남은 자살시도예방 집단상담 프로그램을 통하여 새로운 변화와 발전을 목표로 만들어진 모임입니다. 우리는 이곳에서 '나와 타인'을 깊이 있게 이해할 수 있는 보다 편안해진 자기 자신과 동료들의 모습을 보게 될 것입니다. 프로그램을 진행하면서 여러 가지 감정을 느낄 수 있습니다. 우리는 이 만남을 통하여 성숙해져 갈 수 있으며, 나의 생명을 소중하게 생각하고 존중할 것입니다.

1. 나는 나의 생명을 소중히 여기며, 스스로 나의 생명을 해치는 일은 삼가겠습니다.
2. 나는 나의 생명을 해치는 일에 대한 생각이 구체적으로 떠오르거나 위급한 상황이 닥쳤을 때 상담자 혹은 ________에게 도움을 청하겠습니다.
3. 나는 나의 부정적인 생각을 제어할 수 없을 시에는

주간:________________

야간:________________ 에게 연락을 취해 스스로를 지키겠습니다.

4. 여기서 나눈 이야기는 절대로 밖에서 말하지 않겠습니다.

위의 내용을 모두 읽었으며, 위의 내용에 동의합니다.

년 월 일

이름: 서명:

※ 자살 충동 발생 시의 응급위기상담 연락처
생명의 전화 1588-9191 / 사이버상담: www.lifeline.or.kr

워크북 1-② 내 마음의 앨범

내가 가장 좋아하는 사람

나에게 가장 소중한 물건

내가 가장 기뻤을 때

이것만은 꼭 잊고 싶다!

2회기: '나'를 아십니까?

목 표	• 나에 대해 깊이 있게 알아보고 생각한다. • 나의 강점과 약점을 통해 '나'에 대해 깊게 생각한다.

<table>
<tr><th>활동
과정</th><th colspan="2">진행내용</th><th>소요
시간</th><th>준비물</th></tr>
<tr><td>도 입</td><td colspan="2">• 과제로 부여한 감사한 것을 돌아가면서 발표한다.
• 프로그램에 대해 설명한다.</td><td>10분</td><td></td></tr>
<tr><td rowspan="3">전 개</td><td colspan="2">• 색종이 게임
- 서로 다른 색의 색종이 5장을 나누어준다.
- 돌아다니면서 가위바위보를 한 후 이긴 사람은 자신이 필요한 색종이를 가져오고 자신의 색종이를 상대에게 한 장 준다.
- 5장의 색종이가 같은 색이 되면 이기게 된다.</td><td>15분</td><td>색종이</td></tr>
<tr><td>개인
활동</td><td>• 나의 인생 곡선
- 내가 살아온 인생을 곡선으로 표현한다.
- 의미 있는 사건을 표시하여 기입한다.
- 자신의 인생 곡선을 발표한다.</td><td>25분</td><td>워크북
☞ 2-①</td></tr>
<tr><td>단체
활동</td><td>• 고민쪽지 나누기
- 각자의 고민을 쪽지에 적는다.
- 집단원 끼리 하나씩 뽑아서 같이 해결해 나갈 수 있는 방식을 취한다.
(타인의 고민을 가볍게 여기지 않도록 주의)</td><td>25분</td><td>워크북
☞ 2-②</td></tr>
<tr><td>과제
부여</td><td colspan="2">• 하루에 3가지씩 감사한 일을 적어본다.</td><td></td><td></td></tr>
<tr><td>마무리</td><td colspan="2">• 회기를 마친 후 느낌을 얘기한다.</td><td>15분</td><td></td></tr>
</table>

워크북 2-① 나의 인생 곡선

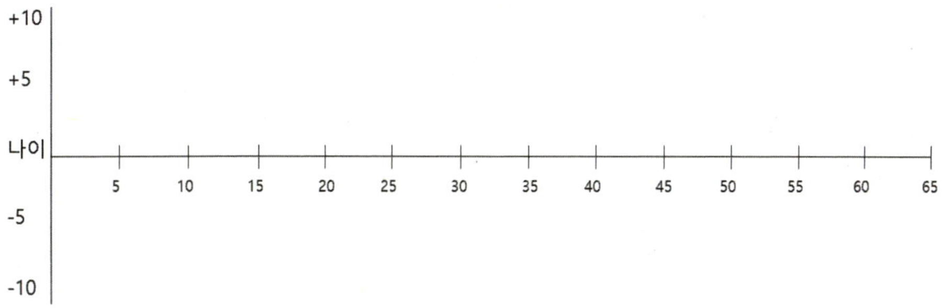

워크북 2-② 고민쪽지

나의 고민은 ____________ 다.

왜냐하면,

____

____

____

____

나의 고민은 ____________ 다.

왜냐하면,

____

____

____

____

3회기: 생각의 틀 바꾸기

목 표	• Eills의 ABCDE 이론을 이해한다. • ABCDE를 연습하고 적용하여 부정적인 나의 생각을 바꾸는 연습을 한다.

활동 과정	진행내용	소요 시간	준비물
도 입	• 과제로 부여한 감사한 것을 돌아가면서 발표한다. • 이번회기 프로그램에 대해 소개 한다.	10분	
전 개	• 질문 피구 60초 동안 공을 던지면서 서로에게 질문을 하는 게임 - 게임시작 전 벌칙을 정하고, 타인에게 물어볼 질문에 대해 생각한다. - 게임이 시작되면 질문을 하면서 질문상대에게 탱탱볼을 전달한다. - 마지막 볼을 가진 집단원이 벌칙을 수행한다. * 모든 집단원이 하나 이상 질문, 답을 할 수 있도록 한다. * 탱탱볼을 너무 세게 던지지 않도록 주의한다.	15분	탱탱볼
	• ABCDE 이론에 대해 이야기한다.	15분	워크북 ☞ 3-①
	• 위기상황 대처 연습하기 위기상황에서 나도 모르게 나오는 생각, 기분, 행동에 대해 이야기를 나눈다.	20분	워크북 ☞ 3-②
	• 위기상황 대처 적용하기 - 상황을 제시하고 생각, 기분, 행동을 바꾸는 연습을 한다.	15분	워크북 ☞ 3-③
과제 부여	• 스트레스 상황에서 나의 생각, 기분, 행동을 느껴보기		
마무리	• 오늘 프로그램에 대한 느낌 나누기 • 다음 회기 프로그램 설명	15분	

워크북 3-① ABCDE 이론 배워보기

여러분이 일상생활에서 흔히 경험하는 불안은 그러한 기분을 일으키는 한 사실 그 자체보다는 그 사실에 대한 여러분 개개인이 가지고 있는 비합리적인 생각의 결과인 경우가 많습니다.

Eills는 자신이 경험하는 정서적 혼란은 객관적인 사실보다는 그 사실에 대한 생각, 그 중에서도 비합리적인 생각 때문이라고 주장하면서 ABCDE 이론을 제시하였습니다.

「A」(Activating event: 사실, 선행적 사건)

: 일상생활에서 경험하게 되는 어떤 사실을 의미합니다. 즉, A는 자신의 행동 또는 그와 관련된 다른 사람의 행동 그 자체를 의미하게 되는 것이죠.

「B」(Belief: 신념)

: A에 대한 자신의 생각 또는 신념입니다. B에는 합리적인 생각과 비합리적인 생각이 있습니다. 합리적인 생각이란 그 목표가 어떤 것이든 그것을 달성하는 데 도움을 주는 생각을 의미하고, 비합리적인 생각은 그 목표를 달성하는 데 방해가 되는 생각을 의미합니다.

「C」(Consequence: 결과)

: 사실 즉 A의 결과로 정서적 결과와 행동적 결과로 나타납니다.

사실에 대해 합리적 생각을 하는 사람은 적절한 정서적 결과와 적절한 행동적 결과를 경험하게 되지만, 비합리적 생각을 하는 사람은 부적절한 정서적 결과와 더불어 부적절한 행동적 결과를 경험하게 됩니다. 비합리적 생각은 자기와의 대화, 자기언어화, 자기진술 등에 의해 더욱 내면화, 신념화되어집니다.

「D」(Disputing: 논박)

: 바람직하지 못한 정서에서 벗어나고 바람직하지 못한 행동을 하지 않도록 하기 위해 비합리적인 생각이 타당하지 못하다는 점을 밝히는 것입니다.

「E」(Effects: 효과)

: 논박의 효과를 말합니다. 논박을 하게 되면 먼저 비합리적 생각이 합리적으로 바뀌는 인지적 효과가 나타납니다. 그렇게 되면 비합리적 생각이 합리적 생각 때문에 일어난 바람직하지 못한 정서가 바람직한 정서로 바뀌는 정서적 효과와 바람직하지 못한 행동이 바람직한 행동으로 바뀌는 행동적 효과가 나타납니다.

워크북 3-② 위기상황대처 연습하기

가장 기억에 남는 불안하거나 화가 난 상황에 대해서 자세하게 적어 보세요.

- 언제?

- 어디서?

- 왜?

- 무엇이?

- 그때의 기분은?

- 그래서 나는 어떻게 했나요?

워크북 3-③ 위기상황대처 적용하기

A (선행사건)		B (신념)	
전	후	전	후

C (결과)		D (논박)	
전	후	전	후

E (효과)			
행동적 효과		정서적 효과	
전	후	전	후

4회기: 원인은 스트레스

목 표	• 나의 스트레스 유형을 이해한다. • 나만의 스트레스 대처방법을 이해하고 실천한다.

활동 과정	진행내용	소요 시간	준비물
도 입	• 지난주 과제에 대해 이야기를 나눈다. • 프로그램에 대한 소개를 한다.	10분	
	• 스트레스 증상의 정도를 측정한다.	10분	워크북 ☞ 4-①
	• 스트레스에 대해 설명한다.	10분	워크북 ☞ 4-②
전 개	• 스트레스 유형 알아보기 - 나의 스트레스 유형에 따라 그룹별로 나누어 대화를 나눈다. Q1. 나와 비슷한가? Q2. 나와 다른 점은 무엇인가? Q3. 우리 유형의 공통점이 있다면? Q4. 우리 유형의 스트레스 해소법이 있다면? - 그룹별로 이야기를 나눈 후 전체적으로 이야기를 나눈다. - 자신만의 기발한 스트레스 대처방법에 대해서도 나눈다.	40분	워크북 ☞ 4-③
과제 부여	• 매일 감사한 일 3가지 이상에 대해 일기를 써본다.	5분	
마무리	• 프로그램에 대한 평가와 마무리를 한다.	15분	

워크북 4-① 나의 스트레스 수준검사

문항	해당여부
1. 재미있는 일이 있어도 즐길 수 없다.	
2. 커피, 담배, 술 등을 찾는 일이 늘어나고 있다.	
3. 쓸데없는 일에 마음이 자꾸 끌린다.	
4. 매사에 집중할 수 없는 일이 자주 생긴다.	
5. 아찔할 때가 많다.	
6. 타인의 행복을 부럽게 느낀다.	
7. 기다리게 하는 것을 참지 못할 때가 있다.	
8. 금방 욱하거나 신경질적이 된다.	
9. 잠이 깊이 들지 않고 중간에 깬다.	
10. 때때로 머리가 아플 때도 있다.	
11. 잠들기 어렵다.	
12. 식욕에 변화가 있다.	
13. 과거에 비해 자신감이 떨어진다.	
14. 등과 목덜미가 아프거나 쑤실 때가 있다.	
15. 쉽게 피로해지고 늘 피곤함을 느낀다.	
16. 다른 사람이 내 말을 하지 않을까 두렵다.	
17. 사소한 일에도 가슴이 두근두근 거린다.	
18. 나쁜 일이 생기지 않을까 불안하다.	
19. 다른 사람에게 의지하고 싶은 마음이 강해진다.	
20. 나는 이제 틀렸다는 생각이 든다.	
해당되는 항목의 수	

5개 이하: 아무 의욕도 느낌도 가질 수 없는 상태로 이 또한 주의를 요하는 단계
6개 근접: 주의를 요하는 단계
7개 이상: 적극적인 관리가 요구되는 단계
16개 이상: 전문가에 의한 상세한 진단과 도움이 필요한 단계

워크북 4-② 스트레스란?

스트레스의 3D

모든 생명체는 스트레스 반응을 한다. 사람 역시 심박수와 호흡의 증가, 불안과 분노, 공격적 행동 같은 온갖 스트레스 반응을 한다. 이처럼 스트레스를 받을 때 일어나는 몸, 마음, 행동상의 변화들은 태어난 후의 경험과 학습을 통해 얻어진 것이 아니라 진화와 유전의 결과물이다. 현대를 사는 우리는 스트레스가 가진 긍정적 측면보다는 건강과 행복에 악영향을 미치는 부정적 측면만이 인식되고 있다.

왜 그럴까? 대개가 심리적인 원인에서 촉발되는 현대의 스트레스는 과거와 같은 생존반응이 거의 불필요한데도, 여전히 원시시대와 같은 스트레스 반응이 유발되어 몸과 마음을 소모시키고 질병을 야기한다.

현대의 스트레스 원인을 "스트레스의 3D"로 표현한다.

더럽고(Dirty), 위험하고(Dangerous), 어려운(Difficult) 일들도 물론 스트레스이겠지만,

그 3D가 아니라 불쾌감을 느끼는 상태(Discomfort), 마음을 산란시키는 자극들(Distraction), 판단과 결정을 해야 하는 압박(Decision making)이 그것이다.

스트레스를 왜 알아야 하나?

모든 병의 80%가 스트레스에서 기인한다.

스트레스가 건강하지 못한 생활습관을 불러온다. 담배, 폭식과 같은 생활습관에서 오는 질환이 선진국 조기 사망 원인이 70~ 80%를 차지하는데, 이러한 생활습관의 주된 원인은 스트레스이다. 스트레스는 직접적인 생리적 변화를 유도하는 것 이외에도 흡연, 음주, 약물남용, 위험한 행위 등을 유발해서 건강을 위협하기도 한다.

스트레스가 없으면 행복해질까?

"백수가 과로사 한다."라는 말을 들어본 적이 있는가? 인간은 자극이 없으면 자극을 만들어서라도 삶을 느끼고 싶어 한다. 창조적인 활동, 의욕을 불러일으키는 도전에 동반되는 스트레스는 디스트레스(distress)가 아니라 유스트레스(eustress)다. 이처럼 짜릿한 전율을 느끼게 하는 자극들도 스트레스 반응을 일으키기는 하지만, 이러한 스트레스들은 결과적으로 생체에 해로움 보다는 유익함을 가져온다. 좋은 스트레스와 나쁜 스트레스를 구별할 수 있을까?

딱 잘라 이야기할 수 없지만 출산, 결혼, 취업, 승진, 스포츠 경기 등은 일반적으로 좋은 스트레스로 작용한다. 유스트레스는 심신의 능력을 증가시키고 성장과 발전의 원동력이 된다.

워크북 4-③ 나의 스트레스 유형

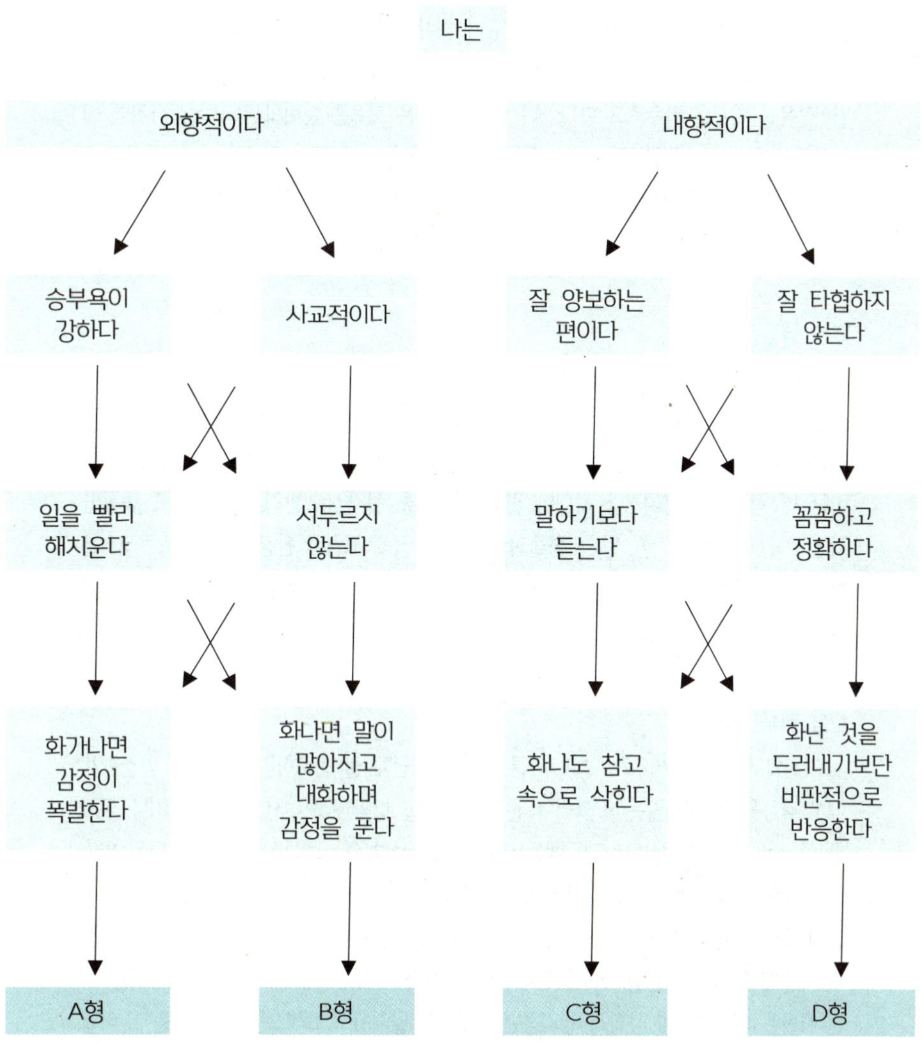

A형 행동유형

과도한 경쟁심, 성취욕, 공격성, 조급성, 적개심 등이 주된 특징이다. 항상 바쁘고 분주하게 움직이며, 사소한 일에도 경쟁심을 일으켜 남보다 더 빨리 해내려고 분투한다. 말투가 빠르고 강하며, 지시적이고 단정적이다. 이야기를 들어주는 것 보다 말하는 것을 더 선호한다. 따라서 자신에게 통제권이 없거나 자신이 상대방보다 열등하다고 느껴지고, 목적 달성이 안 될 경우에는 불같이 화를 낸다. 화를 내고 나면 기분이 풀려 얼어붙은 분위기를 바꾸려고 한다. A형 행동 유형은 호르몬 분비의 기복이 심하기에 심혈관계 질환이 타 유형보다 많이 발생한다. 이 유형과 친하게 지내고 싶다면 세세한 지도나 관심을 주기보다는 의사결정권을 주고 알아서 하도록 하는 것이 좋다. 또한 의견에 반하는 상황과 마주했을 시, 어느 정도 양보하는 것이 좋다.

B형 행동유형

서두르지 않고 사람 만나는 것을 즐겨하고, 일을 하면서 심리적 만족과 즐거움을 추구한다. 마음을 터놓을 수 있는 사람도 많아 스트레스관리 차원에서 가장 유리하다고 생각되나, 때론 이러한 모습이 타인의 눈에 좋지 않게 보일 때가 있다. B형 행동유형은 집단 내 적대적인 분위기나 자신이 관심과 사랑을 못 받는 환경, 반복적이고 꼼꼼한 작업, 시간제한이 엄격한 일, 사람들과의 접촉이 적고 고립된 환경 등에서 스트레스를 받는다. 낙천적이고 매사를 긍정적으로 해석하기에 문제의 심각성을 깨닫지 못하여 일을 크게 만들 때도 있다.

C형 행동유형

자신의 의견을 내세우지 않고, 다른 사람의 의견에 잘 동조하며 협조하여 인간관계에서 갈등을 만들지 않는다. 그러나 존재감이 없고 나약해 보여서 손해를 보거나 무시를 당하는 일이 발생한다. C형 행동유형을 가진 사람은 스트레스를 받으면 더욱 위축되고 표현이 적어진다. 감정을 억누르고 표현하지 않고, 스트레스를 속에 쌓아 두어 화병에 걸리기 쉽다. 문제가 있는 상황을 적극적으로 상황을 개선하기 보다는 나서지 않기 때문에 만성적인 상황으로 몰리게 되는 경우가 잦다. 그래서 이러한 행동유형을 지닌 사람은 예측불가의 상황과 임기응변이 필요한 일에서 스트레스를 많이 받는다. 이들은 조용한 환경에서 스스로 안정을 찾는 것을 통해 스트레스 해소가 가능하다. C형 행동유형인 사람은 끈기, 성실함, 우직함이 장점이다.

D형 행동유형

이들은 늘 생각이 많고, 머릿속에 곧 일어날 일들에 대한 생각으로 쉴 틈이 없다. 무슨 일이든 결과가 자기의 목표나 기준에 미치지 못하면 스트레스를 받으며, 자의식이 강하고 완벽주의이며, 강박적인 성향이 높다. 타인의 이목과 평가에 예민하다. 그래서 작은 실수나 실패에도 자책하여 열등감에 빠진다. 이들은 자기와 무관한 주변 사람들의 언행을 자신과 관련된 것으로 생각하는 관계 사고를 겪기도 한다. D형은 남이 간섭하거나 통제하려는 상황에서 스트레스를 받고, 사생활이 침해되는 상황을 싫어한다. 일의 성과나 진행속도가 원하는 대로 진행되지 않으면 화가 부글부글 끓으나, 냉소적으로 반응한다. D형 행동유형을 가진 사람은 혼자 조용히 생각할 시간을 가지고, 상황을 머릿속으로 정리하여 개인적인 해결책이 내려지면 감정이 가라앉는다.

5회기: 세상에서 가장 소중한 나

목 표	• 나의 변화된 모습을 찾는다. • 나의 소중함을 알아본다.

활동 과정	진행내용	소요 시간	준비물
도 입	• 과제로 부여한 감사한 것을 돌아가면서 발표한다. • 프로그램을 소개한다.	10분	
전 개	• 얼굴그리기 - 2인 1조로 활동한다. - 가위바위보를 하여 이긴 사람이 화가가 되고, 진 사람이 모델이 된다. - OHP필름을 끼운 투명 보드판을 들고 매직으로 화가가 모델의 얼굴을 그린다. - 역할을 바꾸어서 진행한다. * 투명보드판을 모델이 자신의 얼굴 앞에 대고 있으면 화가는 얼굴을 따라 그려주는 방식으로 한다.	20분	OHP필름 투명보드판 매직
	• 나의 희망 그리기 - 앞으로 내가 기대하는 나의 20대부터 70대까지를 적어본다. - 아주 사소한 것부터 아주 큰 것까지 다양하게 적어본다. - 집단원들과 이야기를 나누어 본다. • 빈 방 채우기 - 각 집단원들에게 필요한 물건을 방에 채워준다. - 롤링페이퍼 형식이며 그 사람에게 꼭 필요한 것을 선물한다. - 자신의 방에서 가장 마음에 드는 선물을 뽑아 이야기를 나눈다.	40분	워크북 ☞5-① ☞5-②
과제 부여	• 꿈과 희망 목록 달성하기 위해 실천한다.		
마무리	• 소감을 나누고 마지막 회기를 마무리 한다.	10분	

워크북 5-① 나의 희망그리기

앞으로 내가 기대하는 나의 희망 적어보기	
20대	
30대	
40대	
50대	
60대	
70대	

워크북 5-② 빈 방채우기

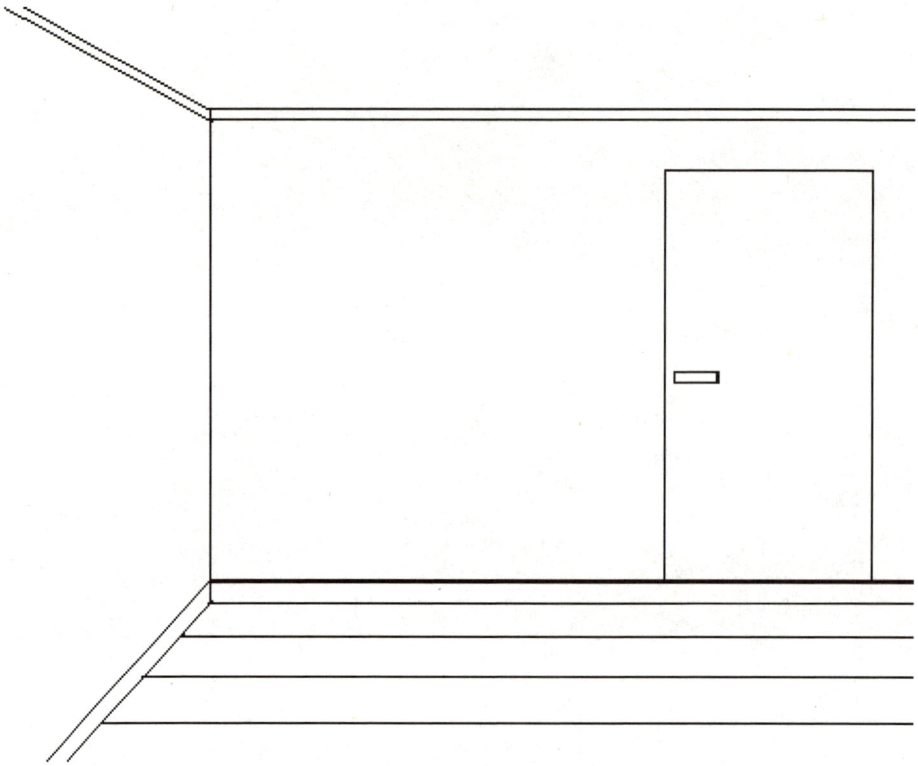

CHAPTER

13

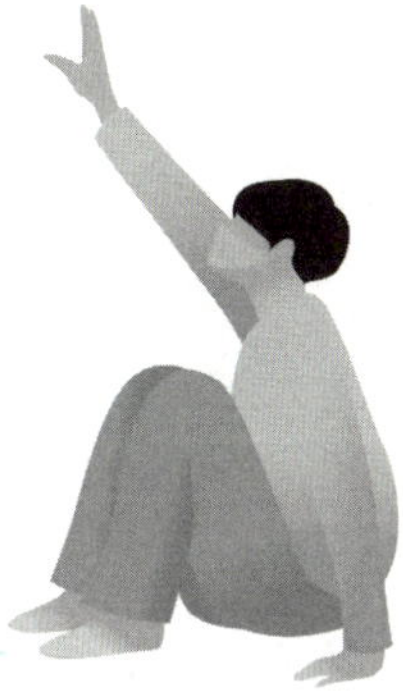

장병의 복무적응향상 동물매개 집단프로그램

군에 입대하는 병사들의 평균 연령은 대략 19~25세 정도이다. 이 시기는 후기 청소년기로 자아의식의 발달과 부모로부터의 독립·통제된 환경으로부터 이탈하고자 하는 심리적 특성을 지니고 있어 여러 가지 발달과업과 그에 따른 심리·사회적 갈등을 경험한다(김민순, 2014). 이러한 시기에 입대한 병사들은 가족과의 분리되고 급격한 생활방식의 변화와 엄격한 규율, 국방의 의무 등 다양한 방면에서 높은 스트레스를 경험한다.

본 프로그램은 박신영(2018)의 프로그램을 도입하여 군 상황과 여건에 맞게 재구성하였다. 반려동물과의 상호작용을 통한 공감과 소통을 통해 군 병사들의 심리적 안정을 제공하고, 우울감과 긴장감을 해소하는데 기여함은 물론 자아존중감과 자기효능감을 증진시켜 군 적응에 도움을 줄 것으로 기대한다.

동물매개활동과 매개치료, 생명존중교육 등 동물과 함께 하는 다양한 프로그램에 대한 정보와 자료는 한국반려동물교육협회(hotdogschool@naver.com)를 통해 획득이 가능하다.

[표 13-1] **프로그램의 회기별 내용**

단 계	회 기	주 제	세부내용
알아가기	1회기	서로 알아가기	• 프로그램 소개 및 대상자 간 친밀감 형성 • 치료도우미견 만나기
공감하기	2회기	클리커 트레이닝	• 치료도우미견과 소통하는 법 배우기 • 기본복종훈련 해보기
	3회기	보물찾기	• 치료도우미견과 개별 보물찾기 • 팀별 보물찾기
함께하기	4회기	원반던지기	• 원반 잡는 법과 던지는 방법 배우기 • 치료도우미견과 원반 주고받기 연습
	5회기	장애물 넘기	• 시범을 보이고 장애물 넘는 연습하기 • 치료도우미견과 개별 보물찾기
추억하기	6회기	추억액자 만들기	• 프로그램을 통해 변화된 자신을 표현하기 • 함께한 치료견과 병사들에게 감사 인사 전하기

1회기: 서로 알아가기

<table>
<tr><td>목 표</td><td>• 대인관계 향상 프로그램의 목적과 동물매개치료 집단의 운영방법을 이해한다.
• 구성원 간 공감대를 형성하고, 개인의 목표를 설정한다.
• 치료도우미견에 대한 이해와 주의사항을 숙지한다.</td></tr>
</table>

<table>
<tr><th>활동
과정</th><th>진행내용</th><th>소요
시간</th><th>준비물</th></tr>
<tr><td rowspan="2">도 입</td><td>• 활동사와 대상자 및 집단구성원을 소개한다.
• 본 프로그램의 운영방법 안내하기</td><td rowspan="2">10분</td><td rowspan="2">PPT
워크북
☞ 1-①</td></tr>
<tr><td>• 치료도우미견을 접할 때 주의사항을 안내한다.
• 서약서를 작성한다.</td></tr>
<tr><td rowspan="2">전 개</td><td>• 장점 관련 별칭 짓고 자기소개하기
- 준비된 용지에 자신의 별칭을 정한다.
- 돌아가며 별칭을 지은 이유와 자기소개를 한다.
- 프로그램 참여 이유와 달성하고 싶은 목표를 세운다.

• 동물매개에 대해 배워보기
- 동물매개중재(Animal - Assisted Intervention: AAI)
- 동물매개활동(Animal - Assisted Activity: AAA),
- 동물매개치료(Animal - Assisted Therapy: AAT)
- 동물매개교육(Animal - Assisted Education: AAE)</td><td>30분</td><td>명찰
필기도구
워크북
☞ 1-②</td></tr>
<tr><td>• 치료도우미견과 인사하기
- 치료도우미견과 인사하는 법을 알려준다.
- 만지면 좋아하는 부위와 싫어하는 부위를 알려준다.

• 치료도우미견에게 간식주기
- 치료도우미견에게 간식 주는 방법을 알려준다.
- 한 사람씩 다가가 치료도우미견에게 간식을 주고, 쓰다듬을 수 있게 한다.</td><td>40분</td><td>치료견
리드줄
보상물
손세정제
물티슈
워크북
☞ 1-③</td></tr>
<tr><td>마무리</td><td>• 치료도우미견을 만나 쓰다듬은 느낌을 말해본다.
• 함께한 병사들과 치료견에게 고마움 또는 감사함을 표현하며 마무리한다.</td><td>10분</td><td></td></tr>
</table>

워크북 1-① 서약서 작성하기

서 약 서

이 프로그램은 군 병사들의 건강하고 활기찬 군 생활을 위해 마련한 동물매개활동입니다. 우리는 치료도우미견과 함께 소통하고 공감하는 활동을 통해 나 자신의 긍정적인 모습과 새로운 가능성을 만나게 될 것입니다. 보람 있고 즐거운 만남이 되기 위하여 서로를 존중하는 우리의 약속을 정해 봅시다.

1. 본 활동에서 나누었던 이야기는 어떤 내용도 외부에 발설하지 않도록 하겠습니다.
2. 전우들이 하는 말을 비판이나 편견 없이 있는 그대로 듣습니다.
3. 내 마음에 있는 생각이나 느낌을 솔직하게 표현합니다.
4. 전우가 이야기할 때에는 끼어들거나 방해하지 않고 잘 듣습니다.
5. 치료도우미견은 장난감이 아닌 소중한 생명체이기에 소중히 여길 것입니다.
6. 프로그램이 진행되는 시간을 엄수하고, 성실히 참여할 것입니다.

년 월 일

이름: 서명:

워크북 1-② 동물매개의 관련 용어와 개념 정의

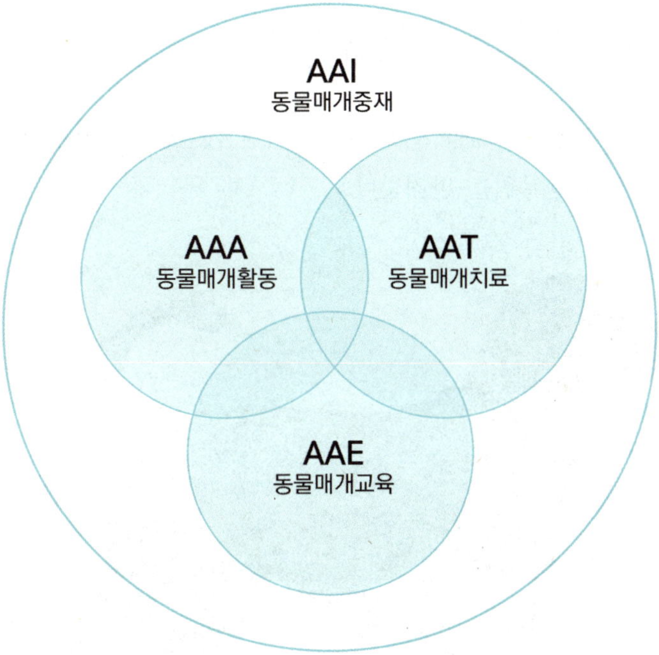

동물매개중재(AAI)의 범위

동물매개 관련 용어와 개념 정의

- **동물매개중재(Animal - Assisted Intervention: AAI)**
  : 동물을 활용하여 대상자에 영향을 주는 모든 활동
- **동물매개활동(Animal - Assisted Activity: AAA)**
  : 대상자와 상호반응을 하는 여가 활동으로 반드시 전문가가 필요한 것은 아님
- **동물매개치료(Animal - Assisted Therapy: AAT)**
  : 치료 효과를 얻을 수 있도록 전문가에 의한 치료 목표달성을 위한 프로그램
- **동물매개교육(Animal - Assisted Education: AAE)**
  : 특정한 교육 목적에 따라 동물을 이용하는 목표 지향적인 교육 전문 프로그램

워크북 1-③ 치료견이 좋아하는 부위와 싫어하는 부위

치료견의 어느 부위를 만질까요?

- 치료도우미견의 그림을 보여주며 만지면 예민할 수 있는 부위와 만지면 좋아하는부위를 알려준다.

- 치료도우미견의 다양한 사진을 보여주고, 그 몸짓이 의미하는 뜻을 감정 카드에서 골라보도록 한다.
- 집단원들이 직접 그림을 보며, 치료견을 만졌을 때 좋아하는 부위를 표시해보라고 한다.
- 직접 그림을 보며, 치료견을 만졌을 때 싫어하거나 예민해할 수 있는 부위를 표시해보라고 한다.

2회기: 클리커 트레이닝

목 표	• 치료도우미견과 소통하는 법 배우기 • 기본복종훈련 해보기 • 치료도우미견과 훈련하면서 자존감 향상하기

활동 과정	진행내용	소요 시간	준비물
도 입	• 따뜻한 분위기 조성하며 인사 나누기 • 지난 회기를 마친 이후의 느낌을 나눈다. • 본 회기의 목표를 설명한다.	10분	필기도구
전 개	• 클리커 트레이닝의 기본 개념 배우기 - 캡쳐링, 타켓팅, 쉐이핑, 큐잉에 대해 배우기	20분	워크북 ☞ 2-①
	• 클리커 트레이닝 연습하기 - 여러 동작에 맞추어 클리커를 누르는 타이밍 포착 연습을 진행한다. • 클리커 도구를 직접 사용하여 익숙해지기 - 차징(charging) 연습하기 • 클리커 도구로 병사들과 연습하기 - 병사들과 짝을 지어 퀴즈를 내고, 퀴즈를 맞추면 클리커를 누르고, 간식을 건네는 게임을 한다.	30분	워크북 ☞ 2-②
	• 클리커 트레이닝으로 치료도우미견 훈련해보기 - 캡처링으로 '앉아' 동작을 해본다. - 쉐이핑으로 '엎드려' 동작을 해본다. - 타겟팅으로 '하우스'를 해본다. - 큐잉으로 '오른쪽'과 '왼쪽'을 구별하도록 한다.	30분	치료견 리드줄 보상물 손세정제
마무리	• 클리커 트레이닝의 장점에 대해 서로 이야기 나눈다. • 치료도우미견을 훈련해보았던 소감을 공유한다.	10분	

워크북 2-① 클리커 트레이닝

클 리 커 트 레 이 닝 의 개 념 이 해

- 클리커 트레이닝의 4가지 스킬에 대해 알아보아요.
- 캡쳐링, 타겟팅, 쉐이핑, 큐잉으로 만들 수 있는 동작들을 무엇이 있는지 그림이나 글씨로 표현해 주세요.

캡쳐링 (capturing)	타겟팅 (targeting)

쉐이핑 (shaping)	큐 잉 (queing)

워크북 2-② 클리커 트레이닝 연습하기

클 리 커 트 레 이 닝 연 습 하 기

- 컵에 클리커를 누르고 간식을 넣는 연습하기

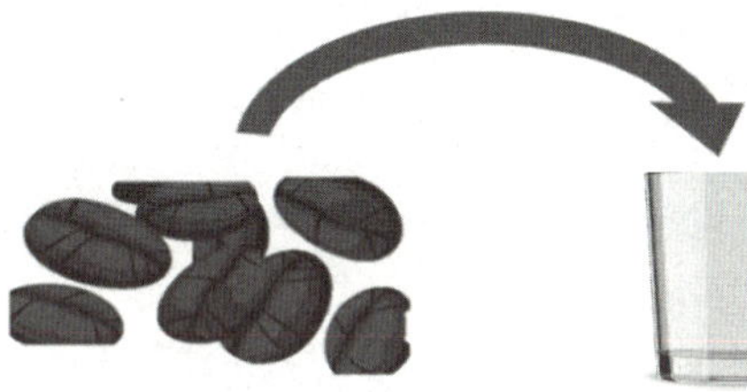

- 먼 거리에서 움직이며 클리커를 누르고 간식을 담요에 던지는 연습하기

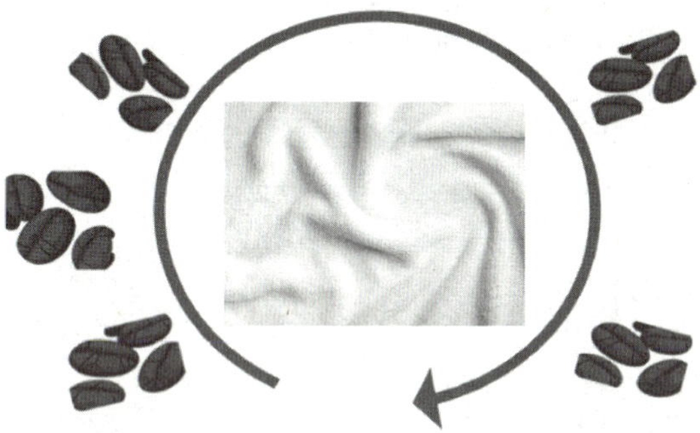

- 공을 떨어뜨려서 공이 지면에 닿는 순간, 클리커를 누르는 연습하기

3회기: 보물찾기

목 표	• 치료도우미견과 함께 보물을 찾으며 협력을 향상한다. • 보물찾기 활동을 하며 자발적 참여를 통한 자기주장을 향상한다.

활동 과정	진행내용	소요 시간	준비물
도 입	• 서로 악수하며 별칭 부르며 인사하기 • 본 회기의 목표를 설명한다. - 타인 관계 속에서 자신 알아본다.	10분	명상카드 명상음악 은은한 조명
전 개	• 개에게 후각을 사용하는 노즈워크 활동의 중요성에 대해 전달한다. • 팀을 나누고 장소의 범위와 활동 규칙 및 시간을 정한다.	20분	PPT 메모지 워크북 ☞ 3-①
	• 활동사들은 미리 실외의 정해진 장소에 보물을 숨겨 둔다. • 치료도우미견이 보물찾기를 도울 수 있도록 보물 쪽지에 애견간식을 작게 부착한다. • 치료도우미견과 함께 보물찾기 - 대상자와 치료도우미견이 함께 보물을 찾는다. - 보물을 찾은 대상자에겐 적혀있는 내용의 보상물을 수여한다.	40분	보물쪽지 보상물 치료견 리드줄
	• 팀별 보물찾기 게임 - 한 팀이 보물을 숨기고 그동안 나머지 팀은 다른 장소에서 치료도우미견과 함께 산책을 한다. - 산책에서 돌아와 보물을 찾고 찾은 수를 기록한다. - 역할을 바꾸어서 다시 한번 실행하고 서로 찾은 개수를 비교하여 더 많은 보물을 찾은 팀에 보상물을 수여한다.	40분	리드줄 보물쪽지 보상물 배변봉투
마무리	• 보물찾기에 있어 치료도우미견의 활약이 어떠했는지 대해 이야기해본다. • 보물을 숨기는 것과 찾는 것에 대한 소감을 비교하여 이야기해본다.	10분	보상물 손세정제 물티슈

워크북 3-① 노즈워크(nose work) 활동

노즈워크(nosework)의 중요성

- 본능적으로 타고난 감각과 능력을 발휘할 기회
- 차분함과 집중력 향상 (반면, 훈련은 스피드, 정확성, 통제력, 흥분 위주)
- 보호자와의 더 밀접한 관계 (예– 상황적 리더십)
- 무료함 극복 ⇒ 스트레스 해소 ⇒ 신체적, 정신적 건강 유지
- 각종 문제 행동 극복에 효과적

실내에서 할 수 있는 노즈워크(nose work) 놀이

- 구석구석 간식 숨기기
- 종이에 싸서 여기저기 펼쳐놓기
- 코담요 이용
- 킁킁볼 등 장난감 이용
- 하우스 이용

야외에서 할 수 있는 노즈워크(nose work) 놀이

- 산책로 초입에 간식 숨기기
  (산책 두려움 있는 아이에게 적합)
- 코너와 전봇대 등 이용해서 숨기놀이
- 흙, 풀밭 등 이용해서 간식 숨기기
- 보호자 찾기 놀이

4회기: 원반던지기

목 표	• 원반 던지는 방법을 배우고 연습하면서 협력을 향상한다. • 원반 던지기 활동을 통해 자기통제를 향상한다.

활동 과정	진행내용	소요 시간	준비물
도 입	• 서로 악수하며 별칭 부르며 인사하기 & 칭찬하기 • 지난 회기에 했던 보물찾기 활동에 대해 기억나는 에피소드에 대해 이야기를 나눈다. • 한 주간 군 생활에 어떠한 일들이 있었는지 이야기를 나눈다.	15분	명상음악
전 개	• 원반 던지기 소개 - 원반의 유래와 종류에 대해 설명한다. - 각종 그립법에 대해 소개한다.	25분	PPT 활용 워크북 ☞ 4-①
	• 원반 던지기 연습 - 활동사가 시범을 보이고 대상자가 따라해 볼 수 있도록 한다. • 원반 주고받기 연습 - 활동사와 대상자가 거리를 두고 서서 원반 주고받는 연습한다. - 점점 거리를 넓혀가며 연습하도록 한다.	30분	치료견 리드줄 보상물 원반
	• 팀별 원반던지기 게임 - 각 팀은 원반을 주고받을 수 있도록 두 줄로 열을 맞추어 선 뒤 주고받고, 왕복 릴레이를 시작한다. - 먼저 완수하는 팀에게 보상물을 수여한다. • 치료도우미견과 원반 주고받기 - 활동사가 먼저 치료도우미견에게 원반을 던지고 가져오게 하는 시범을 보인다. - 대상자가 치료도우미견에게 원반을 던지고 가져오게 해본다.	40분	치료견 리드줄 보상물 원반
마무리	• 원반을 주고 받을 때의 느낌을 이야기해본다. • 수고한 치료도우미견을 빗질과 손질로 마무리해 준다. • 다음 회기 프로그램 설명을 한다.	10분	손세정제 물티슈 콤브러쉬 슬리커

워크북 4-① 원반잡는 법과 던지는 방법

원반잡는법과던지는방법

• Back Hand 그립법

• Fore Hand 그립법

볼 팅 (capturing)	리바운드 (targeting)
핸들러의 신체 일부를 밟고 뛰어오르는 동작	핸들러의 신체 일부를 밟고 내려오는 동작
스 톨 (shaping)	플 립 (queing)
핸들러의 신체 일부 위에서 중심을 잡는 동작	원반을 잡기 위해 점프하여 도는 동작

5회기: 장애물 넘기

목 표	• 치료도우미견과 함께 장애물 넘기 활동을 통해 협력을 향상한다. • 여러 가지 장애물을 극복하는 과정에서 자기통제를 향상한다.

활동 과정	진행내용	소요 시간	준비물
도 입	• 서로 악수하며 별칭 부르며 인사하고 칭찬해주기 • 본 회기의 목표를 설명한다. • 본 회기를 위한 준비운동으로 영상체조를 한다.	15분	체조영상
전 개	• 어질리티(장애물 넘는 훈련) 소개 - 어질리티의 유래와 방법을 소개한다. - 각종 장비와 도구들을 설명한다.	30분	PPT활용 워크북 ☞ 5-①
	• 장애물 넘는 방법 알기 - 대상자들에게 각각의 장애물에 대한 활동 방법을 설명하고 시범을 통해 방법을 알려준다. - 활동사와 함께 장비들을 연속해서 통과할 수 있을 정도로 익숙해질 때까지 연습한다. - 대상자와 활동사가 함께 치료도우미견을 데리고 장애물을 통과하는 연습을 한다.	30분	어질리티 장비들 치료견 보상물 리드줄
	• 장애물 넘기 - 치료도우미견과 활동사 대 치료도우미견과 대상자 중 어느 쪽이 빨리 돌아오는지 경기를 한다. - 이긴 사람에게 보상물을 수여한다. • 팀별 장애물 넘기 - 치료도우미견과 대상자와 활동사가 셋이 한팀이 되어 다른 팀과 장애물 넘기 경기를 한다. - 팀별로 시간을 재어 가장 빠른 팀에게 보상물을 수여한다.	25분	어질리티 장비들 치료견 리드줄 보상물
마무리	• 장애물 넘기 활동에 있어 가장 중요한 것이 무엇인지 이야기해본다. • 개인별 장애물 경기와 팀별 장애물 경기가 어떻게 달랐는지 이야기해본다.	20분	손세정제 물티슈

워크북 5-① 어질리티 활동 소개

어 질 리 티 장 비 와 방 법 소 개

• 핸들러가 개를 지휘하여 주어진 특정한 장애물 코스를 통과하면서 간과 정확도를 기하기 위해 다른 개들과 경쟁하는 도그스포츠이다.

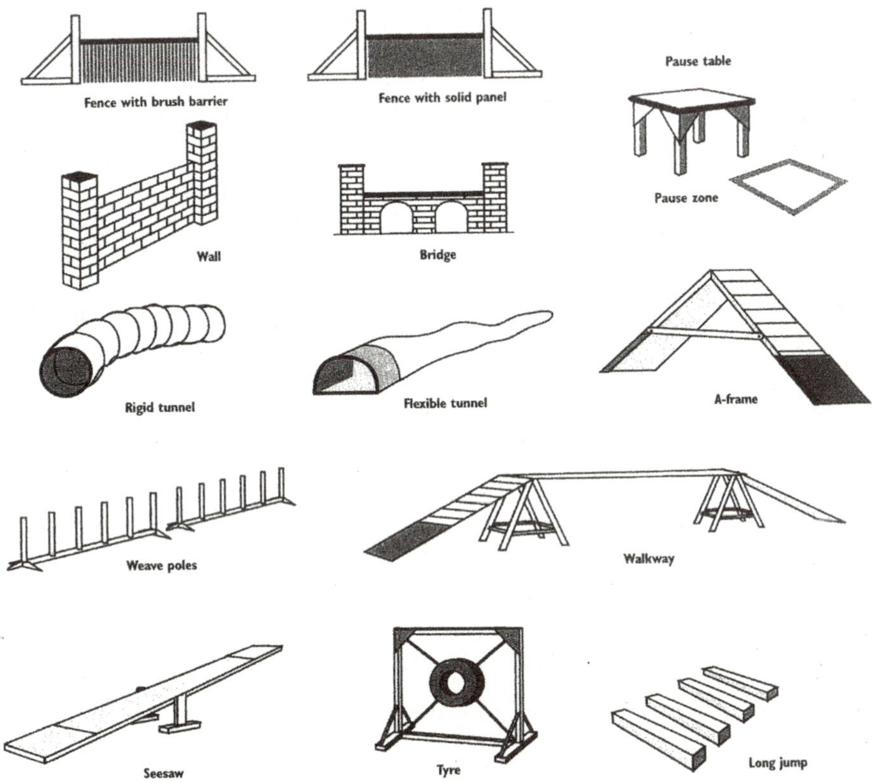

자료: (사)한국애견협회

<table>
<tr><th>경기
종목</th><th>사용 장애물</th><th>장애물 수</th><th>방향전환</th></tr>
<tr><td>BE 1</td><td>허들</td><td>8~10번</td><td rowspan="10">2회 이상</td></tr>
<tr><td>BE 2</td><td>허들, 터널</td><td>8~12번</td></tr>
<tr><td>NO 1</td><td>허들, 터널, 타이어</td><td>10~14번</td></tr>
<tr><td>NO 2</td><td>허들, 터널, 타이어, 자루터널, 슬라룸 6풀</td><td>12~15번</td></tr>
<tr><td>JP 1</td><td rowspan="3">허들, 터널, 타이어, 자루터널, 슬라룸 10~12풀, 목비, 벽</td><td>15~17번</td></tr>
<tr><td>JP 2</td><td>17~19번</td></tr>
<tr><td>JP 3</td><td>19~22번</td></tr>
<tr><td>AG 1</td><td rowspan="3">허들, 터널, 타이어, 자루터널, 슬라룸 10~12풀, 목비, 벽, 도그워크, 시소, A프레임</td><td>15~17번</td></tr>
<tr><td>AG 2</td><td>17~19번</td></tr>
<tr><td>AG 3</td><td>19~22번</td></tr>
</table>

6회기: 추억액자 만들기

목 표	• 그동안의 활동에 대해 정리하고 종결을 맞아 자신의 생각을 이야기해보며 자기 주장을 향상한다. • 자신과 타인의 변화에 대해 인식하고 피드백을 나누며 자신의 변화를 인식한다.

활동 과정	진행내용	소요 시간	준비물
도 입	• 영상 체조 따라하기 • 서로 악수하며 별칭 부르며 인사하고 칭찬해주기 • 본 회기의 마지막 목표를 설명하기 - 새로운 나의 모습 만들기	15분	체조영상
전 개	• 추억 동영상 시청하기 - 그동안 활동했던 사진들과 동영상을 시청하며 이야기를 나눈다. • 치료도우미견에 대해 이야기 나누기 - 그동안 함께 활동해준 치료도우미견에게 감사의 마음을 전하기 - 치료도우미견과 함께 했던 지난 회기 중 자신의 마음처럼 잘되지 않았던 부분 대해 이야기 나누기	30분	영상자료 치료견 리드줄 보상물
	• 추억 액자 만들기 - 활동 중 가장 마음에 드는 사진을 골라 인쇄한다. - 화분의 꽃잎 부분에 사진을 붙여 추억의 액자화분을 완성한다. • 상장(칭찬카드) 만들어서 주고받기 - 활동에 열심히 참여한 자신에게 칭찬카드를 쓴다. - 활동사와 대상자가 서로 카드를 써서 주고받는 시간을 가진다. - 치료견에게도 고마움과 애정을 표현한 상장과 간식을 선물한다.	45분	카드 도화지 색연필 치료견 리드줄 보상물 프린트 워크북 ☞ 6-① ☞ 6-②
마무리	• 전체 회기를 마무리하며 단체 기념사진 촬영을 한다. • 동물매개 프로그램에서 제일 좋았던 활동은 어떤 것이었는지 이야기해본다. • 상담사와 치료도우미견에게 종결 인사를 한다	20분	카메라 다과

워크북 6-① 추억의 액자화분 만들기

추억의 액자화분 만들기

- 그동안 함께 했던 치료도우미견과 추억할 수 있는 사진을 골라 액자화분을 만들어보도록 한다.

워크북 6-② 상장 (칭찬 카드) 만들기

- 장려상: 활동에 열심히 참여한 자신에게 주는 상장을 만든다.
- 우수상: 함께 상호교감 해준 치료도우미견에게 주는 상장을 만든다.
- 감사상: 함께 활동한 병사들과 활동사에게 고마움을 담은 상장을 만든다.

찾아보기

참고문헌

강진령(2006). **집단 상담의 실제**. 서울: 학지사.

강철민 역(2008). **눈 운동 민감소실 및 재처리: 불안, 스트레스, 충격적 사건을 극복하기 위한 치료법**. 서울: 하나의학사.

경찰청(2019). **2019년 경찰통계연보**.

국가보훈처(2010). **외상 후 스트레스장애 발생 시 대응관리체계구축. 환자 전달체계 및 치료프로그램 개발에 대한 연구보고서**. 가톨릭대학교 산학협력단.

김민순(2015). **군 장병의 적응기능 향상을 위한 멘탈 휘트니스 긍정심리프로그램의 개발과 효과**. 석사학위논문. 고려대학교 대학원.

김태현, 이정원, 임익순(2013). **장병을 위한 군상담프로그램**. 파주: 교문사.

김환(2000). **외상후스트레스장애: 충격적 경험의 후유증**. 서울: 학지사.

김환, 이장호(2006). **상담면접의 기초**. 서울: 학지사.

김헌수(2001). **상담심리학**. 학술정보.

김헌수(2006). **상담의 이론과 실제**. 서울: 태영출판사.

김헌수, 장선철(2006). **집단상담의 이론과 실제**. 서울: 태영출판사.

김현숙(2017). **부모연계 분노조절 집단상담 프로그램의 효과: 초등학교 3,4학년을 중심으로**. 석사학위 논문. 삼육대학교 상담심리대학원

노안영(2010). **상담심리학의 이론과 실제**. 서울: 학지사.

문현미(2006). **심리적 수용 촉진 프로그램의 개발과 효과**. 박사학위논문. 가톨릭대학교 대학원.

박경애(2004; 2008). **인지. 정서. 행동치료**. 서울: 학지사.

박성희(1994). **공감, 공감적 이해**. 서울: 원미사.

박신영(2018). **애착이론에 근거한 대학생의 대인관계향상 프로그램이 애착수준, 대인관계, 대학생활적응에 미치는 효과**. 박사학위논문. 경남대학교 대학원.

소방방재청(2011). **재난심리지원매뉴얼**.

심윤기(2013). 군 장병의 자기복잡성과 자아탄력성이 군 복무적응에 미치는 영향. **상담학연구**, 14(2), 1265－1284.

심윤기(2014). **군 병사의 자기복잡성과 심리적 디스트레스의 관계: 개인자존감과 집단자존감의 매개효과**. 상지대학교 일반대학원. 박사학위논문.

심윤기(2014). 군 병사용 자살위험성 척도 개발 및 타당화. **한국심리학회지: 상담 및 심리치료, 상담학연구**, 26(4), 929-952.

심윤기(2016). **군상담학의 이해와 적용**. 서울: 창지사.

심윤기 외(2017). **군집단상담의 기초**. 서울: 창지사.

심윤기(2018). **외상후스트레스 장애와 심리치료**. 서울: 창지사.

심윤기 외(2020). **군위기상담의 실제**. 서울: 창지사.

심윤기 외(2021). **병영문화와 군특수상담**. 서울: 창지사.

윤경희, 주혜명, 이장희(2012). 경찰의 직무스트레스 해소 및 치료를 위한 수용전념치료(ACT) 프로그램 활용에 관한 연구. **한국경찰연구 11**(3). 185-216.

이장호(1982). **상담심리학 입문**. 서울: 박영사.

이형득(2001). **상담훈련과정**. 대전: 한국발달상담연구소 대전센터.

정문자, 정혜정, 이선혜, 전영주(2007). **가족치료의 이해**. 서울: 학지사.

정성진, 김광수, 오영희, 박종효, 하요상, 강주희, 추정인, 한선녀(2016). **용서를 통한 치유와 성장**. 서울: 학지사.

천성문, 박명숙, 박순득, 박원모, 이영순, 전은주, 정봉희(2010). **상담심리학의 이론과 실제**. 서울: 학지사.

한재희(2006). **상담패러다임의 이론과 실제**. 서울: 교육아카데미.

Andrew ME, McCanlies EC, Burchfiel CM, Charles LE, Hartley TA, Fekedulegn D, Violanti JM. (2008). Hardiness and psychological distress in a cohort of police officers. *Int J Emerg Ment Health*, *10*(2): 137-47.

Astur, R. S., Tropp, J., Ssva, Constable, R. T., & Markus, E. J. (2004). Sex differences and correction in a virtual Morris water task, a virtual radial arm maze, and mental rotation. *Behavioural Brain Research*, *151*, 103-115.

Augustine, J. (2014). Predictors of post-traumatic growth among adult tsunami survivors: The role of employment, religion, and family attributes. *Journal of 136 Social Service Research*, *40*(4), 491-507.

Beck, A. T. (1997). *Cognitive Therapy*. 최영희, 이정흠 역. 서울: 하나의학사.

Brems, C. (2001). *Basic skills in psychotherapy and counseling*. Belmont, CA: Wadsworth.

Breslau N, Kessler RC, Chilcoat HD, Schultz LR, Davis GC, Andreski P. (1998). Trauma and post-traumatic stress disorder in the community: the 1996 Detroit Area Survey of Trauma. *Arch Gen Psychiatry, 55*: 626-632.

Calhoun, L. G. & Tedeschi, R. G. (2004). The foundations of post-traumatic growth: new considerations. *Psychological Inquiry, 15*(1): 93-102.

Clair, M. E. (2006). The relationship between critical incident, hostility and PTSD symptoms in police officer (Doctoral dissertation, Drexel University. *Dissertation Abstracts International, 67*(06), 3443.

Corey, & Corey, G. (1992). *Groups: Process and Practice* (4th ed.). Monterey, California: Brooks/Cole Publishing Company.

Corey, G. (2012). *Theory and Practice of Grouop Counseling*, (International Edition 8th Edition). (김명권 등 공역). 서울: 학지사.

Creamer, M., Burgess, P., & Mcarlane, F, A. C. (2001). Post-traumatic stress disorder; Findings from the Australian national survey of mental health and well-being. *Psychological Medicine, 31*, 1237-1247.

Ellis, A., & Dryden. W. (1987). *The Practice of rational emotive therapy*. Springer Publishing Company: New York.

Foa E. B., & Rothbaum, B. O., & Riggs, D. S., & Murdock, T. B. (1991). Treatment of post-traumatic stress disorder in rape victims: a comparison between cognitive-behavioral procedures and counseling. *J Consult Clin Psychol, 59*: 715-723.

Foa E, B., Dancu CV., Hembree EA., Jaycox LH., Meadows EA., & Street GP. (1999). A comparison of exposure therapy, stress inoculation training, and their combination for reducing post-traumatic stress disorder in female assault victims. *J Consult Clin Psychol, 67*: 194-200.

Giannopoulou, I., Strouthos, M., Smith, P., Dikaiakou, A., Galanopoulou, V., & Yule, W. (2006). Post-traumatic stress reactions of children and adolescents exposed to the Athens 1999 earthquake. *European Psychiatry, 21*, 160-166.

Horowitz, M, J. (1986). Stress response syndromes: A review of Post-traumatic and adjustment disorders. *Hospital and Community Psychiatry*, 37, 241-249.

Kessler R, Sonnega A, Bromet E., Hughes M, Nelson C. (1995). Post-traumatic stress disorder in the national co-morbidity study. *Archives of General Psychiatry 52*: 1048-1060.

Kinzie, J. D. (1986). Sever post-traumatic stress disorder among Cambodian Refugees: Symptoms, clinical course, and treatment approaches. In J. H. Shore (Eds), *Disaster stress studis: New methods and findings* (1122-1140). Washington, DC: American psychiatric press.

Kobasa, S. C. (1982). Commitment and coping in stress resistance among lawyers. *Journal of Personality and Social Psychology, 42*, 707-717.

Lawson KJ, Rodwell JJ, Noblet AJ. (2012). Mental health of a police force: estimating prevalence of work-related depression in Australia without a direct national measure. *Psychol Rep, 110*(3): 743-52.

Leino TM, Selin R, Summala H, Virtanen M. (2011). Violence and psychological distress among police officers and security guards. *Occup Med (Lond), 61*(6): 400-6.

McCrae, R. R. (1996). Social consequences of experiential openness. *Psychological Bulletin, 120*, 323-337.

Mehrabian, A. (1972). *Nonverbal communication*. Chicago: Aldine Publishing Co.

Mitani S, Fujita M, Sakamoto S, Shirakawa T. (2006). Effect of autogenic training on cardiac autonomic nervous activity in high-risk fire service workers for post-traumatic stress disorder. *Journal of Psychosomatic Research 60*: 439-444.

Mowrer, O. H. (1960). *Learning theory and the symbolic processes*. New York: Wiley.

Preud, S. (1915). *The Un Condcious*. The Standard Edition of the Complete psychologica Works of Sigmund Freud, volume XIV.

Rogers, C. R. (1951). *Client-centered therapy*. New York: Houghton Mifflin.

Shapiro, F., & Forrest, M. S. (1998, 2008). **눈 운동 민감소실 및 재처리: 불안, 스트레스, 충격적 사건을 극복하기 위한 치료법**. 강철민 역. 서울: 하나의학사.

Schnurr, P. P., & Green, B. L. (2004). A context for understanding the physical health consequences of exposure to extreme stress. In P. P. Schnurr & B. L. Green (Eds.), *Trauma and health: physical health consequences of exposure to extreme stress* (pp. 247−275). Washington, DC: American Psychological Association.

Skinner, B. F. (1977). Why I am not a cognitive psychologist. Behaviorism, 5, 1−10.

Storr, C. L., Ialongo, N. S., Anthony, J. C., & Breslau, N. (2007). Childhood antecedents of exposure to traumatic events and post−traumatic stress disorder. *American Journal of Psychiatry, 164*, 119−125.

Terr, L. C. (1991). Childhood Trauma: An outline and overview. *American Journal Psychiatry, 148*, 10−20.

Vogel, D., & Wester, S. (2003). To seek help or not to seek help: The risks of self−disclosure. *Journal of Counseling Psychology, 50*, 351−361.

Wilmer, H. A. (1982). Post−traumatic stress disorder. *Psybiatric Annuals, 12*(11). 995−1003.

wilkinson, C, B. (1983). Aftermath of a disaster: The collapse of the Hyatt Regency Hotel Skywalks. *American Journal of Psychiatry, 140(9), 1134−1139.*

Wolberg, L. (1977). *The technique of psychotherapy* (3rd ed.). New York: Grune & Stratton.

Yerkes, R. M., & Dodson, J. D. (1988). The relation of strength of stimulus to rapidity of habit in formation. *Journal of Comparative Neurology of Psychology, 18*, 459-82.

저자소개

심윤기
상지대학교 상담심리대학원 상담심리학 박사
현) KCCI 한국위기상담협회 부회장
현) 삼육대학교 상담심리학과 군상담학 교수

김관형
삼육대학교 일반대학원 상담심리학 박사과정
EAP전문상담사(1급), 위기전문상담사(1급),
군전문상담사(1급)
현) 삼육대학교 웰빙건강심리연구소 연구원

김수연
삼육대학교 일반대학원 상담심리학 박사과정
심리상담사(1급), 미술심리상담사(1급)
현) KCCI 한국위기상담협회 전문상담원

나 경
삼육대학교 일반대학원 상담심리학 박사과정
심리상담사(1급), 미술심리상담사(1급),
위기전문상담사(1급)
현) KCCI 한국위기상담협회 전문상담원

박성철
삼육대학교 일반대학원 상담심리학 박사과정
심리상담사(1급), EAP전문상담사(1급),
위기전문상담사(1급) 등
현) KCCI 한국위기상담협회 전문상담원

박재숙
삼육대학교 일반대학원 상담심리학 박사과정
심리상담사(1급), 미술심리상담사(1급),
다문화전문상담사(1급) 등
현) KCCI 한국위기상담협회 전문상담원

박희성
삼육대학교 일반대학원 상담심리학 박사수료
위기전문상담사(1급), 군전문상담사(1급),
사회복지사(1급)
현) 삼육대학교 웰빙건강심리연구소 연구원

원진숙
상지대학교 일반대학원 사회복지학 박사수료
인성교육지도사(1급), 미술심리상담사(1급),
한국상담학회 전문상담사(2급)
현) 장애인 토요놀이동지학교 대표
송호대학교 사회복지학과 겸임교수

최혜빈
삼육대학교 일반대학원 상담심리학 박사과정
EAP전문상담사(1급), 위기전문상담사(1급),
군전문상담사(1급)
현) 코칭상담센터 인지치료사
삼육대학교 웰빙건강심리연구소 연구원

특수상담 매뉴얼

초판발행 2022년 8월 23일

지은이 심윤기 · 김관형 · 김수연 · 나 경 · 박성철
박재숙 · 박희성 · 원진숙 · 최혜빈

펴낸이 노 현

편 집 김윤정
기획/마케팅 조정빈
표지디자인 BENSTORY
제 작 고철민 · 조영환

펴낸곳 ㈜ 피와이메이트
서울특별시 금천구 가산디지털2로 53 한라시그마밸리 210호(가산동)
등록 2014. 2. 12. 제2018-000080호
전 화 02)733-6771
f a x 02)736-4818
e-mail pys@pybook.co.kr
homepage www.pybook.co.kr
ISBN 979-11-6519-313-3 93180

정 가 32,000원

박영스토리는 박영사와 함께하는 브랜드입니다.